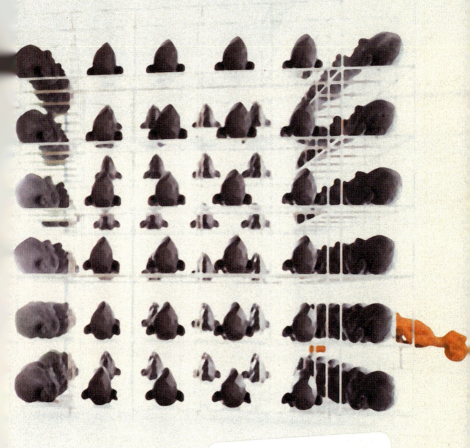

der Pappelrinde

Hamburger Ziegel 8

Indische Ziegelmanufaktur, Fotos: Papu Pramod Mondhe

Jahrbuch für Literatur 8
2002/2003

Hamburger Ziegel

Herausgegeben
von Jürgen Abel,
Robert Galitz,
Wolfgang Schömel

Dölling und Galitz Verlag

Die Deutsche Bibliothek - CIP-Einheitsaufnahme
Ein Titelsatz für diese Publikation ist bei
Der Deutschen Bibliothek erhältlich

Impressum

Herausgegeben im Auftrag der Kulturbehörde Hamburg
von Jürgen Abel, Robert Galitz, Wolfgang Schömel
© Copyright Dölling und Galitz Verlag Hamburg · München
Ehrenbergstraße 62, 22767 Hamburg, Tel. 040 / 389 35 15
Am Kreuzweg 2, 82067 Ebenhausen, Tel. 08178 / 9555-33
© Copyright für die einzelnen Beiträge bei den Autoren
Redaktionsassistenz: Ursula Richenberger, Hamburg
Gestaltung: Wilfried Gandras, Hamburg
Umschlag- und Vorsatzabbildungen: Johannes Speder, Hamburg
(Fotos: Wolfgang Scheerer, Hamburg)
Herstellung: Sabine Niemann
Druck: Druckhaus Köthen
1. Auflage 2002
ISBN 3-935549-12-1

Inhalt ☐ Bildbeitrag

13 Geleitwort
14 Vorwort der Herausgeber

17 **Andreas Münzner** Navigation

Liebesperlen

21 **Michael Weins** Delfinarium
24 **Martin Brinkmann** Claudia
29 **Martin Brinkmann** Amerika-Mädchen
☐ 33 **Papu Pramod Mondhe** „How are you doing?"
Im New Yorker Bankenviertel, 1996–2001
42 **Silke Stamm** Kaninchenfleisch
62 **Wolfgang Schömel** Die Reise
67 **Mascha Kurtz** Tischkicker
74 **Verena Carl** Anna
87 **Tanja Schwarze** Die Wahrheit über die Sache mit A.
105 **Sigrid Behrens** Fahrerflucht

Eingriffe, die nötig sind

110 **Michael Weins** Die Heilige Musik der Derwische
115 **Andreas Münzner** Eingriffe, die nötig sind
123 **Andreas Münzner** Herbstgeschichte
134 **Jan Wagner** april et cetera
145 **Farhad Showghi** Seekrankenkasse
147 **Cornelia Manikowsky** [ohne Titel]

	152	**Thomas Klees** oberland
☐	157	**Volker Lang** Pronto. A chi parlo? Riallacciare. Gedichte von Andrea Zanzotto für vier Stimmen und Wandmalerei
	174	**Frank Schulz** Kleine Trilogie der Gewalt
	181	**Dierk Hagedorn** Fröhliche Geschichten
☐	195	**me · wing** reisewünsche
	198	**Sabine Schmidt** Zu Breece D'J Pancakes „Meine Erlösung"/„The Salvation of Me"
	199	**Breece D'J Pancake** Meine Erlösung (übersetzt von **Sabine Schmidt**)
	212	**Benjamin Maack** Der Mond rückt näher
☐	217	**Peter Köhn** Porträts und Gedichte Hamburger Lyriker (**Yoko Tawada, Renate Langgemach, Jan Wagner, Benjamin Maack, Irena Stojànova, Gerhard Neumann, Mariola Brillowska, Matthias Politycki, Peter Rühmkorf, Thomas Klees**)

Familienbilder 1-3

Eltern im Holozän 1

	242	**Andreas Münzner** Die Telefonzelle
	252	**Markus Lemke** Zu Sami Berdugos „Markttag"
	254	**Sami Berdugo** Markttag (übersetzt von **Markus Lemke**)
	264	**Jan Jepsen** Die Paranormale
☐	273	Familienbilder 1938–2001
	277	**Alexander Häusser** Zahltag
	280	**Alexander Häusser** Der Schatz
	283	**Appoche** Laterne gehen
	289	**Sabine Scho** Vater, Mutter und Karin

Im Inneren der Pappelrinde 2

292	**Alicja Wendt** Südtirol
293	**Karen Duve** Dies ist kein Liebeslied

301	**Matthias Göritz**	Die Radfahrt
309	**Axel Brauns**	Buntschatten und Fledermäuse
314	**Katja Kellner**	Die Tochter des Pappelkönigs
327	**Charlotte Richter-Peill**	Der Keller

Historien mit Trauerrand 3

350	**Christian Maintz**	Afrikanische Anekdote
351	**Dietmar Bittrich**	Die Abtrittanbieterin
369	**Bernd Hans Martens**	Gänsehaut
373	**Christian Maintz**	Die Wandergesellen und der Troll
377	**Gordon Roesnik**	Lewis Carroll
383	**Jutta Heinrich**	Kind meiner Zeit

Zellengeflüster

392	**Alicja Wendt**	Splitter
396	**Dorothea Dieckmann**	In Haft
400	**Wolfgang Hegewald**	Selbstbeschreibung. Ein Auftragswerk
404	**Johannes Speder**	x + Masse
409	**Wolfgang Hegewald**	Die Sache mit D.
411	**Farhad Showghi**	Der Kastanienbaum
416	**Hamid Skif**	Morgen
421	**Agnieska Depska**	Wo ich war
424	**Frederike Frei**	Statt Blumen
432	**Uda Strätling**	Zur Übersetzung der Briefe von Emily Dickinson an T. W. Higginson
435	**Emily Dickinson**	Briefe an T. W. Higginson (übersetzt von **Uda Strätling**)

Kiezknistern

448	**Mascha Kurtz**	Wir sind's
452	**Nadine Barth**	Kiezknistern
456	**Sven Amtsberg**	nachtclub

	464	**Papu Pramod Mondhe** Im Lachclub
	473	**Dietrich Machmer** Prophylaktische Dementi
☐	479	**Jürgen Vollmer** Von Hamburg bis Hollywood. Episoden aus dem Leben eines Fotografen
	495	**Tina Uebel** Stefanitanz
	498	**Benjamin Maack** Tuntenrodeo
	499	**Martin Brinkmann** Zehn Minis

Ausgeziegelt

☐ 506 **Nele Maack** Ackerwinde
509 **Gordon Roesnik** Zwille
☐ 510 **Felix Schröder** Jahrgangsweise. ZIEGEL I, III, V VERSchnitten
521 **Christian Maintz** Über die Mundhygiene
522 **Christian Maintz** Das Posaunensolo

525 Über die Autorinnen und Autoren
533 Bildnachweis
534 Textnachweis

Geleitwort

Am Anfang war es nur ein Name für ein originelles Format: „Hamburger Ziegel" nannte sich 1992 das neue Hamburger Jahrbuch für Literatur. Es hatte exakt die Maße des historischen Hamburger Ziegelsteins, aus dem in dieser Stadt zahllose Häuser gebaut wurden. Mit den Jahren und mit jedem neuen Band wurde aus dem Format immer mehr eine Metapher. Die „Hamburger Ziegel" sind in der Tat Bausteine der jungen und lebendigen Literaturlandschaft in Hamburg geworden. Keine andere deutsche Stadt verfügt über ein ähnlich ambitioniertes, regelmäßig erscheinendes Kompendium.

Der „Hamburger Ziegel", dessen achter Band nun vorliegt, ist ein von Art und Umfang her in Deutschland einzigartiges Unterfangen:

Anspruchsvoll komponiert und ausgestattet, prägt und fördert er selbst die literarische Szene in Hamburg, die er dokumentiert. Gerade in diesem Jahr erscheinen erstaunlich viele Debüts von jungen Hamburger Autorinnen und Autoren – die meisten von ihnen sind vom System der Hamburger Kulturbehörde gefördert worden. Fast alle Debütanten haben im „Hamburger Ziegel" veröffentlicht, viele hatten dort ihre erste Veröffentlichung überhaupt.

Der neue Band liefert wieder einen profunden Einblick in die Werkstätten unserer Autoren, und er tut es in einer, wie ich finde, besonders schönen Form, die auch das Auge und die Hände der Leser erfreut. Ich danke allen Autoren, ich danke den Herausgebern und den Gestaltern des „Ziegel" für ihre gelungene Arbeit.

Dr. Dana Horáková
Kultursenatorin
der Freien und Hansestadt Hamburg

Vorwort der Herausgeber

Zehn Jahre „Hamburger Ziegel", acht Bände und eine deutliche Entwicklung. Als wir den ersten Band zusammenstellten, wählten wir eine Mischform aus Literatur und Texten über Literatur. Heute können wir ein Jahrbuch für Literatur im engeren Sinn vorstellen, das ohne theoretische Betrachtungen, ohne Interviews und dergleichen aus dem Vollen schöpft. Ob Erzählung, Romanauszug, Gedicht, Reportage, literarischer Essay, Collage oder Brief – mit einer Auswahl aus über 500 Manuskripten könnte der „Ziegel" kaum abwechslungsreicher sein. Und wir leisten es uns sogar, auf die Kohärenz und Unterhaltsamkeit der Lesestrecken zu achten. Hamburgs literarische Landschaft ist in den vergangenen zehn Jahren reich und lebendig geworden. Sie hat dafür gesorgt, dass der „Ziegel" zur anspruchsvollsten, umfangreichsten und schönsten regionalen Anthologie Deutschlands werden konnte. Ist es vermessen zu behaupten, dass der „Ziegel" die literarische Landschaft, die er dokumentiert, zu einem Teil selbst mit gestaltet hat?

Gewiss: Auch die Situation der Literatur in Deutschland insgesamt hat sich seit der ersten Ausgabe des „Ziegels" geändert. Die Dominanz der übersetzten, der Importliteratur ging zurück, die Verlage fördern die deutschsprachige Literatur wieder gezielt, suchen Talente und setzen auf sie. Die Etablierung von literarischen Agenturen hat dabei geholfen, nehmen sie doch den ausgedünnten Lektoraten in den Literaturverlagen eine Menge Such- und Lesearbeit ab. Dass dabei Moden entstehen, Moden lanciert werden – nennen wir sie „Fräuleinwunder" oder „Popliteratur" – sollte billigend in Kauf genommen werden. Insgesamt ist die Entwicklung erfreulich, der „Ziegel" hat seinen Teil dazu beigetragen, die Hamburger Nachwuchsautoren haben davon profitiert. So gibt es in diesem Jahr eine Fülle von Hamburger Debütantinnen und Debütanten, viele von ihnen sind „Ziegel"-Autoren, einige haben im „Ziegel" ihre ersten Veröffentlichungen überhaupt gehabt. Renommierte Verlage haben zugegriffen in der Hamburger

Literaturszene, und darauf dürfen alle stolz sein, die den Literaturbetrieb und die Autorenförderung in Hamburg unterstützt haben.

Im vorliegenden achten „Ziegel" haben wir wieder einige besondere inhaltliche Akzente gesetzt. Generationen- und Familienkonflikte sind gegenwärtig im Verbund mit Kindheits- und Jugenderinnerungen häufig Thema der neuesten Literatur. Die „Familienbilder", die hier auf fast 150 Seiten als Lesebuch im Buch vorgestellt werden, haben jedoch keinen pädagogischen oder therapeutischen Antrieb, sie sind vielmehr weitgehend ironisch, ob im Blick auf einzelne Familienmitglieder oder die Familienchronik. – Biografisches steht auch im Zentrum des Kapitels „Zellengeflüster": Hier wird vom Fluch und Segen der Individualisierung und vom Blick nach Außen erzählt. – Die höchst lebendige literarische Clublandschaft in Hamburg ist Ausgangspunkt für eine kleine Lesereise, wobei unter dem Titel „Kiezknistern" ungewöhnliche Clubereignisse sowohl in geografischer wie in historischer Hinsicht überraschen. – Ganz unabhängig von literarischen Moden erzählen die „Liebesperlen" zum Auftakt dieses „Ziegels" mal lakonisch, zuweilen auch brutal vom Zweisamkeitschaos, von schlimmen Verstrickungen und flüchtigen Begegnungen. – Wer sich gerade heillos im Liebesdschungel verirrt hat, liest vielleicht gleich die unter dem Titel „Eingriffe, die nötig sind" versammelten Texte – oder lässt sich von einer der Fotoreportagen des „Ziegels" anregen.

Die Themen- und Textabfolge ist lediglich ein Vorschlag für den Leser. Selbstverständlich eignet sich der „Ziegel" auch zum Blättern und Stöbern.

Wie immer gilt abschließend unser Dank den vielen Autoren und Künstlern, die zu diesem Buch meist mit Erstpublikationen beigetragen haben. Allen Leserinnen und Lesern wünschen wir vergnügliches Schmökern in der Hamburger Literatur.

Andreas Münzner
Navigation

Eisensteine aneinander reiben
bis ein Schmetterling kommt und zuhört

Ein Wort aus dem Schwimmbad, das nachhallt
auf dem Handrücken vor sich her tragen

An der Rinde riechen
welche Äpfel du mehrmals essen kannst

Mit geschlossenen Augen durch die Menge gehen
dem Dorn nach in deinem Bauch

Die Knochen zurückgeben vor dem Abflug
blank gereinigt

Aufhören zu würfeln

Liebesperlen

Michael Weins
Martin Brinkmann
Silke Stamm
Wolfgang Schömel
Mascha Kurtz
Verena Carl
Tanja Schwarze
Sigrid Behrens

Gesine Rothmund, „Liebe mich"

Michael Weins
Delfinarium

Wir setzten uns in die dritte Reihe von oben, möglichst weit entfernt von den Stimmen der Kinder. Die Luft stand, als bräuchten Delfine heiße Luft ohne Sauerstoff für ihre Nummern. Susan fegte den Plastiksitz mit ihrer Zeitung ab, albern, dachte ich, doofe Kuh, setz Dich, und mach keine Mucken. Gerade hatte ich keinen Funken Liebe für sie. Ich fand sie zu aufdringlich geschminkt, und mir war es recht, so weit oben zu sitzen, wo sonst niemand saß, von wo man die Delfine nur als graue Lichtreflexe durch etwas widernatürlich Türkises schneiden sah. Ich wollte diese Fischdressur angucken, danach ficken und dann meine Ruhe. Einmal die Woche Susan reichte mir vollkommen. Einmal die Woche holte ich sie von zu Hause ab, ihr Ehemann stand schon hinter der Haustür, hatte sie schon in ihre Jacke gehüllt. Ich hetzte mit ihr durch den Zoo, wir schauten uns die Show an, vögelten anschließend in meinem Wagen, dann lieferte ich sie ab, bevor es dunkel wurde. Spaß gehabt, fragte ihr Mann in die Leere zwischen uns, ein Faxe-Bier in der Hand, und beide machten wir Hm, sie mit lächelndem Gesicht und aufgelösten Haaren, ich mit sorgenvollem Blick auf mein Auto, dass wie immer in der Einfahrt der Hühnerfuttermittelfabrik abgestellt war.

In der Tiefe der Arena machte gerade ein Delfin, der Bob hieß, das wusste ich mittlerweile, einen doppelten Überschlag, wobei er mit dem Wedeln seiner Schwanzflosse eine Kerzenflamme löschte. Der Raum zwischen dem Polyester meiner Bekleidung und meiner Haut hätte ein tolles Gewächshaus abgegeben.

Sie liebte die Delfine. Der Rest des Zoos war ihr vollkommen egal. Manchmal fragte ich sie, ob sie nicht auch die anderen Tiere anschauen wollte, Löwen oder Elefanten, die Klassiker sozusagen. Mh-mh, machte sie dann, schüttelte den Kopf und zog mich Richtung Delfinarium. Kamen wir an den anderen Gehegen vorbei, wandte sie demonstrativ den Blick ab, als könnten diese Tiere etwas dafür, als würden sie ihren Delfinen die Show stehlen.

Sie hatte selber etwas von einem Delfin, war beileibe keine Schönheit. Es waren diese enormen Stirnwülste in ihrem Gesicht, und irgendwo in den Tiefen des Schädels sah ich gelegentlich zwei kohlschwarze Äuglein funkeln. Ihre Gesichtshaut war gleichmäßig siennabraun gegerbt, wobei der restliche Körper schneeweiß war. Ihr Mann setzte sie jeden Tag vor seinen Turbogesichtsbräuner, das erzählte er mir einmal, als er mir das Geld gab. Ihre Haare waren blond und lang und schön, und sie gefielen mir, wirklich.

Ich betrachtete sie von der Seite, fand sie interessanter als Delfine.

Willst du eigentlich zurück in deinen Beruf, wenn das Kind älter ist, fragte ich. Ihr Blick ging stur geradeaus, sie ließ nie ein Auge von der Fischnummer, kein Detail durfte ihr entgehen, obwohl der Auftritt sich seit zwei Jahren kein bisschen verändert hatte.

Ja, sagte sie. Nein.

Aha, fragte ich.

Ja, sagte sie. Als Pilotin werde ich nie wieder arbeiten, aber ich möchte gerne wieder etwas tun, bald, noch geht es ja nicht, weil das Kind noch so klein ist, es braucht mich ja.

Warum wirst du nie wieder als Pilotin arbeiten?

Ich kann nicht, sagte sie. Ein Delfin namens Kerstin klatschte nach einem gewaltigen Sprung auf die Wasseroberfläche, sie hob die Zeitung, um das Spritzwasser abzuwehren. Warum, fragte ich.

Es ist unmöglich. Es geht nicht.

Delfin Bob hatte jetzt eine Trillerpfeife im Maul.

Irgendein Bürojob, wo man in Ruhe sitzen kann, das wäre schön. Sie lächelte, und ich strich ihr eine Strähne aus der Stirn, mir war danach.

Ich hatte keine Ahnung, was genau es war, was mich an ihr anzog, sexuell, meine ich, denn darauf reduzierte es sich. Nach der Delfinshow gingen wir stets wortlos zum Parkplatz, sie schob den Rock hoch, die Strumpfhose hinunter, setzte sich auf die Rückbank und presste die Knie an die Schultern. Es ging immer sehr schnell, und wir beide machten keinen Mucks, ich schaute ihr nicht ins Gesicht, und sie hielt die Luft an. Einmal hatte sie leise etwas gesummt, ein Kinderlied, ein anderes Mal bis vierzehn gezählt, dann war ich gekommen. Ich hatte sie über eine Anzeige kennen gelernt, die ihr Mann aufgegeben hatte, unter der Überschrift Zoobesuche.

Wenn ich mit ihr zusammen war, fühlte ich mich wie ein Familienvater auf Sonntagsausflug, in ihrem Beisein ging ich mir selbst verloren, ich kam mir seltsam fremd und erwachsen vor, starr geworden über die Jahre. Sie hingegen ruhte in sich, war selber eine Delfinshow, ohne Publikum, ein Bassin im Mondlicht, in dem sich lautlos riesige Delfine jagten.

Du bist dumm, sagte ich, ich wusste es nicht besser, ich wollte ihr wehtun.

Ich weiß, sagte sie, deshalb bist du da, um auf mich aufzupassen.

Das stimmte nicht, und sie wusste es. Ich war dazu da, erhielt mein Geld, um mit ihr Sex zu haben. Ich wusste, dass sie nicht mehr miteinander schliefen, sie und ihr Mann, wie alle Paare. Ich kam einmal die Woche, weil sie sonst unausgeglichen war und Anfälle bekam, einmal hatte sie dem Kind mit der Bastelschere das Gesicht zerschnitten.

Die Sonne schien noch, als wir das Delfinarium verließen, sie war still, weil ihr Liebling gefehlt hatte, ein Tümmler Namens Mikesch, ein dickliches Tier, das sonst als Clown geschminkt für Lacher sorgte. Er ist erkältet, sagte ich, wobei mir selber unklar war, wie sich ein Delfin bei den Temperaturen erkältet haben sollte. Sie schwieg und ging mit hängendem Kopf, mit kleinen schweren Schritten Richtung Parkplatz, ich blieb stehen und sah ihr nach, ihrem runden Rücken zu und die kleinen Staubwolken aufsteigen, die ihre Absätze aus dem Boden zauberten.

Ich möchte heute lieber keinen Sex, sagte sie, saß nur sehr gerade auf der Rückbank. Ich weiß, sagte ich und meinte, ist gut, ich verstehe es schon. Ich setzte mich neben sie und ließ die Wagentür offen. Ab und zu hörten wir einen Pfau schreien. Nach einer Weile legte sie den Kopf auf meine Schulter.

Martin Brinkmann
Claudia

Wir sind am Stadtparksee. Wir sitzen auf Handtüchern und sehen übers Wasser. Das Wetter ist gut im Mai.
Eben saßen wir noch im Biergarten. Das war weniger beruhigend. Folgendes ist passiert: Ich hatte gerade meinen ersten Schluck Bier genommen und wie blödsinnig in die Gegend gegrinst, weil das meine Art ist zu zeigen, wie sehr zufrieden mich so ein Bier stimmt, und in diesem Moment sagte Claudia von der Seite: „Und wenn ich jetzt schwanger bin, dann ziehst du doch mit mir zusammen, oder? Das würdest du doch machen?"
Um Gottes willen, dachte ich, den Teufel werde ich tun!
„Nein", habe ich geantwortet.
Plötzlich musste ich daran denken, wie sie sich beobachtet gefühlt und mehrmals hektisch nach den Vorhängen gegriffen hatte, ohne sie richtig zu fassen zu kriegen, während die Vögel im Innenhof bereits ihr hartherziges Tschilpen von sich gaben. Und dann, um das Schlimmste zu verhüten, hatte ich wie mein eigener Großvater in die Luft ejakuliert. Ich wüsste also nicht, warum sie schwanger sein sollte.
Claudia ist nicht sonderlich attraktiv. Irgendwas stimmt nicht mit ihrem Kopf. Aber sie hat schöne lange Haare. Die hingen aufs Laken herunter.
Jetzt muss ich mit ansehen, wie sie sich hier am Strand umzieht, die Unterhose unterm Rock hervorholt, in den Badeanzug steigt, sich oben rum freimacht, und in dem Moment sehe ich, dass ihr Haare auf den Brüsten wachsen, das sehe ich zum ersten Mal. Ich kenne sie überhaupt nicht. Ich muss sehr betrunken gewesen sein.
Das ganze Ausmaß der Aktion wird schließlich sichtbar: ein lilaner Badeanzug, der mir nicht gefällt.
Wir gehen zum Wasser. Die ganze Scheiße hier. Ich bin erbost, und eine kleine Abkühlung kann nur nützlich sein.
Jugendliche laufen in den aufspritzenden See, schmeißen sich hinein, als wäre das alles kein Problem, und einer

sagt mehrmals: „Mann, stinkt das Wasser, wie das stinkt!"

Ich rieche nichts und gehe langsam wie immer ins kalte Wasser hinein. Ich kann Schwimmen nicht leiden. Es bringt überhaupt nichts.

Claudia überholt mich. Jetzt sehe ich noch viel mehr. Sie hat sich die Achseln nicht rasiert. Ihre Haut ist viel zu weiß. Ihr Arsch ist nicht in der besten Form, und ihre schlappe Art wird das alles nicht mehr ändern können, und mir wird ganz schlecht bei dem Gedanken, ein Kind könnte sie, solange ich noch auf der Welt bin, in mein Leben integrieren.

Normalerweise müssten wir jetzt verliebte Spielchen im Wasser treiben, wir müssten herumalbern, mit Wasser spritzen. Ich bin mir nicht sicher, ob sie das Ausbleiben dieser Art Neckereien registriert.

Sie schwimmt einfach voran, die langen Haare hinter sich her ziehend wie irgendein Sumpfgeflecht, und ich bin dann auch endlich bis zum Hals im Wasser. Ich muss das nicht alles erzählen. Wir können das Wasser jetzt wieder verlassen.

Wir sitzen auf den Handtüchern. Ich sehe muffelig vor mich hin, und dann stehe ich auf, um zur Imbissbude zu gehen.

*

Unter der Woche gehe ich sie spätabends besuchen. Sie wohnt bei einer Lehrerin zur Untermiete. Wäre ich nicht so betrunken, das alles wäre mir furchtbar unangenehm. So aber sitze ich mit einer Dose Holsten im Korbstuhl und spiele den Unzurechnungsfähigen, und sie liegt im Bett und sagt: „Ich bin so müde."

Am liebsten würde ich meckern. Wieso müde? Stattdessen nehme ich irgendwelche Bücher vom Schreibtisch, die sie für die Uni braucht. Was weiß ich? Alles hat auf jeden Fall mit Sexualität zu tun.

„Wieso bist du müde?", frage ich. Das interessiert mich wirklich.

„So eben."

„Wann hat man Klarheit über das Malheur?"

„Dauert noch. Ich glaub, ich würde abtreiben."

Ich nehme einen Schluck aus der Dose.

„Darf man hier rauchen?"

Sie hat die Hände unterm Kopf liegen, nein, sie lächelt mich an. Es könnte so anziehend sein.

Ich kann nicht. Ich gacker vor mich hin. Dann schüttle ich ein wenig mit dem Kopf. Und dann, weil ich den Eindruck habe, irgendein Tier zu imitieren, höre ich auf, mich zu bewegen.

Vorgestern am Stadtparksee, wir erinnern uns, ich war auf dem Weg zum Imbiss, um mir eine Currywurst mit Pommes zu bestellen, die ganz besonders schlecht war. Ich musste sie wegschmeißen. Aber ich will was anderes sagen: Claudia mochte nichts davon nehmen. Das alles sei zu ungesund, sogar die Fanta! Außerdem sei sie ja vegetarisch.

Mich irritieren solche Aussagen. Das ist, als wäre plötzlich jemand wieder religiös. Man hat das ermüdende Gefühl, immer wieder bei null anfangen zu müssen.

Bei Claudia, so wie sie da liegt, müsste man garantiert auch noch mal bei null anfangen. Niemals wird sie den Arsch hochkriegen, wie man sagt. Alles wird sich nur immer noch mehr auflösen, herunterhängen, aus der Form kommen.

In ihrem Bett kann sie aber liegen, wie sie will, das sehe ich ein.

Was mag sie von mir denken? Ich sitze hier wildfremd in ihrem Korbstuhl am Bett.

Ach ja, ich habe ja sogar einen Grund, besorgt um sie zu sein.

Plötzlich merke ich, dass ihr wirklich gleich die Augen zufallen und dass ich bereits eine ganze Zeit meine Dose in der Hand halte, ohne einen Schluck genommen zu haben. Das ist immer ein sicherer Hinweis.

Ich stelle die Dose auf den Schreibtisch, dann gehe ich ans Bett, gebe ihr einen Kuss auf die spröden Lippen, und dann muss ich noch mehrmals tschüß sagen, so als würde uns ernstlich irgendwas verbinden, als wäre irgendwas von Zusammenhang.

Ich verlasse die Wohnung der Lehrerin.

*

Das nächste Mal sehen wir uns auf einer Studentenparty.

Studentenparty! Was könnte man darüber nicht alles sagen!

Plötzlich sind wieder alle langhaarig. Schon wieder fängt alles bei null an. In irgendeiner verrauchten Kammer hängen die Kiffer auf Sofas. Steht man im Türrahmen, um einen Blick auf das Elend zu werfen, kommt man sich vor wie ein Zivilpolizist. Ganz unangenehm.

Also in die Küche. Natürlich sind die Getränke alle aus. Es bleibt nur noch die Möglichkeit, sich den letzten Whiskey in einen Kaffeebecher zu gießen.

Das Wohnzimmer ist rappelvoll. Grunge-Musik läuft. Vor der unsäglichen Grunge-Zeit gab es mal eine kurze Phase mit erträglicher Musik. *Napalm Death* zum Beispiel, die heute kein Mensch mehr hört.

Wie gesagt, Claudia ist auch da. Kaum sieht sie mich, küsst sie auch schon einen bescheuerten Hippie – so auf eine ganz wilde Art, die für mein Empfinden ziemlich anstrengend aussieht.

Ich schiebe mich vorbei. Ich will auf den Balkon.

Hier ist es sehr düster. Zu irgendeinem Mädchen, das ich gar nicht kenne, sage ich: „Dich kenn ich doch."

Ich halte ihr ein Feuerzeug vors Gesicht, um sie besser zu sehen. Natürlich sagt mir ihr Gesicht überhaupt nichts.

„Prost", sage ich entmutigt und halte meinen Kaffeebecher hoch.

Wie dem auch sei. Drinnen kriegt Claudia mich zu fassen. Sie sagt: „Ich möchte, dass du eifersüchtig bist, das bist du doch hoffentlich."

Ich ziehe sie in den Flur, damit uns niemand hört: „Ich bin nicht eifersüchtig, ich bin angewidert", sage ich.

Claudia ist ziemlich betrunken. Sie wackelt vergnügt herum. Ich kenne das sehr gut.

Sie streckt den Bauch vor: „Ich bin schwanger", brüllt sie, „ich suche nur noch den Vater!"

„Claudia", sage ich, „reiß dich zusammen" – diesmal, um bloß kein Aufsehen zu erregen, fast wie mein eigener Vater –, „laß uns draußen reden."

Ich ziehe sie raus ins Treppenhaus. Sofort ist alles viel leiser. Im Treppenhaus geht nach einiger Zeit das Licht aus. Man muss erneut den Schalter drücken. Immer wieder.

Claudia hält sich am Geländer fest.

„Stimmt das?", frage ich.

„Vielleicht", antwortet sie erstaunlich nüchtern.

Die Tür geht auf. Das Licht geht schon wieder aus. Es ist so was von nervig, dass ich, nachdem die Heimgeher unten im Treppenhaus verschwunden sind, vorschlage: „Gehen wir woanders hin?"

„Nein", sagt sie, „ich weiß, wie das endet."
Ich ziehe sie am Ärmel, aber sie wehrt sich.
„Ich geh jetzt runter", sage ich und gehe tatsächlich runter.
Draußen muss ich ungefähr fünf Minuten warten, bis sie nachkommt. Sie hakt sich unter, und wir gehen.

Martin Brinkmann
Amerika-Mädchen

Unser Tisch steht von der Terrasse abgerückt auf dem Rasen, und ich kippel ein wenig mit dem weißen Plastikstuhl, und einmal stützt sie ihren Ellenbogen auf den Tisch und ist mir mit ihrem hübschen, blonden Gesicht etwas näher gekommen, und ich überlege, ob ich nicht auch näher kommen sollte.

Das Wetter heute ist schwül, auf seltsame Weise lichtlos. Weithin hängt die Masse der trüben Wolken. Enten fliegen über uns hinweg. Mein Kopf geht hoch, und ich sehe sie für einen kurzen Augenblick von unten.

Am See sitzen ein paar Menschen wie Zuschauer auf Bänken, als warteten sie darauf, was ihnen das Tablett der grauen Wasserfläche bringen könnte. Aber es bringt nichts.

Das Restaurant hier unten am See leert sich zunehmend, und ich stehe auf und sehe über die Brüstung der Terrasse hinweg durch die Fenster ins Innere des Restaurants. Es ist keiner mehr da. Ich setze mich wieder und sage überzeugend: „Wir sind die Einzigen."

Und weil ich Angst habe, sie könnte gleich gehen wollen, sage ich danach: „Magst du noch ein Bier?"

Ich stehe schon wieder, sie sieht zu mir auf, lächelt, und ich gehe. Ich schwanke ein wenig, aber nur so wenig, dass ich nicht glaube, es könnte jemand sehen. Ich rufe im leeren Restaurant nach der Bedienung und bestelle noch zwei große Bier. Es ist erst sieben Uhr.

Dann sitze ich wieder draußen an unserem kleinen Tischchen.

Ihr Gesicht ist schlank und fein, und wenn sie lacht, zeigt sie gute weiße Zähne. Ich mag sie sehr.

Sie geht zur Toilette und sieht angedusel aus beim Gehen, wie sie die paar Stufen auf die Terrasse nimmt und dann verschwindet.

Den Augenblick, den sie weg ist, sehe ich auf die sanft schwankenden Baumwipfel am Kanal. Die Wirrnis der

Blätter verschwimmt mir vor den Augen. Ich höre ihr ruhiges Rauschen. Wind ist aufgekommen. Die wenigen Yachten liegen teilnahmslos im Kanal.

Sie kommt wieder und lacht. Auch ich lache in solch einer Situation, wenn ich weggegangen bin und dann zurückkomme. Das Wetter, dieses seltsame Innehalten der umfassenden Schwüle, begünstigt unser Verhalten. Ich muss aufpassen, mich nicht zu verlieben.

Seltsam, mehrmals schon hat sie mich gefragt, ob mir nicht kalt würde.

Nein, mir ist nicht kalt. Sie zieht jetzt schon ihre Jacke über.

Dennoch wird es ihr zu kalt. Wir gehen rein, um festzustellen, dass wirklich kein einziger Gast da ist. Wir gehen durch den Saal mit den schweren verwaisten Holztischen und -stühlen in den Wintergarten. Hier ist es hell und für einen Augenblick wie unter Wasser. Wir sitzen, nur durch Glas getrennt, direkt am See, und sie redet laut weiter, wie es ihre Art ist, als hätte sie sich nichts zu vergeben. Häufig macht sie ein mädchenhaftes Geräusch, haarspangengleich, um irgendwas abzuschließen, also etwas, das ich schon sehr lange nicht mehr kenne oder bedacht habe.

„Trinken wir noch ein Bier?"

Sie macht dieses liebe Geräusch, das folgendermaßen funktioniert: Man muss einfach, ohne sich viel Mühe zu geben, mit geschlossenem Mund „Jaja" sagen.

Leider fährt sie für ein Jahr nach Amerika. Ich denke an den Winter und an diesen See, der unter einer puderigen Schicht von Schnee zugefroren wäre, und an Schlittschuhlaufen, an die kahlen Bäume am Kanal, den leeren, klaren Himmel, münzenes Licht, goldgezwicktes Gezweig, und an sie in Amerika, an Schnee schiebende Bulldozer, die etwas mit Amerika zu tun haben, mit einem Mal auch an Schwäne auf wässriger Plane, das war letztes Jahr in Bremerhaven, kurz vor Weihnachten. Mein Bruder und ich kauften Weihnachtsgeschenke, und die Schwäne trieben wie weißes Plastik im schwarzen Wasser.

„Wir sehen uns zum letzten Mal." Ich sage das so, als wäre es mir egal.

„Ja."

Nun erzählt sie mir aber was von Erwartungen, weil ich sie ja häufig angerufen hätte, die ich hoffentlich nicht hegen würde, diese Erwartungen, erzählt was von Freundschaft, gute Freunde, auf sich zukommen lassen ... Es sind wirklich eine ganze Zeitlang immer dieselben Wörter, mit nachdrücklichem Kopfnicken vorgetragen. Und ich fange auch schon an, unsinnig zu nicken. Das dichtbewachsene Ufer hier vorne sehe ich noch scharf, dann legt sich etwas Nebliges vor das viele, in ferner Kurve verlaufende Grün des Holzurburger Waldes. Wir sitzen, das ist das innehaltende Wetter, immer noch in einer Schachtel. Ich habe sie nicht nach so was gefragt.

„Ich kenne dich doch überhaupt nicht", sage ich.

„Ich habe dich falsch eingeschätzt", sagt sie und lächelt lieb.

Ich rede mir ein, dass es ganz egal ist, was wir hier reden. Trotzdem, ich muss mich bemühen, dass man mir nichts anmerkt, denn mir fällt nichts Gescheites ein.

Plötzlich sage ich: „Ich weiß, warum ich so oft angerufen habe. Weil man etwas zu Ende bringen muss. Höre ich mittendrin auf, ist es ja noch lächerlicher."

Wir treffen uns heute nämlich zum ersten Mal. Ich habe nicht geglaubt, einen solchen Eindruck auf sie zu machen. Ich habe auch nicht geglaubt, dass sie so viel Bier trinken kann. Aber jetzt überrunde ich sie. Ich nehme noch eins, sie nicht, ihres ist noch so gut wie voll, wunderbar biergelb, beschaumt, bauchig steht das Glas vor ihr.

Auf einem Kärtchen auf dem Tisch wird für irgendein neuartiges Getränk Werbung gemacht, Sprudel mit Apfelgeschmack. Sie hat diese Karte in der Hand, als ich von der Toilette komme.

„Was ist das?", fragt sie, hält das Kärtchen hoch.

„Ach, Scheiße", antworte ich.

Kurz darauf kommt die Bedienung mit einem weiteren Bier. Sie lächelt uns an, als würde sie uns für ein schönes Pärchen halten. Ich halte uns auch für ein schönes Pärchen.

Man weiß nie, woran man ist. Es ist egal. Ich sehe raus. Es windet nun schon ganz gewaltig. Rillen wandern über das Wasser, kleine Wellen. Äste werden geschüttelt. Kein Mensch ist draußen zu sehen. Es wird dunkler. Die grauen Wolken bleiben, wo sie sind.

Das betrübe sie immer, dieses Dunkelwerden, das ihr sagt, dass der Sommer wieder vorbeigeht. Sie erzählt von früher, als sie ganz klein war, und wie sie mit ihrem Bruder Scheiße an die Wände geschmiert hätte, woran sie sich natürlich nicht mehr erinnern könnte, aber man habe es ihr erzählt.

Ich finde das alles ziemlich seltsam, was sich hier seit einer Ewigkeit zuträgt. So viele Menschen haben diese Kot-Geschichten in ihrer frühesten Kindheit erleben müssen. Niemand hat auf sie aufgepasst.

Ich biete ihr eine Zigarette an. Dann möchte ich ihr Feuer geben. Sie ist wunderhübsch. In diesem Moment, in dem sie mir das Feuerzeug aus der Hand nimmt und erst die unglaublich verwegen im Mundwinkel hängende Zigarette und dann die Kerze vor uns auf dem Tisch ansteckt, sieht sie aus wie eine Verbrecherin.

Papu Framod Mondhe „How are you doing?"
Im New Yorker Bankenviertel, 1996–2001

"How are you doing?"

„How are you doing?" 39

Silke Stamm
Kaninchenfleisch

„¡NADA ES IGUAL!" Das Plakat mit dem fett gedruckten Slogan hängt über dem Gepäckförderband. Grasgrün leuchtet es über den abgenutzten Gummimatten, die sich auf dem Boden entlangwinden und in den Kurven quietschen. Es fällt auf vor dem Einheitsblau der Flughafenkorridore. Mitten im Grün sitzt ein Kaninchen, das mich mit großen Augen fixiert. Ich starre zurück. Wofür das Plakat wirbt, verstehe ich nicht.

Zu unseren Koffern und zur Passkontrolle werden wir in drei Sprachen gewiesen. Es gibt keinen Zoll, die Insel ist eine Freihandelszone. Hinter der Tür, die sich ständig von selbst öffnet und schließt, warten kleine Mädchen mit dicken Bäuchen und Schleifen im Haar, dunkelhäutige Männer mit verschwitzten Hemden und Frauen, die nur knapp in ihre Kleider passen. Als sich die Tür zurückschiebt, richten sich die Gesichter auf uns. Nur kurz, dann springen ihre Blicke weiter. Einmal wollte ich einen Freund vom Flughafen abholen, aber er ist so schnell an der Absperrung und den Wartenden vorbeigelaufen, dass ich ihn in dem Gedränge nicht mehr gefunden habe. Er konnte nicht wissen, dass ich komme, vor dem Abflug hatten wir uns gestritten. Wir fuhren dann jeder für sich nach Hause.

Die Menschen hier wissen, dass jemand kommt, und schauen mit runden Augen. Wir gehen weiter. Vor uns steht eine Frau und hält ein Schild in die Höhe: Handgeschrieben stehen unsere Namen darauf. Sie erklärt uns, wo der Mietwagen steht, wie wir unser Häuschen finden, das Leitungswasser sollen wir nicht trinken, und im Süden gibt es einen schönen Strand. Dann bekommen wir noch einen Umschlag in die Hand gedrückt. Eine Telefonnummer für den Notfall, sagt sie.

Ich nehme den Autoschlüssel. Die Koffer sind sperrig, passen nicht alle in den Kofferraum, Marie quetscht sich mit einem nach hinten. Knut sitzt neben mir, hat die Karte auf dem Schoß und spricht die Namen der Orte gedehnt. Zuerst fahren wir auf einer dreispurigen Straße, rechts schwappt das Meer, links stehen gleichförmige Hochhäuser, nur Fensterquadrate unterbrechen die Fassaden. Das Land hinter der Windschutzscheibe sieht braun und ungewaschen aus. Dann wird die Straße enger und sehr kurvig, es geht in die Berge. Die Häuser drängen sich näher. Ich steuere direkt auf sie zu, vor den Biegungen. Sie sind bunt und dicht an die Straße gereiht, Kurve um Kurve, immer weiter. Terrassen schieben sich vorbei, weiße Mauern und Weinlaub verschwinden aus dem Fenster. Marie zeigt ihnen hinterher. „O, wie schön", ruft sie. „Wo unser Haus steht?" „Nicht so nah an der Straße hoffentlich", meint Knut.

Weiter oben werden die freien Flächen zwischen den Häusern größer. Feigenbäume mit fransigen Blättern, Zäune, Gestrüpp. Nacktes Land liegt vor uns. An einer kleinen Einmündung steht ein verrostetes Schild. Knut zeigt darauf, hier müssen wir rein. Der Weg ist holprig, nicht asphaltiert und voller Schlaglöcher. Wir schaukeln wie in einer großen Wanne. Am Wegrand sind Steine aufeinander geschichtet, dann kommt eine schmale Öffnung. Vorsichtig lenke ich den Wagen hinein. Eine staubige Piste führt zwischen Bäumen hindurch, an denen grüne Zitronen hängen, die Äste schlagen gegen das Dach. An anderen Bäume hängen runzlige gelbe Früchte, die ich nicht kenne. Die Piste endet an einem weißen Haus. Ich schalte den Motor ab. Es ist still. Wir steigen aus. Stehen auf der Terrasse, strecken unsere Glieder. Papyrus und Pflanzen mit dicken Blättern wachsen an der Hauswand, ein Farn hängt von einem der Holzbalken herunter, welche die Veranda überdachen. Im Gras stehen zwei hellblaue Holzstühle. Wir gehen ins Haus, durch die leeren Räume. Das untere Zimmer hat eine Tür zur hinteren Veranda, oben gibt es eines mit Balkon und dahinter noch ein drittes, aber das ist dunkler. Ich will das mit dem Balkon.

Später sitzen wir im Garten. In den Schränken liegen jetzt unsere Sachen. Marie läuft unter den Bäumen herum und sammelt ein paar Zitronen auf. Sie geht in die Küche und macht daraus eine Limonade. Wir stoßen an. Knut spricht von Abschalten. Ich hole ein Buch und lege mich in einen der Liegestühle, strecke meine Beine aus, räkele mich probehalber. Schlage auf, schaue auf die bedruckten Seiten: Mich niederlassen, lesen, sonst nichts, das soll es jetzt sein. Ungläubig suche ich in den Zeilen.

Der Abend ist leise. Ich hatte mir Knallen von Sektkorken vorgestellt, Zuprosten und Jubeln. Zu Hause hatten wir schon beim Wälzen der Kataloge angestoßen und auf die Begleittexte zu den verschiedenen Fincas, die Marie in schwärmerischem Tonfall vorlas, getrunken. Jetzt steht der Sekt ungeöffnet im Kühlschrank. Wir sitzen, die Bäuche mit gebackenen Kartoffeln gefüllt, auf der vorderen Veranda und hören entferntes Hundegebell. Langsam dringt die Dunkelheit in den Raum zwischen uns. Keiner steht auf und schaltet das Licht an. Irgendwo weit unter uns machen sie Musik. Es klingt nach vielen Menschen. Hier oben sind wir allein.

Bevor wir losfuhren, hatte ich noch eine Freundin, die ich selten sehe, zum Essen getroffen. Sie stillte fortwährend ihr Kind und fragte mich über ihre Mutterbrüste hinweg nach den aktuellen Männern. Wollte genau wissen, mit wem ich fahre. Ob das nicht eine komische Kombination sei, zwei Frauen, ein Mann? Und was denn mit Knut sei? Nichts. Ob ich mir da so sicher sein könne? Was ist schon sicher.

Jetzt liege ich im Balkonzimmer, es ist das schönste. Ich habe die Betthälfte genommen, von der aus man besser hinaussehen kann. Knut liegt nebenan. Er muss durch mein Zimmer hindurch, um in seines zu kommen. Sein Raum hat kein richtiges Fenster, die Tür hat er offen gelassen. Von da, wo ich liege, kann ich sein Bett erkennen. Neben ihm liegt sein Koffer. Ich versuche mir vorzustellen, er läge hier bei mir und ich fände das aufregend. Ich würde ihn berühren. Ihn wollen. Seinen Bauch aus seinem T-Shirt herauswühlen. Und in seine Schlafshorts fassen. Ich würde Spaß haben.

Viel Spaß hat mir einmal ein anderer Mann gewünscht, als ich für ein paar Tage wegfuhr. Ich wünschte mir zu der Zeit mehr. Ich hatte auf seinem Bauch gelegen. Und sein Bauch auf mir. Ich hatte sein Fleisch berührt. Dort, wo es die Falte wirft, unter der dicke Männer ihre Hose schließen. Er war beim Film, als Regieassistent. Ich hätte ihm gerne mal zugeschaut.

Knut wollte sich nicht mit mir streiten, er hat verzichtet. Marie wollte sowieso das Zimmer unten haben. Es hat die größten Betten, und sie erwartet noch Besuch. Also habe ich den Balkon. Ich stehe noch einmal auf, schaue hinaus, auf die farbigen Lichter der Straßenlaternen. Ein zarter Wind geht. Man sieht weit von hier oben.

Irgendwann habe ich angefangen, meinen Exfreunden Kürzel zu geben: Ex, ExEx, ExExEx. Die Idee hatte ich von meinem damaligen Semi-Ex. Der überlegte laut, ob die Verflossene, von der er mir gerade erzählte, nun seine Ex oder seine ExEx sei. Ich bin dann ausgezogen. Aber das System gefiel mir. Darin gibt es für den Assistenten keinen Platz. Ihm habe ich das Bettlaken voll geblutet, sonst nichts. Jetzt möchte ich schlafen.

Der Tag sickert durch die Balkontür über die Bettdecke unter meine Augenlider. Ich bleibe bewegungslos liegen, möchte noch nicht teilhaben. Von nebenan kommen Geräusche. Knut steht in meinem Zimmer. Ich rege mich nicht, höre Schritte die Treppe hinunter, das Öffnen der Verandatür unten, wieder Schritte. Knut und Marie unterhalten sich leise, sie wollen joggen gehen. Als sie fort sind, schiebe ich die Decke weg. Setze mich auf die Schwelle zum Balkon und schaue hinaus, schnuppere in den neuen Tag da draußen. Ich muss kein Guten-Morgen-Lächeln tragen, ziehe mein Nachthemd aus und laufe barfuß über die Dielen, die Treppe herunter, nackt ins Bad. Wasser auf meinen Brüsten. Drei große weiße Handtücher hängen da, ich wickle mich in eines davon ein und gehe raus in den Garten. Noch liegt er im Schatten der Büsche. Ich bleibe stehen und lausche. In einem der Sträucher hüpft ein Vogel herum. Er ist klein, aber er bringt viele Blätter in Bewegung, als ob sie winkten. Nichts, was ich jetzt tun möchte.

Getrampel, Poltern, Schuhe fliegen durch die Gegend. Die beiden sind verschwitzt. Marie geht ins Bad. Ich fülle die Espressokanne mit Wasser und Pulver und stelle sie auf den Gasherd. Trage Teller, Früchte und Müslipackungen in den Garten, bis der Tisch voll ist. Eine Tüte mit Brötchen liegt auf der Bank. Die beiden waren im Dorf. Knut sitzt bereits mit einem Buch im Liegestuhl, hat noch seine Turnschuhe an. Marie kommt aus dem Bad, lässt sich seufzend auf einen Stuhl sinken und plappert. Sie wolle jetzt jeden Morgen laufen, es ginge ganz schön den Berg hoch, vom Dorf unten. Sie öffnet die Tüte, schwärmt von der kleinen Bäckerei, springt noch einmal auf und geht zur Anlage, um diese Frohmach-Musik alternder kubanischer Männer aufzulegen. Ich versuche, ihren Plauderton zu finden. Habe keinen Hunger. Knut isst Cornflakes mit Milch. Dann ein Brötchen mit Käse, dann eins mit Salami. Er sagt nichts.

Ich liege auf dem Bauch im Gras. Die Seite, die ich aufgeschlagen habe, wirft gleißendes Licht in meine Augen. Ich stemme mich hoch und suche meine Sonnenbrille. Lege mich wieder auf mein Handtuch. Muss aufs Klo. Noch mal hoch, zurück ins Haus, im Halbdunkel sehe ich fast nichts. Schiebe die Sonnenbrille in meine Haare, so, wie es Marie macht, seit wir hier sind. Sitze auf der Klobrille und starre den Toilettenpapierhalter an. Wenn ich eine Rolle einlege, dann immer so, dass das lose Ende des Papiers nach vorne hängt. Hier hängt es an der Wand. Klowände berühre ich nicht gern. Ich könnte es rausfingern und richtig hineinlegen, aber das mache ich nicht. Eine Zeitschrift liegt auf dem Boden, verkündet in fetten Buchstaben 'SOMMER, SONNE, NOCH MEHR SPASS'. Ich habe keine Lust, die Seiten, die andere angefasst haben, während sie hier saßen und drückten, auf meinen Schoß zu legen und so lange darin herumzublättern, bis ich fertig bin.

Der Nasenbügel der Brille hat sich in meinen Haaren verheddert. Marie hüpft die ganze Zeit fröhlich herum, hat schon wieder Zitronenlimonade gemacht, schneidet gerade verdorrte Stängel aus einem Strauch mit großen weißgelben Blüten, hat Pläne für den Tag. Ich schenke mein Glas bis zum Rand voll, trinke es hastig aus, fülle es ein zweites Mal. Dann ist die Karaffe leer. Knut sitzt im Schatten und liest. Er scheint nichts weiter zu brauchen, bedankte sich sehr höflich für die Limonade und schaut kaum von seinem Buch auf. Marie und ich haben gleich unsere Bikinis angezogen. Er trägt noch immer T-Shirt und Shorts. Unter dem Stoff wölbt sich sein Bauch. Ich würde ihn gerne einmal sehen. Weiß muss er sein und schläfrig. Das Gras juckt mich.

„Knut, kannst du mir bitte mal den Rücken eincremen?"
„Klaro."

Er legt ein Lesezeichen zwischen die Seiten, stemmt sich aus seinem Liegestuhl hoch, kommt auf mich zu. Ich habe mich aufgesetzt, ihm zugewandt. Ich fasse mit beiden Händen hinter meinen Rücken, ertaste den Verschluss meines Oberteils und hake ihn aus. Es klackt leise. Ich streife die Träger von den Schultern und schaue Knut an. Er bückt sich nach meiner Sonnenmilch, steht direkt vor mir, wartet. Ich warte auch einen Augenblick, bevor ich mich auf den Bauch drehe. „Den ganzen Rücken und die Schultern, bitte", murmele ich. Ich spüre die Flüssigkeit warm auf meiner Haut. Er verteilt sie schnell und großzügig. Eine Fliege surrt an meinem Ohr. Er ist fertig. Ich bleibe regungslos liegen, brumme ein Danke. Wir kennen uns gut.

Marie steht über mir. Sie sagt eine lange Einkaufsliste auf, abends möchte sie Tintenfische machen. Ich schlage mein Buch zu, drehe mich auf den Rücken, schaue nach oben. Meine Abstützhand ist eingeschlafen. Ich war in Indien, in Bombay. Die Stadt war voller streunender Hunde, Pisse und abgehackter Gliedmaßen. Wir brauchen dringend Wasserkanister. Die Sonne ist immer noch heiß auf meiner Haut, aber die Schatten kommen näher. Im Auto erzählt Knut, er habe sich seine Lektüre für diese Reise sorgfältig zusammengestellt. Er liest gerade von einem Mord in einem kanarischen Landhaus und kennt verschiedene einheimische Autoren. Im Supermarkt der kleinen Stadt werfen Knut und ich alles, was uns in den Sinn kommt, in größeren Mengen in den Einkaufswagen. Marie geht prüfend den Gemüsestand ab, berührt, beriecht, lässt abwiegen. Unterhält sich mit dem Fischverkäufer, kauft. Nach dem Einladen ist unser Kofferraum der einer zufriedenen Großfamilie. Im Auto quengele ich: „Ich will ein Eis!" „Zu Hause", verspricht Marie. Wir kurbeln die Fensterscheiben herunter, ich hupe vor den Kurven, fange an zu singen. Protest kommt erst bei 'Que sera, sera'.

Wir rollen in unseren Garten. Knut verschwindet gleich wieder mit einem Buch im Schatten. Ich mache uns Martinis, und wir setzen uns auf die vordere Veranda. Mit einem Olivenkern zwischen den Zähnen fragt er uns, was der größte Kindheitstraum gewesen sei, der uns nicht erfüllt wurde.

„Fußballschuhe mit Stollen!", ruft Marie.

„Ein Pferd", antworte ich.

„Wie alle kleinen Mädchen."

„Es war ein Indianerpferd, ich war der Häuptlingssohn. Und du?"

Als wir mit dem Abwasch fertig sind, ist es draußen zu kühl. Die beiden setzen sich vor die Glotze und schalten sie an. Ich setze mich dazu. Auf allen Kanälen Schwachsinn, und beim Zappen macht der Apparat jedes Mal ein saugendes Geräusch. Das scheine nur ich zu hören.

Ich schaue Knut an, der im Sessel hängt, die Beine hochgelegt, die Fernbedienung in der Hand, und auf die Kiste stiert. Er kommt mir vor wie ein dumpfes Walross. Es gibt Flugzeugabstürze zu sehen, brennende Maschinen, zum Teil verwackelt. Marie hat sich auf das Sofa gerollt, gibt Kommentare ab, witzige oder betroffene. Weghören geht nicht. Ich fühle mich vertrieben, gehe hoch. Es gibt keine Tür, und mein Boden besteht nur aus verzogenen Dielenbrettern. Ich versuche zu lesen, aber der Raum ist voller Stimmen, die Wörter werden nicht zu Sätzen. Im anderen Zimmer hätte ich meine Ruhe. Die hocken da unten, glotzen und finden das normal. Ich möchte runter und das Kabel durchschneiden oder die beiden anschreien. Bleibe liegen. Schlafe nicht.

Knut steht in kurzen Shorts und runden weißen Oberschenkeln vor mir. Er möchte heute eine Strecke suchen, die nicht ansteigt. Wir laufen los, erst mal runter. Als wir am ersten Hund vorbeikommen, der hinter seinem Zaun kläfft, bleibt er stehen. Geht dann ganz langsam weiter. Ich laufe und schaue zurück. Es geht jetzt den Berg hoch. Vor jedem Haus ist ein Hund, alle sind eingesperrt. Als ich Knut nicht mehr sehen kann, nehme ich noch eine letzte Anhöhe, bevor ich umkehre. Weiter unten steht er. Wir gehen zurück, das erste Stück zusammen. Als ich wieder anfange zu laufen, hält er nur kurz mein Tempo. Vielleicht sollte ich auf ihn warten, aber ich habe keine Lust. Ich möchte mich bewegen. Zu Hause erzählt er mit ernster Stimme, dass er bei Hunden lieber vorsichtig sei.

Neben unserem Frühstückstisch sitzt eine Katze. Sie schaut zu uns hoch. Grau und mager ist sie, mit einer weißen Brust. Marie fragt, ob sie wohl die Milch verträgt. Stellt ihr ein Schälchen hin. Sie schlabbert es leer, steht dann da, mit nach oben gestrecktem Schwanz, maunzt kurz und streicht um unseren Tisch. Schließlich setzt sie sich auf die Steinplatten, die Vorderpfoten nebeneinander, den Schwanz an den Körper geschmiegt, und wartet. Marie möchte Katzenfutter kaufen.

Marie und ich lesen in der Sonne, Knut unterm Baum. Er trägt eine dunkle Sonnenbrille, seine Haut hat im Schatten nur einen schwachen Ton. Seine Haare sind fast weiß, sogar seine Wimpern.

Als die Sonne höher steht, suche ich im Haus meinen Hut. Knut liegt jetzt in seinem Zimmer. Dort ist es dunkel. Durch die halb geöffnete Tür sehe ich seine blassen Beine auf dem Laken, er muss auf dem Rücken liegen. Der Türrahmen verdeckt seinen Oberkörper. Ob er die Augen offen hat? Ich laufe hinunter in den Garten. Draußen ist es sehr hell.

Marie telefoniert. Hinter einer Hecke dringt ihre Stimme hervor, die mit Pausen spricht. Sie lacht und schildert unser Häuschen. „Wunderschön! Wir haben einen Zitronenhain, lassen's uns echt gut gehen, liegen den ganzen Tag in der Sonne ... klar, Aprikosen, Pflaumen, Orangenbäume, alles wächst hier ... stell' dir vor, 200 Jahre alt, aber renoviert und komplett eingerichtet, mit automatischer Saftpresse, und die Gegend ist völlig untouristisch ... schon toll, dass man hier Empfang hat."

Am Abend sitzen wir unter den Holzbalken auf der vorderen Veranda und essen. Ich tunke den Rest der Soße mit Brot auf, Knut sucht die zweite Flasche Wein, Marie lehnt sich zufrieden zurück. Wir reden über Entwicklungshilfe, Aufklärung, Afrika und Ansteckung. Marie fragt: „Und ihr? Seid ihr immer vernünftig beim Sex? Passt ihr immer auf?" Ich lasse Knut zuerst antworten:

„Was heißt vernünftig? Nur mit Kondom und Aidstest? Also, den möchte ich ehrlich gesagt gar nicht machen. Vielleicht will ich das Ergebnis ja gar nicht wissen."

Ich bin erstaunt. „Hm, wenn ich was in die Richtung befürchten würde, würde ich es aber unbedingt wissen wollen. Das heißt jetzt nicht, dass ich es hundert Prozent ausschließen kann." Der Filmer. Seine Decke, groß und weich, ich darunter. Habe geglaubt, mir kann nichts passieren. Wie ein Teenager. Schlimmer. Ich habe nicht einmal verhütet. Er hat mir ins Ohr geflüstert, wenn er ein Kind von mir haben wolle, würde er mich schwängern, vorher nicht. Ich war einverstanden. „Ich habe auch nicht immer aufgepasst. Angst habe ich trotzdem keine. Sonst würde ich auf jeden Fall einen Test machen."

Für Marie ist das Quatsch: „Entweder du bist vorsichtig, oder du bist es nicht. Ich habe bei jedem verlangt, dass er einen Test macht. Und bis das Ergebnis kam, haben wir eben jedes Mal ein Kondom genommen. Da gibt's für mich nichts zu diskutieren."

Knut spricht von besonderen Risiken. Von Prostituierten. Ich verstehe nicht ganz.

„Na, manche machen's ohne. Bestehen nicht darauf. Und hinterher fragst du dich natürlich, wieso. Ob's für die vielleicht sowieso schon egal war." Knut öffnet die Flasche.

Ich strecke ihm mein Glas hin. Er schenkt nach. Ich zögere. „Echt, so was machst du? Oft? Bringt's das denn?"

Er versucht, es mir zu erklären. Vom besonderen Reiz spricht er. Dass auch die Spannung davor dazugehöre, gerade weil man schon wisse, was komme. Dass man sich natürlich nicht verlieben dürfe. Ich denke an das Laken mit den roten Flecken. Ich wusste nicht, was kommt. Nur was ich wollte, wusste ich. Der Assistent nicht.

„Aber das ist doch nicht dein Ernst, oder? Das kann doch nur ein Ersatz sein. Findest du es nicht viel schöner mit einer, die will? Die dich will?"

Er schaut mich an. Macht eine kleine Pause. „Versteh' mich da bitte nicht falsch. Natürlich kann ich dem auch sehr viel abgewinnen. Aber das ist etwas völlig anderes. Das ist nicht vergleichbar."

Wir reden nicht mehr viel an dem Abend. Marie trägt das Geschirr in die Küche und klappert dort herum. Knut und ich nippen noch ein bisschen an unserem Wein. Hören Grillen und natürlich die Hunde.

Ich gehe vor ihm ins Bad. Setze mich dann oben im Dunkeln auf die Schwelle zum Balkon. Sehe die schwarzen Flecken und die Straßen in der Ebene unter mir. Als ich höre, dass die Badezimmertür aufgeht, mache ich mein Nachttischlicht an. Es wirft einen hellen Kreis auf die Dielen. Ich lasse die Hose zu Boden fallen, streife den Slip ab, schaue noch einmal auf die Lichter da draußen. Höre seine Schritte auf der Treppe. Ziehe mein T-Shirt über den Kopf. Knut ist oben und geht in sein Zimmer. Als er drin ist, höre ich noch sein „Gute Nacht". Ich lege mich nackt auf den Rücken und mache das Licht aus. Das Laken liegt kühl auf meinen Schenkeln und meinem Bauch. Ich berühre mit den Fingern meine Brustwarze und fahre mit der anderen Hand unter die Decke, am Bauchnabel vorbei, durch die Haare, dahin, wo es pulst. Meine Lippen sind prall und feucht. Ich öffne und schließe sie mit den Fingern. In meinem Kopf formt sich ein Bild, ein Wunsch. Ich höre auf.

Die zweite Katze ist schwarz. Sie ist ein bisschen kleiner als die andere, sitzt vor unserer Tür und lässt sich nicht anfassen. Die graue schnurrt, wenn man sie streichelt. Ich nehme sie auf den Arm, auch das lässt sie geschehen. Als ich unter ihren Bauch fasse, spüre ich ihre prallen Zitzen. Sie sitzen rosa in ihrem weichen Bauchhaar. Marie schüttet Trockenfutter in die Schale. Die Katzen fressen gemeinsam.

Das Handy piepst. Marie rennt, kommt strahlend zurück. Eine SMS, natürlich von Günther. Sie hat ihn erst vor einigen Wochen kennen gelernt. Seitdem schwärmt und kichert sie. Uns versicherte sie schnell, dass sie natürlich trotzdem mit Knut und mir in Urlaub fahren wolle. So, wie wir es geplant hatten, als wir noch alle solo waren. Günther wird herfliegen, für eine Woche. Er hat sich extra ein Handy gekauft, bevor Marie fuhr. Ihres klingt wie ein Mikrowellenherd. Wir hören es oft.

Wir wollen ans Meer fahren. Packen Bücher, Badetücher, Sonnenmilch, setzen unsere dunklen Brillen auf, fahren herunter von unserem Berg, durch Dörfer ohne Menschen. Die haben sich tief in ihre Häuser verkrochen. Mein Rücken ist feucht. Unten wartet das Wasser. Marie und Knut sprechen über den Altstadtkern der Inselhauptstadt, ich möchte untertauchen. Wir müssen erst einen Parkplatz suchen, dann einparken, ausladen und beraten. Über unsere Rucksäcke gebeugt stehen wir am Kofferraum. Gehen wir jetzt zum Strand oder erst in die Stadt? Ich will sofort zum Wasser. Über heißen Asphalt laufen, vorbei an mittagsleeren Bars und Türen mit Plastikvorhängen. Die Straße ist lang. Aber am Ende ist die Strandpromenade. Knut kommt nicht mit ans Wasser. Er will sich etwas umschauen, ein Café suchen, lesen und uns später abholen. Wir laufen über den Sand, er brennt an unseren Sohlen. Wir breiten unsere Badetücher aus. Marie möchte noch nicht ins Wasser. Aber ich. Ich renne los.

Als es mir bis zu der Hüfte reicht, bleibe ich stehen. Es ist kalt. Ich lasse es Zentimeter für Zentimeter an mir höher steigen, hebe meine Arme. Bis zur Brust steht es mir. Ich gleite ganz hinein, mache ein paar hastige Züge, tauche zum Grund ab. Steinplatten, Risse, dazwischen weicher, schlammiger Sand. Weiter draußen erhebt sich ein schmales Riff aus dem Wasser. Ich schwimme schnell darauf zu. Das Salz brennt in meinen Augen. Ich lasse sie trotzdem unter Wasser offen, schaue ins Bodenlose unter mir. Blaugrüne Tiefe. Ich könnte weiter tauchen, als ich sehen kann. Unten bleiben. Früher hatte ich Angst vor dem bösen Mann, der im Wasser wohnt und mich an den Füßen packt.

Ich habe Lust, hinauszuschwimmen. Erreiche das Riff. Das Wasser wird unruhig. Schwimme durch eine Öffnung weiter, in die Wellen. Auf der anderen Seite schäumt es gegen die Felsen, steigt an ihnen hoch, leckt über sie und senkt sich wieder. Es spritzt mir in die Augen. Ich versuche, mich von den Felsen fern zu halten. Ziehe meine Arme fester durchs Wasser, schlage mit den Beinen, aber komme nicht voran. Ich schlucke Wasser, huste, es brennt jetzt sehr. Ich hüpfe wie ein Ball auf und ab. Es reicht. Ich möchte zurück. Kraule, pruste, reiße den Mund auf und schlucke wieder Wasser. Als ich endlich ein paar Meter zwischen mich und die Felsen gebracht habe, schwimme ich mit aller Kraft auf das Ufer zu. Ich sehe es nur, wenn ich gerade angehoben werde. Es ist ein Strich, der nicht näher kommt. Nur Wasser um mich, Schlag auf Schlag. Das Salz füllt meinen Mund und meine Augen. Es brennt überall. Ich muss meinen Kopf heben und versuchen, die Richtung zu halten. Immer wieder kämpfe ich mich so weit wie möglich aus dem Wasser, um etwas sehen zu können. Ich kann nicht mehr. Unter mir ist nichts, und mich werfen die Wellen hin und her. Ich muss ruhig bleiben, gleichmäßig weiterziehen. Merke nicht, ob ich vorwärts komme. Weiß nur, dass ich weitermachen muss.

Endlich wieder Grund unter meinen Füßen. Steine, vertrautes Piksen. Schritte gegen den Widerstand des Wassers, dann bin ich draußen. Sinke auf mein Badetuch, schließe die Augen, warte, dass sie nicht mehr brennen, dass die Sonne mich trocknet.

„Na, war's schön?", fragt Marie von ihrem Buch herüber. Ich murmele etwas. Starre in den Himmel. Bin ein feuchter Punkt im Sand. Erschöpft. Habe gekämpft. Und habe es geschafft.

Marie setzt sich auf, nimmt ihre Brille von der Nase, senkt ihre Stimme auf privat und fragt, wie es bei mir gerade in puncto Männer stehe. Ich weiß nicht, was ich antworten soll. Ich habe ihr schon oft von meinen Geschichten erzählt, sie kennt auch die letzte. Wenn ich witzig erzähle, lacht sie. Wenn nicht, dann bekommt ihre Stimme diesen Mitleidsamtton. Ihre Einschätzungen kenne ich. Sie wird mir erklären, dass das, was ich mir wünsche, zwecklos ist. Sie hat Recht. Ich will es nicht hören. Den Namen kennt sie, ihr Mund spricht ihn leichthin. Ich will ihn nicht denken. Schaue in den Himmel. Sie redet weiter, erzählt mir, wie schön und unkompliziert alles mit Günther sei. Dass sie erst jetzt wisse, wie es sein kann, wenn man sich sicher sei. Ich antworte nicht.

Der Tag steht zwischen uns, wir liegen ohne Bewegung, die Augen geschlossen, die Bücher zugeklappt, die Sprache versiegt. Von oben kommt eine Stimme, Knut. Ich liege auf dem Rücken, sein Schatten wandert über meine Schenkel, blicke hoch ins helle Licht, sehe sein Gesicht nicht. Er setzt sich auf den Rand von Maries Badetuch und berichtet. Er hat in einem Café gesessen und Leute beobachtet. Marie und ich strecken unsere erhitzten Körper. Ich klopfe auf meinen Bauch, er ist glatt. Ich habe den ganzen Tag noch nichts gegessen. Das Wasser aus der Plastikflasche rinnt heiß meinen Hals herunter. Ich möchte noch einmal ins Meer tauchen und stehe auf.

„Kommt wer mit?"

„Nö, mir langt's für heute", erklärt Marie. Ich stelle mich vor Knut, schaue ihn auffordernd an. Möchte ihn ohne T-Shirt sehen. Seinen Bauch, den ich nicht kenne.

„Nein, ich nicht."

„Ist dir nicht heiß? Oder hast du deine Badehose vergessen?"

„Wasser lockt mich nicht."

Als ich tropfend zurückkomme, mich schüttle und abreibe, sitzt er immer noch auf der Ecke des Badetuchs und unterhält sich mit Marie, die sich inzwischen angezogen hat, über den Koran und Rushdie. Ich höre seine ruhige überlegte Stimme. Was er sagt, interessiert mich nicht.

Wir schlendern Richtung Fischereihafen. Am Ende der Mole sind ein paar Angler. Sie stehen auf den großen Steinen, die vor der Kaimauer aus dem Wasser ragen. Manchmal spritzt die Brandung an ihnen hoch. Ich setze mich auf den warmen Asphalt. Knut erklärt Marie, welche Fische hier geangelt werden. Ab und zu landet eine Hand voll Brot im Wasser, das dann auf den Wellen tanzt und langsam auseinander treibt. Wir warten, bis einer seine Angelschnur aus dem Wasser zieht. Ein sehr kleiner Fisch hängt am Haken. Der Angler nimmt ihn ab und wirft ihn in einen Plastikeimer, der auf der Mauer steht. Ich schaue hinein. Mehrere Fische treiben im bräunlichen Wasser. Dazwischen schnellt der neue nach oben, immer wieder. Ich warte, bis er nicht mehr springt. Es dauert eine ganze Weile, bis der Fisch im warmen Wasser erstickt ist. Der Mann ist schon lange wieder mit seiner Angel auf den Felsen.

Ich blicke auf das rollende Wasser, auf den weißen Schaum, in die Figuren, die er bildet. Marie sitzt neben mir. Ihr Handy piepst. Sie kramt hektisch in ihrer Tasche, starrt dann auf das Display, liest. Stößt mich an.

„Du, ich habe gerade einen Antrag bekommen!"
„Wie, per SMS?"
„Ja! Was soll ich denn jetzt machen? Soll ich das ernst nehmen?"

Knut hat nichts mitbekommen, er starrt immer noch in die Ferne. Sie erzählt es ihm. Die Brandung rollt weiter. Ich bin noch nie gefragt worden. Knut würde abwarten. Marie nicht, Marie freut sich. Sie möchte noch einmal persönlich gefragt werden, das tippt sie in ihr Handy ein. Wir fangen an zu spekulieren, ob er das tun wird, wenn er hier ist. Bestehen darauf, Verlobungszeugen zu sein. Sie ist ganz aufgeregt und plappert von ihrer Günther-Welt. Ich sitze neben ihr, schaue in das blaue Wasser. Es schwappt noch immer gegen die Steine.

Ich habe die Decke weggestrampelt. Die Mücken surren an meinen Ohren. Es muss mitten in der Nacht sein. Ich versuche, mich zusammenzurollen und ruhig liegen zu bleiben. Neben mir steht das leere Bett. Ich muss raus. Stehe auf, mache das Licht nicht an, taste mich die Treppe zur Küche herunter, zum Wasserkanister, trinken. Der Durst bleibt. Starre auf die Fliesen. Steinquadrate, in alle Richtungen gleich. Bin betrunken. Erinnere mich an den Abend. Wir stießen auf Marie an. Ich trank schnell und viel. Draußen Vögel. Zuhören. Warum schlafen die nicht? Orangefarbenes Licht dringt herein. Es beleuchtet fremde Häuser. Kleine Klötze, die hierher gehören.

Die Wut. Sie steckt in meinem Kopf und geht nicht mehr heraus. Überall dicke Brocken. Die um mich sind zufrieden. Sie funktionieren. Ich möchte zuschlagen. Knut. Was ist, genügt ihm. Der Klotz sitzt in mir. Er sitzt fest. Ich möchte wimmern. Es ist Nacht. Alle liegen bei ihren Träumen, in weichen Betten. Marie träumt von übermorgen, von Günther, von ihrer nicht enden wollenden Zukunft. Ich kann nicht träumen, nicht lächeln. Ich funktioniere nicht.

Ich gehe ins Bad, mache das Licht an, es ist grell. Schaue in den Spiegel. Es schaut zurück, klumpig, böse.

Das Licht der neuen Sonne schimmert auf den Drähten der Überlandleitungen. Verloschene Straßenlaternen leuchten weiß. Die Wipfel der Bäume sind benetzt vom jungen Morgen. Ein Vogel hüpft in den fetten Blättern neben dem Balkon herum, sie schwanken. Das Licht kommt durch die offene Balkontür herein, liegt auf den Dielenbrettern hinter mir, wirft Schatten in die Ritzen und Aufsplitterungen. Im Holz stecken dicke Nagelköpfe. Hinter mir steht das eiserne Bett mit den weißen Bezügen, die Decke zerknäuelt, das Laken verknautscht.

Der beginnende Tag: Er ist zu jung, zu ruhig. Gleich werden die Rituale beginnen: Kaffee aufsetzen, den Katzen zuschauen, Frühstückstisch decken, sich in die Liegestühle setzen. Alles lächelnd, alles gelassen. Zu leiser Musik kauen. Sich strecken, vergnügen, heiter sein. Aber es ist nicht so. Am Morgen sind die Tage am längsten.

Noch ist niemand wach. Ich gehe hinunter. Inzwischen sitzen sechs Katzen auf der Terrasse. Die Graue hat vier Junge gebracht. Als ich die Glastüre öffne, springen sie in alle Richtungen. Die Alte kommt auf mich zugelaufen und maunzt fordernd. Die anderen bleiben ein paar Meter entfernt sitzen, blicken mich mit vorsichtigen Augen an, warten bewegungslos. Ich hole das Katzenfutter. Sie sitzen immer noch da, ohne sich zu rühren, sie schauen bloß. Ich schütte etwas in das Schälchen, bleibe daneben sitzen und warte auch. Die Alte frisst schnurrend. Ganz langsam kommen die Kleinen an, eine nach der anderen, auf tastenden Pfoten. Schnuppern, sitzen geduckt, fangen an, das Trockenfutter zu knacken und zu zerbeißen, schauen immer wieder von unten zu mir hoch. Als ich mich bewege, springen sie sofort auf. Die nächste Ladung schütte ich mir in die Hand. Wieder kommt zuerst die Graue. Dann holen sich auch die Kleinen ihre Stückchen. Bleiben misstrauisch. Beginnen, an meinen Fingern zu nagen. Als meine Hand fast leer ist, packe ich eine kleine Getigerte im Nacken. Sie ist ganz starr. Ich setze sie auf meinen Schoß. Da faucht, spuckt und kratzt sie. Ich lasse los. Mein Schenkel blutet.

Marie steht in der Tür. Sie ist mit vielen Worten entzückt über die süßen Katzenkinder, rennt in die Küche und holt ihnen noch ein Schälchen Milch. Die Katzen sind dünn. Hinter dem Brustkorb wölben sich ihre Flanken nach innen. Später würgen sie den weißbraunen Brei auf die Steinfliesen.

Morgen kommt Günther. Davon erzählt Marie seit Tagen. Sie kann es kaum erwarten. Mein Tag lauert bewegungslos. Heute werde auch ich warten.

Nach dem Frühstück lege ich mich auf mein Badetuch ins Gras. Die Steine sind zu heiß für nackte Füße. Die Luft hält ihren Atem an. Knut sitzt wieder im Schatten, starrt auf Buchseiten. Unter den Büschen liegen die Katzen und beobachten jede unserer Bewegungen.

Marie springt im Haus herum. Sie hat sich ein Tuch um die Haare gebunden und spricht davon, was alles geputzt werden muss, bevor Günther kommt, was eingekauft werden muss, vorher. Sie verschwindet. Badezimmergeräusche, ein Rasierer, immer wieder läuft Wasser. Später tritt sie mit frisch getönten Haaren auf die Terrasse und grinst. Sie kann nicht anders. Knut grinst auch und fragt, wie viele Stunden es jetzt noch seien. Ich grinse nicht. Ich stehe auf und schaue mich im Spiegel an. Fingere mir in den Haaren herum, versuche, sie zu drapieren. Meine Augen starren mich böse an. Ich versuche zu lächeln. Sie bleiben hart.

Marie ruft. Die Katzen zerfleischen gerade ein Kaninchen. Die Alte hat es angeschleppt. Es ist fast so groß wie sie selbst. Marie deutet auf einen Busch. Unter den Blättern sitzen die beiden großen Katzen und nagen an einem Fellknäuel herum. Da, wo sie es mit ihren Fängen bearbeiten, ist es rot. Sie knurren grollend, ihre Schwanzspitzen sind nach oben gerichtet. Die kleinen Katzen schleichen um das Geäst herum, aber sie halten Abstand. Erst als die großen Tiere träge auf der Terrasse liegen, ihre Mäuler schlecken und aus schmalen Augen auf uns starren, balgen sich die Kleinen um die Reste des Kadavers. Eine packt es mit den Zähnen und läuft davon. Das zerrissene Fell schleift über dem Boden.

Später säugt die Graue ihre Jungen. Sie liegt auf der Seite, hat die Augen geschlossen, reckt ihr Kinn nach oben, entblößt ihren hellen Hals. Alle vier Kleinen liegen nebeneinander und haben sich festgesaugt. Mit weichen Tritten kneten sie den Bauch der Alten. Ihre Schwänze zittern leicht. Wenn man leise ist, hört man sie schnurren. Die Ohren des Muttertiers zucken.

Ich liege den ganzen Tag im Gras. Habe die Augen geschlossen, höre den Geräuschen des Hauses zu. Die Katzen sind überall. Zwischen den Beinen von Tisch und Stühlen liegen sie und lauschen. Die Sonne steht über uns still. Marie streift ruhelos umher. Sie klappert drinnen mit etwas, pflückt im Garten braune Blätter ab und beschäftigt sich mit der Kreation eines Menüs für heute Abend. Zählt unsere Vorräte auf und macht Knut verschiedene Vorschläge. Er ist mit allem einverstanden.

Mein Rücken glänzt von der Sonne, zwischen meinen Brüsten läuft der Schweiß in einem Rinnsal. Ich sauge die Hitze ein. Drehe mich auf den Rücken, verteile die Pfütze auf meinem Brustkorb. Schließe die Augen wieder, bewege mich nicht. Eine Katze maunzt.

Der Schatten kriecht über den Rasen, erreicht meine Knöchel. Ich möchte mit Knut ins Dorf, einkaufen. Ich habe Hunger. Marie hat ihre Wünsche auf eine Liste geschrieben. Während er draußen sitzt und wartet, lasse ich mir Zeit im Bad. Rote Lippen, schwarze Wimpern, kurzes Kleid. Mein Spiegelbild gefällt mir. Es kann losgehen. „Bist du bereit?"

Aus dem Zeitschriftenständer ziehe ich eine spanische Illustrierte. Auf dem Titelbild sieht man ein fast nacktes Paar in Aktion. Daneben steht '¡COMO TRIPLICAR EL PLACER DE TU CHICO DURANTE EL ORGASMO!'. „Wie du es ihm so richtig besorgst", übersetze ich laut und schlage auf. Sie empfehlen Verzögerungstaktiken und so eine Art Vaginalaerobic. Durch Fotos werden die Tipps veranschaulicht, die Männer auf den Bildern haben dunkle Augen und athletische Körper. Von Knut kommt keine Reaktion.

Nachdem wir die Einkäufe im Kofferraum verstaut haben, möchte ich noch etwas trinken gehen. Ich lächle ihn über das Autodach hinweg an: „Du auch?" Er zuckt mit den Schultern. „Klar, wenn du willst." Es gibt hier keine Touristenbars mit Sonnenschirmen und Stühlen draußen. Die Einheimischen stehen in der Kühle eines dämmerigen Schankraums mit Steinfußboden. Wir stellen uns an die

Theke. Unter dem dünnen Schweißfilm bekomme ich eine Gänsehaut.

Die alten Männer mustern uns schweigend, zwei Jüngere, die neben uns stehen, haben etwas Langsames im Blick. Einer von ihnen prostet mir zu. Ich schaue Knut an. Knut bestellt ein Bier und blättert im Sportteil einer bunten Lokalzeitung.

„Du, die glotzen hier alle."

„Stört es dich? Sollen wir gehen?" Er blickt kurz von seiner Zeitung auf.

„Brauchen wir nicht."

Er liest weiter. Ich bestelle einen Rotwein, nippe an ihm, rutsche auf meinem Barhocker hin und her. Die Typen glotzen weiter, mit halb geöffneten Mündern und schiefen Zähnen. Sie sprechen über mich. Ich bin die einzige Frau hier. Mein Kleid klebt. Knut raschelt mit der Zeitung. Er sieht mich nicht an.

Kurz darauf verlassen wir die Bar. Knut hat einen dunklen Fleck auf seinem Hemd. Die Männer haben jetzt wirklich etwas zu glotzen. Aber ich bin nicht stolz. Ich weiß nicht, warum ich das getan habe. In Filmen kommt es besser. Er schließt mir die Beifahrertür auf. Ich steige ein, sitze da. Er startet das Auto, schaut in den Rückspiegel, kurbelt am Lenkrad hin und her und sagt nichts. Die ganze Fahrt über nicht, blickt nur konzentriert nach vorn und nach hinten. Zu Hause trägt er die Einkäufe alleine in die Küche. Ich laufe mit leeren Händen nebenher. Er verschwindet im Bad.

Marie fragt mich, was passiert sei.

„Ein Rotweinfleck."

Sie kichert „Wie hat er denn das hinbekommen, von oben bis unten?" Ich sage nichts.

Marie schaut die Einkaufstüten durch. Sie tänzelt zu der Musik, die sie aufgelegt hat, und fängt summend an, Gemüse zu schnippeln. Die ganze Zeit spricht sie von morgen. Ihre gute Laune füllt das Haus. Ich gehe raus in den Garten. Im Gras entdecke ich die Überreste des Kaninchens. Es ist nur noch ein Stück Fell. Aber es sieht immer noch weich aus. Ich berühre es nicht. Hoch oben gleitet ein Mauersegler, schneidet Kreise in die blaue Luft.

Wir sitzen am Tisch. Knut klappert mit der Schüssel. Er reicht sie mir, bietet mir Wasser und Wein an. Mehr spricht er nicht mit mir. Die beiden planen den morgigen Tag. Ich sitze stumm daneben. Gehe bald nach oben.

In der Bar hat er mich nicht einmal angeschrien. Es wäre mir lieber gewesen, er hätte es getan. Oder mich geschlagen. Er bleibt ruhig, er tut nichts. Ich finde ihn nicht attraktiv. Ich kann mir nicht vorstellen, dass seine Hände mich berühren. Aber ich möchte, dass er etwas tut.

Günther-Tag. Marie fragt gleich nach dem Frühstück, wann wir losfahren, zum Flughafen. Sie malt sich rosa Lippen, zieht sich hübsch an, in Weiß und Grau. Ich schminke mich ebenfalls, suche mir auch ein weißes T-Shirt zu meiner braunen Haut und meine enge graue Hose. Er soll mich anschauen. Aber das wird er nicht, er kommt ihretwegen.

Auf dem Flughafen läuft Marie vor der Milchglasscheibe auf und ab. Als sie sich kurz öffnet, entdeckt sie ihn sofort und ruft ganz aufgeregt: „Da ist er!" Ein großer hagerer Typ mit einer auffälligen Nase: Günther. Sie fällt ihm in die Arme, und von dem Moment an strahlt sie. Er begrüßt uns, ist höflich und schaut sie an. Ich schaue zu.

Auf der Rückfahrt bestaunt Günther die Landschaft, die anderen erzählen ihm lustige Geschichten. Ich strenge mich an, lache mit. Knut bleibt mir gegenüber sachlich. Wir essen, trinken und legen uns früh in die Betten. Die beiden in ihrem Zimmer hat Marie zusammengeschoben.

Der Mond ist noch fast rund, aber hier ist es sehr dunkel. Nur durch den schmalen Fensterschlitz dringt ein Strahl blassen Lichts herein. Er liegt unter seiner Decke. Sein Gesicht schaut heraus und schimmert weiß. Ich stehe direkt neben seinem Bett und höre seinen Atem. Ich bin mir sicher, dass er wach ist. Mein Kopf ist leer. Ich versuche, mir etwas vorzustellen: das Geräusch beim Zerreißen eines Lakens. Wenn man den Anfang geschafft hat, geht es leicht. Ich begehre ihn nicht. Das weiß er. Er weiß viel von mir. Er kennt die Namen derer, die ich wollte. Das ist jetzt egal. Bis hierhin war es ein Spiel. Und er hatte den längeren Atem. Er hat nicht nachgegeben. Ich möchte nicht mehr spielen. Ich möchte meinen Körper spüren. Ich möchte schreien. Gegen das halb erstickte Stöhnen, das aus Maries Zimmer dringt. Gegen das leere Bett, das neben meinem steht.

„Knut? – Bist du wach?"

Er brummt.
„Knut?"
„Ja?"
„Das mit dem Weinglas tut mir Leid." Keine Antwort.
„Hast du gehört?"
„Ist in Ordnung." Mehr sagt er nicht.
„Du – ich möchte zu dir kommen."
„Was möchtest du?"
„Knut, kann ich zu dir kommen?"
Er schlägt die Decke zurück. Ich ziehe mein Nachthemd über den Kopf. Er hat sich jetzt halb aufgerichtet. Ich lasse es fallen. Stehe da, nackt. Weiter kann ich nicht.
Er nimmt meine Hand. Zieht mich ins Bett. Liegt neben mir, mir zugewandt. Ich liege auf dem Rücken, starre nach oben. Dort ist nichts. „Was ist mit dir?" Ich kann nichts sagen. Ich kann nichts denken. Spüre den großen Körper neben meinem. Zittere. Er berührt meine Schulter. Ich zittere noch mehr. Er legt den Arm um mich. Streift dabei meine Brust. Sie richtet sich auf. Ich möchte nicht denken. Drehe mich so, dass sie ganz in seiner Hand liegt. Lege meine Hand auf seine. Halte sie fest. Er beugt sich über mich, schaut mich an. Ich schließe die Augen und versuche zu stöhnen. Er beginnt, an meiner Brust zu kneten. Es tut weh. Ich spüre das Pochen in meinem Unterleib. Der brennt und ist leer. Ich fange an zu wimmern. Er tastet mit seinen Fingern nach unten. Ist sehr bedacht, konzentriert wie ein Wissenschaftler. Mein Becken zuckt. Das bin nicht ich. Ich spüre seine Hand auf meinem Bauch, seine Finger in meinem Schamhaar. Fast da, wo es klopft. Sie sind mir fremd. Aber das Loch in mir wird größer. Er soll es tun. Da ist er über mir und legt sich auf mich. Ich spüre seinen Schwanz. Weich ist er an meiner Haut, zu weit unten. Ich versuche, dahin zu rutschen, aber sein Körper auf mir ist schwer. Anfassen möchte ich ihn nicht. Ich spüre seine Zähne an meiner Brust. Es zieht. Ich beiße auf meine Lippe. Verhake meine Finger in der Bettdecke. Ich bin ganz feucht an seinem Bauch. Der liegt träge zwischen meinen Beinen und kitzelt schwach, da, wo ich fließe. Die Leere in mir ist gierig. Sein Schwanz an meinem Schenkel wird hart. Ich bin jetzt ruhig, aber in mir winselt es. Er soll da hin, wo es zieht. Ich spüre ihn warm. Es tut nicht weh, es reibt nicht, in mir ist alles nass. Er fängt an, sich zu bewegen. Vorsichtig. Ich höre ihn stöhnen. Ich möchte ihn tiefer in mir. Er zuckt kurz und ist dann still. Liegt auf mir.

Ich spüre seine Flüssigkeit, die aus mir rinnt. Drehe meinen Kopf zur Seite, damit ich atmen kann. Lasse probehalber meine Hände über seinen Rücken, auf seinen Po gleiten. Weiche, fremde Formen. Meine Hände liegen verloren da. Ich bewege mich ein bisschen. Sofort rollt er sich von mir herunter. Wir liegen einige Atemzüge schweigend nebeneinander, dann stehe ich auf. Sage nichts. Gehe in mein Zimmer und lege mich unter meine Decke. Starre ins Dunkel und rühre mich nicht. Warte, ob Schlaf kommt.

Irgendwann fängt ein neuer Tag an. Helligkeit kriecht matt über den Boden. Verschwindet nicht, bleibt auf den Dielen liegen. Ich stoße die Decke weg. Es riecht nach Geschlecht. Hinter der Tür zum anderen Zimmer ist es dunkel und still. Ich schlüpfe in meinen Morgenmantel, wickle ihn fest um meinen Körper und kauere mich auf die Schwelle des Balkons. Graues Licht. Ein Mauersegler stürzt sich in die Tiefe. Junger Tag ohne Konturen. Ich spüre meinen Unterleib. Er fühlt sich schal an, ohne Verlangen. Es gab Nächte, die mich den ganzen nächsten Tag ausgefüllt haben. Es gab andere Bäuche. Der Stoff klebt an meiner Haut. Ich möchte mich an einem rauen Baumstamm scheuern, wie es Kühe tun. Habe Blut unter dem Nagel. Höre auf zu kratzen. Gehe ins Bad. Stelle mich unter die Dusche. Drehe das heiße Wasser auf.

Auf der Terrasse steht die Luft still. Ein Tag wie alle anderen. Die Geranien leuchten immer noch an ihren holzigen Stielen. Die graue Katze bringt eine Eidechse. Aus ihrem Maul hängt der lange Schwanz, an dem die Beinchen baumeln, mit prallen Schenkeln. Der Kopf steckt in ihrem Rachen. Eine der kleinen Katzen bekommt sie zum Spielen. Sie lebt noch. Die Katze springt im Gras herum. Solange sie das Reptil in ihren Klauen hält, bleibt es bewegungslos. Jedes Mal, wenn sie es loslässt, versucht es zu entkommen. Die kleine Katze übt. Sie ist schneller. Als sie die Wirbelsäule durchbeißt, knackt es.

Wolfgang Schömel
Die Reise

Meine Freunde haben mir zu dieser Reise geraten.
„Du kommst auf andere Gedanken." „Du wirst dich öffnen, zu dir selbst finden." „Lass dich einfach treiben, gib dem Glück eine Chance, dich zu entdecken."
Und so weiter. Ich schwieg. Man weiß ja nicht, was man auf dieses Psychotherapeutengelaber antworten soll. Außerdem will man niemanden vor den Kopf stoßen, der es gut mit einem meint. Also fügte ich mich und buchte einen Flug nach Bangkok. Ich wollte ans Meer, in die Sonne. Ich wollte Fisch essen, Weihnachten vergessen, irgendwie den Buddhismus anzapfen. Vielleicht flösse innere Ruhe oder dergleichen in mich. Das waren meine Gedanken, als ich buchte. Inzwischen spielen diese Überlegungen keine Rolle mehr. Ich habe eine leere Fläche in meinem Gemüt, wenn ich an die Reise denke.
„Ich fahre nach Thailand", sagte ich. Sofort ging es los. Man schlug mir auf die Schultern.
„Nimm reichlich Gummis mit!"
In der Firma erzählte ich ungefragt, ich sei keineswegs ein Sextourist. Mit diesen Worten zerstreute ich die letzten Zweifel daran, dass ich einer bin. Und ehrlich gesagt, ich wünschte mir, ich wäre einer. Aber an so etwas ist leider absolut nicht zu denken. Vom bloßen Denken an menschliche Körperteile bekomme ich Panikattacken.
In einer Woche startet meine Maschine. Seit Tagen schlafe ich nicht mehr richtig. Wenn mich jemand anruft, was sowieso selten vorkommt, bin ich einsilbig und beende das Gespräch möglichst zügig. Ich befinde mich in meinem kleinen Reihenendhaus, das ich mir vor ein paar Jahren gekauft habe, weil ich mir eine Stimmungsaufhellung davon versprach, und nehme sozusagen probehalber Abschied von allem. Ich kann mir nicht vorstellen, intakt von dieser Reise zurückzukommen. Hoffentlich wird es wenigstens nichts geben, was von mir übrig bleibt, keine „sterblichen Überreste", keine dampfenden Körper-

stücke, wie sie nach Flugzeugabstürzen überall rumliegen. Das soll meiner Mutter erspart bleiben. Es wird schlimm genug für sie, wenn sie hier meinen so genannten „Haushalt" auflösen muss. Ein paar Freunde werden wohl ebenfalls anreisen.

Jedenfalls wird dann alles hier durchwühlt, umgewendet und erforscht. In ihrer Not werfen die Leute all die Dinge weg, die mir lieb sind, oder sie stellen sie auf den Sperrmüll. Man kann das verstehen, es muss ja alles schnell gehen, der Kram muss weg, ich muss abgewickelt werden. Sie decken meine Verschwiegenheiten auf, korrigieren ihre Meinung von mir, wahrscheinlich nach unten hin. Oder sie bestellen einen Entrümpelungsdienst, der die Arbeit für sie erledigt. Fernseher und Stereoanlage, ein paar Möbel werden sicher gestellt, der ganze Rest kommt weg. Briefe, Fotos und persönliche Papiere, meine über all die Jahre gehegten Lieblingsklamotten, alles wandert in den Schredder.

Ich gehe zu der Kommode, in der die Sachen von ihr sind. Mich würgt es, wenn ich mich dem Möbel nähere. Ich knie davor nieder, wie schon tausend Mal, aber ich heule nicht mehr. Ihre Hausschuhe, ihr Lieblingsbadetuch, ihr Schlafhemd, die Tampons, mittlere Größe, ihr Nassrasierer „Ladyshave", alles, was sie bei mir deponierte, für die Wochenenden, an denen sie bei mir war. Ein benutztes Tempotaschentuch. Ich habe alles aufgehoben. Ihre letzte Lektüre, „Herzog" von Saul Bellow. Sie könne wenig anfangen mit dem Buch, sagte sie. Ihre Wäsche, an der ich manchmal schnüffele und mir einbilde, ihren Körper zu riechen. Aber es ist wohl nur Weichspüler oder so was.

Ich habe zwei große Plastikmüllsäcke der Hamburger Müllabfuhr erworben. Die Gebühr für die Abfuhr ist eingeschlossen. Da müsste eigentlich das Wichtigste reingehen. Schnell und ohne genau hinzuschauen, räume ich den Inhalt der Kommode in einen der Müllsäcke, auch das Trägerunterhemd, in dem ihre leibhaftigen Brüste waren. Dieser Gedanke lähmt mich eine Minute. Ich stehe starr, links der Müllsack, rechts das Unterhemd, vor mir die geöffnete Kommode. Dann geht er weiter, der Film. Ich nehme den halb vollen Sack und trage ihn zu meiner Fotosammlung. Die Bilder und die vielen hundert Dias aus meiner Jugendzeit füllen den Rest des Sacks. Die Fotos von ihr oder von uns beiden stecke ich in eine gesonderte

Plastiktüte und lege sie oben drauf. Zuvor schaue ich mir die Bilder noch ein letztes Mal an. Ich finde immer noch, dass aus uns etwas hätte werden können. Welch eine komplizierte grammatikalische Konstruktion ist notwendig, um das zu sagen! Ich verschließe den Müllsack sorgfältig mit Blumendraht, zusätzlich mit Paketband, und trage ihn dann hinunter in die Garage. Die Entsorger meiner Hinterlassenschaft werden keinen Grund und keine Zeit haben, die Säcke zu öffnen. „Aha, hier hat er noch Müll stehen", werden sie denken. Ab auf die Straße zu den Mülltonnen! Sollte ich wider Erwarten von der Reise zurückkehren, werde ich die Säcke hinauftragen und die Sachen wieder auspacken. Ganz einfach. Wieder stehe ich ein paar Minuten reglos und frage mich, was ich mir da zusammendenke.

Peinlicherweise besitze ich mehrere Pornomagazine. Sie sind schon einige Jahre alt und haben mich gelegentlich visuell ermuntert, wenn es mir erotisch sowieso schon blendend ging. Man bekommt dann ja den Rachen nicht voll. Das ist nun wirklich gründlich vorbei. Ich kann nicht verstehen, was ich an diesen violetten Organen jemals gut finden konnte. Dennoch: Wegwerfen will ich die Magazine nicht, vielleicht weil der Erwerb so schwierig und peinlich war. Das war furchtbar und soll nicht vergebens gewesen sein. Außerdem weiß man ja nie. Rasch packe ich die Hefte in die großsprecherische Plastiktüte meiner Buchhandlung („Bücher: Geben Sie der Fantasie die Sporen!"), das Ganze kommt auf den tiefsten Grund des zweiten Müllsacks. Die umfangreiche Sammlung der an mich gerichteten Briefe und Postkarten aus etwa dreißig Jahren kommt obendrauf. Ich wundere mich, wie viel Sympathie und Fürsorglichkeit mir im Leben zugeflossen sind. Ich habe das damals gar nicht zu schätzen gewusst. Ihre Briefe an mich will ich erst am Morgen meiner Abreise in die Tüte geben.

Die mir verbleibenden Tage streichen rasch vorüber. Der Wunsch kommt auf, Kontakt zu Menschen herzustellen, die ich irgendwann einmal gekannt habe und zu denen die Verbindung abgerissen ist. Besonders stark ist dieser Wunsch, wenn es sich um Personen handelt, mit denen ich Streit hatte. Habe ich damals etwa geglaubt, ich lebe ewig? Ich schreibe Briefe an diejenigen, deren Adresse ich besitze, und entschuldige mich für mein Verhalten. Ich rege an, den Kontakt wieder aufleben zu lassen, vielleicht könnte man ja mal telefonieren, und so weiter. Das ist natürlich verlogen, weil ich nicht an meine Rückkehr glaube. Aber es soll alles ganz spontan klingen. Außerdem wird es das Gedenken an meine Person positiv beeinflussen und der Mythenbildung dienen. Von zwei Frauen kenne ich lediglich den vermutlichen Wohnort. Die Internetauskunft der Telekom hilft mir in einem Fall weiter. Ich wähle die Nummer, mein Herz rast. Ein Mann ist am Telefon, ich frage nach Christine. Sie sei gerade nicht zu Hause, sagt er höflich, ob er etwas notieren solle? Ich verneine. „Ich versuche es später wieder", sage ich. Bleibt noch eine übrig. Was wohl aus ihr geworden ist? Einmal, vor zwei, drei Jahren, sprach sie etwas auf meinen Anrufrekorder, vergaß aber, die Nummer zu nennen, unter der ich sie hätte zurückrufen können. Lange habe ich mich damals mit diesem Fall beschäftigt, innerlich.

Es ist jetzt Mitternacht. Morgen früh geht mein Flug. Ich sitze vor dem Monitor und lese nacheinander alle meine Briefe an sie. Nur zwei, drei schrieb ich mit der Hand. Sie sind für meine Erinnerung verloren. Alle anderen sind in digitaler Form gespeichert. Ich erkenne, dass ich mich nicht so selbstlos und souverän in ihren Charakter hineingedacht habe, wie ich das damals annahm. Ich sehe mit Entsetzen auch die Ruppigkeiten, die auf den Schirm platzen, wenn ich „Datei öffnen" anklicke. Die Computertechnik korrigiert meine selbstschmeichlerische Gedächtniskonstruktion. Das ist eine neuartige Härte und Unbarmherzigkeit des Erinnerns, die mir in diesem Augenblick klar wird. Man kann sich nicht mehr so leicht über die eigene charakterliche Vergangenheit täuschen, wenn man seine Briefe im Computer gespeichert hat. Nachweislich habe ich in erzürnten und selbstberauschten Textpassagen die wenigen Fehler meiner Geliebten stärker gewichtet als ihre zahlreichen guten Eigenschaften. Das würde ich ohne meinen Computer ganz anders sehen.

Lediglich der Bildschirm macht ein wenig Licht in der Dachkammer, meinem Lieblingszimmer. Immer wieder lade ich meine Briefe, und die Reise morgen früh bekommt eine neue innere Logik. Ich trete sie in konsequenter Weise an, denn sie wird die Auswegslosigkeit meines Lebens beenden. Der Kreis wird sich schließen. Ich brenne alle meine Briefe auf eine CD-ROM. Dann lösche ich die Daten auf der Festplatte. Die CD-ROM kommt in eine edle Pappschachtel, in der ein Notizbuch von Hermès verwahrt war. Eine reiche Freundin schenkte es mir vor Jahren. Es ist längst voll geschrieben, aber die Schachtel habe ich aufgehoben. Sie kommt in den Müllsack. Ich schreibe zwei Briefe, einen an meine Mutter, einen an sie. Ich sage ihr, dass meine letzten Gedanken bei ihr waren. Ich bitte sie, mich nicht zu vergessen, mich in Ehren zu halten und sich keine Vorwürfe zu machen. Meiner Mutter teile ich mit, in welchem Aktiendepot mein doppeltes Millionenvermögen verborgen ist. Ich besitze Aktien einer Netzwerkfirma, deren Wert sich in den vergangenen acht Jahren verhundertfacht hat. Ich schreibe ihr, wem sie meine Klamotten, meinen Wagen, die Stereoanlage usw. schenken soll. Beide Umschläge beschrifte ich mit der Hand, frankiere sie, lege sie an der Eingangstür auf den Boden, so dass sie auf jeden Fall sofort gefunden werden, wenn das Haus gewaltsam geöffnet wird.

Es ist jetzt acht Uhr morgens. Ich lege die verschnürten Liebesbriefe an mich in den zweiten Müllsack, verschließe ihn und trage ihn in die Garage. Die Heizkörper sind runtergeschaltet, der Kühlschrank ist leer, Grünpflanzen besitze ich nicht. Die Zeitung ist abbestellt. Als Letztes bespreche ich meinen Anrufrekorder mit der Bitte, „in Notfällen" meine Mutter zu benachrichtigen. Dann rufe ich ein Taxi, nehme meinen Koffer, verschließe die Haustür und gehe.

Mascha Kurtz
Tischkicker

Einmal stiegen sie nachts in eine verlassene Kaserne ein, brachen die Krankenstation auf und schleppten Behälter voller Lachgas zum Auto. Später füllten sie das Lachgas in Ballons und verkauften es im Kulturzentrum an die Stammgäste. Sie kletterten in warmen Nächten über den Zaun des Freibades, den ganzen Sommer über, bis die Wachgesellschaft Hunde auf dem Gelände laufen ließ. Von Wolfgang stammte auch die Idee mit dem Abseilen. Er kam in Romans Wohnung und hatte die komplette Ausrüstung dabei. Zuerst wollte Roman nicht, aber dann ging Wolfgang einfach auf den Dachboden, und er musste ihm folgen. Sie seilten sich aus dem Dachfenster ab, fünf Stockwerke tief. Von da an fuhren sie in der Gegend herum und suchten nach Stellen, von denen sie sich abseilen konnten, und immer war es Wolfgang, der den Schwierigkeitsgrad erhöhte. Sie ließen sich von Autobahnbrücken und Felsen herabsausen, und Roman mochte es beinahe, wenn er nach unten rauschte und alles um ihn herum verschwamm. Sie hörten erst damit auf, als Stefan sich den Knöchel brach. Aber Wolfgang suchte einfach etwas Neues. Er wollte sie immer wieder aus Dachfenstern stoßen. Roman konnte zusehen, wie sich ein Gedanke in Wolfgangs Kopf entfaltete, und fragte sich, ob es diesmal ein Seil geben würde.

Sie kannten Ulla. Sie kauerte im Seiteneingang des Kulturzentrums und wartete darauf, dass ihr jemand ein Bier spendierte. Sie bettelte nie um Geld, sie wollte reden.

Ein kleines Schwätzchen bei einem Glas Bier, sagte sie. Wenn sie betrunken war, wurde ihre Stimme klarer. Sie erzählte allen ihre Geschichte, Bierschaum auf der Oberlippe. Sie wischte sich über den Mund und verschmierte ihren Lippenstift. Ulla benutzte Lippenstift, aber sie wusch sich nie.

Ulla, du miefst! Sagte Wolfgang hinter der Theke. Wenn du dich nicht mal wäschst, lass ich dich nicht mehr rein.

Du bist nicht nett zu 'ner Dame, sagte Ulla und holte ihren Lippenstift aus der Tasche. Ich bin immer noch eine Frau, kapiert? Nicht im besten Zustand, aber 'ne Frau!
Meistens saßen Roman und Stefan am Ende der Theke. Sie lachten über Ulla, wie alle über sie lachten. Die anderen Gäste ignorierten Ulla, nur Neulinge hörten ihr noch zu. Das Kulturzentrum schloss um Mitternacht. Wolfgang machte die Abrechnung, warf Ulla raus, und dann zogen sie los.
Roman wusste nicht genau, warum sie die ganze Nacht unterwegs sein mussten, aber es gehörte zu Wolfgangs Suche. Sie gingen nie in Clubs. Wolfgang brachte sie zu den Gleisen hinter dem Bahnhof, wo sie zusahen, wie die Loks sich auf den Rangiergleisen drehten. Die Laternen gaben der Nacht eine orangefarbene Tönung. Die Geräusche der Stadt drangen nicht hierher, der Bahnhof hatte seine eigenen. Es waren elektrische Geräusche, ein Brummen wie von einem riesigen Transformator lag in der Luft. Die Spannung übertrug sich auf Roman, sein Körper vibrierte wie eine Stimmgabel. Aufenthalt für Unbefugte verboten.
Manchmal glitt ein Zug an ihnen vorbei. Sie sahen die Lichter schon von weitem. Wolfgang stellte sich mitten auf die Gleise. Der Zug war langsam, er konnte jederzeit abhauen. Trotzdem rief Stefan ihm zu, er solle keinen Scheiß machen. Wolfgang nannte ihn Baby. Stefan warf seine Tasche auf den Boden und stellte sich neben ihn. Die Umrisse der Lok schoben sich aus der orangefarbenen Dunkelheit, Wolfgang und Stefan sprangen zur Seite, bevor es wirklich gefährlich wurde. Die Waggons zogen an ihnen vorbei, Stefan und Wolfgang klopften sich lachend auf die Schulter.
Ihr spinnt, sagte Roman.
Gehen wir zur Brücke, sagte Wolfgang. Die Brücke war sein Lieblingsspiel.
Ich hab morgen Vorlesung, ich glaub, ich leg mich aufs Ohr, sagte Roman, aber niemand hörte ihm zu, und darum ging er mit.
Unterwegs holten sie Bier an der Tankstelle. Das Licht an der Decke blendete Roman. Er drehte den Kopf zum Fenster. Am Zeitschriftenregal stand ein dickes Mädchen, das in einer Illustrierten blätterte, ohne hinzusehen. Sie sah ins Fenster, und Roman sah die Spiegelung ihres Gesichts in der Scheibe.

Geh'n wir, Alter! Wolfgang drückte ihm ein Sixpack in die Armbeuge.

Sie waren oft auf der Brücke, standen am Geländer und tranken Bier. Sie sahen dem Wasser zu, das sich an die Pfeiler drängte, schwarze Wirbel bildete und unter der Brücke verschwand. Es rauschte, darum sprachen sie nicht viel. Sie warteten, Stefan zerdrückte seine Bierdose, Roman trommelte auf dem Geländer herum, Wolfgang spuckte ins Wasser.

Also los!, sagte Wolfgang irgendwann. Sie wussten nie, wann es so weit war, wie er den richtigen Zeitpunkt bestimmte. Manchmal machten sie es sofort, andere Male standen sie stundenlang herum. Aber irgendwann war es so weit. Sie sahen nicht mehr ins Wasser, sie sahen hoch. Die Trägerkonstruktion, zwei Bögen entlang der Brücke, wölbte sich in die Dunkelheit.

Wolfgang ging zuerst. Oben stieß er einen Schrei aus.

Das hört doch jeder Polizist in dieser Stadt, sagte Stefan. Er hibbelte herum, konnte nicht stillstehen. Roman legte ihm die Hand auf die Schulter.

Wolfgang kam runter. Er ließ sich von seinem eigenen Schwung auf der anderen Seite des Bogens hinabtragen, dabei breitete er die Arme aus. Als er zu den anderen zurückkam, standen seine Haare in alle Richtungen, der Schweiß trocknete langsam auf seinem Gesicht.

Jetzt du, sagte er und tippte Stefan an.

Stefan wollte nie. Seit der Sache mit dem Knöchel war er vorsichtig.

Das ist Leben, sagte Wolfgang dann. Da oben spürst du dich selbst. Oder willst du wie alle anderen sein? Studium, Job, Lebensversicherung? Du musst was riskieren, wenn du leben willst!

Stefan ging.

Er hat Angst, sagte Roman.

Quatsch, er braucht das!

Stefan hangelte sich an dem Träger entlang, er kroch beinahe. Oben hielt er inne, dann kam er rückwärts runter, wie jemand, der von einer Leiter abstieg. Dann war Roman dran. Sein Körper fühlte sich schwer an. Er schleppte ihn zum einen Ende des Bogens und legte die Hände an den Stahlträger. Ein Auto kam über die Brücke, im Metall vibrierte es. Roman sah auf seine Füße. Er sah nur den dreißig Zentimeter breiten Träger. Die Sohlen seiner Turnschuhe hafteten daran. In den Augenwinkeln spürte er die Leere. Der Bogen zog ihn nach oben, umkehren war unmöglich. Er war jetzt sehr hoch, fast am Scheitelpunkt. Einen Moment lang musste er sich festhalten, und dabei rutschte sein Blick vom Metall ab und fiel nach unten. Zwei helle Flecken waren auf ihn ausgerichtet, die Gesichter von Wolfgang und Stefan. Hinter ihnen stieg der Fluß an, eine Bewegung in der Dunkelheit, als wäre er voller Aale. Plötzlich kam Roman das Bier hoch, es spritzte durch seine Nase, bis er den Mund öffnete, dann rauschte es auf den Stahlträger und von dort nach unten. Die beiden hellen Flecken wichen zur Seite, Roman konnte nicht verstehen, was sie riefen. Er klammerte sich fest, seine Arme zitterten, während sein Magen sich noch einmal zusammenzog. Er schaffte es auf die gleiche Weise wie Stefan nach unten. Die beiden anderen warteten auf ihn.

Alles okay?, fragte Stefan.

Das war knapp, sagte Wolfgang. Mann, du hast mir fast die Jacke versaut!

Ich geh nach Hause. Romans Arme zitterten immer noch, der Geschmack von Bier und Magensaft setzte sich in seinem Mund fest. Er wollte schlafen, aber Wolfgang sagte, das käme nicht in Frage.

Die Nacht ist noch jung, Leute! Er zog die Augenbrauen hoch und breitete die Arme aus. Wir spielen noch eine Runde Tischkicker im Kulturzentrum.

Roman war zu müde, um zu widersprechen.

Ulla lag im Seiteneingang, wie immer. Sie bemühten sich, kein Geräusch zu machen, als sie an ihr vorbeischlichen. Wolfgang machte ein Zeichen, sie sollten stehen bleiben. Er drehte sich um und baute sich vor Ulla auf. Sie schnarchte in ihrem Schlafsack, die Beine angezogen, den Kopf auf ihre Plastiktasche gebettet. Ihr Geruch lag über ihr wie eine zweite Decke, die festgebackene Mischung aus Urin, Alkohol und altem Schweiß.

Wolfgang stieß Ulla mit der Schuhspitze an und klimperte mit dem Schlüssel zum Haupteingang.

Ulla, alter Stinkebär! Geh'n wir noch 'n Bier trinken!

Ulla regte sich, sie grunzte und schälte ihren Oberkörper aus dem Schlafsack.

Sie duckte sich zusammen, dann erkannte sie, wer vor ihr stand.

Ey, Jungs, schön, dass ihr mich besucht!

Sie nahmen Ulla mit rein. Roman legte die Sicherungen um, das Licht flammte auf. Er ging aufs Klo und spülte sich den Geschmack aus dem Mund. Er hing über dem Waschbecken und dachte daran, wie es oben gewesen war, als der Wind an ihm zerrte, und an den Fluss, der sich vor ihm aufbäumte. Er ging durch den Vorraum und hörte sich atmen. Es war, als ginge er an einem Abgrund entlang. Wolfgang zapfte Bier, er lächelte, und Roman wusste, dass noch was passieren würde.

Ulla griff nach dem Bier wie nach der Haltestange in der Straßenbahn.

Prost, Jungs!, rief sie, ihre Stimme war viel zu laut in dem leeren Saal. Wolfgang ließ Stefan Musik auflegen. Roman zündete die Kerzen an, Wolfgang zapfte Bier, Ulla wiegte sich auf ihrem Barhocker. Sie rutschte ab, Roman griff nach ihr und hielt sie fest. Durch die Kleiderschichten fühlte sie sich an, als hätte sie keine Knochen. Sie pendelte in die Senkrechte und lächelte. Roman sah hinter der aufgedunsenen Haut und den geplatzten Adern, wie sie früher ausgesehen hatte.

Kannste die Musik mal 'n bisschen aufdrehen? Ullas Kopf schwang hin und her, ihre Haare verdeckten ihr Gesicht. Sie sang mit.

Ich war nämlich mal Sängerin in 'ner Rockband, sagte sie dann. Wir hatten sogar 'nen Plattenvertrag. 'ne ganz große Sache war das!

Das war Ullas Geschichte, die sie allen erzählte, die ihr ein Bier bezahlten. Manche glaubten ihr, die meisten lachten sie aus, und dann fing sie manchmal an zu heulen.

Wolfgang wollte wissen, wie das war, damals mit der Band. Ulla erzählte, dass sie im Starclub aufgetreten wären, in Hamburg, wie früher die Beatles, und dass alle Autogramme wollten.

Ich war die heiße Nummer auf der Bühne, die Jungs sind ausgeflippt!

Ulla erzählte von vergangenen Zeiten, bis Wolfgang sagte, sie sollte doch mal auf die Bühne gehen und zeigen, wie das war damals, als sie noch eine heiße Nummer war. Erst wollte sie nicht, aber dann ging sie doch. Sie krabbelte auf die Bühne, Wolfgang richtete zwei Scheinwerfer auf die Bühne, und Stefan legte Musik auf.

Ulla tanzte, sie schwenkte ihren Hintern und ging leicht in die Knie. Sie sang „You Can Leave Your Hat On" mit ihrer kaputten Stimme, und wenn sie den Text vergaß, brüllte sie: It's Rock 'n' Roll, Mann!

Wolfgang lehnte an der Theke mit verschränkten Armen und sah zu. Sie sahen alle zu. Ulla war fast nicht zu hören hinter der Musik. Sie schwitzte. Sie zog den obersten ihrer Pullover aus. Auszieh'n!, rief Wolfgang. Keiner rechnete damit, dass sie es wirklich machen würde. Aber Ulla zog sich aus. Sie enthüllte sich Schicht für Schicht. Die Kleidungsstücke ließ sie über dem Kopf kreisen, dann trug sie nur noch ein T-Shirt mit dem Aufdruck „Wenn's um Geld geht, Sparkasse" und eine Boxershorts. Unten an der Theke sahen sie sich an und lachten.

Das glaub' ich nicht, sagte Wolfgang. Das ist zu hart!

Aber Roman wusste, dass er etwas vorhatte und alles so drehte, wie er wollte. Ulla auf der Bühne zögerte, dann zog sie sich ganz aus. Sie zeigte ihnen den Körper, der die Nacktheit nicht mehr kannte. Sie warf den Kopf zurück, ihre Haare flogen, sie schob die Hände unter ihre Brüste. Sie tanzte, ihr Bauch schlug Wellen, das Licht glättete ihre Haut. Sie drehte sich zur Musik, ihr Arsch sah aus wie ein riesiges Brötchen. Roman konnte nicht wegsehen. Wolfgang johlte und klatschte. Das schien Ulla anzutreiben, sie wand sich, rollte mit den Schultern und warf Kusshände. Einmal stolperte sie. Sie fiel hin, kniete einen Moment lang, dann rappelte sie sich hoch und schüttete ein Kichern in den leeren Saal.

Okay, jetzt geht's los, sagte Wolfgang, und Roman fühlte wieder die Vibration von Metall in seinem Körper. Wolfgang trank sein Bier aus, knallte es auf die Theke und stieß sich ab. Er blies eine Kerze aus und nahm sie mit auf die Bühne. Ulla kam ihm entgegen. Sie drehte sich, er sollte sie von allen Seiten sehen. Sie lächelte mit ihrem Gesicht, das nicht mehr schön war, und schob die Zungenspitze zwischen die Lippen. Wolfgang zeigte ihr die Kerze, und sie legte sich hin. Sie legte sich auf den Rücken, Wolfgang kniete vor ihr auf dem Boden. Roman sah, wie ihre Hüften sich hoben, das Fleisch wackelte. Hören konnten sie nichts, die Musik war zu laut. Roman sah zu Stefan, der räumte die leeren Flaschen weg, dann tat er so, als suchte er eine bestimmte CD.

Wolfgang war fertig. Er ließ Ulla liegen und kam zur Theke und sagte, Stefan solle ihm noch ein Bier geben.

Nimm's dir selber, sagte Stefan und sah weiter die CDs durch.

Ich glaube, unsere Ulla hat noch nicht genug, sagte Wolfgang zu Stefan. Du bist dran.

Kein Interesse.

Dann verschwinde, du Schisser.

Stefan zog seine Jacke an und hängte sich die Tasche über die Schulter.

Du bist ein Riesenarschloch, sagte er zu Wolfgang und ging.

Für deine Schicht finde ich auch jemand anderen!, rief Wolfgang ihm nach.

Roman sah Wolfgang an. Es gab kein Seil.

Ulla stand plötzlich neben ihnen. Sie war noch nackt und hob ihren weißen Hintern auf einen Barhocker. Sie ließ den Kopf in den Nacken fallen und fasste ihre Haare am Hinterkopf zusammen. Aus ihrem Mund kam ein langgezogener Seufzer.

Gib mir mal 'n Bier, sagte sie. Roman schob ihr eins hin. Wolfgang stieß mit ihr an.

Du bist cool, Ulla. Aber Roman ist eifersüchtig, wenn er nur zuschauen darf.

Von mir aus, sagte Ulla. Ihre Brüste lagen auf dem Tresen. Romans Schwanz drückte gegen seine Leiste. Er steckte eine Hand in die Hosentasche und schob ihn zurecht.

Dann lass mal sehen, ob dir was Besseres einfällt, sagte Wolfgang. Roman wusste, dass es jetzt drauf ankam. Er dachte daran, dass er schon vor Stunden nach Hause gehen wollte und dass es jetzt zu spät war.

Rüber zum Tischkicker, sagte er.

Das Kunstleder schmatzte, als sich Ullas Körper vom Barhocker löste. Ullas Körper folgte Roman zum Tischkicker. Sie stellten sich auf wie zum Spiel.

Andersrum, sagte Roman.

Ullas Körper drehte sich um.

Bücken, sagte Roman.

Ullas Körper bückte sich, zwischen seinen Schenkeln schimmerte feuchtes Fleisch.

Wolfgang kam von der Bar rüber. Roman stand am Tischkicker, die Griffe in der Hand. Er wartete einen Moment, dann ließ er den Ball aufs Feld rollen.

Verena Carl
Anna

Ich sah Anna zum ersten Mal in der S-Bahn. So fängt eine Geschichte an, die ich mir manchmal erzähle, wenn es zu still wird in meiner Wohnung. Ich habe sie nicht selbst geschrieben, nur eine Rolle in einem fremden Skript gespielt, wenigstens so viel habe ich mittlerweile davon verstanden. Eine Rolle, die ich ausgefüllt habe wie ein schlecht sitzendes T-Shirt.

Es war ein Oktobertag, und Anna, von der ich noch nicht wusste, dass sie Anna hieß, saß mir auf der Fahrt in Richtung Berlin-Mitte gegenüber. Sie trug eine Sonnenbrille, und ihre Finger spielten Ouvertüren auf ihren Knien. Wenn ich hinausschaute, spiegelte das S-Bahn-Fenster mein eigenes weich gezeichnetes Bild. Am deutlichsten traten der Kragen meiner Lederjacke und meine Lippen hervor. „Wenn dieser Mund nicht wäre, man könnte kaum glauben, dass du eine Frau bist", hatte meine letzte Geliebte manchmal zu mir gesagt, an Sonntagnachmittagen unter einer ausgeblichenen türkisfarbenen Bettdecke, in dunklen Nebenzimmern von Frauenkneipen, und ich hatte nie gewusst, ob ich mich darüber freuen oder beleidigt sein sollte.

Anna blickte unbewegt in Richtung der Werbetafeln über meinem Kopf. Am Hackeschen Markt standen wir wie auf ein verabredetes Zeichen hin gemeinsam auf. Sie zog ihren Mantel straff und schob die Hände über Kreuz unter die Ärmelmanschetten wie in einen Muff. Ich blickte ihr nach, während sie sich in Richtung Rolltreppe bewegte, mit zögernden Schritten, als warte sie darauf, dass jemand sie zurückriefe.

Erst als ich sie nicht mehr sah, nahm ich eine Zigarette aus der Innentasche und blies Rauchringe in die Luft. Sie schimmerten bläulich in der Herbstluft. Über die Lehne der Wartebank auf dem Bahnsteig malte die Sonne einen Heiligenschein. Ich stand ein paar Minuten unbewegt, ließ mich von ankommenden und abfahrenden Passagieren umspülen und zertrat die Kippe schließlich auf dem Betonboden. Sie war nicht bis zum Filter geraucht, und ich zerfetzte das restliche Papier sorgfältig mit der Schuhspitze, bis sich die Tabakbrösel lösten. Die Kippe ist eine Spur meiner Existenz, dachte ich, so wie zerknüllte Papierhandtücher in Cafés, wie alle Dinge, die ich nutze und wegwerfe. Wenn mal einer eine Ausstellung über mein Leben organisieren würde, überlegte ich weiter, müsste sie aus solchen Gegenständen bestehen, aus Resten von Berührungen mit Schleimhaut und Körperöffnungen. Ich weiß, es klingt merkwürdig, wenn ich das jetzt so sage nach allem, was danach geschah. Als würde ich meiner Geschichte im Nachhinein Sinn verleihen, indem ich einen Gedanken konstruiere, der an ihrem Anfang steht. Aber ich erinnere mich genauso klar daran wie an die Zigarette auf dem Bahnsteig und daran, wie ich in Annas Richtung davonging.

Ich war merkwürdig wenig überrascht, dass wir das gleiche Ziel hatten. In einem Ausstellungssaal im Erdgeschoss des Museums saß sie auf einer Bank mit braunem Samtbezug. Sie hatte sich ihre Sonnenbrille als Haarreif in die Stirn geschoben und blickte in ihren Schoß, eine Pietà mit leeren Händen. Ihr Kleid warf weiche Falten, ihre Haare fielen über ihren Rücken, zwei davon waren ausgegangen und ringelten sich auf der schwarzen Wolle. Ich musste meine Hände festhalten, sonst hätte ich die blonden Fäden von ihrer Schulter gezupft und nicht gewusst, ob ich sie einstecken oder wegwerfen sollte.

Anna hob den Kopf, und erst jetzt warf ich einen Blick auf das, was sie betrachtete. Es war eine Zumutung. Die Wand des Ausstellungsraumes war bis unter die Stuckdecke mit unvergrößerten Fotos behängt. Manche Bilder waren unscharfe Naturaufnahmen, scheinbar absichtslose Stillleben, eine nackte Schwangere, daneben Familienbilder, Luftaufnahmen von Städten, pornografische Szenen. Die Fotobahnen ließen ein Fenster frei, und ich trat darauf zu. Die Szene hinter Glas hätte viel besser in das Museum gepasst: ein menschenleerer Hof mit geharkten Kieswegen, Arkaden unter sonnengelb gestrichenen Wänden und ein Springbrunnen.

„Kannst du da mal weggehen", das waren Annas erste Worte an mich, „du verdeckst das Bild." Ich spielte die Erstaunte. „Hallo, wir haben uns doch vorhin schon in der U-Bahn gesehen!" Ohne ihre Antwort abzuwarten, setzte ich mich neben sie. Sie reagierte nicht, und ich beschloss, es als Zustimmung zu nehmen. „Gefällt dir das?", fragte ich nach einer Weile. „Das ist nicht der Punkt", sagte sie, „ich glaube, ich kann noch was lernen." Das machte sie mir für einen Moment unsympathisch: Sie war also eine von den Frauen, die sich der Kunst bedienten, um mittags beim Stehitaliener Eindruck zu schinden.

Sie stand auf, machte ein paar Schritte und trug ihren Oberkörper dabei so vorsichtig wie eine volle Sammeltasse mit Goldrand. Über ihren Hüftknochen spannte sich das Kleid, sie sah dünn und durchsichtig aus, aber verliebt habe ich mich, glaube ich, erst später, und umso mehr, je undurchsichtiger sie für mich wurde. Wenn sie in einer Viertelstunde noch immer hier im Raum bei diesen Fotos ist, dann lade ich sie zum Kaffee ein, das war der Deal, den ich mit mir machte.

Ich schummelte nicht, ich zwang mich sogar, die Farbflächen an den Wänden anzusehen. Nach 14 Minuten war sie noch immer da, stand jetzt mit dem Rücken zur Wand. „Ich glaube, dir täte eine Denkpause ganz gut", sagte ich. Sie lächelte, nein, eigentlich zog sie nur die Lippen etwas auseinander und enthüllte dabei ein Stückchen ihrer Zähne. Dann öffnete sie den Mund noch weiter und sagte: „Ich bin Anna."

Wir stiegen in die S-Bahn Richtung Senefelder Straße, und während der Fahrt versuchte ich, nicht zu auffällig ihre nackten Halsgrübchen und ihre verdeckten Schlüsselbeine anzustarren. Ich konnte es kaum erwarten, in mein Lieblingscafé zu kommen, in dem das Licht so gedimmt war, dass man gerade noch die Speisekarte lesen konnte. „Da gibt's tolle Antipasti", hatte ich versprochen, weil ich Anna für eine hielt, die beim Stehitaliener über Kunst diskutierte. Das Café lag an einem baumbestandenen Platz, in dessen Mitte eine versteinerte Frau auf ihrem Sockel saß. Anna schob den samtenen Bühnenvorhang hinter der Eingangstür schlafwandlerisch zur Seite, vor dem andere Begleiterinnen einen Moment gezögert hatten, und eigentlich hätte ich merken müssen, wie vertraut ihr der Raum war.

Worauf ich achtete, war ihre Art zu essen. Der Punkt auf der Skala zwischen Gier und Geiz, durch den sich Menschen verraten. Anna war immer an beiden Enden zugleich. Es verging kein Moment, in dem sie nicht etwas im Mund hatte: sonnengetrocknete Tomaten, eine bis zur Durchsichtigkeit gedehnte Zucchinischeibe, deren Ende wie die müde Uhr von Dalí von ihrer Gabel lappte, Bohnen, ein Stück Ciabatta, luftig aufgeplustert, den Geschmack in der Kruste konzentriert. Es dauerte jedes Mal eine kleine Ewigkeit, bis sie ihre Gabel wieder füllte. Sie lutschte die Häppchen wie Bonbons und zögerte auch noch den Moment des Herunterschluckens hinaus. Ihr Kiefer arbeitete noch, als ein Kellner mit bodenlanger Schürze unsere Teller wegnahm.

Bedächtig lüftete Anna die Serviette in Richtung ihrer Mundwinkel, doch auf halbem Wege unterbrach sie die Bewegung und sicherte sich mit ihrer Zunge die letzten Saucenreste. Dann nahm sie unser Gespräch nahtlos wieder auf. „Du magst keine Kunst, für die du dich anstrengen musst", sagte sie zu mir, eher Feststellung als Frage. Ich fixierte die Kohlezeichnungen über ihrem Kopf, um nicht auf ihre feuchten Mundwinkel zu starren. „Ich mag es nicht, wenn Kunst zu verkopft ist. Wenn ich bei einem Bild nichts fühle, dann kann ich es auch nicht mögen", sage ich dann. „Und ich mag Kunst, die von Leben nicht mehr zu unterscheiden ist", antwortete sie. Ich fand den Satz schön und rätselhaft, dabei mag er nur banal gewesen sein. In dem Moment begann ich, nach ihren Worten zu hungern, rauchigen kleinen Gedanken in der Stimme einer Bluessängerin.

Als ich ihr meine Telefonnummer auf der Rückseite der Visitenkarte der „Buenos Dias Galerie" aufschrieb, stellte ich die Buchstaben besonders steil, als könnte ich hinter einer männlichen Handschrift mein Geschlecht verbergen. Ich machte mir keine Illusionen, lesbisch war sie sicherlich nicht. „Du verkaufst also Bilder", sagte sie und leckte über eine kleine Kerbe in ihrer Unterlippe. Ich verschwieg ihr, dass die Galerie keine war, sondern eine Fotoagentur. Ich hätte mich sogar als Künstlerin ausgegeben, um sie wieder zu sehen. Dafür gab sie mir ein paar geschwungene Zahlen zurück, die so sehr um sich selbst kreisten, dass ich sie kaum lesen konnte.

Die ersten drei Ziffern verrieten, dass Anna in Kreuzberg wohnte, was mich wunderte. Das Viertel war zu einer Anhäufung geklonter Dönerbuden verkommen, in der „Roten Harfe" tranken Touristen aus dem Odenwald Schultheiß, nur ein Autorenbuchladen in der Oranienstraße erinnerte an bessere Tage. Ich begann zu überlegen, wie alt sie sein mochte. Ihr Gesicht war zeitlos, vielleicht hatte sie mir einige Jahre voraus. Möglich, dass sie Palästinensertücher getragen und Häuser besetzt hatte. Möglich, dass sie sich 1985 mit 20 Leuten eine gelbfleckige Toilette geteilt hat, während ich mir vor dem Kosmetikspiegel meiner Mutter Pickel ausdrückte und später den Kopf kahl schor, ein selbst gemachtes Schandmal. Ich war damals noch nicht stolz darauf, dass ich Frauen liebte. Ich nahm mir vor, Anna zu fragen, warum sie nicht in Mitte lebte, aber als ich ihre Stimme am Telefon hörte (hat sie vorher auf einen Knopf gedrückt? einen schweren, schwarzen Hörer abgenommen?), erinnerte ich mich gerade noch an meinen eigenen Namen.

Ich lud sie ein zweites Mal in das Café am Kollwitzplatz ein. Der Raum mit seinen zwei Ebenen und der warmen Wandfarbe beruhigte mich, und das hatte ich in ihrer Gegenwart bitter nötig. Als sie an meinen Tisch trat und ihren Mantel öffnete, war ich irritiert. Sie trug wieder schwarz, eine schmal geschnittene Hose und einen weiten Männerpullover, der ihre Brüste versteckte. Während sie sich setzte, fragte ich mich, was sie mir damit sagen wollte.

Sie setzte sich und starrte dabei auf die Wand über mir, mit halb offenem, unbewegtem Mund. Ich drehte mich um, erleichtert, dass ich sie durchschaute. „Sie haben die Bilder ausgetauscht", sagte ich, und darauf sie: „Ich verstehe das nicht, sie hingen doch noch gar nicht lange da." Die neuen Gemälde waren Aktzeichnungen in Blau und Weiß, nein, blaue Aktzeichnungen mit wenig Weiß, Körpernegative. Sie gefielen mir, aber das behielt ich für mich. Ich wollte Anna um jeden Preis küssen, wollte, dass sie meine Zunge lutschte wie Tomaten, Zucchini und Ciabatta. Vielleicht waren meine Chancen gering, aber ein falsches Wort hätte sie vielleicht komplett zunichte gemacht.

Ich ließ sie reden, und sie sprach von den Gemälden, die fort waren, empört, als hätte man sie aus ihrem Wohnzimmer gestohlen. Sie kaute auf den Wörtern herum, und die Sehnen an ihrem Hals spannten sich. Ich versuchte ein paar Mal, sie zu unterbrechen, aber ich wollte nichts Falsches sagen. Ich spürte, dass diese Bilder etwas mit ihrem Leben zu tun hatten. Und ich fürchtete, dass sie nicht der einzige Mensch in der Bildergeschichte war.

Ich sagte nicht viel an diesem Abend, ich hörte auch nicht richtig zu, weil ich viel zu beschäftigt war, sie dabei zu beobachten, wie sie die Bestandteile ihres Mundes immer wieder neu anordnete. Ich fragte sie nicht nach der Hausbesetzerzeit, wir tauschten nur ein paar spitzfindige

Koordinaten aus. Aszendent und Lieblingsstadt, die erste Platte. Eine gläserne Wand aus belanglosen Worten baute sich zwischen uns auf, hinter der sie sich auszog. Je milchiger das Bild dahinter wurde, desto mehr wollte ich sie. Vielleicht lag es auch daran, dass ich vier Chianti getrunken hatte.

Als ich später beim Durchgehen unter dem Samtvorhang ihr Schulterblatt berührte, stemmte sie sich nicht dagegen. Ich wunderte mich kaum darüber, wie leicht es plötzlich war. Ihr Haar fiel auf meine Lederjacke, als sie den Kopf in meine Halsbeuge lehnte. Ich bildete mir ein, die weiche Flut zu spüren, als sei die Tierhaut plötzlich lebendig und empfindsam geworden. Ich schob Anna vor die Tür, eine Hand um ihre Taille gelegt, und tastete mit der anderen nach ihrem Nacken. Sie schloss die Augen. Ich versuchte, den Moment zu verlängern, ehe ich sie küsste, und sah ihrem Atem in der Herbstluft nach. Sie öffnete die Lippen, und ich sank in sie hinein. Sie drängte ihre Hüftknochen gegen meine, als wir uns in den Armen hielten. „Ich brauche kleine Häppchen", sagte sie zwischen zwei Küssen, „eine kleine Dosis, ich bin zu lange entwöhnt." Ich habe auch lange gefastet, wollte ich sagen. Und blieb stumm. Ließ sie ohne Widerspruch allein zur U-Bahn gehen. Vielleicht bildete ich mir nur ein, dass ihre Schritte zögerten. Ich blieb so lange stehen, bis ich mir den Geschmack von getrockneten Tomaten auf meiner Zunge nicht einmal mehr vorstellen konnte.

Als ich am übernächsten Abend die Glastür im Erdgeschoss der Buenos Dias Galerie absperrte, spürte ich einen Blick in meinem Rücken. Ich ließ mir nichts anmerken und drehte mich erst um, als das Schloss eingerastet war. Anna stand in der gegenüberliegenden Hofeinfahrt vor einer grünen Holztür. Der Schatten einer Laterne fiel auf ihr Gesicht. Sie breitete die Arme aus. Ihr Mantel teilte sich. Ich hielt mich nicht mit der Hülle auf, meine Hände suchten blind ihre Hüften. „Es ist kalt", sagte sie. „Wollen wir einen Glühwein trinken gehen?", fragte ich, und sie schüttelte den Kopf. „Kollwitzplatz?", versuchte ich. Sie verneinte nochmals, zog meinen Kopf herunter und drückte ihn gegen ihre kleinen Brüste. Mit beiden Händen hielt sie ihn, als hätte sie Angst, mir ins Gesicht zu sehen. Ich bekam kaum Luft „Ist es weit zu dir?", fragte sie leise. Ihr Atem roch ein bisschen. Holz, Fässer, ein Rotwein, der lange im Keller gelagert worden war.

Ich war sprachlos. Seit zwei Nächten hatte ich wach gelegen und von ihr geträumt, hatte uns auf dem Wannsee Schlittschuh laufen, nachts zwischen führerlosen Kränen auf Baustellen herumtaumeln sehen. Sex hat in meinen Träumen keine Rolle gespielt. Ich hatte es mir verboten, mir die Hoffnung ausgeredet, dass sie mehr wollen könnte als einen alkoholisierten Kuss, hatte befürchtet, dass ihr unsere letzte Begenung unangenehm war. Jetzt bot sie mir ihren Körper an wie ein gebrauchtes Taschentuch. Ich hob eine Hand, eine zweifelnde Geste, die ein Taxifahrer für ein Winken hielt. Bremsen quietschten zwei Meter vor uns, ein hellgelber Wagen rollte im Rückwärtsgang auf uns zu.

Anna berührte mich zum ersten Mal, als wir auf dem Sofa saßen. Ihre Finger ruhten sich aus zwischen meinem Nabel und meinen Schlüsselbeinen, dann gingen sie tastend auf Entdeckungsreise. Schließlich spannte sie ihre linke Hand, legte die Spitze des kleinen Fingers auf meine Brustwarze und stieß mit dem Daumennagel an die rechte. Sie zuckte zurück, als hätte sie sich verbrannt. Sie zog an meinen Brustwarzen, als wollte sie sie ausreißen. Sie nahm Maß, sie suchte nach Körperteilen, die sie an jemand anderen denken ließen als mich, ich hätte es merken müssen, aber ich war zu blind, zu erregt, um zu verstehen. Gerade wollte ich ihre Hände in meine nehmen, da schlang sie die Arme um mich, und zwei ihrer Finger berührten sich in meinem Kreuz. Wirbel für Wirbel tastete sie sich höher, langsam, als sei sie nach Hause gekommen. In eine Wohnung, in der sie wusste, wo die Schöpfkellen waren, die Teflonpfanne und das Klopapier. Im nächsten Moment machte sie sich über meinen Schoß her. Sie riss an meiner Knopfleiste, zerrte die Lederhose über meine Schenkel, ging auf dem Teppich vor mir in die Knie und küsste mich, bis ich sprachlos wurde und mich dann aufschreien hörte. Später, vielleicht viel später, klebte sie ihre nasse Wange an meinen Bauch, so dass mir gar nichts mehr einfiel. Nicht einmal, sie anzufassen.

Anna blieb unberechenbar, auch wenn wir uns in der nächsten Zeit fast jede Nacht in meinem Bett wieder fanden. Nur auf eines konnte ich mich verlassen. Wenn unsere Blicke sich trafen, schloss sie die Augen reflexartig, als hätte sie aus Versehen in grelles Licht geschaut. Vielleicht sah sie hin, wenn sie ihre biegsame Zunge in mich hineinsteckte, aber dann verschwand ich vom Nabel abwärts in ihren langen Haaren und konnte nicht anders, als mich im Kreisen ihrer Zunge zur Spirale zu überdrehen. Ihr Körper war dagegen Sperrgebiet. „Möchtest du nicht, dass ich dich anfasse?" Ich erinnere mich, wie ich das sagte in unserer ersten Nacht und wie kindlich mir die Worte vorkamen, als ich sie ausgesprochen hörte. Sie reagierte nicht. Ich schämte mich.

Anna war anders als alle Frauen, die ich vor ihr gekannt hatte. Sie berührte, sie schmeckte und liebkoste mich, lautlos wie ein Geist, bis ich explodierte. Danach verlangte sie nach einem ganz besonderen südaustralischen Rotwein, manchmal brachte sie ihn selbst mit, und nach einer Ambient-CD, die mir ein Freund geschenkt hatte. Sie hieß „Being here", aber für diesen Titel klang mir die Musik zu diffus. Anna hatte danach gegriffen, ich hielt es für einen Zufall. Die durchsichtige Plastikhülle lag ohne besondere Absicht auf meinem Schreibtisch an einem Abend, vielleicht unserem siebten oder achten gemeinsamen. An diesem Samstag stellten sie die Sommerzeit auf Winterzeit um. Ich hatte mir schon lange gewünscht, die gleiche Stunde zweimal mit einer Frau wie Anna zu verbringen.

Mein Kalender zeigte noch immer Oktober. Anna kam wieder und wieder. Die Nächte in meinem Zimmer wurden länger. „Ich brauche Zeit, viel Zeit", sagte sie mit halb geschlossenen Lippen, wenn ich versuchte, sie auf den Rücken zu drehen, meine Hand zwischen ihre Pobacken zu schieben. „Hast du noch nie richtig mit einer Frau geschlafen?", fragte ich zurück, doch sie schwieg und beugte sich über mich, ich wollte sie so sehr, ich schaffte es nicht, sie wegzuziehen und zum Sprechen zu bringen. Manchmal verfing sich ihre silberne Halskette in meinem Schamhaar und riss daran, es hätte mich warnen sollen. „Sag meinen Namen", bat ich sie einmal, aber sie stöhnte nur, fast schmerzlich. Plötzlich tat mir ihre Zunge weh. Ich schämte mich für diese Bitte um etwas Intimeres als alles, was wir miteinander teilten. Ich fragte sie kein zweites Mal.

Am Morgen des 2. Dezember lag Berlin unter einer Schneedecke. Ich war nicht überrascht, anders als der Radiomoderator mit seinem Katastrophenalarm-Timbre, dessen Stimme mir Gesellschaft leistete, anders als die Menschen, die morgens um halb sieben vor meinem Fenster suchten, unter welchem der weißen Hügel ihr Auto verborgen war. Dabei hinterließen sie fluchend Spuren in der Winterlandschaft. Über ihnen stand ein Mond, gelb wie das entzündete Auge eines Säufers.

Seit drei Uhr nachts hatte ich am Fenster gestanden. Erst rauchend, später ohne Zigaretten, nur Whisky war genügend da. Ich hatte auf das verwaiste Gleis der Hochbahn geblickt, über das sich die kalte Schneedecke legte, und war immer wieder im Zimmer umhergegangen auf der Suche nach Spuren. In meiner Haarbürste wurde ich schließlich fündig, ein Requisit aus anderen Zeiten. Für meine kurzen dunklen Stoppeln brauchte ich sie schon lange nicht mehr, ich schüttelte mich nach dem Duschen wie ein Hund und strich sie mit zehn Fingern zurück, aber Anna musste sie benutzt haben. Ich vergrub mich im Frotteegebirge meines weißen Bademantels und ließ weizenfarbene Fäden durch meine Finger gleiten, der einzige Beweis, dass Anna existierte. Das Streichholzbriefchen aus dem Café am Kollwitzplatz zählte nicht. Sie war Nichtraucherin.

Vielleicht war es der Schnee, die fetten Flocken, die ich als Kind so sehnsüchtig erwartet hatte. Vielleicht waren es die spurlosen weißen Flächen um fünf Uhr früh, die im Neonlicht leuchteten. Etwas von dem, was in dieser Nacht vor meinem Fenster passierte, machte mir klar: Ich wusste nichts von Anna, und es wurde immer weniger. Sie war in mein Leben geschneit, aber sie schmolz nicht. Um halb acht zog ich meine Schuhe an, um sie suchen zu gehen. Straße und Hausnummer standen neben ihrem Namen in meinem Telefonbuch. Auf der Netzkarte, die ich an meinen Küchenschrank gepinnt hatte, suchte ich nach der kürzesten Verbindung. Sie hatte mich nie zu sich nach Hause eingeladen.

Auf dem Bahnsteig am Ostkreuz leuchteten weiße Schneefelder. Als ich die Eisentreppe von der Hochbahn in der Yorckstraße hinunterkam, versank ich bis zu den Knöcheln meiner Schnürstiefel in grauen Pfützen. Ich sah mich dort gehen in einer schwarzen Jacke an einem grauen Morgen, und ich fühlte mich zum ersten Mal alt. Einen Moment lang hoffte ich, ich würde Annas Haus nicht finden. Aber da stand es, zuverlässig zwischen Nummer 13 und 17, gemauert für die Ewigkeit. Zwei geschlechtslose, steinerne Wesen wuchsen an beiden Seiten der Tür aus dem Beton und stützten ein verwittertes Vordach. An solchen Morgen musste es schwer sein.

Eine Holztreppe führte vier Stockwerke nach oben. Immer wieder blieb ich stehen, die Knöchel um den Handlauf verkrampft, der im Lauf der Jahre dunkler geworden war als die Stufen. Von Handflächen, schweißnass, in feuchten Wollhandschuhen. Handflächen von Menschen, die längst skelettiert und gehäutet in Särgen unter der frierenden Berliner Erde lagen. Annas Wohnungstür sah aus wie der Eingang zu einem Speicher, dunkelblau gestrichen, aus massivem Metall mit einer schnörkellosen Klinke. Wahrscheinlich hatten sie hier früher Kohlen gelagert. Vielleicht hatten die Nachbarskinder zwischen Spinnweben Granatsplitter vom letzten Bombenangriff ausgetauscht, sich Jahre später heimlich geküsst, ihre Finger tastend unter Kittelschürzen und Strumpfhaltern.

Ich drückte die Klinke hinunter, erstaunt, dass sie nachgab, und stand in einem Zimmer mit steilen Dachschrägen. Mit der Fußspitze stieß ich gegen etwas. Das Licht aus dem Treppenhaus schien auf die Hülle einer CD. „Being here." Dahinter eine leere Flasche südaustralischen Rotweins. Nicht nur eine. Eine ganze Batterie davon stand an der Wand aufgereiht. Einige davon waren umgefallen. Es roch nach Alkohol. Weil es fast dunkel war, erkannte ich sonst nur einen Futon auf dem Boden an der gegenüberliegenden Wand. Darauf Anna, gekrümmt wie ein Fötus, nackt, die langen Haare über ihren Brüsten und Rippen verteilt. Sie war nicht allein.

Neben ihr zeichneten sich die Konturen eines Mannes ab. Zwei Beine dunkler Stoff, Cord oder Jeans, darüber ein grob gestrickter Wollpullover, einen Arm um Annas Taille geschlungen. Ich schluckte bei jedem Schritt, den ich auf den Futon zuging. Das Motiv wurde langsam deutlicher, wie bei einem Diaprojektor, der die transparente Folie glatt zieht, in die richtige Spannung bringt, um ein scharfes Bild zu erzeugen. Der Mann hatte keine Füße. Der Mann hatte keine Hände. Der Mann hatte keinen Kopf. Er war nur ein Kokon, eine Hülle aus Hosenbeinen, einem zerknautschten Hemd und einem Pullover, demselben, den Anna bei unserer zweiten Begegnung getragen hatte. Als ich vor dem Futon stehen blieb, schlug sie die Augen auf. „Ich wusste, dass du kommst", sagte sie, streckte die Hand aus und schaltete eine Stehlampe an.

Annas Wohnung war keine Wohnung, sondern eine Rumpelkammer. Schlimmer: ein Museum. Auf dem staubigen Bücherregal lagen Boxershorts und ein zerknautschtes Männerhemd, ähnlich wie das, mit dem sie sich zugedeckt hatte. Die Wände, sogar die schrägen, waren bis zur Decke mit Papierschnipseln verklebt. Eine Fahrkarte von Berlin nach Leipzig, zweite Klasse, mit Bahncard (B). Eine Einkaufsliste mit Annas Handschrift. Ciabatta. Tomaten. Rotwein. Ein gebrauchtes Taschentuch. Fünf zerrissene, grüne Hüllen von Kondomen. Und ein paar rotblonde Haare, mit einem Bindfaden zum Büschel geknotet. Erst als ich dieses Ausstellungsstück sah, musste ich weinen.

Ich wandte mich ab, schutzlos, denn ich hörte mich selbst den Rotz durch meine Nase hochziehen wie ein Kind. In der Kochnische öffnete ich den Kühlschrank. Ich war nicht ganz sicher, was ich suchte. Vielleicht eine Flasche Wasser, vielleicht ein angetrunkenes Bier oder einen Joghurt, dessen Verfallsdatum ins neue Jahr reichte. Wie in einer beleuchteten Vitrine standen Tupperwaren nebeneinander, sorgfältig mit selbst klebenden Schildern versehen und beschriftet. „Matthias, 3.5." war auf einer Plastikdose in der Mitte des obersten Fachs vermerkt, und ich griff danach. Ich dachte an Leichenteile, einen schlaffen Herzmuskel in seinem eigenen Blutgerinnsel. Ich hatte zu oft und zu oft allein schlechte Kinofilme gesehen.

Unter dem Plastikdeckel roch es nach Pathologie, nach Verwesung, nach Friedhof. Aber es war kein Herz. Es waren Nudeln, zumindest waren es einmal Nudeln gewesen. Ich tippte auf Pestosauce, bis mir klar wurde, dass die verweste Masse von einer dicken Schicht grünbrauner Schimmelpilze überwuchert war. Mein Magen krampfte sich zusammen, beinahe hätte ich über den leichenhaften Essensrest gekotzt, als ich das Geräusch nackter Füße neben mir hörte, gedämpft durch den Teppichboden. Mit der linken Hand jonglierte Anna die Tupperware, mit der rechten griff sie in meinen Nacken und dirigierte mich in Richtung Spüle. Sie presste ihre Hände über meine Brüste, erst die rechte, dann auch die linke, während ich mit dem Krampf kämpfte. Wenigstens hatten meine Tränen jetzt ein Alibi.

Ich setzte mich nicht auf ihren Futon, während sie Wasser in die Spüle laufen ließ und dabei einen Topf suchte. Ich stellte mich ans Fenster und blickte nach draußen. Gegenüber gähnte eine Baugrube. Daneben stand ein südländisch aussehender Mann mit einem Handkarren voller Obstkisten vor der Tür eines Ladens und suchte in den Taschen seiner Jacke, wahrscheinlich nach einem Schlüssel. Mit der linken Hand griff er in die rechte Innentasche, danach mit der rechten in die linke, es sah aus wie Ballett. „Wer ist Matthias?", hörte ich mich fragen. Einen Moment lang war es still bis auf das Geräusch zerplatzender Blasen auf der Wasseroberfläche. „Der Mann, den ich liebe", sagte sie schließlich. „Der Mann, mit dem du auch immer im Café Westphal gesessen hast. Habe ich Recht?", hörte ich mich weiterfragen. „Es ist eine Stafette, oder?", sagte sie, als sie mir einen dampfenden Becher grünen Tee reichte. „Liebe kommt und geht, und du stehst zwischen zwei Fließbändern und kannst die Teile nicht zusammensetzen. Du gibst. Und erntest Schmerz. Du nimmst, und nichts kann dich trösten." „Ich auch nicht?", fragte ich weinerlich. Ich hasste mich für die Frage, die sie mir längst beantwortet hatte. Sie setzte sich stumm, ließ sich dann rücklings auf den Futon fallen, die Schenkel geöffnet. Ich wandte mich ab und sah weiter aus dem Fenster.

Der Mann draußen hatte mittlerweile die Ladentür geöffnet und stapelte Äpfel in eine Kiste. Der Mond war untergegangen. „Ich kann nichts dagegen tun", hörte ich Anna sagen, „ich kann nur dafür sorgen, dass meine Wohnung sich nicht ändert, dass alles bleibt, wie es ist seit dem 27. Mai. Aber draußen, da bin ich machtlos. Sie hängen die Bilder in unseren Kneipen um. Sie reißen Häuser ab. Nur der griechische Obstladen ist noch da, aus dem Matthias immer den südaustralischen Rotwein mitbrachte. Jeden Donnerstag kam er zu mir. 14 Wochen lang." „Warum hat er dich verlassen?", fragte ich. Anna schwieg. „Warum ich?", fragte ich. „Weil es kein Betrug war", sagte sie, „du bist eine Frau."

Ich drehte mich nicht um, als ich ging, setzte mich vor der Wohnungstür rittlings auf den Handlauf und rutschte bis zum nächsten Treppenabsatz. Als kleines Mädchen hatte mir das gegen die Traurigkeit geholfen. Während ich die Straße überquerte und den Obstladen betrat, glaubte ich noch einmal, Annas Blick zwischen meinen Schulterblättern zu spüren. Ein langhaariges Mädchen stand hinter der Registrierkasse und lächelte mir zu. Eine Flasche südaustralischen Rotwein, wollte ich sagen, es war noch nicht neun, ich würde mich betrinken und die leere Flasche in meinem Kühlschrank aufheben. „Aphrodite! Aphrodite, ella do, komm her", schrie eine Männerstimme aus dem Hinterzimmer, eine hohe Tonlage, doch unverkennbar eine Männerstimme. Das Mädchen hinter dem Tresen beugte sich nach hinten, so dass sich ihr Pullover zwischen Hüfte und Achselhöhle spannte, schnellte dann zurück zu mir und sah mich an. „Bitte?" „Einen Apfel", sagte ich.

Sie fragte nicht nach der Sorte und gab mir etwas Rotwangiges in die Hand. Ich zahlte, steckte ihn in die Innentasche und ging. Am Hackeschen Markt nahm ich ihn wieder heraus und fuhr mit Daumen und Mittelfinger über seine gespannte Haut. Schließlich ließ ich ihn zwischen Kragen und Haut verschwinden und zog meine Jacke zu. Aphrodites Apfel erwärmte sich langsam zwischen meinen Brüsten. Ich saß gegen die Fahrtrichtung. Der Platz mir gegenüber war leer. „Ich sah Anna zum ersten Mal in der S-Bahn", dachte ich und begann, mir eine Geschichte zu erzählen.

Tanja Schwarze
Die Wahrheit über die Sache mit A.

Version 1

Ich bin losgezogen mit dem Wohnmobil, allein, und habe mich auf die Suche gemacht, und was ich gefunden habe, war A.

Möchtest du schwimmen gehen, hat A. gefragt, es war Nacht, und wir saßen in seinem Wagen. Möchtest du schwimmen gehen, und es war mein letzter Abend im Städtchen, und ich habe ihn angesehen und habe gedacht: Warum nicht. Wir sind schwimmen gegangen im See, und die Fische sind uns auf den Rücken gesprungen, und wir sind hinter die Absperrung geschwommen, und von da an war alles anders.

A., frage ich, A., nimmst du mich mit in den Osten, und A. sieht mich an mit den sanftesten Augen und erzählt.
Einmal, erzählt er, einmal, da saß ich in einem Straßencafé im Osten, und alles war grau, und es war Winter. Ich saß am Fenster und der Tisch klebte ein wenig, und die Bedienung hatte eine Laufmasche in der Strumpfhose, und ich saß da und sah aus dem Fenster. Draußen gingen Leute vorüber, ich saß da und nippte an meinem Tee und sah den Leuten zu, und einer war da, der hatte eine Mütze auf aus roter Wolle, genau wie mein Vater, als ich noch ganz klein war.
Und während A. erzählt, wie es sich im Osten sitzt und was sein Vater für einer war, darf ich neben ihm liegen und zuhören. Es ist mitten in der Nacht, in den Bäumen lärmen die Zikaden, und ich liege und schaue mir seine gebogene Nase an, und mir ist ganz wohl und warm.

Du blöde Kuh, schreit K., du Nutte, wie konntest du mir das antun, er ist mein bester Freund, und ich gebe dir seine Adresse, und ich schicke dich dahin, und ich sage dir: Der ist nett, der wird sich um dich kümmern, und ich bestehe darauf, dass du ihn anrufst, und ich schreibe dir seine Nummer ins Adressbuch, eigenhändig schreibe ich dir seine Nummer auf, ich liefere ihn dir auf einem silbernen Tablett, und du gehst hin, und du rufst ihn an, und du hast nichts Besseres zu tun, als ihn dir zu schnappen und rumzuvögeln mit ihm am See und im Sand und in der Nacht, wie romantisch.

K., heule ich, es tut mir so Leid, K., ich weiß nicht, wie das passieren konnte, es tut mir unendlich Leid, was soll ich nur tun.

Haut doch ab zusammen, schreit K., ich will nichts mehr mit euch zu tun haben, ich bin euch doch sowieso egal. Am See und in der Nacht, so romantisch, wann ist das letzte Mal, dass du mit mir so romantisch? Nie! Nie würdest du mit mir so romantisch, mit mir wäre dir kalt, und der Sand würde dich kratzen, und du würdest sagen: Lass uns jetzt gehen, ich will gehen, ich finde das albern.

Willst du schwimmen, fragt A., und wir gehen schwimmen im See. Es ist stockduster. Dreh dich weg, sagt A., und ich: Aber man sieht doch gar nichts, es ist viel zu dunkel, trotzdem, sagt A., blöd, sage ich und drehe mich weg. Wir gehen ins Wasser, ich gehe voran, es ist schweinekalt, aber wir dürfen nicht prusten, denn Schwimmen im Dunkeln ist verboten, und dunkel ist es wahrhaftig, oh ja. Es ist schweinekalt, flüstere ich, hsssss, macht A., aber wir gehen rein, immer weiter, und auf meinen Rücken springt ein Fisch.

Pfui, quieke ich, was ist, flüstert A., ein Fisch auf mir, japse ich, zappelig und kalt.

Komm näher zu mir, komm ganz nah, sagt A., als ob das helfen würde, und ich komme. Wir schwimmen weit raus und tauchen unter der Absperrung durch, denn wenn schon verboten, dann richtig. Wir schwimmen nebeneinander her, es ist immer noch schweinekalt, aber nach und nach geht es besser, und wir kriegen wieder Luft, und wir schwimmen ruhig und lange, und das Wasser ist ganz still.

Es war so romantisch, erzähle ich meiner Freundin, du glaubst nicht, wie romantisch es war, er war so sanft, und er hatte so lange Wimpern, und wenn er in seiner Sprache gesprochen hat, dann ist mir ganz warm geworden und heiß, und ich wäre auf der Stelle mit ihm mitgegangen, wohin auch immer.

Hast du einen Knall, sagt meine Freundin, du kanntest ihn gerade zwei Tage, wie kannst du mit ihm mitgehen wollen, nach zwei Tagen, du hast sie ja nicht mehr alle, oh Mann.

Ja, sage ich, du hast ja Recht, wie Recht du hast, und ich bin ja auch weggefahren, fast sofort bin ich von ihm weggefahren, denn meine Reise ging ja weiter, aber nach einer Woche bin ich wieder zurückgefahren, und eins will ich dir sagen: Das war die schönste Woche meines Lebens.

Ich kannte ein Mädchen, erzählt A., und ich liege neben ihm und höre zu und betrachte seine Nase, ich kannte ein Mädchen, und es war anders als alle, die ich sonst kannte.

Ich war siebzehn, und ich war sehr verliebt, sie war meine Dshamilja, so erzählt A. und erzählt, wie er auf sie gewartet hat, kurz nach Sonnenaufgang, an einer Ecke, sie ging zur Arbeit, und wie er ihr Dinge gebracht hat, eine Blume oder ein frisches Gebäck, jeden Morgen, und wie sie eines Tages nicht gekommen ist, dafür aber ihr Verlobter, und der hat A. die Meinung gesagt mit seiner Faust.

Ich liege neben ihm und lausche und stelle mir vor: A., wie er sich abhetzt im Morgengrauen, A. mit einer Blume in der Hand, A. blutend im Staub.

Und danach war es nie wieder so, erzählt A., auch nicht mit J., schon gar nicht mit J., aber ich bin müde vom Suchen, und vom Alleinsein kriege ich Asthma, und wenn die Vorteile die Nachteile überwiegen, dann ist das schon viel, mehr kann man nicht verlangen.

Was redest du da, rufe ich und setze mich auf, Asthma, Vorteile und Nachteile, das passt jetzt nicht, so ein Blödsinn, erzähl lieber weiter, erzähl mir vom Osten und von dem Mädchen, von deiner Dshamilja.

Das bist jetzt du, flüstert er, und ich lege mich zurück, und in den Bäumen weht der Wind, willst du meine Dshamilja sein, flüstert er sanft, so sanft, meine wunderschöne Dshamilja, ich bin so froh, dass ich dich gefunden habe.

Mein Gott, sagt K. und stöhnt vor Schmerz, du bist so naiv, wie kann man nur so naiv sein. Ich kenne ihn, glaub mir, oh, wie ich ihn kenne. Seine Märchen, seine Stimme, so ein Kitsch, unerträglich. Eine geile Nacht wollte er, und sonst gar nichts.

Ja, aber, sage ich und kräusele meine Stirn, wie kommst du darauf, dass ich was anderes wollte.
Warum, zum Teufel, bist du dann noch mal hingefahren, schreit K., war einmal nicht genug? Musstest du es dir noch mal besorgen lassen? Lass es dir doch mal von mir besorgen! Ich hätte auch gern mal eine geile Nacht mit dir, das kannst du mir glauben, aber mit mir ist es doof, mit mir ist es albern, hast du ihm eigentlich einen geblasen, sag schon, hast du?

Ich weiß doch auch nicht, sage ich zu meiner Freundin, K. und ich, wir lieben uns doch, wir sind doch glücklich, wir sind schon so lange zusammen, ich bin einsam ohne ihn, ich bin verloren ohne ihn, keine Ahnung, wie mir das passieren konnte.
Außerdem kannte ich A. erst zwei Tage, sage ich, wie kann ich ans Weglaufen denken nach zwei Tagen.
Wahrscheinlich wolltest du sehr doll, sagt meine Freundin, was denn, frage ich, weglaufen, sagt meine Freundin, das wird es sein, antworte ich.

K., sage ich, K., komm mal her. K., willst du mein Bruder sein? Ich brauche einen Bruder. K. guckt mich an. Du meinst, sagt er, wir schlafen dann nicht mehr miteinander? Das brauchen wir dann nicht mehr, sage ich.

Eine Woche fahre ich weg von A., eine ganze Woche, und nach der Woche komme ich zurück und klopfe an seine Tür, komm rein, ruft A., und da sind wir und stehen und starren uns an. Er trägt ein Hemd mit Kragen, es ist in die Hose gestopft, und hatte er etwa schon immer so dünne Lippen? Ich stehe vor ihm und versuche zu lächeln, um mich herum meine Haare duften frisch gewaschen. Er steht da in seinem Hemd und lässt die Arme baumeln, sie sind unendlich lang, und ich denke: Wer ist dieser Mann.
Ich sage: Ich habe Rehe gesehen, eine Eule gesehen, zwei Murmeltiere und einen Haufen Leute, aber dann bin ich von Mücken überfallen worden, Millionen von Mücken, sie krochen durch alle Ritzen in mein Wohnmobil, es war so schlimm, dass ich fliehen musste, und jetzt bin ich hier. Er sagt nichts. Ich starre auf seinen Kragen, und ich sage: Ich war an einem See, an vielen Seen war ich, denn in den Städten habe ich mich nur verirrt, so ist das: In Städten verirre ich mich, aber am

See, da geht's mir gut. Und ich sehe ihn an und sehe, wie er grübelt: Wer ist diese Frau.

Er tritt von einem Fuß auf den anderen, er steckt seine langen Finger in seine Haare für einen Moment, dann sagt er: Komm näher zu mir, komm ganz nah, als ob das helfen würde, aber es hilft nicht, und so müssen wir es lassen.

Und dann gehen wir wandern im Wald, wir wandern um den See, es ist Vollmond, und er fragt nicht: Willst du schwimmen. Wir reden von der Uni, wir reden vom Leben an sich, und dann reden wir von J., und er sagt: Ich wünschte, sie würde mitkommen in den Osten. Der See liegt vor uns, es ist nicht sehr dunkel, der Mond spiegelt sich im Wasser. Ich frage: Aber hättest du denn, ich meine, wärst du denn, also ganz theoretisch, mit mir?

Spielt das denn jetzt noch eine Rolle, fragt er. Ich sehe nach ihm beim Gehen, ich schlucke an einem Kloß in meinem Hals, da geht er neben mir, und der Mond scheint hell, und ich traue mich nicht zu fragen: Aber was dann. Stattdessen sage ich: Willst du schwimmen, und wir gehen schwimmen, aber beim Reingehen prustet er und flucht, obwohl es doch verboten ist, und ich flüstere: Sei still, gleich kommt noch wer, und er prustet: Kalt, mir ist so kalt, und ab da ist nichts mehr anders, alles ist beim Alten.

Dreimal sind wir schwimmen gewesen, A. und ich, in der Nacht, und immer schweinekalt, und das erste Mal war noch nichts, und beim zweiten Mal ist es passiert, und beim dritten Mal war es, als ob nie was gewesen wäre.

Wir sehen uns zum letzten Mal, er schreibt auch nicht, und ich vergesse sein Gesicht. Wir sitzen uns gegenüber zum letzten Mal und essen Pfannkuchen, und auf meiner Brille ist ein Fleck. Gib her, sagt er und putzt meine Brille, an seinem Hemd reibt er sie und haucht darauf und beugt sich tief darüber und reibt und putzt und sieht mich nicht an. Ich kaue an meinen Pfannkuchen und kaue und schlucke und sehe ihm zu, wie er meine Brille putzt, und seine Wimpern sind ganz lang, und seine Augen ganz müde, und seine Nase rot.

Ich bin allein losgefahren mit dem Wohnmobil, K. ist zu Hause geblieben, ich weiß nicht, wonach ich gesucht habe, und bin nicht sicher, was ich gefunden habe. Aber eine Woche lang, eine ganze Woche, da wusste ich und war sicher. Ich bin gelaufen wie auf Samt und habe gesessen wie auf heißen Kohlen und habe geschnappt nach Luft, mit weit aufgerissenem Maul, so gierig, ihr hättet mich sehen sollen. Ich bin übers Land gedüst in meinem Wohnmobil, kreuz und quer, von See zu See, und manchmal auch durch eine Stadt, dort habe ich mich verirrt, doch das machte nichts. Es machte nichts, es war egal, es war gut, denn ich spürte den Sand auf der Haut im Dunkeln, wo ich auch war, ich spürte den Wind in den Haaren, oder sind es Finger, was ich auch tat, ich spürte Wasser, das ums Gesicht läuft, kühl im heißen Gesicht. Das alles spürte ich und war aufgeregt, und hoch am Himmel kreisten die Raubvögel, und alles andere war fern. Ich lag auf dem Rücken an den Seen, und die Steine piekstenmir in die Wirbel, und mein Hintern wurde kalt, und ich sah den Raubvögeln zu, ich *war* die Raubvögel, eine ganze Woche lang, und man muss sich fragen, ob es sich dafür nicht gelohnt hat.

Version 2

Mir ist schlecht, sage ich, wir müssen anhalten. A. fährt an den Straßenrand. Es ist längst dunkel, die Augen der Rehe glühen im Licht unserer Scheinwerfer, sie glühen aus dem Wald heraus, der wächst zu beiden Seiten der Straße, dicht und ganz still.

Vielleicht musst du nur was essen, sagt A., ich bin jedenfalls hungrig, ich habe den ganzen Tag noch nichts gehabt. Ich auch nicht, sage ich und lege meine Stirn in seine Handfläche, in meinen Ohren dröhnt der fehlende Motorenlärm. Lass uns also essen, sage ich.

Wir fahren in ein kleines Restaurant in den Kolonien, das A. kennt. Es ist ganz leer, und kalt ist es auch, Scheißklimaanlage, wir wechseln uns ab mit der Jacke, die ich mitgenommen habe. Ein Kellner kommt, der Kellner ist ganz jung, so jung, dass seine Backen rot leuchten und sich romantische Phantasien auftun in seinem Kopf, als wir bestellen, er muss nur unsere Akzente hören. Wo kommt ihr her, will er wissen, und wir tätscheln uns die Hände und lächeln nachsichtig, ganz das fremde Pärchen, das von weit her gekommen ist, zusammen angereist ist aus einem fernen Ausland, um hier Teller zu waschen oder so ähnlich, wir grinsen über das schöne, falsche Bild.

Ich kann es immer noch nicht glauben, sagt A. Wir haben einen langen Tag hinter uns. Meinst du, sie hat es geahnt, frage ich. Ich stochere in meinem Salat, warum bestelle ich nur immer Salat. Schlimmer, sagt A., *ich* habe es geahnt, und eigentlich habe ich es sogar gewusst. Was jetzt, frage ich. Dass sie kommt, sagt A., sie wollte sich von dir verabschieden. Ich starre ihn an. Gib mir meine Jacke, schnauze ich, ich erfriere.

Ich bin recht bald zu J. gefahren, ich war erst ein paar Tage im Städtchen. Du musst sie unbedingt kennen lernen, hat K. mir eingebläut, sie ist lustig und hübsch und nett, wir haben so viel Spaß zusammen gehabt, du musst sie einfach mögen, und Fußball spielt sie auch.

Irre ich mich, oder leuchten deine Augen, habe ich gesagt und ihn am Kinn gepackt, zeig mal her. Aha, hat er gesagt, und seine Augen haben nicht mehr nur geleuchtet, sondern gestrahlt: Aha, jemand ist eifersüchtig.

Ich weiß alles über dich, hat J. gesagt, als wir uns gegenüber saßen, sie auf einem zerschabten Sessel, barfuß und mit angezogenen Knien, einen Finger in ihre dicken Haare drehend, ich auf dem Sofa. Sie wohnte in einem kleinen Haus aus Holz, zusammen mit zwei albernen Freundinnen, die irgendwo zwischen Küche und Bad herumturnten und kicherten, und es roch nach Hund. Warum haben die Amerikanerinnen nur alle so dicke Haare, dachte ich, wie machen sie das, gerecht ist das nicht.

K. hat mir alles erzählt, hat J. gesagt und mich angegrinst von hinter ihren zerkratzten Knien, er redet überhaupt ständig von dir, ätzend, sag ich dir, als ob ich das hören will. Ich habe gelacht, dann kann dich ja nichts mehr überraschen, habe ich gesagt, und wir haben uns eine Weile betrachtet.

Ein großer schwarzer Hund kam zu mir und legte mir seine Pfoten aufs Knie, erst die eine und dann die andere. Ich strich darüber, und der Hund hechelte mir ins Gesicht, was für schöne Augen du hast, sagte ich zu ihm, und er rollte sich neben mir zusammen. Du hast Glück, sagte J. und verzog ihr Mündchen, sie mag nicht jeden. Na dann, sagte ich, und im Fernsehen zerlegte jemand ein menschliches Organ.

Hallo, K., spreche ich in den Hörer, na endlich, ruft K., ich sitze hier und komme um vor Langeweile, und du meldest dich tagelang nicht. Was hast du so erlebt, erzähl.

Hm, sage ich, nicht so viel, es ist schön, das Städtchen wieder zu sehen, aber erlebt, erlebt habe ich eigentlich nichts, kann ich nicht sagen, nein.

Du hast dich mit J. getroffen, sagt er, und ihr seid ausgegangen zusammen und habt eine Menge Spaß gehabt, ist das etwa nichts? Woher weißt du das denn schon wieder, frage ich. Wir haben telefoniert, sagt er. Was genau hat sie denn erzählt, frage ich. Irgendwas von einem Ei, sagt er, sie kann dich gut leiden, was hältst du von ihr?

Ich zwirbele an der Strippe. Ihr und eure kleine, feine Freundschaft, sage ich. Alles ganz harmlos, sagt K. Sicher, sage ich.

Was findest du eigentlich an mir, schreie ich dann, kannst du mir das mal sagen, sie ist das genaue Gegenteil von mir, in allem, was sie tut und sagt und überhaupt, ich habe keinen Spaß gehabt, ich weiß doch gar nicht, was Spaß ist, ich nicht, kannst du mir bitte etwas nennen, was ich habe, was sie nicht hat, bitte?

Du spinnst ja, sagt K. Warum, jammere ich, antworte, oder fällt dir nichts ein? Auf so einen Scheiß antworte ich nicht, sagt K.

Die Tage verstreichen, tagsüber laufe ich im Städtchen rum oder liege am See, abends mache ich mir ein Feuerchen vor meinem Wohnwagen und sitze und horche auf die Zikaden und warte, dass die Rehe kommen.

Wir gehen zusammen schwimmen, J. und ich, im See, und sie bringt A. mit. Ich sehe die beiden von weitem auf mich zukommen, sie klein und flink und ohne Schuhe, voranspringend, er ein Stück dahinter, lang und dünn und dunkel, bepackt mit einer Tasche und böse dreinblickend, das sehe ich von hier.

Darf ich vorstellen, sagt sie, das ist A., wir haben uns gestritten, und er ist ein wenig beleidigt. Wir geben uns die Hand, dann breiten wir unsere Badelaken aus und drei verschiedene Sorten Sonnenmilch. Na, jetzt kann uns ja nichts mehr passieren, sagt A. und lächelt mir zu.

Du bist wie er, sagt sie, als A. im Wasser ist. Wir beobachten, wie A. schwimmt, weit draußen sehen wir seinen Kopf auftauchen und wieder verschwinden. Ich bin wie K., sagt sie, aber du bist wie er.

Wir bleiben lange, wir sind noch da, als alle anderen nach Hause gegangen sind, wir bleiben einfach liegen auf unseren Laken und lassen die Sonne untergehen und die Nacht kommen, es ist so warm. Wir liegen auf dem Rücken und starren in die Dunkelheit, unsere Augen werden ganz weit, und im Gras um uns herum beginnt es zu krabbeln und zu huschen.

Jetzt fehlt nur noch K., sagt J., ich wünschte, er wäre hier. Ich drehe mich um nach ihr, ich kann ihr Gesicht nicht erkennen, aber neben mir liegt ihr Arm, die Haut schimmert matt, und die weichen Härchen darauf sträuben sich zurück nach der Sonne.

Ja, sagt A., der Sommer, als K. hier war, war klasse. Wir haben viel zusammen gemacht. Er hat mich J. vorgestellt, wusstest du das? Nein, echt, sage ich. Doch, doch, sagt A.

Manchmal, sagt J. zu A., und über uns funkeln die Sterne, einer davon ist abwechselnd rot und grün und bewegt sich, manchmal frage ich mich, was wohl gewesen wäre, wenn du wieder nach Hause gemusst hättest und nicht er. Der Arm neben mir reibt sich im feuchten Gras wie ein kleines Tier, das sich putzt.

A. dreht sich zu mir, er atmet angestrengt. Und, wie reist es sich denn so ganz alleine, fragt er ein bisschen zu laut, muss schön sein, so ganz ohne Plan, und niemand, auf den man Rücksicht nehmen muss.

Stimmt, sage ich und höre J. lachen, ganz leise. Eigentlich hatte ich ja einen Plan, sage ich, ich wollte jemanden besuchen, aber ich habe seine Adresse nicht, und er wollte sich melden, aber er meldet sich nicht, und bald glaube ich nicht mehr, dass noch was draus wird, so ist das.

So was, sagt A., so ein Idiot.

Kommst du mit ins Wasser, fragt A.

Klar, sage ich.

Wie kommst du eigentlich darauf, dass sie mich mag, frage ich K. und kratze an dem Telefon mit meinem Schlüssel. Das Telefon steht am Rand einer Wiese, zwei Eichhörner turnen im Gras, hinter mir eine einsame Schotterstraße, die zwischen Bäumen verschwindet, und von vorne die Sonne, sie knallt gegen meinen Schädel.

Na, weil sie es gesagt hat, lacht K., und außerdem muss man dich mögen. Aha, sage ich und kratze. Farbe blättert ab und taumelt in hauchdünnen blauen Blättchen auf die grüne Wiese. Ich stelle mir vor, wie er dort steht in seinem

Zimmer, in unserem Zimmer, strahlend, den Hörer in der einen Hand und seinen Becher in der anderen, der unvermeidbare Kaffeefleck auf seiner Brust, und seine Lippen ganz rot und so weich.

Ich bin mir nicht sicher, ob ich mich mag, sage ich, und meine Stimme ist ein bisschen komisch, dann legen wir auf.

Ich miete mir ein Boot. Das da möchte ich, sage ich, ich stehe auf schwankenden Holzbohlen und zeige. Na dann, sagt die Frau und lehnt sich aus dem kleinen Bootshäuschen, sie blinzelt in die Sonne, das ist bestimmt eine gute Wahl. Wir sind allein, niemand ist zu sehen an diesem knallheißen Tag in der Mitte der Woche.

Es kommen sowieso nicht mehr viele, sagt die Frau und legt ihr Buch zur Seite, die Saison ist fast zu Ende. Sie schiebt mich raus auf den See in meinem Boot, ich halte mich fest an den Seiten, unter mir knirscht Sand.

Hiermit paddelst du, sagt die Frau und gibt mir etwas, das aussieht wie eine Schaufel. Wie, sage ich, immer abwechselnd oder was, ich steche das Ding in den See, ja, genau so, ruft die Frau, wie ein Profi, ruft sie mir hinterher und lacht. Ich schaufele Wasser, links, rechts, links, rechts, und eiere über den See.

Ich schaufele und schaufele, bis das Häuschen nicht mehr zu sehen ist, bis gar nichts mehr zu sehen ist außer dem Wasser um mich herum und dem Ufer, weit entfernt. Ich schaufele, bis der See übergeht in ein Geflecht von Kanälen, ich gleite hinein und bin umgeben von Gestrüpp, dicht wie Urwald und saftig grün, drinnen raschelt es und knistert. Ich schiebe mich dicht heran ans Ufer, bis mein Boot auf eine Wurzel aufläuft und feststeckt. Ich lege mich zurück.

Es ist Mittag, heiß und still, ich liege im Boot mit der Sonne auf meinem Bauch, ein fettes Insekt surrt irgendwo in der Nähe, und ab und zu springt ein Fisch aus dem Wasser und fällt kopfüber wieder rein, plopp.

Ich bleibe lange liegen, als ich endlich zu der Frau und dem Bootshäuschen zurückkehre, bin ich rot auf der Nase, und mir ist schön schummerig im Kopf.

Nur einmal setze ich mich kurz auf und mache ein Foto von mir. Später erhält es eine ganze Albumseite für sich allein, das Foto: drei Viertel schräges Boot, doch oben links ich, balancierend und verschwitzt, die Hände auf den Knien, mein dickes Grinsen gerade noch sichtbar, bevor der Bildrand alles weitere kappt. *Spaß* gehabt, schreibe ich darunter.

Hier, trau dich, sagt J. und hält mir ein ekelhaftes Essigei ins Gesicht. Wir stehen in einem Hinterzimmer der Bar und starren uns an, grinsend, sie hat es also tatsächlich getan.
    Ich esse dein Scheißei nicht, sage ich und stelle mein Glas ab. Los, sagt sie, jeder einen Bissen. Sie kneift die Augen zusammen. Es ist dunkel in der Bar, das Ei schimmert grünlich und zittert leise in ihrer Hand.
    Ich kotze, wenn ich da reinbeiße, sage ich, geh weg mit deinem Ei. Und wenn schon, sagt sie, sie geht mir bis zur Nase, jetzt mach schon. Du kannst mich mal, sage ich. Ihre Freundinnen haben sich hinter ihr aufgebaut, sie schauen zwischen uns hin und her und kichern.
    Na gut, ruft sie plötzlich und lacht, dann suche ich mir eben jemand anders. Ich stehe am Musikautomaten, mit dem Rücken zu ihr, und beobachte sie im Spiegel. Sie geht zum Tresen und schmeißt sich an den nächstbesten Typen ran, im Hintergrund verschwommen das Glas mit den Essigeiern, nackt und quallig liegen sie in ihrem Sud wie eingemachte Missgeburten. Ich stecke ein paar Münzen in den Automaten.
    Du hast so weiches Haar, lallt der Typ, der das Ei gegessen hat. Er grapscht an J.s Haaren herum und versucht, sie um die Hüfte zu packen, so weich, lallt er. Er ist total hinüber. Sie sieht mich an über seine Schulter und schmiegt sich an ihn. Lass meine Haare in Ruhe, sagt sie mit kehliger Stimme und sieht mich an. Er sabbert an ihrem Hals, beißt rein in ihren süßen Hals und sabbert, sie biegt ihren Kopf noch weiter auf die Seite und sieht mir direkt in die Augen im Spiegel. Sie grinst.

Wir wachen auf, weil es an der Tür klopft, vom Wohnmobil, eine klassische Situation, ich liege auf dem Rücken eine stehen gebliebene Sekunde lang und staune. He, flüstere ich und rüttle an A., he, wir sind in eine Seifenoper gefallen über Nacht. Scheiße, scheiße, scheiße, sagt A. und rennt zur Tür. Du hast nichts an, rufe ich nicht.
    Ich liege auf dem Rücken, betäubt, und betrachte die Muster, die die Sonne durch die Jalousien auf meinen Schlafsack malt. Ganz hinten in meinem Kopf lausche ich

auf ihre Stimmen da draußen, J.s Flennen und A.s Flehen, wie störend an diesem schönen, frühen Morgen.

Ich muss ihr hinterher, sagt A., zu mir hineinstürmend, rennt ein-, zweimal vor und zurück, sammelt seine Kleidung ein und rennt wieder raus. Ruf lieber K. an, ruft er, bevor sie es tut. Jaja, sage ich und rühre mit dem Finger in den Sonnenflecken auf meinem Schlafsack.

Ich stehe auf, ganz gemächlich, man soll sich nicht hetzen, und koche mir mein Frühstück. Es gibt Haferschleim aus der Tüte, süß und heiß und dick, mit Blaubeeren oben drauf, ein Fest. Ich trage mein Schälchen raus in die Sonne und bleibe verwundert stehen, es riecht so frisch, was für ein Morgen, und in den Bäumen das Licht, lustig flimmert es durch die herbstlichen Blätter und blitzt durch die Lücken, ich stehe und starre in das Licht, und dabei heule ich, kann nicht mal genau sagen, wieso, aber die Tränen platschen nur so in mein Frühstück, ein Jammer.

Version 3

Ich bin losgezogen mit dem Wohnmobil, allein, und habe mich auf die Suche gemacht, nach R.

Es gibt ein Städtchen, das liebe ich heiß und innig. Es ist sehr klein und ganz bunt, die Häuser sind aus Holz, und die Leute verkaufen Bücher und Perlen aus Bali, essen in Ökoläden und hängen Windspiele an die Decken ihrer Veranden. Das Städtchen liegt an einem Fluss, und an einer Stelle wird der Fluss gestaut, und dort gibt es einen See. An diesen See stelle ich das Wohnmobil, nachts tapsen große und kleine Tiere um mich herum.

Und, ruft K. am anderen Ende, er ist ganz aufgeregt. Wie ist es, sag schon, hat es sich verändert, oder ist es noch genauso? Wie war es, als du reingefahren bist, hast du was gespürt, hast du es gespürt von weitem, wo hast du geparkt, wo bist du zuerst hingegangen, was hast du gemacht, ich will alles ganz genau wissen, ich wünschte, ich wäre mitgefahren. Hast du schon meine Freunde gesehen?

Nein, noch nicht, rufe ich, ich bin ja gerade erst angekommen, aber es ist ganz wunderbar und toll, du müsstest es sehen, es ist genau, wie es war, und dann ist es auch ganz anders, aber der Geruch ist derselbe, und es ist heiß, und es ist schwül, und die Zikaden schreien, und überhaupt, es ist so furchtbar schön, ich wünschte, du wärst hier.

Erzähl mir alles, ruft K., lass nichts aus, was macht die Uni, gibt es noch diese kleinen süßen Kuchen, spielen sie noch Basketball im Park, und warst du schon im One Eyed Jake's? Wo?, frage ich.

Im One Eyed Jake's, ruft K., wie ich die Hütte vermisse, so was müssten wir hier haben.

Nein, ich weiß nicht, kenne ich nicht, sage ich verwirrt, wo soll denn das sein. Spinnst du, schreit K., verarsch mich nicht, das kannst du nicht vergessen haben, *Jake's*, jeden zweiten Abend waren wir da, mindestens, und der Typ an der Bar hat schon eingeschenkt, wenn er uns nur von weitem sah.

Mir nicht, sage ich, da verwechselst du was, und jetzt ist K. auch verwirrt und schweigt still, aber das macht gar nichts, sage ich und bin ein bisschen schnippisch, ich hätte sowieso keine Zeit gehabt, dahin zu gehen, ich hatte andere Dinge zu tun, ich hatte eine Menge zu tun.

Ich hatte es eilig, als ich ankam, ich stellte das Wohnmobil ab und riss die Tür auf und stürzte mich hinein in die schwere, schwirrende Luft, sie klebte an mir wie nasser Samt, ich räkelte mich zufrieden. Ich lief los, das Beste musste ich sofort haben, die besten Stellen, das konnte nicht warten, und so lief ich los und keuchte und jubelte Gebäude an und Bäume und Mauerecken: Hier habe ich gesessen und gegessen, hier habe ich gestanden und gestaunt, hier hat R. etwas gesagt, und ich habe nicht geantwortet.

Und dann, dann kam ich an meine Lieblingsstelle, den Schienen bin ich gefolgt, den ganzen Weg bis hin zum Fluss, bis zu der Stelle, wo sie den Fluss überqueren, und die Brücke ist alt und schmal und aus bröckeligem Stein, und man bleibt stehen und sieht den Schienen nach, wie sie drüben verschwinden im Gestrüpp, und man denkt, soll ich hinterher, soll ich, aber man weiß nicht, ob ein Zug kommt, ob es einen gibt, und so bleibt man stehen. Ich kam zu der Brücke, und ich stürzte mich ins Gras, direkt an den Rand, und sah an ihr entlang und sah hinunter. Unten das Wasser war dreckig grün und stürzte und schwappte dahin, ganz, wie es sollte, und ein Haufen Enten darauf quakte und hackte nacheinander mit den Schnäbeln, und ich lag da und ließ den Sog über mich hinwegziehen, ich bin da, dachte ich, endlich bin ich wieder da.

Es ist mein Städtchen und das von R. Natürlich ist es auch K.s Städtchen, aber er hatte seine Leute, und ich hatte meine, und einer davon war R.

Ich bin zu seinem Vater gefahren, ich bin durch die Felder gefahren, und die Straße war so schmal, dass ich nach den Maiskolben hätte greifen können an beiden Seiten, so schmal, und es war heiß, und die Luft roch süß.
Ich bin zu R.s Vater gefahren, er wohnte jetzt in einer anderen Straße, aber ich habe ihn gefunden, er saß hinter dem Haus mit einem alten Turnschuh in der Hand, er hat ihn angezogen oder aus, das konnte man nicht so genau sagen.
Hallo, habe ich gesagt, ich habe ihn nicht erkannt, jedenfalls war ich nicht sicher, es war immerhin einige Jahre her, hallo, habe ich gesagt, ich suche den Vater von R. Er hat aufgesehen, und der Turnschuh in seiner Hand hat gedampft, jedenfalls schien es mir so. Ja, hat er gesagt, das bin ich wohl, aber R. ist nicht hier, er war schon lange nicht mehr hier, eigentlich weiß ich gar nicht, wann ich ihn zum letzten Mal gesehen habe.
Er trug ein T-Shirt, etwas dreckig am Bauch, vielleicht Erde, und seine Augen waren müde, aber seine Haare waren ganz blond. Möchtest du was trinken, fragte er, und wir gingen rein. Ich bin kein guter Hausmann, sagte er, das macht gar nichts, sagte ich, ich mag es so. Wir standen in der Küche, er sah dünn aus zwischen all dem Gerümpel, und hinter ihm ging es hinein ins Innere, dunkel und kühl.

Als R. und ich uns kennen lernten, war fast Sommer, wir sollten einen Film zusammen drehen auf einem Friedhof. Wir saßen im Gras und krümelten die Gräber voll mit unseren Keksen und erzählten uns, was man so alles machen könne im Leben und wofür es sich wirklich lohne, den ganzen Nachmittag, dann kam ein Wärter und schmiss uns raus, und wir bekamen eine sehr schlechte Note für unseren Film.
Wir haben noch viele Pläne geschmiedet, R. und ich, in jenem Sommer, es war sehr warm. Wir saßen im Gras und spazierten am Wasser und gingen fettige Dinge essen, und dabei sagten wir: Wir sollten eine Soap schreiben zusam-

men, oder: Lass uns nach Westen gehen mit einer Dose Bohnen und einem Arm voll Bücher, und wir bissen in unsere Pfannkuchen und hängten unsere Füße in das Wasser, und alles war sehr einfach.

Dann war der Sommer vorbei, und ich musste zurück nach Hause, und wir heulten und hörten sehr laut Musik, und einmal sagte er: Lass mich mitkommen, ich will mitkommen, doch er kam nicht drauf zurück.

Aber immer, wenn es schwierig wurde, später, mit mir und K., dann dachte ich an R., und dachte: Irgendwann. Irgendwann ziehe ich los und ziehe nach Westen, und dort wird er sitzen und mich erwarten, und er wird mich ansehen mit dem Feuerschein in seinen Augen oder dem Neonlicht, und er wird sagen: Es sind noch Bohnen da, greif zu.

R. hat geheiratet, sagt der Vater, wir stehen in seiner Küche und trinken Wasser aus Plastikflaschen, vor einem Jahr, oder waren es zwei? Sie sind ins Ausland gegangen für eine Zeit, aber ihr hat es nicht gefallen, und jetzt sind sie in Ohio und renovieren sich ein Haus, nicht groß, aber ganz gemütlich, und sehr alt. Ah ja, sage ich, soso.

Möchtest du die Fotos sehen, fragt der Vater, ich könnte dir die Fotos zeigen, und ich überlege einen Moment, ja, also, sage ich, klar, warum nicht. Wir sitzen im Wohnzimmer und gucken Fotos, wir sitzen auf einem sehr alten Sofa, es seufzt tief und schwer, jedes Mal, wenn ich mich über das Album beuge, um besser zu sehen.

Es war eine schöne Feier, sagt der Vater, in einem großen Garten, mit Pappeln drum rum und Platanen, und tagsüber die Sonne, und nachts Lampions, in allen Farben, die siehst du hier, guck nur, wie schön. Und dann die Leute, so viele Leute, und alle waren zufrieden, alle waren glücklich, niemand auf den Fotos, der nicht strahlt, was für eine Feier, wunderschön.

Ich beuge mich über das Album, ganz toll, sage ich. Schöne Füße hat sie, sage ich und kneife die Augen zusammen über der Braut, ihr Gesicht verschwimmt zu einem dunklen Flatschen. Ist sie nett, frage ich den Vater, oh ja, sagt er, doch, ganz bestimmt.

Wo bist du auf den Bildern, frage ich den Vater, oder hast du sie gemacht. Ich, sagt der Vater und starrt in das Album, ich war nicht eingeladen.

Du warst nicht, sage ich, warum warst du denn nicht, was soll man dazu sagen, sage ich, und dann sage ich gar nichts mehr. Wir sitzen nebeneinander in seinem Wohnzimmer, dunkel und kühl, und hören zu, wie das Sofa seufzt, und schweigen uns an.

Ich würde mich gern noch länger mit dir unterhalten, wirklich, sagt er nach einer Weile und erhebt sich langsam, nur, es ist so, sagt er, also, ich habe nämlich ein Date. Oh, rufe ich viel zu erleichtert und springe auf, das freut mich aber, wie mich das freut, nicht so, sagt er und räuspert sich ein wenig, nicht so ein Date. Ach, sage ich und stürme in Richtung Tür, dem hellen Tag entgegen, draußen drehe ich mich noch einmal um, der Vater ist nur noch ein Umriss im Hauseingang.

Ich weiß nicht, ob er mich sprechen möchte, sage ich, aber nur für den Fall, dass. Ich drücke dem Vater einen Zettel in die Hand, er ist feucht und zerknautscht, aber die Nummer ist kaum verlaufen. Aber nur, wenn er möchte, sage ich, wenn nicht, dann nicht, ich bin nicht sicher, er hat vielleicht Gründe.

Als R. anruft, bin ich gerade dabei, ein Foto von meinem Haus zu machen. Ich schleiche durch den Garten und reiße den Fotoapparat hoch an mein Fenster und ducke mich weg nach dem Blitz, drinnen höre ich erstauntes Gemurmel, ihr Gesindel, denke ich, was macht ihr auch in meinem Zimmer, als das Telefon piept.

R., japse ich und laufe aus dem Garten, ich kann es nicht fassen, dass du anrufst, rate mal, wo ich bin. Ich laufe über Gras, neben mir leuchtet eine Laterne, eine Gruppe Studenten lärmt vorbei, ich habe plötzlich keine Ahnung mehr, wo ich bin.

Deine Stimme zu hören, sagt R. am anderen Ende, ich laufe blind auf der Suche nach einem ruhigen Plätzchen, die Zikaden sind so laut, und die Laternen sind so grell, und jetzt geht auch noch die Batterie zu Ende, warte, rufe ich, ich kann dich kaum hören, nicht sprechen, noch nicht, warte, er schluckt nur, komisch, das höre ich ganz deutlich.

Schließlich finde ich ein festes Telefon, in unserer alten Unihalle, und ich rufe ihn zurück. Haben Sie noch eine Weile auf, frage ich eine Putzfrau, die hinter mir rumwischt, bis Mitternacht, sagt sie, und ich wähle die Nummer, die R. mir gegeben hat. Er lässt es klingeln, bevor er rangeht, hallo, japse ich, ich bin's, und er zögert, und noch bevor er antwortet, ist mir klar: Ich habe zu lange gebraucht.

Es ist zu hell in der Unihalle und es ist zu leise, ich muss flüstern wegen der Putzfrau, und meine Stimme hallt ganz merkwürdig nach im Hörer. Hör mal, R., sage ich und es hallt, die Verbindung ist nicht gut, wir legen auf, und ich rufe noch mal an.

Ach lass doch, sagt R., es geht doch, und außerdem habe ich nicht viel Zeit, und dann fängt er an zu reden, und er hört gar nicht mehr auf, und er sagt lauter Dinge, die ich nicht gewöhnt bin von ihm. Mein Leben hat eine Form bekommen, sagt er, und: Harmonie hat seine guten Seiten, und: Wir tapezieren gerade, meine Frau und ich.

Aber, rufe ich, und mein Echo im Hörer äfft mich nach, es spielt mir gnadenlos meine eigene Stimme vor, sie klingt hysterisch und albern, ganz unangebracht.

Aber, flüstere ich gegen das Echo an, du hattest so viel vor, was ist nur los, das geht nicht, das kann nicht dein Ernst sein. R. lacht, das klingt nicht fröhlich, schreit es in mir, er tut nur so, ich wünsche dir, dass du auch bald erwachsen wirst, sagt R., man kann doch nicht ewig so weitermachen.

Darf ich euch besuchen kommen, flüstere ich, und euch abgucken, wie man das macht? Aber klar, ruft R. etwas zu schnell, aber selbstverständlich, da ist ja schließlich nichts dabei, ich rufe dich wieder an, und dann gebe ich dir unsere Adresse durch, gar kein Problem, mach's gut, bis dann.

Dein Vater sah nicht gut aus, rufe ich noch, aber R. hat keine Lust mehr, zu telefonieren. Er verbreitet schlechte Stimmung, ruft er, immer verbreitet er schlechte Stimmung, er soll sich nicht so anstellen, meine Mutter hat auch wieder jemand gefunden.

Einmal klingelt das Telefon in den Tagen danach, ein einziges Mal, aber R. ist es nicht, es ist nur J.

Ich kann morgen nicht, sagt sie, mir ist was dazwischen gekommen, tut mir echt Leid, aber du kannst ja was mit A. machen, er hat auch nichts vor.

K., heule ich ins Telefon, glaubst du, man kann ein Leben lang zusammen glücklich sein? Aber ja, sagt K., warum denn nicht, was soll denn die Frage, und überhaupt, heulst du etwa?

Es ist natürlich nicht immer leicht, sagt K., es gibt Berge und Täler, aber das ist eben so, das ist bei allen so, und wir sind doch auf dem besten Weg, oder findest du etwa nicht? Na? Hast du ein Problem? Sag schon, was rufst du mich an mitten in der Nacht und heulst und stellst mir so eine Frage? Also, ich bin glücklich, im Großen und Ganzen, und ich sehe kein Problem, überhaupt keins, und manchmal ist es eben ein bisschen zäh, aber das geht vorüber, man kann sich eben nicht zurücklehnen, man muss eben was tun für sein Glück, von nichts kommt nichts, und was man erntet, das sät man, oder jedenfalls so ähnlich.

Er schweigt. Ganz hinten in der Leitung höre ich ein Rauschen, leise und fern. Wenn du das sagst, schluchze ich.

In meinem Adressbuch finde ich eine Nummer, K. hat sie hineingeschrieben. Ich tippe sie in mein Telefon. Hallo A., sage ich, alles klar?

A., sage ich, es ist mein letzter Abend, und ich war überall außer bei dem schwarzen Engel, ich kann doch nicht aus dem Städtchen wegfahren, ohne den schwarzen Engel zu sehen, meinst du, wir könnten da hinfahren, jetzt gleich?

Der Engel steht auf seinem Platz, auf seinem Grab, er ist genauso schwarz, wie ich ihn in Erinnerung hatte, höchstens noch schwärzer, denn jetzt ist Nacht. Er ragt hoch auf vor uns, wir stehen vor ihm, um uns herum Steine und umgestürzte Kreuze. Guck nicht in seine Augen, murmele ich, man darf nicht in seine Augen gucken. Ich fahre mit dem Finger über die Schriftzeichen, die in den Sockel eingemeißelt sind, ich habe mich immer gefragt, was hier wohl steht, sage ich zu A. und starre ihn an.

A. beugt sich an die Zeichen und runzelt die Stirn, das ist meine Sprache, sagt er, es ist ziemlich verwittert, aber man kann es gerade noch lesen. Ich stehe still, während A. mir vorliest, was auf dem Sockel steht, ich starre ihn an in der Dunkelheit und präge ihn mir ein: seine weiche, fremde Sprache, die sanfte Stimme, mit der er liest, und seine Nase, die so gut dazu passt.

Sag mal, fragt A., als wir wieder im Auto sitzen, wir haben die Fenster runtergekurbelt, draußen ist es stockdunkel, kein Mond, bist du eigentlich glücklich?

Ich sehe ihn an, wie er fährt, seine Hände sind um das Lenkrad gekrallt und er rast wie verrückt, heißer Fahrtwind knallt mir ins Gesicht, ein einzelner Vogel krächzt empört hinter uns her. Eine gute Nacht, um schwimmen zugehen. Ich lehne mich zurück.

Ich könnte einen neuen Traum gebrauchen, sage ich.

Sigrid Behrens
Fahrerflucht

Es ist am schönsten, wo man ist. Es ist dort, wo man nie sein wird. Es ist am Rand und unerreichbar und schon wieder vorbei. Es ist ganz woanders. Sagst du. Meinst du, und sagst: ich; und meinst mich. Und bedienst die Leitung wie einen einsamen Tisch im Café, das ich kenne, das du gut kennst durch mich, doch nicht dort bist ohne mich und nicht mehr; benutzt das Telefon, um mich zu informieren über dieses: Ich bin woanders. Wo du nicht bist.

Die Leitung ist kein Café und zu ruhig und viel zu einsam, die Leitung knackt vor Missverständnis, die Leitung ist schlecht, sie rauscht und wogt. In meinen Händen hängt haltlos ein Hörer, hört nicht zu, gehört nicht mir, und du bist der Sprecher, den ich nicht suche. Sprecher sucht Hörer, Hörer in der Hand spricht viel, spricht falsch, hört nichts, schweigt. Sprecher bist du. Ich höre. Ich höre nichts, denn ich bin taub. Ich bin woanders, am Rand und unerreichbar und schon lange vorbei. Sagst du. Fährst ab.

Ich fahre fort. Sprecher schweigt und hört nicht. Sprecher wird stumm. Hält den Hörer mit beiden Händen, weil es sonst nichts zu halten gibt, damit er nicht fällt, und meint dabei sich; Hörer spricht kurz, Sprecher schweigt, Hörer endet, Hörer schweigt. Du weißt doch. Hörer zögert und beschließt; schließt ab, gibt nach und gibt auf. Fährt fort.

Ich bin der Schweiger, halte den Hörer und spreche kein Wort. Ich gebe auf, den Hörer ab, der du nicht bist, den Hörer zurück, Sprecher hat geendet. Ziehe am Kabel. Zerstöre die Buchse. Gehe zur Tür. Trete vor die Tür und mit Kräften dagegen, wie mit einem Vorhaben; habe nichts vor, als gewöhnlich zu gehen, schließe die Tür, höre das Treppenhaus. Höre das Café, das wartet an der Straße, höre dich, wie du sagst: zu laut. Stöhnst. Meinst mich.

Steige ein. Ich in mein Denken, Andenken an dich. Fahre ab. Fahre zurück und weiter zum Café, es ist nicht weit, es ist immer dort, wo man nicht ist. Setze mich, bestelle deinen Namen, trinke deinen Vorwurf, werde fahrig, betrunken, widerspreche deinen Einwänden, gehe über sie hinweg, fahre mit der hohlen Hand über den Tisch, er klebt, fahre mich zurück zu anderen Tagen und anderen Tischen wie diesem, wie hier, sehe ab von deinem Schweigen, fluche, trinke, klebe meine Finger unter Gläser, lecke sie ab, zähle die Ringe, fahre mit den Fingern an den Ringen entlang, rund wie dein Schweigen, betrachte deine Stirn, runde dich ab, sauge Worte von deinen Lippen, fahre mit den Fingern an deinen Augenbrauen entlang, mit den Augen ab dein gesamtes Gesicht, ein Augenschlag auf unsere Zeit, trinke, trinke, schaue dich an, gieße mir nach, trinke, warte, immer auf dein Schweigen. Man fährt mich heim.

Die Decke dort zum Berg geworden. Zwischen den Bergen legt man mich nieder, stürzt mich in Schluchten voll glühender Hitze; ein Spalt, so tief wie deine Jahre, macht sich auf, schließt sich trocken über mir, macht nicht halt, macht mich ersticken; ich falle tief. Der Berg auf dem Bett macht mir Angst und erinnert an die Seen bei dir. Zwischen den Bergen, du schwimmst, verschwimmst, zwischen den Bergen die Matratze zu hart, ich zu leicht, die Seen vertrocknet, die Quelle versiegt. Ich habe Durst. Du springst vom Steg. Schaust mich an. Lachst über meine Angst. Nimmst die Decke, den Berg, wirfst ihn dir um wie einen Mantel, springst in den See. Das Wasser spritzt. Hier ist es am schönsten, sagst du. Verschwindest. Lässt mich hängen unter Decken, schwitzen in kalten Seen, Matratzen durchschwimmen nach dir, tauchen nach gestern. Schweigst beharrlich, weckst mich nicht auf, lässt mich schlafen dort, wo es schön ist. Das ist nicht hier. Das ist immer dort, wo ich nicht bin.

Ich wache auf. Teste meine Stimme, hänge mich auf an der Leitung, scheitere am Gedanken allein, hänge ab; stecke das Kabel zurück, versorge die Buchse. Schließe die Tür gleich nach dem Öffnen. Steige ein und fahre ab, umfahre die Sonne und dir hinterher, fahre nicht allein, damit du es nicht merkst, fahre mit vielen, die du nicht kennst, die dich nicht kennen und nicht wüssten, wozu. Berge überall, die Stadt liegt schnell fern, sehr schnelle Berge an uns vorbei, es ist schön, doch noch nicht jetzt: Das ist nicht gemeint, denn es ist zu sehr hier und nicht genug woanders. Woanders bist du, dorthin will ich fahren, ich glaube dir nicht, ich glaube kein Wort. Ich fahre:

Ich darf beschließen, ich treibe uns weiter, ich will nichts beenden, das ist meine Sache, und sie sagen nichts. Überall Berge, überall Seen, doch nirgendwo du, kein Steg weit und breit. Verliere uns in Schluchten, werde unglaubwürdig, ungeklärt, unnachgiebig; sie wissen nicht, wie du aussiehst, was ich suche. Ich aber fahre. Ich aber fluche.

Übernachten in Zelten, wie du eines hast, träumen gemeinsam von verschiedenen Dingen, und zum Frühstück dann kein Wort davon; fahren weiter, die Sonne hoch. Sehen Landschaften aus dem Fenster, Berge immer wieder, ich sage nichts, alles lacht. Sie sprechen von Ankunft, denn die Sonne scheint, greifen nach ihren Badesachen, diese Seen überall, ich aber will heim, wenn wir dort sind, wo du einmal warst. Und fahre und fahre, sie schweigen und schlafen, sie warten und warten, zählen Berge, zählen Seen, zählen Gelegenheiten, verpasste, sprechen wenig, lachen kaum mehr und nicht über mich. Bis wir dort sind, wo du einmal warst, als es schön war; fahren an, steigen aus, sind eilig, fliehen mich, sie: Ich sehe den See und die Berge und den Steg, ich sehe dich verschwunden sein, ich fahre heim. Wo du nicht bist. Keiner versteht. Alle gehen schwimmen. Ich will nichts trinken. Der Motor heult nur für mich, Reifen knirschen, meine Zähne, ich fahre ab, ab bis zum Rand, zähle Berge, Seen, Stege, bleibe am Rand und wie du unerreichbar und schon wieder vorbei. Es ist ganz woanders. Es ist am Abend. Sitze zu Hause, war dort, wo du warst. Es ist ganz woanders, nur du bist nicht da.

Eingriffe, die nötig sind

Michael Weins
Andreas Münzner
Jan Wagner
Farhad Showghi
Cornelia Manikowsky
Thomas Klees
Volker Lang
Frank Schulz
Dierk Hagedorn
me · wing
Sabine Schmidt
Breece D'J Pancake
Benjamin Maack
Peter Köhn
Yoko Tawada
Renate Langgemach
Irena Stojànova
Gerhard Neumann
Mariola Brillowska
Matthias Politycki
Peter Rühmkorf

Michael Weins
Die Heilige Musik der Derwische

Mir ist was passiert, sage ich und versinke in Kunstleder.

Aha, sagt Claire. Sie gießt Kaffee aus einer türkisen Thermoskanne in einen von zwei fleckigen Bechern. Willst du Zucker?

Ich rutsche mich auf ihrem Ungetüm von schwarzem Kunstledersofa zurecht. Dieses Sofa hat sie schon so lange ich sie kenne. Es riecht nach Modder, nach Moor, Erde, Verwesung, nach Weltall eigentlich, weil sich Spuren jeglicher im Weltall befindlichen Materie auf diesem Sofa nachweisen lassen müssten. Claire ist ein nachlässiger Mensch. Sie hat einen Hang, Dinge fallen zu lassen, auch im häuslichen Rahmen. Wenn sie sich eine Zigarette dreht zum Beispiel oder wenn sie ein Glas Saft trinkt. Deshalb klebt und riecht ihr Sofa, aber ich mag es trotzdem, weil es eigentlich wie sie ist.

Erzähl, sagt Claire. Sie hält mir einen Becher hin. Auch der Becher klebt, und der Kaffee riecht, aber nicht, wie Kaffee riechen soll. Ich kenne das schon und lasse mir nichts anmerken.

Lecker, der Kaffee, sage ich. Was soll ich dir erzählen?

Du hast gesagt, dir wäre was passiert.

Ja, sage ich, genau. Auf dem Weg hierher.

Auf dem Weg zu Claire bin ich einem Inder begegnet. Auf dem Weg von der U-Bahn zu ihrem Haus. Auf der Straße. Mir ist ein Inder mit einem himmelblauen Turban entgegengekommen. Ich will Claire die Geschichte erzählen, weil ich glaube, dass sie Expertin für Geschichten ist, in denen Inder mit himmelblauen Turbanen vorkommen. Sie hat zwei Yoga-Kurse und einen Bauchtanz-Kurs gemacht. Und sie kann Tarot-Karten legen. Ihr Zimmer ist lila angemalt, und an den Wänden hängen Abbildungen von Muttergottheiten und ähnlichen Dämonen. Außerdem hat Claire gerade eine CD angemacht, ich kann das Cover erkennen, das auf einem Haufen Zeug neben der Anlage liegt: die heilige Musik der Derwische. Ein Mobile aus geschliffenem Glas dreht sich über mir und verteilt bunte Lichtpunkte im Raum.

Was hältst du davon, sage ich. Ich krame eine schwarze Perle aus meiner Hosentasche und lege sie neben einen Kaffeefleck auf den Glastisch. Eine schwarze Perle aus Ton. Claire besieht sich die Perle.

Eine Tonperle, sagt sie.

Ja, sage ich. Ich habe sie von einem Inder mit himmelblauem Turban bekommen. Aha, sagt Claire und schlürft einen Schluck Kaffee.

Ja, sage ich und schlürfe ebenfalls. Der Kaffee bei Claire hat immer etwas von einer braunen Soße, wie man sie zu einem Braten nimmt. Es ist einfacher, Claires Kaffee zu genießen, wenn man sich vorstellt, man wäre eigentlich zum Bratenessen eingeladen und nicht zum Kaffee.

Mir kommt ein Inder entgegen. Ich bin auf der Straße, auf dem Weg zu Claires Haus. Der Inder trägt einen himmelblauen Turban, das nimmt mich sofort für ihn ein. Er besitzt Augen, wie bestimmte Schildkröten sie besitzen. Augen, in denen sich seit Jahrhunderten nichts geregt hat. Er will den Weg erklärt bekommen, denke ich, weil er mir ein Stück Papier hinhält. Auf dem Zettel steht eine Adresse, und er will erklärt bekommen, wie er dort hinkommt, denke ich, das machen Ausländer manchmal. Oder er will Geld. Ich greife nach dem Papier. Es ist eine Visitenkarte. Ein indischer Name steht darauf und der Begriff *Yoga-Master*. In diesem Moment fängt der himmelblaue Inder an zu sprechen. Seine Schildkrötenaugen sind braun. Er redet ein eigenwilliges Englisch, einen Singsang, der mich einlullt und willenlos und gefügig macht. Ich muss lächeln. Er will mein Geld, denke ich. Das ist schön. Es steht keine Adresse auf der Karte, nur ein Name und *Yoga-Master*. Ich lächele, aber der Inder lächelt nicht zurück. Er nimmt mir die Karte aus der Hand. Er redet, aber ich verstehe kein Wort. Hello, sage ich nur so zum Versuch. Er wird mir meine Zukunft vorhersagen, und er wird Geld von mir bekommen. Yoga-Master, denke ich lächelnd.

Do you understand, fragt der Yoga-Master.

Yes, lüge ich, dabei habe ich keine Ahnung. Er ist ein Yoga-Master, und es ist ein Zeichen, dass ich ihn hier treffe. Er wird mir etwas Wichtiges über mich und mein Leben und meine Zukunft vorhersagen. Ich muss genau zuhören, damit ich alles verstehe, was mir durch diesen himmelblauen Inder mitgeteilt wird. Ein höheres Wesen hat diesen Inder geschickt, damit er mich auf den rechten Weg bringt. Es ist meine gottesfürchtige und abergläubische Seite, die das denkt. Quatsch, denkt meine profane Seite, das ist bloß ein Yoga-Inder, der an mein Geld will. Ich schaue in den Himmel, schaue den Wolken zu, wie sie vorbeiziehen. Wenn ich hier ohne zu zahlen rauskommen will, denke ich, dann muss ich jetzt gehen. Ich muss gehen, ich Schaf, ich lächelndes Schaf. Vielleicht ist er ein höheres Wesen, denke ich und lächele.

Think of a flower, sagt der Inder.

What, sage ich.

A flower, sagt er, there are so many flowers. Come on, think of one and don't tell me.

Tulpe, denke ich, tulip, heimlich und still, und ich muss an diese Spielchen unter Grundschülern denken, wo man ein Musikinstrument, eine Farbe und ein Werkzeug sagen soll, und man sagt immer rot und Hammer oder Säge, ob man will oder nicht.

And now think of a number, sagt der Inder, any number. Think of your lucky number and don't tell me. Scheiße, denke ich, mein Geld. Und: elf, eleven. Ich zwinkere mir selber zu, wenn das geht.

Have you got a number, fragt der Inder.

Yes, sage ich.

Don't tell me, sagt er. I will write it down now.

Er schreibt etwas auf ein Stück Papier. Er benutzt einen abgekauten Bleistift dazu. Es geht sehr schnell, und ich muss lächeln, weil es windig ist und ich auf dem Weg zu Claire bin und weil ich es mag, wenn es windig ist. Der Inder zerknüllt das Papier, auf das er meine Zahl und meine Blume geschrieben hat. Das Papier behält er in der Hand.

What is your heart wish, fragt der Yoga-Inder jetzt.

What, frage ich.

Your heart wish, what in the world do you desire most?

Shit, denke ich, ich bin ein Laienschauspieler in einem Nepper-Schlepper-Bauernfänger-Film.

Come on, tell me your heart wish, sagt der Inder.

I want to become a famous writer, sage ich und werde rot dabei.

What, fragt der Inder.

A famous writer, sage ich und schaue mich um, aber es ist niemand auf der Straße, den ich kenne. Eigentlich ist

gar niemand auf der Straße, die zu Claires Haus führt, nur dieser Inder und ich.
Good, sagt der Inder. It is a good heart wish.
Thank you, sage ich.
Now I will show you, sagt der Inder. Tell me the flower.
Tulip, sage ich.
Tell me the number.
Eleven.
Okay, sagt er. Good flower. Good number. Come on, now write down your heart wisch.
What, frage ich.
Write it down. Your heart wish, good writer, write it down.
Er gibt mir ein Stück Papier und seinen Bleistift. Auf dem Bleistift muss sich ziemlich viel Inder-Spucke befinden, so abgekaut, wie er aussieht. Ich schreibe *famous writer* auf das Papier. Beim Schreiben schaue ich meiner Hand zu und nicht dem Inder. Ich bin nicht sicher, was der Inder in der Zwischenzeit macht. Ich gebe ihm ein Stück Papier, auf dem *famous writer* steht. Peinlich, denke ich. Der Inder legt mein Papier auf seine Handfläche. Er öffnet das zerknüllte Stück Papier und legt es daneben. Jetzt liegen zwei Papiere auf seiner Handfläche. Auf einem steht in meiner Handshrift *famous writer*, auf dem anderen in seiner Handschrift *tulip* und 11.
Tulip, sagt der Inder. See? Eleven.
Yes, sage ich.
Good flower, good number, sagt er. Your heart wish will become true. Not this year, but in the following.
Yes, sage ich.
Give me some money, sagt er. Ich muss lächeln, ich kann nicht anders. Give me some money.
Yes, sage ich. Ich hole mein Portmonee aus der Jackentasche. Ich öffne die Abteilung mit dem Silbergeld, aber der Inder sagt: No coins. Er sagt es mit einer Stimme, die keinen Widerspruch duldet, einer Schildkrötenstimme. Was soll's, denke ich. Man kann nicht immer gewinnen im Leben. Ich bin diesen Yoga-Indern nicht gewachsen. Also gebe ich ihm den Zwanzigmarkschein, der sich in meinem Portmonee befindet, mein letztes Geld.
Listen, sagt der Inder. Now I will give you some good magic. A strong magic. Er drückt mir eine schwarze Tonperle in die Hand. Strong magic, sagt er. Keep it, very strong magic.

Mir fehlt die Kraft zu fragen, was für eine Magic das sein soll und wozu sie gut ist und wie man sie einsetzt und ob sie 20 Mark wert ist. Außerdem ist der Inder schon weg. Man kennt das ja bei diesen himmelblauen Indern. Sie können einem für 20 Mark eine Tonperle verkaufen und sich anschließend in Luft auflösen. Das gehört mit in ihre Trickkiste. Man bleibt zurück und fühlt sich wie ein kleiner Hund mit feuchten Locken.

Was hältst du davon, frage ich Claire, die die Perle in der Hand hält.

Nichts, sagt sie. Das ist eine Perle. Eine Perle aus schwarzem Ton.

Ja, sage ich. Aber ist sie magisch? Und – um was für eine Magie handelt es sich? Was kann die Perle?

Vergiss es, sagt Claire. Das ist bloß eine Perle.

Hm, sage ich.

Ich glaube ihr nicht. Ich glaube, dass die Perle eine besondere Perle ist. Ich glaube, dass man ein Blumen-und-Zahlen-Ratespiel-Abzocker-Inder sein kann und gleichzeitig ein großer Perlenmagier und Yoga-Master. Das muss sich nicht ausschließen.

Es ist eine magische Perle, sage ich. Aus Indien.

Es ist eine Perle aus dem Bastelladen, sagt Claire. Und das einzig Magische an ihr ist, dass sie dich 20 Mark gekostet hat.

Hm, sage ich und muss lächeln, weil sie Recht hat. Ich sitze da mit einem klebrigen Becher in der Hand und lächele.

Ich glaube trotzdem, dass die Perle magisch ist, sage ich.

Armer Irrer, sagt Claire.

Sie gibt mir meine Perle zurück, und ich will noch etwas über den Inder und die Beziehung zwischen Zufall und magischer Wirklichkeit sagen, aber dazu müsste ich mich konzentrieren, was Claire verhindert, indem sie die heilige Musik der Derwische lauter dreht.

Andreas Münzner
Eingriffe, die nötig sind

Fangspiel

Du darfst dich nicht fangen lassen von
den Türen immer barfuß gehen und die
Wimpern gestutzt nie mehr als dreimal
am selben Tag dasselbe Wort sagen
schon gar nicht ungeflüstert schneller
sein als alles Elektrische in der Küche
die alten Rezepte mit blauen Kräutern
aufmischen die Goldmedaillen wenn die
Gänse ziehen aus dem Fenster werfen
oder in den Fluss wo die Forellen
springen und jeden Tag eine Beere auch
im Winter niemals vor einem Fenster
stehen bleiben Fotos allerhöchstens unter
Tag weder Ver- noch Vorbeugungen
immer nur selber haschen und sich vor
allem nie berühren lassen von diesen
bleichen Fingern im Gebüsch

Es ist genug

Ich ertrage die Berge nicht mehr
wie sie sich über uns erheben
nicht die Straßen und Türen
mit ihren falschen Versprechungen

Ich kann keine Namen mehr hören
die immer so tun als seien sie mehr
als Buchstaben
aneinander gereiht

Die Vögel meinen
uns ständig an etwas erinnern zu müssen
und die Bäche plaudern viel zu unbedarft
ohne sich zu kümmern
woher ihr nächster Regen kommt

Warum fällt alles was fällt nach unten
was soll dieses Grün besänftigen
wer kann schon sagen
er lebe

Die örtlichen Aufhellungen
sind mir abhanden gekommen
längst habe ich vergessen
wofür da noch Knochen hängen
unter meinem Kopf

Auch die immernassen Leute
sind für keinen Witz mehr zu gebrauchen –
in meinem Zelt sitzend
aus Wissen und bitterem Brot
sehe ich sie kommen
und errate viel zu schnell
wo sie sich kratzen werden am Abend

Nur die Olme
kennen noch Geheimnisse und bunte Götter
die unerreichbar wohnen
dort irgendwo ganz tief
im Himmel Gestein

Eingriffe, die nötig sind

Ich werde die Fische vom Land wieder
ins Wasser treiben ich werde den Bienen
ihr Geheimnis ablauschen ich will der
Sonne unterwegs Rätsel aufgeben die
Berge müssen endlich in Ruhe schlafen
können und die Schmetterlinge
zwischenfallsloser reisen ich werde die
Meere kitzeln bis sie sich schütteln vor
Lachen und mit alten Taschenlampen
Glühwürmchen verführen ich werde die
Wälder erschrecken und die Wale aus
dem Konzept bringen wenn sie singen
ich werde das Eis befragen ob es noch
weiß wie es war als Wasser ich will eine
wärmere Farbe für alles was wächst die
Antilopen sollen besser auf ihre
Ernährung achten und die Frösche
endlich laufen lernen ich will die Erde
wieder flach und die Menschen
vergesslich einfach anders als die Steine
die merken sich alles

Lacrimae rerum

Es gibt eine Welt
in der die Wolken reden
wo die Maschinen
sich nach einem Wort
des Zuspruchs sehnen
wo Menschen sind
die keine Hände haben
nur Augen
die wie damals lachen
aus nassem braunem Plüsch

Es gibt im Gangbild
unserer Schritte
ab und zu Türen
die aufzustoßen wir uns hüten
wie ein Polizist

Es gibt sie
jene Gesterngärten
wo Kichererbsen böse sind
und gerade Zahlen verboten
das Nicken eines krummen Asts
geht hier nicht unbemerkt vorüber
und nicht was fremde Vögel
in den Morgenhimmel schreiben

Flügel schwingen überall
im Windzug hin und her
hörbar nur
das leise Quietschen in den Angeln
vom geschäftigen Durchgang
der Glücklichen

Sehhilfe

Stell dich auf ein Haus
Zünde deine Träume an
Häng die Messer auf
Bade, wenn du kannst
Verbinde deine Nase zweimal
und sage nicht, was du fühlst

Betritt die Nebel von gestern
Denk an schwimmende Nägel
Verschenk Insekten in den obersten Etagen
Fahr dahin, wo es Haare regnet
Bring mir drei Finger mit von Fischern
und sage nicht, was du fühlst

Sortier dein altes Silber
Iss deine nicht abgeschickten Briefe
Rasier einem weißen Löwen die Mähne
Gib den Bäumen Antwort
und halte einen Zeh in die heiße Suppe
aber sage nie, was du fühlst

Pass auf, nicht in die Fettmuster zu treten
Spende einen Stein für die Angstkathedrale
Pass auf, und schau

Du darfst den Horizont nicht wecken
bis die Segelklappen morsen:
lang lang lang
kurz kurz kurz kurz

Wendekreis

Ich werde ohne Kleider weiter nördlich ziehen
    und singen am Rand
    bis die Vögel mir folgen

Ich war es nicht sage ich dann
    wenn sie die Ufer abmessen
    und den schwarzen Schlick aufsammeln
ich kam nur wegen einer Beere die ich mag
und des sehnigen Rentierfleischs
    ich werde ihnen die Pastelltöne zeigen
    über dem Horizont
und die Flammen die aus meinem Bauch schlagen

Und wenn sie alle sitzen auf den borstigen Gräsern
    der Mutter der Böden
    ziehe ich ein Tuch über die Schultern
und erzähle von früher
    von den Käuzen hinter dem Zaun
    denen wir die Augen ausstachen
    und vom ersten Mal als mein Puls
auf einen anderen übersprang

Ich bohre einen Stock in den gefrorenen Boden
    – es sind auch Echsen da
    aufgetaut aus tieferen Schichten –
und zeige wortlos auf den Flügel
    der seit einigen Tagen da liegt

Wer drei Mal die flackernden Fohlen
gesehen hat am Himmel
    wird bleiben für immer
    höre ich sagen
er kann sein Stück Robbenmark verschenken
    er weiß dass er nun
    auf die Suche nach dem Sand gehen wird
zum Beschweren der Glieder

    Er wird nicht mehr
        von den laueren Winden reden müssen
        in den Nächten

Elbhafen

Ein alter Seemann sagte mir:
Lock die Schaluppen mit einem falschen Jawort
Aquarelliere Bullaugen und schütte Wasser drüber
Iss einen Fisch, fein zerrieben
Lass auf die Ebbe eine weitere folgen
Bleib stehen, wenn man dich sieht mit Seilen in der Hand

Er stand meist auf der Brücke
ließ die Sirenen erklingen
ich aber schlief unruhig
in den Nächten

Die Geschichten ohne Ohren
pflegen im Wasser
nah am Grund zu gehen, sagte er
wo sie das Salz früher spüren

Der Bug rümpfte die Nase
die Spille kreischten
ein Vogel stand im Wind
und ließ sich fallen

Die Bagger machten das Bett
ihrer Herrin jeden Tag
nackte Bäuche wurden betupft
mit roter Medizin

Da sind Punkte am Ufer
die sich bewegen
hier ein Mann
der steht und schaut

Was er mir auch noch sagte:
Vergiss nicht den Metallgehalt
Reparier das alte Leuchtfeuer
Denk an einen schönen Leib, dort unten
Lies die Zeit am Turm
und erklär dem neuen Wasser die Richtung

Andreas Münzner
Herbstgeschichte

In seinem Hof steht, nicht ganz in der Mitte, aber doch allein und alles andere überragend, ein Apfelbaum, von dem sich die Anwohner alle Jahre bedienen. Die Äpfel sind groß und fest, aber ihr Fleisch ist oft mehlig. Irgendwann spät im Jahr, lange nach jener Woche, die von den Leuten hier im Norden Sommer genannt wird, sieht der junge Mann aus dem Theaterrund der Küchen- und Toilettenfenster ab und zu eine Gestalt hervortreten – vermutlich der Nachbar von gegenüber, der, wenn er am Fenster steht, viel jünger aussieht –, zaghaft einen Fuß unter die Krone setzen, den Kopf in den Nacken legen, um nach einer der grün leuchtenden Früchte zu greifen. Und wenn der Nachbar schon im Hof hineinbeißt, denkt der junge Mann, wird er merken, wie sauer sie noch sind, und erspart sich das Beladen seiner Obstschale, verzichtet auf den sicherlich dekorativen Effekt. Später, die Farben sind schon klarer geworden, reduzierter, fangen die Äste an, sich den hier so hoch gewachsenen Frauen entgegenzubiegen, oder, was wahrscheinlicher ist, den ab und zu den Hof mit einzelnen Rufen, die sofort wieder verhallen, zu einer kurzen Andeutung von Leben erweckenden Kindern. Wenn dann die ersten Winde ungestümer um die so soliden Rotklinkerhäuser blasen, noch einmal die Arbeit des Maurers kontrollieren und die Fugen und Ritzen fegen, kommt der Tag, da er aufmerkt in seiner Wohnung, horcht und ans Fenster tritt. Hat er nicht eben ein dumpfes Geräusch gehört? Ob das der Nachbar war von oben, fragt er sich, dass er einen Blumentopf hat fallen lassen? Und erst nach einigen Tagen, als er gerade Geschirr spült und das Geräusch wieder wahrnimmt, schaut er auf, aus dem Fenster, sieht den gelben Apfel noch einmal hüpfen auf der Wiese. Er wartet lange, schaut in die schwer beladene Krone hoch, er wartet auf einen weiteren Fall, doch nichts geschieht. Ab und zu in den Nächten auch ist jetzt das Geräusch zu hören, am meisten in den windstillen.

Und allmählich kriegt der Baum einen helleren Schatten, wird um ein paar Blätter magerer, als konzentriere sich der pointillistische Maler dieses Stilllebens immer mehr auf die gelben Tupfer im Bild – die Äpfel –, um die herum sich die grünen immer mehr ausdünnen – die Blätter –, bis der eifrige Künstler mit seinem Pinsel schon fast bei einem abstrakten Gemälde angelangt ist: keine grünen Tupfer mehr, nur gelbe Flecken auf dem Hintergrund braunen Astgewirrs. Gelbe Flecken, die zum Teil auch schon den Boden übersäen, zwischen dem braunen Wurzelgewirr liegen und, wenn man sie aufhebt, zu gelben Früchten werden, der Ernte dieses Herbstes, Früchten, die, schaut man genauer hin, alle an der einen Seite eine leichte Stauchung aufweisen, ein feines Netz hellbrauner Äderchen in einem genau umrissenen Bereich, der sich immer mehr mit Hellbraun füllt und schließlich auf den Rest des Runds übergreift. Manche dieser gelben Früchte weisen auch breite, mit feinen Werkzeugen ausgegrabene Wunden auf, und an der Oberfläche von anderen sind dunkle Löcher auszumachen, wie Einschläge winziger, glühender Kometen. Wenn er dann das Rund aufschneidet, kann der junge Mann die gewundene Linie des Kometen verfolgen, voll von Staub, die der brennende Lauf des Gestirns hinter sich gelassen hat, und tief drin, meist im Gehäuse, sitzt kichernd der Urheber der verschnörkelten Zeichnung, zurückverwandelt in eine kleine Made.

Nun gehen auch die Anwohner zur Hand. Die Kinder lassen ihre Kickboards draußen auf der Straße liegen, die alten Frauen verlassen ihre polierte Wohnwand, die hinter den abdunkelnden Vorhängen von den Nachmittagssendungen in ständig wechselnde Farben getaucht wird. Einer nach dem anderen, selten zwei Parteien zugleich, bedienen sie sich, diejenigen, die nicht so hoch hinaufreichen können, heben die Geschenke der Natur vom Boden auf, manche klettern in die Äste, lassen sich weit hinaus und kehren zufrieden in ihren Hauseingang zurück, darauf achtend, dass sie sich nicht zu sehr bedient haben, aber doch recht, denn rechtmäßig ist es, was sie da tun. Das sind die Tage, da der Baum sich plötzlich zu regen beginnt. Freut er sich, dass er nun endlich wieder aus seinem stillen Schattenspenderdasein auftauchen, die Leute beschenken darf, gebraucht wird und gemolken? Er scheint stämmiger dazustehen, stolzer, mit seinen volleren Armen, vom Gewicht bis ins feuchte Gras gezogen. Stolz? Dann jedenfalls geschieht es: Es ist genau der umgekehrte Effekt, durch den sich der Stau bildet auf den Autobahnen dieses Landes; es ist nicht einer, der stehen bleibt und alle anderen in den Stillstand reißt, wie beim Stau, sondern es fängt einer an, sich zu bewegen, und reißt die anderen mit, in die Bewegung. Ganz oben in der Krone kann es geschehen, dass eines Nachmittags sich ein Apfel von seinem ihn schon so lange nährenden Ast zu trennen entschließt und loslässt. Nur zieht der Apfel nicht in geradem Flug auf jenes weiche grüne Bett hinunter, immer schneller, nein, er hat nicht aufgepasst und stößt – Verzeihung – an seinen Nachbarn von unten an, dass auch dieser sich nicht halten kann, im Vorbeisausen einen weiteren Baumgenossen mit sich reißt und so weiter und so fort ... Einer der Äpfel spürt den Herbst, regt sich und reißt die anderen mit. Plötzlich setzt ein gewaltiges Trommeln ein, das sich manchmal noch verstärkt. Niemand kann sagen, wann sie kommen, diese Launen des Baumes, Anfälle des Übermuts – der Wind tut dabei nichts zur Sache, der arbeitet viel selektiver –, und wehe dem, der sich in einem solchen Augenblick gerade unter die vermeintlich schützende Krone gewagt hat, vielleicht, um ein Frisbee zu holen, oder eben Äpfel. Das Trommelfeuer bricht los, ein dumpfes Poltern während langer, nicht enden wollender Sekunden. Der Baum hat das Feuer eröffnet. Und so schnell wird er es nicht wieder einstellen. Obwohl man denken mag: Die Munition wird ihm bald ausgehen. Aber nein, die Äste sind noch alle voll besetzt mit Äpfeln, alle bereit zum Absprung. Der Lärm dauert und dauert. Der graue Himmel schaut zu, wankt nicht. Und unten bildet sich in diesem Gewitter allmählich ein gelber Teppich aus: der gelbe Schatten des Baumes. Der junge Mann hinter seinem Fenster kann zusehen, wie er wächst. Bis auf einmal Stille ist, eine unerträgliche Stille. Der Hof ist leer wie immer, aber jetzt scheint diese Leere des Hofs einen Grund zu haben. Als wäre dort für einen Menschen die Gefahr zu groß, hineinspringen zu wollen, in dieses Bett aus gelben Äpfeln.

Und wieder ist es Herbst geworden in einem Leben. Zeit, in der sich nichts regt, Zeit des Wartens. Warten auf Früchte, die hätten reifen sollen, reifen können, Warten aber auch auf etwas anderes, das da noch sein muss, sein müsste, da es dies ja noch nicht gewesen sein kann, das ganze Leben. Das ganze? Jetzt endlich, im schrägeren

Licht, werden die Risse sichtbar im Stückwerk, die Löcher, die gähnend sich seinem Blick öffnen, in welchen er schwimmt. Mehrmals ist sein Leben von einer Schiene auf eine andere gehoben worden, hat sich wieder eingefahren, mit einer Selbstverständlichkeit und Einfachheit, wie er es gar nicht für möglich gehalten hätte. Kennt er dieses Spiel nicht gut genug, Wurzeln ausgraben und sie in einer anderen Erde wieder einsenken? Was wäre denn da noch, das ihn reizte? Ist nicht jede Umgebung wieder nur Umgebung, mit den immer wieder leicht anderen und doch stets gleichen Einkaufsgewohnheiten, Verkehrsverbindungen, Freundeskreisen? Und jede Umgebung eine Landschaft, mit ihrer Jahreszeit? Wieder ist es Herbst geworden, einer, von dem er weiß, dass er ihn nicht auswechseln wird für lange. Oder doch? Liegt da nicht eine Ahnung in der Luft? Eine Melodie, die sich entfalten will, zurückfallen in den Tönen und noch einmal die Akkorde hoch nach oben? Ist das schon Klang zu nennen, was da raunt über der Stadt?

Er ist keiner, der wüsste, wie man ein Boot herstellt, es mit einer Idee füllt, anmalt und in das Meer der Zukunft hineinsetzt, um es dann mehr oder weniger in derselben Richtung weitertreiben zu lassen. Er ist ganz im Gegenteil einer, der noch auf dem Deich steht, immer wieder die Ebbe verpasst, sich einmal hinauszuwagen, der auf dem grünen Streifen endlose, sich immer wieder annullierende Kilometer läuft, nur um dann wieder dazustehen in seiner dreigeteilten Landschaft, schlickiges Watt, ein schmaler Streifen festes Land und der immer wechselnde Himmel, allein mit den Schafen. Oder vielleicht hat er auch nur den Steg verpasst. Den richtigen Moment, sich einen Ruck zu geben, endlich vom Boden abzuheben an dieser dünnen Schnur und knatternd sich hochzuwinden, Schlaufen ziehend im Wind. Immer wieder verfällt er in ein Staunen, ein Nicht-begreifen-Können der Menschen rund um ihn herum. Der Herbst behagt ihm, der Herbst ist seine Jahreszeit, eine Waage ist er, eine Waage, die ihre Geburtstage alleine feiert, am liebsten in der klösterlichen Stille eines selbst von den Leuten und ihrem Geschwätz abgeriegelten Tages – und doch mitten in der mitteilsamen Natur.

Seit ein paar Wochen ist ihm der Flur seiner Wohnung sein Lieblingsplatz. Von hier aus kann er auf der einen Seite die Straße sehen und auf der anderen den Apfelbaum, der nunmehr ohne Äpfel ist, will man nicht die immer mehr in sich und in den Boden sinkenden Tupfer um den Stamm herum, manche erstaunlich weit von ihm entfernt, dazurechnen. Er holt seine Lederschuhe hervor, braune Lederschuhe mit einem ganz schlichten Schnitt, nach denen er damals lange gesucht und die er schließlich in einer fernen Stadt im Süden in einem ganz gewöhnlichen Schuhgeschäft gefunden hatte. Damals war noch eine Frau gewesen in seinem Leben, er hatte sich Kleider gekauft, damit er korrekt aussah neben ihr, oder sich Kleider kaufen lassen. Die Frau hatte ihm gesagt, an den Schuhen sieht man den Männern an, wie fest sie mit den Füßen auf dem Boden stehen. Die Frau, mit der er auf dem Hotelbett, beide nackt, vom Zimmermädchen überrascht worden war und die sich dafür geschämt hatte, und dann hatte er gelacht, und dann alle beide. Die ihm seine alten Schuhe, ebenfalls aus braunem Leder, aber schon eingerissen, hatte wegschmeißen wollen. Er hatte sie noch tagelang in einer Plastiktüte mit sich herumgetragen, doch nie mehr anziehen können, auch nicht nach der Trennung. Die Frau aber auch, die geweint hatte eines Morgens im Bett, ohne zu wissen, warum.

Als er aus dem Haus tritt, kommt ihm die Nachbarin entgegen, die ältere mit dem jungen Freund. Eine herzliche Frau, überherzliche Frau. Am Abend sieht er sie manchmal leicht bekleidet in der Wohnung herumlaufen, und er kann hinter den Vorhängen ihre Silhouette erkennen. Das sind wohl die Tage, an welchen sie einsam ist und das Kleid ihrer Einsamkeit nach außen kehrt, damit es auch für andere sichtbar ist, noch Einsamere. In welchem Schmuckkästchen liegen ihre Sehnsüchte aufbewahrt? Wenn sie dann mit ihrer Fischgrätenjacke, dem hochgeschlagenem Kragen, über dem große Ohrringe baumeln, auf die Straße tritt, Wärme im Blick, und niemand steht da, den sie beschenken könnte, dann ist nur der Herbst wieder einen Farbton weiter gekommen. Wenn er grüßt, wie immer in Verlegenheit um Worte, die nun notwendig wären und es dann rückblickend doch wieder nicht gewesen sind, dann lächelt sie nur, murmelt etwas und geht an ihm vorüber, ins Solarium, wie er weiß, und anschließend in die Sauna, und bleibt doch noch einmal stehen. Auch sie ist eine von denjenigen, die die Sehnsucht verkleidet haben in andere Begriffe, die sie nicht müde werden, den anderen, noch nicht Beglückten, verkaufen zu wollen. Ohne Kleider seien sich die Leute alle gleich und seltsam frei, mit den etwas mehr oder weniger hängenden Körperteilen, der mehr oder weniger starken Behaarung. Reihenweise dasselbe, wie man es Jahr für Jahr an den weiten Stränden beobachten könne, plötzlich falle das Besondere ab und werde angenehm gleichgültig. Sie erzählt ihm von der Haut des Menschen im Allgemeinen, von ihrer eigenen Haut im Besonderen und von den Häuten von Bekannten. Aufgewühlt und seltsam gefangen, die Hände tief in die Taschen vergraben, geht er weiter, die Straße hinunter.

Auch er hat einmal gedacht, all die Herbstgefühle, das liege nur an ihm, das lasse sich beheben oder zumindest behandeln. Ein paar Jahre zuvor hatte er sich für ein Wochenende eingeschrieben, mit einer Gruppe, wie es hieß, und in einer festgelegten Reihenfolge versuchten die Teilnehmer einander zu erzählen, wie sie bei einem fiktiven Fest die ihnen nahe stehenden Menschen um sich herum platzieren würden. Bei ihm blieb der für das Fest bestimmte Raum immer leer, wie in eine seltsam heilige Stille versunken, so dass die Leiterin danach gesagt hatte, das schauen wir uns noch einmal genauer an. Die anderen Teilnehmer sahen Messer blitzen und weiße Tunnels sich auftun, oder aber sie verfielen alle in dasselbe fremd klingende Vokabular, das seine mühsam erarbeitete Vorstellung des Festsaals gleich wieder verblassen ließ. Ob er sich an ein besonders bedrückendes Ereignis erinnern könne, etwa, als er klein war? Er konnte weder das noch sonstige Informationen liefern, die das Gespräch in Gang gebracht hätten. Du hast einen Hang, sagte die Leiterin in der Abschlussrunde, alles von dir zu schieben. Ein andermal hatte er sich auf einer langen Zugfahrt Tarotkarten legen lassen. Die junge Frau, die ihn nach einer Stunde Fahrt angesprochen hatte – sie konnte sich wohl seine Langeweile nicht mehr länger mit ansehen –, sagte ihm, er solle sich eine Frage überlegen, eine Frage, die seine nähere Zukunft betreffe. Da ihm nichts einfiel, machte sie ihm einen Vorschlag. Die Figur, die sie legte, zeigte eine Vielfalt von Karten mit bunten Stäben, die in alle möglichen Richtungen zeigten, und als so genannte Angstkarte hatte er ein sanftes Bild, das ihm sehr gefiel. Überhaupt gefielen ihm die vielen Karten und die sanfte Stimme der Frau. Der Zug ratterte weiter. Die Frau sah er nie wieder.

Woraus hat es schon bestanden, sein Leben hier, außer aus Landschaften? Die weiten Kornfelder mit ihren baumbestandenen Straßen im Osten, die eine, die ruhigere Küste, mit der offenen Erdkante und dem weichen Sandstreifen, und die andere im Westen, deichgeprägt und windig, mehr ein modernes Gemälde in der kühlen Zukunft, der Streifen Watt und Grün (mit weißen Schafen), oben Blau. Wie liebt er es doch, nach Hause zu kommen nach einem Tag am Meer und in sein Bett zu sinken, den Strand noch im Kopf und zwischen den Zehen. Was bedeutet es ihm doch, in seine Straße zurückzukommen, zu sehen, alle die Häuser, sie stehen noch, und das Licht, wie ist es doch so ganz anders heute auf den Fassaden, wie liebt er es, alle diese seine kleinen Heimatrequisiten neu zu erkunden, wie damals, im Haus der Großmutter, die Briefmarken zu zählen in der alten grünen Holzschublade. Und dann das Erkunden der Umgebung, der Stadt, immer wieder anderer Wege zu denselben Zielen! Das alte Ladenlokal um die Ecke, mit dem halb eingerissenen Papier hinter den Fensterscheiben, was da wohl dahinter stecken mag? Und doch, und doch ist es ihm immer bald so, als kenne er das alles schon, immer dieselben alten Briefmarken, als verfaule es ihm unter den Augen wie die Äpfel im Hof. Dann kommt wieder diese Trägheit über ihn, aus der er zwar ab und zu aufwacht, vermeint, sie ein für allemal abgestreift zu haben, doch nur um festzustellen, wie tief er in seinen Gedankenschlaufen drin sitzt und wie wenig er noch bereit ist für Neues.

Das ganze Problem liegt ja nur darin, denkt er auf einmal, dass man von dem Ort, an dem man aufgewachsen ist, nicht noch weiter nach Süden ziehen darf. Dort käme man sich unweigerlich steif vor, deplatziert und nur hinkend mit dem schnelleren Rhythmus mithaltend. Zieht einer hingegen in Richtung Norden, so kann er seine Herkunft stets warm halten, kann von ihr schwärmen und sagen, eines Tages, eines Tages werde ich wieder dahin zurückkehren, werde Bergluft schnuppern und im Morgengrauen über steile Wiesen stapfen, hinter mir die gefalteten Gesichter der Berge wissend, die allmählich aus dem Dunst erwachen. Werde Täler durchqueren und auf Grate steigen, nicht wissend, was mich dahinter erwartet. Werde an steilen, überhängenden Felswänden hochstarren, bis der Nacken schmerzt, und werde mein Zittern für dasjenige der Kletterer halten, die in der Wand hängen. In blaugrünen, schneekühlen Seen voller Eisschollen baden und den Murmeltieren auflauern, bis sie in hellen Pfiffen die Anwesenheit des menschlichen Eindringlings verraten, dem ganzen Bergrund. Die Hirsche beim Röhren beobachten und die Birkhähne, wenn sie balzen. Die Steinpilze, die großen, aus dem Erdreich lösen und mit der Taschenmesserklinge das feine Wurzelgeflecht vom harten, bauchig runden Stamm schaben. Den noch morgengelben Gipfeln nach und über die grotesk gewürfelten Schollen der Gletscher, die ersten Sonnenstrahlen prall im Gesicht, die Schritte auf den körnigen Altschnee setzen, in den tiefgefrorenen Boden, dann auf die frische Reifschicht. Er kann sagen, einst werde ich vielleicht noch weiter nach Süden ziehen, wie schon einmal, mich eingliedern in den schnelleren Sog der Boulevards und Ramblas, mitreden, mitrufen, die Helligkeit des Strandes ausreizen, bis die Haut sich meldet, wieder lernen, den Mädchen nachzupfeifen, ihren herausfordernden Blicken standzuhalten und in den Cafés den Tag mit kleinen Stücken Brot zu füttern, auf den Promenaden gehn an langen Abenden, mit nichts im Sinn als Feuer und Eleganz. Sagen wird er es können.

Er schlägt die Richtung zum Bahnhof ein, allein mit dem Wissen, er wird nicht wiederkehren. Das Schönste ist aber, dass er sich um nichts zu kümmern braucht, Wohnungsauflösung, Abmeldung, wie oft hat er das schon abgewickelt, ohne es wirklich abzuwickeln, alles ging von selber, seine Gegenstände verschenken, seine wenigen Besitztümer, da war immer jemand froh drum. Möbel wird es auch da geben, wo er hinkommt. Alles wird es da geben, Dächer über Köpfen, die Tasse für heiße Getränke werden sie erfunden haben und die Sprache, in Büchern aufgehoben. Er geht einfach, in seinen braunen Lederschuhen, er setzt einen Schritt vor den anderen, den Kopf hoch in der Luft. Wird er Heimweh haben? Nach einem Jahr (dies ist etwa die Zeitspanne, die es braucht), er weiß es, wird er wieder zurückkommen, sich zögernd zurechtfinden in den Straßen, der Sprache, den Benennungen und sagen, mit einem in der Gegend unüblichen Tonfall: Hier habe ich einmal gelebt. Wird sagen: An dieser Straßenecke habe ich einmal eine halbe Stunde unter dem Briefkasten gesessen, nachdem der Brief schon eingeworfen war. Auf dieser Brücke eines lauen Abends gestanden und mich gefragt, was ich mir zu Hause zu essen machen soll. In diesem Quartier mit den weißen Jugendstilfassaden einst einen Fachhändler gesucht, vergeblich. Da hat er einst eine Frau gesehen, an deren Schal er sich noch erinnert und an sonst nichts.

Es war eine lange Geburt der Sehnsucht gewesen. Damals, als Jugendlicher noch, diese Fahrkarte in der Hand, mit der man einen Monat lang beliebig auf dem Kontinent herumreisen konnte, Freiheit aufsaugen, Leere, undefinierte Landstriche auf dem engen, alten Kontinent. Oder die Bücher, die dicken mit dem Geruch nach Fabrikhallen, Kitteln und Plastikbecherkaffeetassen, und die alten, die nach Briefmarken riechen, die mit diesen neuen, matten und doch bunten Umschlägen, die man immer wieder anfassen möchte, die schnell zu fressenden und die, an denen man kämpft und die Seiten zählt, vergeblich, es geht kaum weiter, und diejenigen, nach deren Lektüre man die Welt als Zumutung empfindet. Die ihn in fremde Köpfe entführt hatten, in die Welt des anderen Geschlechts, anderer Kulturen, anderer Leben. Denen er sich bis zur Selbstvergessenheit allen verwandt gefühlt hatte, sich angleichen wollte, nur kein Fremder sein, verstehen, Leben aufsaugen, um die eigene innere Langeweile auszufüllen. Und doch zieht es ihn jetzt ein Stück nach Süden ... nur ein Stück ... wo die Sonne noch länger auf der hingehaltenen Stirn bleibt ... sich nirgends gebunden fühlen und doch überall zu Hause, er wird die Sprachen lernen, die Gesten und die Bedeutung der Schreie im Gebüsch, wenn es dunkelt ... immer wieder dieses Gefühl der Freiheit in seinem Bewusstsein, manchmal befindet er sich darüber, und manchmal sackt er wieder ganz fürchterlich darunter hinweg ... manchmal fühlt er sich wie ein Vogel, und dann wieder, kaum ist er irgendwo gelandet, beginnt er auszukundschaften und zu spähen, wie die Indianer in den Büchern seiner Kindheit, sucht sich eine Wohnung mit Parkett, eine Matratze, einen Gasherd ... kaum sind diese gefunden, wird er träge, kommt am Morgen kaum mehr aus den Federn ... will vergessen, lesen vielleicht, essen, vor den Leuten flüchten, nur Stille, als sei um ihn eine Wüste ... bis ihn dann eines Tages wieder ein Lichtstrahl weckt, er aufsteht und weiß, heute ist der Tag ... heute muss ich weiter, der weite Himmel ruft, die Blätter winken im Wind, die Straßenpflaster wollen getreten sein ... Luft muss in die langen Haare fahren, die Kleider müssen schlottern um den Leib ... die Häuser blinken wie neu ... eindeutig, dieser helle Ton ... ein leichtes Singen in der Luft? ... Er weiß es auf einmal ... die Welt wartet nur auf ihn ... Geleise, Autobahnen, Kondensstreifen am Himmel, all diese viel zu bescheidenen Linien in der Landschaft, zu schmal, zu häufig unterbrochen ... Fort! Fort! Nichts wie auf und davon! ... Dass die Kieswege knirschen und die Fahrbahnen sich in Staub auflösen ... fliegen ... Fort!, hört er es rufen ... und es ist wieder einmal Herbst geworden.

Als er durch die Straßen geht, einer geschätzten Luftlinie nach, versucht er noch einmal die Bilder zu speichern, von dieser Stadt, diesem Leben. Die rote Kirche mit dem goldenen Zifferblatt. Hier, der Billigeinkaufsladen mit den Kleiderständern auf dem Gehsteig. Die U-Bahn-Überführungen. Rotklinkerblöcke, reihenweise, mit den wie ertappten Leuten mit ihren altmodischen Taschen, den durchhuschenden Alten. Den Apotheken mit der großen Aufschrift. Den Fahrradwegen, von welchen man ärgerlich weggeklingelt wird, kaum setzt man einen Fuß darauf. Von diesem flachen, platten Stadtbild, ohne eine nennenswerte Erhöhung, mit den vereinzelten Türmen darin. Er weiß, er wird sie alsbald vergessen, diese gewollt abgespeicherten Bilder. Und es werden andere auftauchen, wenn er müde ist am Abend und sich sehnt, solche, die er nie erwartet hätte. Das Tiefkühlfach in einem Einkaufszentrum. Eine alte Autowaschanlage in der Vorstadt. Eine kleine Wiese mit Hecke im Quartier. Warum weggehen?

Er verlässt ein Leben der kleinen Erfolge, ein Leben einer unter Watte schlummernden wahren Existenz, von der er gar nichts wusste. Nie hätte er sich vorstellen können, einmal hier zu landen, zu landen, ohne wirklich gelandet zu sein. Als er noch allem, was Bindung flüsterte zwischen den Straßenblöcken, auswich, sich hindurchschlängelte zwischen den Verpflichtungen, den Worten, die einen festnagelten auf einer bestimmten Ansicht, als er noch nichts als Wirklichkeit gelten ließ, da hätte er sich nie vorstellen können, wie es weitergehen sollte. Wie leer ist man doch an Bildern, wenn es um die eigene Zukunft geht! Hier hat er ein Leben gefunden, wie er es Jahre vorher noch weit von sich gewiesen hätte, unfertig, ertrunken in Kompromissen. Was ist passiert? – Das Leben hat sich eingestellt, das Unerwartete, Unverhoffte, Ungewollte. Seine Ambitionen haben sich abgeschliffen, er hat dem Schiff freies Ruder gegeben, unbegrenzt von irgendwelchen Karten oder Plänen, endlich hat er es fahren lassen in die stärker strudelnden Zonen. Er hatte einen neuen Beruf gelernt, einen, der ihn weder ausfüllt noch anödet. Nach

Jahren der Ungewissheit kam plötzlich der Aufschwung, er begann, sich zu etablieren, konnte an weitere Pläne denken, und schon ließ sein Interesse wieder nach. Es ist ein weiterer Abschnitt gewesen, wie sein ganzes Leben in Abschnitte unterteilt gewesen ist, und nun müsste ein neuer kommen. Dieses kleine bisschen Aufregung bleibt ihm noch, als er sich an jenem Herbstabend aufmacht, mit seiner schmalen Tasche um die Schultern.

Im Zugabteil setzt er sich einer dicken Frau gegenüber, die hilfsbereit ihre Beine zur Seite stellt. Sie benötigt zwei Sitzplätze, und ihre kleine, fleischige Hand baumelt lustig über einer Einkaufstüte. Eigentlich hätte er mit seiner Sehnsucht allein sein wollen, doch die von der Frau ausgehende Ungezwungenheit macht, dass er seine Pläne vergisst und aus dem Fenster schaut. Es ist ihm auf einmal merkwürdig egal geworden, wohin ihn die Reise führt, wen er kennen lernen wird auf seinem Weg, und dort, am Ende seines Wegs. Der Zug fährt an, überquert eine Brücke, mehrere Brücken, im Hintergrund sieht er noch die Kräne des Hafens, und schon ist die Stadt vergessen, Felder tauchen auf, Hecken, ein Bauernhof mit einem Apfelbaum, ein Apfelbaum wie jener, den er angeschaut hat eine Zeit lang, jeden Tag durch die Fenster einer immer ferner werdenden Wohnung. Schnell schon wird er abgelöst durch das weiche Heidebett den Bahndamm entlang, ein Heidebett, das mit der Geschwindigkeit des Zuges immer mehr verschwimmt, zu einem weichen Horizont aus Vergangenheit.

Jan Wagner
april et cetera

das lexikon des aberglaubens

du musst das rotschwänzchen vom dach verjagen.
stattdessen sitzt du mit dem kalten blick
des fensters im rücken und hältst dich fest an jenem
    dünnen haselnusszweig.

der himmel, ganz mit schwarzem tuch verhangen.
dahinter rollt man die fässer mit schwerem wein.
das lang gezogene stöhnen der bäume, als schwanke
    ein schafott in ihnen.

und du mit dem rücken zum fenster ... vor der scheibe
klappt der blitz die weiße klinge aus
mit flinker hand. das rotschwänzchen, du hättest
    es verjagen sollen.

april et cetera

der himmel wölbte sich als ungeheure
blaue fermate. auf dem gehweg eine
leere fischkonserve blinzelte
uns silbern an. die straßenbahnen zogen

die reißverschlüsse auf, wir traten aus
den wintermänteln ins freie – ein ganzes volk
aus nichts als königen. in jedem baum
ein stiller grüner sprengsatz, ein salut.

caprice im hochsommer

blaue abende, in die wir stiegen
wie in keller voller alter weine.
der mond, das helle artischockenherz
 der jahresmitte,

entblättert über uns – die welt fiel unter
das kleingedruckte der rubrik „lokales".
auf dem marktplatz borgten taube und statue
 einander ihr weiß.

irische zugfahrt, nordwärts

der bahnhof blieb zurück. ein schriller pfiff
und die landschaft eilte von allen seiten herbei.
in den leitungen neben den gleisen zogen
die dünner werdenden stimmen der stadt uns nach.

im fenster streiften wiesen über dein
gesicht bis auf der stirn ein hof erschien:
die weit geöffnete schublade
mit dem bemoosten tagebuch des landes.

drinnen hatte man eben gegessen. ein junge
lief hinaus zur märzluft die mit sanftem
druck die läden aufgestoßen hatte
und sah: die grünen akrobaten der gräser

die sich mit dem neuen licht entgegendehnten,
die blumen, endlich wieder sichtbare
klinken von türen die zur erde führen,
und leise in der ferne einen zug

der kurz den himmel von den feldern trennte
und immer kleiner wurde, immer leiser.
hastend auf den schienen vor der lok
der rost, ihr immer einen schritt voraus.

miniatur im frühherbst

der wachsende abgrund unter deinen sohlen.
die bäume liefern ihre früchte aus.
die kinderspiele, von den straßen gefegt,
und alle häuser in geordneter flucht.
die blätter stürmen eine luftbastille.
das leise ticken der schatten und das dunkle
auge der krähe, in dem sich die sonne fängt.
der tag, der seine kreide nimmt und geht.

herbstskizze

spaziergänger: die melancholie ist tief
in ihnen verstaut wie altes tafelsilber.

dort über den fluss noch immer
die weiße drehorgel des möwenschwarms.

die eichen streuen eine gelbe nachricht.
die eichen, in denen die särge wachsen.

totensonntag

rote lampen wachten an den toren
novemberkalter gräber. sie verlangten
ein rotes passwort. doch wir hatten keines.

uns im rücken ragte die kahle mechanik
abgelaufener uhrwerke, kastanien
und eicheln ihre am boden verstreuten gewichte.

laternen in den straßen schon
so früh am tag vom eigenen licht geweckt.
das wandernde archiv des nieselregens.

schnee

>„World is crazier and more of it than we think,
>Incorrigibly plural."   Louis MacNeice

in jeder gefrorenen pfütze sahen wir ihn,
den gespiegelten sommer, hand in hand
durch weißgetünchte felder. krähen kratzten

über die verwaschene tafel des himmels,
der fußballplatz mit seinen leeren toren
in reglosem duell. und dort, im wald –

hatten wir nicht eben noch gesehen
wie zwei rehe aus seinem vorhang traten? – hing
windschief zwischen den eichen unsere hütte.

ein jagdquartier, ein morsches fragezeichen. nein,
ich rauchte nicht. von deinen lippen aber
fuhr eine lawine durch den raum.

ein japanischer ofen im norden
für Jan Kollwitz

I
der schrei eines hahns
färbt den frühen himmel rot:
der ofen geht auf.

II
samen, sprungfedern
im grund. die sonne kappt das
blaue band des frosts.

III
blüten zu blüten:
die schmetterlinge, die in
die wiesen fallen.

IV
tiefgrün der weiher.
das verschollene epos
der wasserflöhe.

V
hinter den zäunen
am wegrand: leuchtend gelbes
orchester aus raps.

VI
immer gleitend auf
dem eigenen spiegelbild:
der wasserläufer.

VII

die weizenfelder
tragen das meer übers land.
kenternder traktor.

VIII

ein leichter wind schon
reicht im frühherbst und entfacht
die hagebutten.

IX

auf den feldern auf-
gerollt die ballen von heu.
das land knöpft sich zu.

X

reglos der reiher –
rüstung, die ein samurai
stehen ließ, schimmernd.

XI

die wilden gänse
schwarz am himmel. flugasche
die nach süden zieht.

XII

festgefroren liegt
das land. unsere schritte
signieren den schnee.

Farhad Showghi
Seekrankenkasse

1

Seekrankenkasse. Sagen wir mit den Augen. Wie man gewisse Dinge meint. Der Vormittag ist ausgebrannt, sein Abglanz aufgehoben von der Seekrankenkasse, die über alles schweigt. Sie hält inne, wir haben Windberührung. Noch ist die Seekrankenkasse Seekrankenkasse, wie Schnee Schnee ist, Sonne Sonne und Reglosigkeit Reglosigkeit. Riesige Augen haben heute die Wolken. Sagen wir: Körper, erwidern sie: Die Seekrankenkasse macht an der Erde fest. Sagen wir: Gewölb des Himmels, erwidern sie: Wo? Weder gut noch böse, sind wir auf den Beinen, gleich umhüllt mit Fensterreihen, gehenden Türen. Wir sehen die Naht, von der die Dächer kommen, sie wollen nicht mehr zurück. Wir haben das ganz vergessen, wie man Norden und Süden und gewisse Dinge vergisst. Man setzt ja die Seekrankenkasse in die Nachgedanken, bis sie aufsteigt, zeigt, wie leicht es ist, sprachlos zu sein. Die Seekrankenkasse ist ein besonderes Verstummen, so oft gehen Menschen hinein. Der Vormittag ist ausgebrannt. Der Vormittag. Hier für uns: nimmt später das Wort Seekrankenkasse in sein berührbares Licht.

2

Ich habe den Himmel nicht hochgerissen. Ich schaue auf die Seekrankenkasse. Kein Geräusch zwischen Ebbe und Flut. Der Mond bewegt nicht die Seekrankenkasse, die Seekrankenkasse aber jetzt den Mond. Der Mond ist die Stimme der Seekrankenkasse. Die See hört auf den Mond. Und folgt der Seekrankenkasse. Das Wasser erreicht Strandgewächse, lässt sie wieder los, bleibt auf dem Laufenden. Die Dämmerung macht keinen Lärm. Auch die Schiffe nicht, wenn sie von rechts oder links kommen. Die Klänge ruhen sich aus. Auf den ausgebreiteten Wasserkarten. Im kräftigen Sog der Schiffsschrauben. Bei Tageslicht. Oder auf den Schlafwandlerrouten zwischen Laichkraut und aufgeweichten Zigarettenschachteln. Die See steht zum Mond. Und ich schaue noch auf die Seekrankenkasse, bis die verkehrsmüden Kapitäne verschwinden. Bis Wasser in die Augen tritt, kein Kranken- oder Seerosenblatt.

Cornelia Manikowsky
[ohne Titel]

Frühe Erinnerung

In einem Wasserglas das Blitzen der Sonne. Eine Stimme. Nochmals die Stimme. Jetzt ist sie lauter. Und schneller und näher, doch es ist dieselbe Abfolge der Worte, dieselbe Betonung. Perlend steigen kleine Bläschen an die Oberfläche, zögern, zerplatzen. Ich höre mein eigenes Lachen. Ein Sonnenstrahl sticht mir in die Augen, ich hebe die Hände und kneife die Augen zusammen. Die Stimme ist erneut da, laut und hart und direkt an meinem Ohr, eine Hand zieht an meiner Schulter, klirrend schlägt Glas auf den Boden. Die Tischplatte leuchtet im Licht der Sonne. Langsam reibt meine Hand über die Schulter.

Im Park

Hört mich, hört mich, im Park ein kleines Mädchen, die dunklen Schatten der Bäume, ein Rascheln im Gebüsch. Hört mich? die Stimme leiser, fragend und bittend, sie geht zwei, drei Schritte zur Seite, streift mit den Füßen durch das Gras, trocken knistern die Halme. Und dann sagt sie „ach" in die Stille der Bäume und Gräser und Sträucher, das Knistern und Rascheln und Schaben, sie sagt es leise, flüstert, erschrocken über die eigene Stimme, verschluckt das Wort schnell im Sprechen. Leise rauschen die Bäume im Wind, kraspeln die Blätter der Sträucher. Ein Ast knackt.

Nach einem Fest

Ich gehe die Straße zurück, die ich einige Stunden zuvor gekommen bin. Es ist dunkel geworden. Die Fenster schwarz. Jeder Schritt ist zu hören. Das weiche Aufschlagen meines Körpers auf dem hartem Untergrund, das uchen nach Halt. Schaben auf dem Boden.

Ich habe ganz leise in einem Türrahmen gestanden, ein Glas in der Hand gehalten und auf die Tanzenden gesehen. Das Glas war kalt. Zart. Keine Unebenheit verriet sich meinen Fingern. Ab und zu habe ich die Augen geschlossen, und die Finger sind durch das Haar gefahren. Dann ist der Moment vorbeigegangen, ich habe wieder im Türrahmen gestanden, das Gesicht fest auf die Tanzenden gerichtet.

An das Treppenhaus dachte ich, an das Leiserwerden der Stimmen und der Musik hinter meinem Rücken, an die Möglichkeit, aus einem Haus zu treten, genussvoll und laut die Luft einzuziehen, die Arme fröstelnd an den Körper zu drücken.

Ein Fehlgriff

Ich laufe durch eine belebte Straße, weiche zur Seite, nach rechts, nach links, bleibe abrupt stehen und stürze wieder voran, in meinem Körper Lachen, Reißen und Zerren, obwohl ich den Bahnhof längst verlassen habe, die Wärme und Festigkeit der fremden Hand nur noch vage in meinem Handteller erinnere. Vorsichtig fahren die Hände über das Gesicht, tasten nach Mund und Augen.

Aus weiter Ferne ist ein fremder Vorname an mein Gehör gedrungen und jemand hat seine Hand in meine Hand geschoben, die Hand wieder zurückgerissen und vor das Gesicht gehalten, als ich mich umdrehte und zu lachen begann, auf der Rolltreppe, zwischen Kinderwagen und Koffern und wir uns nicht vor- und nicht zurückbewegen konnten, lachend nebeneinander standen, unsere Körper zu den Seiten wegknickten und wieder nach oben schnellten, kein Blick zur Seite, kein Wort, der Weg ist frei, wir laufen auseinander, nach links und nach rechts, mit eingeknickten Körpern und zitternd und schwankend und in den Händen noch das Gefühl der fremden Hand, der Wärme und des Griffes und dann das Zurückschnellen, Abprallen, wir verwechseln die Richtungen, müssen nochmals umkehren und uns erneut begegnen, die Körper von Lachen zerrissen, die Hände tasten über das Gesicht, den Mund und die Augen und Wangen und Stirn.

Blätter im Hof

In einem Hof die Bewegungen des Laubes. Der wilde Tanz in einer Ecke, das Aufwirbeln und Wieder-Herabfallen, die plötzliche Ruhe. Nichts. Stille. Dann ein einzelnes Blatt, das quer durch den Hof treibt, ein zweites mitreißt, ein drittes, in einer Ecke schnellen sie abrupt in die Höhe, verharren, schweben in langsamen Wellenbewegungen wieder herab und lassen sich zögernd auf dem Boden nieder. Es ist wieder ruhig. Kein Knistern oder Rascheln. Keine Bewegung. Nur die Sonne dringt mit einem schmalen Lichtstrahl in den Hof. Ein heller Streifen läuft quer über das Pflaster, knickt ab und steigt schräg an der Wand nach oben. Die Blätter haben sich längs einer Mauer angesammelt, sie bilden eine schmale, lang gezogene Spur, die sich allmählich verliert.

Thomas Klees
oberland

wünsche

dachte gegen uns schon
an jenem dezembertag dass
wenn man nur lang genug
und vor allem allein liefe
querfeldwegs und dabei sicher
immer führte durch tiefstmorast
die füsse dass dann vielleicht
krähen auf ihren flügeln behielten
augenblickssonne und im wind
sprächen alle äste mit stimmen
der vögel vom letzten sommer

oberland

genug vom wasser
probe ich jetzt
die geschwindigkeit
der berge will mir
aus dem kopf gehen
schritt für schritt
richtung baumgrenze

solang

in zügen unterwegs
bis ich wieder auftauche
in landschaften hinter glas
mich kommen und gehen sehe
manchmal so schnell als
sei ich nie da gewesen

im zug

allein zurück
richtung grenze

nebenan die stimme
einer frau der der

pass gestohlen wurde
zwei fasane bei den

gleisen bäume schwer
von misteln deine

zunge beim abschied
in meinem mund

sich bewegend

abschied

an wale gedacht als
meine großmutter sang
in dem fremden zimmer und
sofort verstummte als ich eintrat
fand ich im bett niemanden mehr
den ich kannte haut und knochen
die nicht mehr passten ihr blick
kopfinnen getarnt unterwegs
richtung zimmerdecke
während ich versuchte
noch schnell zu erklären
mein kommendes leben

Volker Lang
**Pronto. A chi parlo? Riallacciare.
Gedichte von Andrea Zanzotto für
vier Stimmen und Wandmalerei**

Die Gedichte Andrea Zanzottos (geb. 1921 in Pieve di Soligo/ Italien) wurden in Venedig und Hamburg in einer Rauminstallation aufgeführt. Zwei Schauspielerinnen und zwei Schauspieler sprachen nach meiner Regie und integrierten den Text durch minimale Bewegungsabläufe in den Raum. Die aus farbigen Rhomben komponierte Wandmalerei umklammert das Ereignis der Wortkörper und bildet den Fluss der Sprache nach.

Die scheinbar nur Eingeweihten verständliche Sprache Zanzottos erschließt sich auch im Original eher über ihren Klang und Rhythmus als über ihre Inhalte.

Verkettungen von Wörtern gruppieren sich um Lautverwandtschaften und Wiederholungen wie Cluster der modernen Musik. Sie evozieren geradezu eine Ausbreitung der Gedichte im Raum, um sie wie eine Skulptur von verschiedenen Seiten aus zu erfahren.

158 Volker Lang

Installation in der Galerie Becker, Hamburg, im Mai 2002

b	2°attrice	Dolcezza. Carezza.
a	1°attrice	Piccoli schiaffi in quiete.
		Diteggiata fredda sul vetro.
A	1°attore	Bandiere
b		piccoli intensi venti/vetri.
A		Bandiere.
a		interessi giusti e palesi.
A		Esse accarezzano libere inquiete. Legate leggiere
		Esse bandiere, come-mai? come-qui?
B	2°attore	Battaglie lontane. Battaglie in album, nel medagliere,
		Paesi. Antichissimi. Giovani scavi, scavare nel cielo,
		bandiere.
A		Cupole circo.
b		Bandiere che saltano, saltano su.
A		Frusta alzata per me, frustano il celeste ed il blu.
		Tensioattive canzoni/schiuma gonfiano impauriscono il vento. Bandiere.
b		Botteghino paradisiaco.
a		vendita biglietti.
b		Ingresso vero.
		Chiavistelli, chiavistelle a grande offerta.
		Chiave di circo-
B		colori-
A		cocchio
a		circo.
A		Bandiere.
a		Nel giocattolato fresco paese, giocattolo circo.
b		Piccolissimo circo.
a		Linguine che lambono.
B		Inguini.
A		Bifide
		trifide bandiere,
B		battaglie. Biglie Bottiglie.
A		Oh che come un fiotto di fiotti bandiere balza tutto il circo-cocò.
B		Biglie bowling, slot-machines, trin trin stanno prese
		nella lucente ( ) folla tagliola del marzo -
b		come sempre mortale
a		come sempre in tortura-ridente
A		come sempre in arsura-ridente ridente

Partitur von „Dolcezza. Carezza." zur Aufführung. Die vier Farben bezeichnen die vier Stimmen.

```
b      E lui va in motoretta sulla corda tesa su verso la vetta
       del campanile,
a                     dell'anilinato
b                                   mancamento azzurro.
       E butta all'aria.
A                     Bandiere.
a      Ma anche fa bare,
b                     o fa il baro.
a      Bara nell'umido nel secco.
A                               Carillon di bandiere e bandi.
b      S'innamora, fa circhi delle sere.
B      Sforbicia, marzo. Tagliole. Bandi taglienti. Befehle come raggi e
                                                                  squarti.

A      Partiva il circo la mattina presto -
       furtivo, con un trepestio di pecorelle.
       Io perchè (fatti miei), stavo già desto.
       Io sapevo dell'alba in partenza, delle
                          pecorelle del circo sotto le stelle.
                          Partenza il 19, S. Giuseppe.
a/b                          a raso a raso il bosco, la brinata, le crepe.
insieme
```

Entwurf für die Wandmalerei. Farbe und Komposition greifen hier den Rhythmus von „Dolcezza. Carezza." auf.

Pronto. A chi parlo? Riallacciare.

164 Volker Lang

SOPRAMMOBILI E GEL

A / 1°attore	E sono due nel cristallo della stanza che ad altri gradi di cristalli scoscende,
a / 1°attrice	accede,
b / 2°attrice	s'infianca,
B / 2°attore	s'incastra
A	E sono due
B	due vecchi o anche no - & amici - per nulla e di nulla in lieve accordo parlando hanno già povere arterie grassocce e i visceri chissà come smacchinando stentano
A	E se avessero profili, essi, gli amici, sarebbero nel taglio di quell'infinito cristallo in che novembre osa sempre divaricarsi e poi dopo embricarsi
a	avido cristallo
b	assassinante cristallo
a	prèmito
b	preme all'essenza-colori-dell'essenza
B	Due che non hanno certo la sapienza dei bonzi, non zen, ma l'occhio sul cortile dove trottano verso i colori scatole di latta e penombre
b	Jijo è il nome di uno
a	e dell'altro
B	E in un mezzo-sogno essi tale realtà intravedono
A	tra coppi e foglie stravolti dal cristallo
B	Due da nulla congiunti se non dal senso di un certo nulla ma come valgono le inezie che vanno dicendosi nemmeno
a/b insieme	"i lontani amori evocano"
	men che meno i ricordi
B	essi sono ricordi
	essi sono un bel niente
A	e si scaldano al bel niente
B	Ma è fatale e sfasciato
A	in vasti e variabili cristalli è novembre
a/b insieme	O noi nel dittico crepuscolare intrusi come un fruscio

Partitur von „Soprammobili e gel" zur Aufführung.

Pronto. A chi parlo? Riallacciare. 167

```
insieme
a/b      Noi-
A/B            essi
a/b                  frusciamo parole
B        così scorrenti nel loro luccichio così stagnanti
                        da divenire sapienti
A/B      Essi
a/b            Noi
b                    stanno comunque nel vivo anche se al decoro
         delle ombre fini e fredde un po' alla volta
                             s'adeguano-oscuri-tonti
B        Asignificante e forse monda è la loro vita
                   rattrappita e gonfia l'arteria l'entragna
                   essi sono ricordi
a                  essi stanno seduti ma inciamperanno
B                  essi sono queste faccende di cortili ed interni
b                  essi cercano di ricordarsi
a                              - e non fa niente -
b                  a una indivisibile
a                             fila
b                             folla
A                                  -anzi la lasciano a parte
         si ritrovano a valle adorarono si distressero
B        nell'onnipotente irrespirabile levità
         distanti sono come due soprammobili
         e vicini come radicate convenzioni figurative
A        nella sempre-più-ombra più-cristallo
B        Parlottano e non è che questo
a                             luccichi
B                                  gran che
                   ma,
b                    ahi
B                             naso chiuso, ma c'è.
A        Tigre novembre intanto e sempre si aggira
         riversa tutto ai piedi l'astrale felice disastro
                   usa come armi
a                             il falcialune
b                                   e il falciasoli
A        fa che il salto dei colori che il disaccordo o coro -
         fa versamente pleurico per pelli e strati yalini e gel
         travasa cristalli smarrisce un dito di vino
                        sul tavolino per due
```

```
b        Due di noi si convincono,
         nell' ombra di una stanza s'infittiscono,
a        due di noi perlustrano con chiacchiere e bisbigli

         Eh eh! Zio novembre, così ci stellasti
                         alla primizia del gelo
                         così ci estraesti
                   in propizi ma inaccessibili
B                                           "la"
b                        di finestra in finestra - noi/postremi
                   ci intrecci in tintinni in clivi in estraneità
a        -dall'interno all'esterno sempre piu interno
         -dagli interni con mobili made in paradise
         -con tendine farfalline in mutazione
         e direi soprammobili e direi noi
a/b                         Noi
a        è/a conoscersi come
b                         non visti
B                               non raccontati
A                                           né accertati
b        e ricoverarsi in dicerie in rumeurs
a        in spenti barattoli da cortile
B        mentre infierisce il silenzio        A) il cristallo
              e dà di volta all'infinito        la bella mente
         mentre s´infianca la stanza
a/b      mentre due c'infianchiamo, muniti,
B              ai pellegrini
a                         muschi
b                               colori-
A                                     topi
b        tra scatti di falcialune,
a                         di falciasoli
b              Rossicchiare,
B                         verzicare,
A                                     sfalciare
b        rosicchiare
a              giallicare
b                               oltre i tonfi e le serenità
A        azzurricare di lunghissime modulazioni ottiche
b              alligna e perlustrando si affila
B                                           (al nero)
a                   si affida
B                         - ciack - cieco
```

Andrea Zanzotto
Zwei Gedichte

Dolcezza. Carezza.

Zärtlichkeit. Sanftmut. Leicht Windberührung.
          Fingersatz kalt auf dem Glas.
Fahnen plötzliche Stürme/spüren
          Fahnen, wahre, offenbare Interessen.
Zärtlich, frei und ruhelos. Locker befestigt.
Die Fahnen, wie – daß? Daß – hier?
Ferne Schlachten. Bilder von Schlachten, Trophäen.
Dörfer. Älteste. Junge Grabungen, im Himmel wird gegraben,
    Fahnen.
Kuppeln, ein Zirkus. Fahnen wehen in die Höhe, wehen.
Peitsche erhoben gegen mich, sie peitschen den Himmel, das Blau.
Kapillarreiche Lieder / Schaum blasen den Wind auf, erschrecken
    ihn. Fahnen.
Paradiesische Kartenbude. Kartenverkauf. Hier ist der Eingang.
Sterngitter, Gitterschlösser, in reicher Auswahl.
Schlüssel des Zirkus-Lichtgewitter-Kutschen Zirkus. Und Fahnen.
Lebhaftes Spielzeugdorf, darin der Spielzeugzirkus.
Winziger Zirkus. Zungen, ganz nahe. Flügel der Lunge, zwei-
dreigespaltene Fahnen, Schlachten. Kugeln. Kegel.
Oh, wie ein Strahlenbündel Fahnen steige der Zirkus-Kuss auf.
Kugeln Kegeln slot-machines klirr klirr Gefangene
der schimmernden [ ] Menge der Fallen im März –
der tödliche wie immer
wie immer während lachender Folter
der lachende wie immer in lachender Dürre

Mit dem Motorrad fährt er steil über das gespannte Seil
zur Spitze des Turms hinauf, ins schwindende Blau, ins Hellrot.
Und stellt alles auf den Kopf. Fahne. Er sägt Särge, ein
    herrlicher Schwindler im Spiel.
Er schwindelt über Nässe und Sonne. Glockenspiel aus Fahnen
    und Ermahnen.
Er verliebt sich und führt in den Nächten einen Zirkus auf.
März, der zerschneidet. Fallen. Hall, schneidend. Kommandi
    wie Strahlen, Zerspalten.

Früh morgens brach der Zirkus auf –
mit Schafgetrappel, heimlich, sacht.
Ich war schon wach (warum sag ich nicht gerne)
und wusste, die Frühe nimmt ihren Lauf
    die Schafe des Zirkus unter den Sternen.
        Aufbruch den 19., Tag des Heiligen Joseph,
        fließend fließend der Wald, der Reif, die Risse.

Aus „Il Galateo in Bosco", 1978. Beide Gedichte wurden übersetzt von Donatella Capaldi, Maria Fehringer, Ludwig Paulmichl und Peter Waterhouse.

Porzellanfiguren und Gel

Da sind zwei in einem kristallinen Raum
der in einzelne Kristallgestalten
sich spaltet, einzwängt, eindringt und vergittert

Es sind zwei   zwei die alt sind vielleicht sind sie es nicht – & Freunde –
einvernehmlich sanft sprechen die beiden über nichts und vergeblich
sie haben schon müde rundliche Adern und die Eingeweide
wer weiß wie schleppend sie arbeiten
Und hätten sie einen Umriss, diese, die Freunde, sie wären
sichtbar in einer Spalte dieses Endloskristalls in den
der November einbricht um nie mehr fortzugehen
    gefräßiger Kristall
    und Mörder-Kristall
Überdruck dort in der Farben-Essenz-der-Essenz
Zwei ohne die Weisheit der Gurus,
zwei ohne Zen, aber bereit in den Hof zu blicken wo
    Halbschatten und Blechkanister zu den Farben gleiten
     Ii ist der Name des einen   und des anderen auch
Und im Halbschlaf erahnen sie ihre Realität
    zwischen den Ziegeln und Blättern verzerrt vom Kristall
Zwei durch nichts verbunden als durch den Sinn eines gewissen Nichts
was auch immer die Dinge bedeuten, die sie einander sagen
„die Liebe von früher kommt nicht mehr zur Sprache"
    und weniger noch Erinnerungen
    sie selbst sind die Erinnerungen
    sie sind rein gar nichts also
    und wärmen sich daran
Verhängnis und Trümmer
    in weiten veränderlichen Kristallen es ist November
Oder das Abendlicht-Diptychon eingedrungen als rauschen

Wir-sie bringen Worte zum Rauschen
so fließend in ihrem Leuchten so stockend
bis sie wissend werden
Sie-wir stehen jedenfalls im Mittelpunkt aber sie gleichen
dunkel-und-dumm
allmählich dem Glanz der feinen und kühlen Schatten
Ihr Leben ist fast ohne Bedeutung und unberührt vielleicht
Adern und Eingeweide verkrampft und geschwollen
bloße Erinnerungen
sie sitzen und stolpern dabei
sie sind die Geschichten zwischen Fenster Hof und Tür
sie schließen sich an – das heißt aber nichts –
einer unteilbaren   Menge   Gedränge –
besser gesagt sie gehen vorüber
sie kommen unten wieder zusammen Bewundernde die
abgelenkt wurden
in der allgewaltigen luftlosen Leichtigkeit
sie sind im Raum verteilt wie zwei Porzellanfiguren
und doch einander nahe wie in herkömmlichen
Darstellungsweisen
in immer-mehr-Schatten dichterem-Kristall
Sie reden leise das wenige Licht täuscht
aber man hört sie, ach Schnupfengeräusch.

Tiger November streicht schon immer herum
die glückliche Stern-Katastrophe schüttet er aus vor die Füße
Mondsicheln Sonnensicheln sind seine Waffen
er läßt Farbsprünge den Missklang und wie Chorgesang –
er sammelt Wasser zwischen den Häuten den harzigen Schichten
dem Gel
er füllt Kristalle um er vergießt einen Schluck vom Wein
auf einem der Tische für zwei

Zwei von uns vergewissern sich,
verdichten sich im Schatten eines Raums,
zwei von uns suchen umher mit Gerede und Flüstern

Du, ja du, Onkel November! Du hast uns so übersternt
         mit dem ersten Frost
        uns so hinausgerissen
       ins freundlich unzugänglich „dort"
      von Fenster zu Fenster – uns/die letzten
     verwebst du mit Klingeln Hügeln Fremdheit
– hinaus in ein wo immer inneres Außen
– hinaus aus den Wohnzimmern made in paradise
– mit Vorhängen Schmetterlingen in ständigem Wechsel
ich würde sagen Porzellanfiguren ich würde sagen wir
ein sich-/-sich zu Erkennen wie nicht gesehen nicht erzählt
       nicht gesichert
    sich zurückziehen in Gerüchte in Rumor
    in farblose Dosen im Hof
während das Schweigen wütet
    und das unendliche verdreht der Kristall
während der Raum eindringt   ein kluger Kopf entsteht
während wir zwei, gut gewappnet, eindringen
    in Moose-Farben-Mäuse Pilger
     da Mondsicheln, Sonnensicheln aufspringen
       Rot leuchten, Grünen, Mähen
     Totnagen gelb Leuchten jenseits der Dumpfheit und Klarheit,
    blau Leuchten in langsamen optischen Modulationen
      vermehrt sich verzehrt sich   (am Schwarz)
        vertraut blind – schau!

Aus „Fosteni", 1983

Frank Schulz
Kleine Trilogie der Gewalt

Schorf

Der Vollmond hängt über den platten Dächern wie 'n Riesenarsch. Wie der Arsch von Gott, 'n Arsch mit Pocken. Eine Luft hier, seit Wochen, und stinkt wie der Kükenkadaver in Opas Brutkasten damals. Auf 'm Nebenbalkon, mitten in den schlaffen Lobelien, leckt sich Nachbars Katze die wunde Fotze.

Ich gaff durch die Gitterstäbe. Keiner zieht die Vorhänge zu, die Schweine die, Gekeife und Gerülpse bis in die Nacht. Tagsüber kann ich den Tauben aufs Kreuz gucken, wenn die sich von den Traufen runter in die Gosse stürzen. Das Pfeifen von den Flügeln hört man auch bei dem ganzen Krach von den Gören und Arschlöchern, bei dem Gegröle den ganzen Tag. Nachts ist es meistens ruhig, außer da schreit mal einer.

Gestern Abend hab ich plötzlich 'n komisches Gefühl gekriegt, hier, auf dem Balkon. Ich hatte über alles Mögliche gegrübelt. Manchmal grübel ich, bis mir übel wird. Und auf einmal hat mich 'ne komische Aufregung gepackt, und ich hab nicht mehr gewusst, wo der Unterschied ist, ob man nun über den Absatz der Balkontür oder übers Geländer steigt. Jedenfalls hab ich das *Gefühl* gehabt, als kannte ich den Unterschied plötzlich nicht mehr. Ich hab richtig Herzklopfen gekriegt. Ich bin zum Imbiss gegangen und hab 'n paar Dosen getrunken. Svenni hat bloß gelacht.

Ich leg den voll geölten Putzlappen beiseite. Ich find den trockenen nicht wieder in dem ganzen Gerümpel hier, und der Ärmel vom T-Shirt ist zu kurz. Schwitz ich eben weiter. Ich lutsch an 'ner Apfelsine. Ist gut, Vitamine. Der Geschmack erinnert mich an Blut. Ich pul am Schorfstreifen, der sich vom Nabel bis zu den Schamhaaren zieht. Kanaker, der. Macht der nie wieder, der Kanaker, der.

Eine Luft hier, wie im Brutkasten. „Mach das Licht wieder aus", sag ich nach drinnen. Wisch ich mir die klebrigen Finger eben mit dem Öllappen ab. Die Augenwinkel jucken vom Schweiß. Putz ich das Okular eben nicht. Okular heißt das, glaub ich.

„Was?"

„Du sollst das Licht ausmachen."

„Warum? Lass ja die Tauben in Ruhe!"

„Nachts und Tauben", sag ich, „Licht aus." Ich leg das Fernrohr auf den Tisch, greif nach dem Zylinder und öl ihn ein. Der ist schwer, ist der.

Zum hundertsten Mal das Geplärr von dieser Schlagersängerin, mir fällt ums Verrecken nicht ein, wie die noch mal heißt, irgendwas mit F oder V. Das Gelaber von den Fernsehern aus den offenen, erleuchteten Balkontüren, aus unserer auch. Die Schlampe von genau gegenüber, die immer den ganzen Tag die Titten in die Sonne hängt, guckt dasselbe wie meine Mutter, das seh ich an dem gleichzeitigen Flimmern.

„Was machst du da."

„Nichts. Mach endlich das Licht aus, sonst ..."

Sie macht das Licht aus. Ich schraub den Schalldämpfer vor den Lauf und schieb das Fernrohr drauf. Sie kann's nicht ab, wenn ich Tauben schieß. *Vump!*, und das Viech platzt in der Luft, 'ne Federnexplosion, Ende.

Reklamegelaber. Ich hör unsere Toilettenspülung. Die Schlampe von gegenüber kommt auf den Balkon und hängt Wäsche auf. Die Luft stinkt nach Fett und halben Hähnchen, ich schnupper am Waffenöl. Die Katze springt aus dem Blumenkasten in die Wohnung, und plötzlich leg ich an, den Kolben auf dem Geländer. Fast auf Anhieb hab ich die Schlampe von gegenüber im Visier. Ich seh die Wäscheklammer zwischen ihren Lippen und den Pickel am Hals. Ich merk die zwölf Stockwerke Luft unter mir, heiße, fettige Luft. Ich merk, wie mir schwindlig wird, und *Vump!*, knallt mir der Schaft gegens Schlüsselbein. Sie ist weg. Nur noch die helle Balkontür und der Fernseher, der genauso flimmert wie unserer. Mein Herz klopft ganz schön. Ich blute am Unterleib, irgendwie ist der Schorf abgerissen, fast ganz ab.

Im Imbiss, als ich die erste Dose Bier aufreiß, fällt mir plötzlich der Name der Schlagersängerin ein. Das Bier schmeckt nicht.

Bier auf Apfelsine schmeckt nicht. Svenni lacht bloß. Von hier unten kann man den Mond nicht sehn. Seh ich ihn eben nicht.

Vorsteherdrüse

Eine Orkanbö preschte mitten durch die Ahornkrone hindurch, und die hinterherfegenden Strudel peitschten das ockerfarbene Laub zu einem irrsinnigen Flugtanz auf. Die noch gesteigerte Wucht des nächsten Stoßes riss den größten Teil des Rests mit sich, hinterließ den Baum fast nackt, nackt bis auf die rauen Holzknochen, die wulstigen Knöchel, bis in die entlegensten, hin und her gepeitschten dünnen Knöchelchen fast nackt. Zwei Schläge, nur zwei Schläge.

Dorling betrachtete den spröden grauen Flor in seinem Kamm. Von den Rückenhaaren ausgehend löste sich ein Schaudern. Er drückte die Milchglas-Klappe ins Schloss; nun jaulten die Wände, fauchte leise der Heizlüfter. Dorling richtete den Blick auf das Ziffernblatt im Radio. Der Doppelpunkt zwischen der 6 und der 17 blinkte. Seinen Pulsschlag fühlte Dorling nicht. 6:18. Dorling hob den mit dunkelbraunem Frottee bezogenen Toilettendeckel, ließ das Gewölle ins Becken niederschweben, drückte den Spülknopf und schloss den Deckel wieder. Neben den Stützstrümpfen seiner Frau auf der Waschmaschine stand ein medizinisches Plastikgefäß. Eine Skala, heller als die Becherwand, deren Färbung der des Badfensters ähnelte, zeigte die mögliche Füllmenge.

Dorling setzte sich auf die Gummistrümpfe und zog seine welke Vorhaut über die trockene Eichel zurück. Er versuchte, sich an die schöne Hure im Schwesternkittel zu erinnern, die ihm den Puls gefühlt und auf ihn eingegurrt, während sich sein Blut gesammelt hatte. Das war im Badischen gewesen, damals hatte er gut verdient. Immer wenn ihn eine seiner Reisen ins Badische geführt hatte, war er zu der schönen Hure gegangen. Sie mochte so alt gewesen sein, wie seine Töchter heute waren.

Das Heulen der Wände übertönte phasenweise das Fauchen des Heizlüfters, der Dorlings Schenkelhärchen zauste. 6:20. Dorling erhob sich von der Waschmaschine und machte den einen Schritt zum WC-Becken, hob den frotteebezogenen Deckel und setzte sich. Zwei Tropfen Urin lösten sich ins stehende Wasser. Der aufreizende Druck überm Damm hielt unvermindert an. Dorling erhob sich, öffnete die Fensterklappe und blickte in die kahle Krone des Ahorns, durch die der Sturm raste. Ein Sog entstand, und Dorlings Rückenhärchen stellten sich auf, ein Schauer floss über den Rücken wie ein Schwall Eiswasser und zog eine Lawine von sich brechenden Schauern nach sich, dass die Knie nachgaben; Dorling fiepte, und dann kam ein Knurren, ein Grollen von tief unten, aus der Höhle seines Bauchs. Eiswellen überrollten seinen Rücken, und er drehte sich weg vom Fenster, würgte, sog quiekend Atem durch die enge Gurgel und taumelte ins Schlafzimmer, in den noch nachtkalten Raum, kniete sich aufs Bett, in die Sphäre der Ausdünstungen von warmen Drüsen, und riss an den ein wenig feuchten Haaren seiner schlafenden Frau. Sie gab ein Schreckstöhnen von sich, und Dorling hielt ihr seinen Penis hin. „Hier! Da!" Ihre Arme steckten wie in einer Zwangsjacke unter dem Federbett, auf dem Dorling kniete, sie wimmerte, schwach vom Schock, die Wangenhaut überm Nachthemdkragen gespannt wie ein Trommelfell, der Blick glänzend vor Panik. „Um acht muss ich da sein! Vielleicht hab ich ja Krebs!" Dorling riss rhythmisch an seinem weichen Penis, während sich unterm Schraubzug seines linken Fauststocks ein Büschel grauen Haars aus dem Kopf seiner Frau löste, und nun stieß sie einen schrillen Tierschrei aus, der Dorling augenblicklich blendete.

8:13. Die Schultern schmerzten vom starrkrampfhaften Heben der Hände. Dorlings Puls schlug doppelt so schnell, wie der Doppelpunkt blinkte. Neben den leeren Stützstrümpfen der leere medizinische Plastikbecher. Mit erhobenen Händen stand Dorling am Badfenster. Der Sturm hatte nachgelassen. Dorlings Rücken juckte von Schweiß, doch die Hände sinken zu lassen war er nicht fähig. Wie der Lauf eines gehäuteten Hasen ragte sein Glied auf.

„Schwester", flüsterte Dorling.

Kalte Tage

Am 23. Geburtstag ihres Mörders kriegte Hilde doch noch wieder eine Schmierblutung. „Hopfen und Malz verloren", stöhnte sie.

„Irgendwo", sagte Ilka Dombrowski, „hab ich mal gehört, dass Hopfenpflückerinnen immer gleichzeitig ihre Tage kriegen, weil das Zeug östrogenhaltig ist oder so ähnlich."

„Feierabend", sagte Hilde und meldete sich ab. Am Kantinentisch beklagte sie sich über Ilka Dombrowskis Getue. „Nützt ja nix", sagte Gitti und steckte dem Fensterspiegel die Zunge raus. „Scheiße, wird das immer früh dunkel jetzt." Sie trank ihr Bier aus. „Ich muss los. Der Blödmann wartet bestimmt schon."

„Schönes Wochenende", sagte Hilde. Auf dem kalten Klo löste sie sofort den blauen Streifen aus der Cellophanhülle, trödelte aber, um Ilka Dombrowski aus dem Weg zu gehen.

An der Bushaltestelle gegenüber vom Werkstor trat Gitti von einem Fuß auf den anderen. Neben ihr, auf dem Boden, ihr Deputat, ein Kasten Bier. „Willst du den etwa im Bus mitnehmen? Ist der Blödmann nicht gekommen?", fragte Hilde. „Scheiße, ist das kalt."

„Muss ich", sagte Gitti zitternd, „sonst gibt's Ärger."

„Scheiße, meine Handschuhe", sagte Hilde. „So 'n Schlappschwanz. Ich versteh dich nicht, *du* bist doch noch jung ..."

„Jaja", sagte Gitti. Sie schlug den linken Schuh gegen den rechten, verlagerte das Gewicht und schlug den rechten Schuh gegen den linken.

Beim Einsteigen schlug ihnen die warme Fahne von Hildes Mörder entgegen. Sie drängten sich mit dem Kasten Bier an ihm vorbei. „Man kann ja auch mal Platz machen", sagte Hilde.

Wo Gitti raus musste, stieg Hilde mit aus. „Brauchst du nicht", sagte Gitti, „schaff ich schon."

„Jaja", sagte Hilde, „mach doch mal Platz, Mensch!" Sie drängten sich mit dem Kasten Bier an Hildes Mörder vorbei hinaus. Der Bus fuhr davon.

„Gibst einen aus?" sagte Hildes Mörder, der ebenfalls ausgestiegen war und neben ihnen herlief, zu Gitti. Der Kasten Bier schaukelte schräg zwischen Hilde und Gitti, die kleiner war. „Ich hab heut Geburtstag."

„Dann musst *du* ja wohl einen ausgeben", sagte Gitti.
„Kannst mal mit anfassen", sagte Hilde, „du Schlappschwanz."
„Wer ist 'n Schlappschwanz."
„Kannst mal mit anfassen."
„Wer ist 'n Schlappschwanz. Wer ist hier 'n Schlappschwanz."
„Komm, lass", sagte Gitti.
„Wer", sagte Hildes Mörder ächzend und versetzte Hilde einen Stoß, „ist hier 'n Schlappschwanz." Hilde stürzte und riss den Bierkasten mit, der Gittis verfrorenen Fingern entglitt. Er knallte auf den Gehweg, ein paar Flaschen Bier rutschten heraus, eine zerplatzte. Hildes Mörder trat mit der Stiefelferse zu, traf gleich beim ersten Mal einen Augapfel, und noch bevor der Schmerz sie erreichte, war Hildes Mörder ihr auf Kopf und Kehle gesprungen. Gitti schrie, als würde ihr die glühend kalte Haut vom Gesicht gezogen. Hildes Mörder sprang noch einmal auf Hildes Kopf, beim zweitenmal verrenkte er sich den Knöchel. Gitti schrie, die Finger über die eiskalten Ohren gewölbt. „Wer ist 'n Schlappschwanz!" Er trat noch einmal seitlich gegen Hildes Kopf. Der rechte Wangenknochen schien zerbrochen, und durch die blutverschmierte Oberlippe schimmerte etwas Elfenbeinweißes, ein Schneidezahn. Hildes Mörder kniete sich neben sie, etwas ungelenk, vermutlich wegen des verrenkten Fußknöchels, fixierte Hildes Schal mit links und stampfte die andere Faust wie einen Presslufthammer mit athletischer Ausdauer senkrecht auf ihr Gesicht, bis ein Splitter in seinem Mittelhandkochen stecken blieb. Dann nahm er eine Flasche aus dem Kasten, öffnete sie mit den Zähnen, spie den Kronkorken mit einem Stück Backenzahn ins Gestrüpp und trank. „Feinhopfig" stand auf dem Etikett.

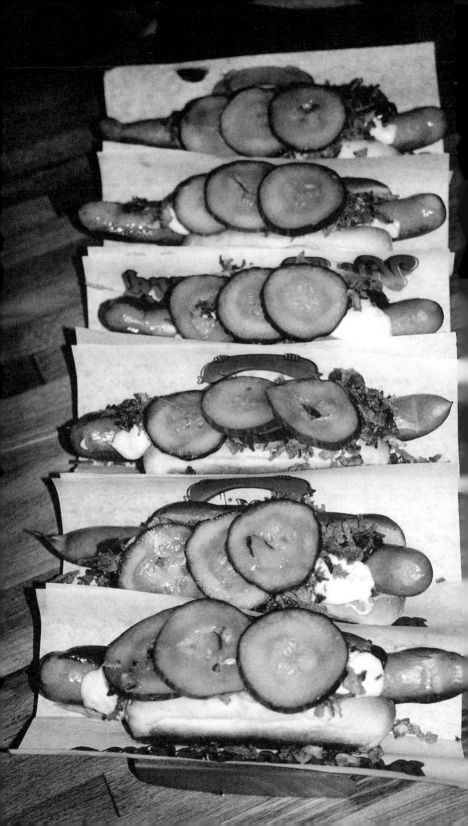

Dierk Hagedorn
Fröhliche Geschichten

Wurst

Es ist unumgänglich, jetzt eine Wurst zu essen. Es fällt mir schwer, mich verständlich zu machen und die Wurst zu bestellen. Es fällt mir schwer, mich zu konzentrieren. Auf die Bestellung, auf die Wurst. Ich muss an so viele Dinge denken, Dinge, die nichts mit dem Bestellen einer Wurst zu tun haben.

Die Würste vor mir sehen delikat aus, ich möchte eine davon, und doch denke ich an ganz andere Dinge, an Maschinen zum Beispiel. Ich nehme mich zusammen, ich bestelle die Wurst, bezahle die Wurst, nehme die Wurst an mich. Doch dann: Ich übersehe die Stufe, ich bin unachtsam, ich stürze, und die Wurst entgleitet mir, sie ist beschmutzt. Ich liege eine Weile und erwäge, mich zu erheben. Ich erwäge eine weitere Wurst.

Mosaik

Hier im Gewölbe ist das Telefon, und ich rufe meine Freundin an. Ich weiß, dass es Sommer ist, ich weiß, dass sie leidet. Ich weiß nicht, ob ich sie wieder sehe. Gestern ist sie gestürzt, heute ich; sie dort, ich hier. Auch ich leide, häufig. Ich steige auf Leitern, manchmal falle ich. Auch sie steigt auf Leitern, sie dort, ich hier. Sie wird dort noch zwei Jahre auf Leitern steigen, ich hier noch drei. Im Gewölbe rufe ich meine Freundin an und weiß nicht, ob ich sie wieder sehe.

Augur

Selbstverständlich erhebe ich mich, wenn es zu regnen beginnt. Dann gehe ich zurück in die Hütte, die mir zugewiesen wurde, zu den anderen, die dort sitzen und trinken. Sie ziehen die Dumpfheit der Hütte mit ihrem gefüllten Kühlschrank und dem betriebsbereiten Fernsehgerät dem Draußen vor. Deshalb bin ich stets alleine, wenn ich morgens ins Freie trete, um mich ins Ufergras zu legen und nach oben zu sehen. Im Nach-oben-Sehen entdecke ich einen Reichtum an Dingen, Vergangenem. Manchmal werde ich abgelenkt, wenn ein Vogel über mich hinwegzieht oder neben mir durchs Gras watschelt. Einmal, in der Ferne, stieg eine Frau vom Steg und schwamm eine Weile. Ich zog den Blick nach oben vor. Frauen interessieren mich nicht mehr.

Postkarten aus Aberdeen

Rauch weht durch die Blätter, mein Rauch. Es ist Sommer, aber es ist kühl. Dennoch steht das Fenster weit offen. Ich friere. Mein vierter Kaffee ist erkaltet, ich mag ihn nicht mehr trinken. Der Kaffee schmeckt nach Chlor. Aus jedem Hahn in dieser Stadt fließt Wasser, das nach Chlor schmeckt. Ich blase Rauch durch die Blätter vor dem Fenster und sehe grau. Grauer Granit pflastert den Platz vor dem Fenster, grauer Granit bildet Gebäude links und rechts, und grauer Granit erhebt sich vor mir mit Zinnen und Türmen in den Himmel aus grauem Granit: Dort, in der grauen Burg, sitzt die Heilsarmee.

Zwei Personen biegen um eine graue Ecke, sie sind bunt, sie tragen kurze Röcke. Mich fröstelt. Ich blase ein letztes Mal grauen Rauch hinaus und klebe Marken auf. Zumindest regnet es nicht.

Der Garten

Hinten, vor der Wildnis, habe ich das Labyrinth angelegt. Hier sind die Hecken dicht und undurchsichtig, hier überragen sie mich. Im Zentrum des Labyrinths: das Lesehaus. Hier werden meine Bücher aufbewahrt, hierher begebe ich mich, um zu lesen. Das ist das zweite meiner Vergnügen. Das andere finde ich jenseits des Labyrinths, in der Wildnis. In der Wildnis, wo die Weiden wuchern und die Gräser, wo es unwegsam und rau ist, habe ich einen tiefen Brunnen ausgeschachtet, habe eine Brüstung aus schwerem Feldstein drumherum gemauert. Dort hinein habe ich alle Kaulquappen geworfen, die ich aus einem nahen Tümpel fischen konnte.

Der Brunnen ist tief und düster, man kann das Wasser nur sehen, wenn ein Steinchen Wellen schlägt. Ich schreite, irre, klettere täglich zum Brunnen, sitze auf der hölzernen Bank und erwarte das Aufsteigen der Frösche, damit sie mir bei der Lektüre im Lesehaus einen Gesang quaken. Sie werden sich sputen müssen, das Laub hat begonnen zu fallen.

Lila

So eine liebliche Verkäuferin, die mich beraten hat, so eine zuvorkommende. Ich benötigte eine neue Hose und ging ins Kaufhaus. In der Hosenabteilung strich ich durch die Gänge und drehte an den Hosenkarussellen, bis die liebliche Verkäuferin ihren Kunden verabschiedete. Ich wollte nicht von der anderen, der hässlichen Verkäuferin bedient werden. Eine Hose hätte ich gern, bitte schön, sagte ich; gerne, sagte sie. Eine bequeme Hose, so eine wollte ich, eine geräumige. Die liebliche, zuvorkommende Verkäuferin hatte genau das Richtige für mich, das machte mich froh. Ich bedankte mich artig und zahlte. Und jetzt seht nur her: Was für eine Hose.

Kiste

Aus der Kiste dringt Gestank, und ich mag den Deckel nicht lösen. Der Zusteller war froh, die stinkende Kiste los zu sein. Sie muss ihm eine Qual gewesen sein. Jetzt, auf dem Tisch, ist sie mir eine Qual. Ich überlege, was darin verrotten mag, ein Kürbis, eine Katze, Kompost? Die Kiste kommt aus dem Osten, vom Bruder. Zum Geburtstag. Der liegt drei Wochen zurück. Ich stehe auf, koche Kaffee. Mit der Tasse in der Hand gehe ich um den Tisch herum, rieche am Kaffee, doch der Gestank der Kiste ist stärker. Ich trage die Kiste in den Garten und mache ein Feuer. Die Kiste brennt, und ich höre ein Quieken, ein Knistern, ein Kreischen. Ich lasse die Kiste brennen, ich wende mich ab.

Abteil

Ich darf hier sitzen. Ich habe einen gültigen Fahrschein erworben. Die Frau mit der Brille mustert mich. Die Brille hat einen kräftigen schwarzen Rand, die Augen dahinter werden klein. Die Frau trägt ein enges graues Oberteil. Ich sehe nach unten, auf einen grauen Kunststoffbelag. Ich greife vorsichtig in meine linke Innentasche. Ich taste nach meinem Fahrschein. Ich betrachte ihn aufmerksam. Die Frau mit der schwarzen Brille betrachtet mich. Ihre schwarzen Locken zittern. Gleichzeitig trinken wir unser Dosenbier aus, gleichzeitig öffnen wir den Mülleimer. Sie lächelt, und der Fahrtwind lässt meine Krawatte flattern.

Guten Abend!

Früher bin ich ohne Hund aus dem Haus gegangen. Dann habe ich mir einen gekauft, einen mittelgroßen, flauschigen. Ich taufte ihn Siegmund. Mit Schaumwein. Ich führe Siegmund an einer altmodischen Leine aus Leder, so habe ich ihn besser in der Gewalt. Siegmund ist ein braver Hund, ein genügsamer.

Gemeinsam gehen wir auf die Straße, Siegmund und ich. Vorzugsweise abends, dann fällt mein Hinken nicht so auf. Mein Mantel ist weit und meine Mütze aus Pelz. Sie stammt vom Großvater, aus dem Krieg. Am Abend bemerkt man nicht so sehr, wie schäbig sie ist, wie schäbig alles ist.

Unten im Haus ist ein Zoogeschäft, dort fülle ich das Einkaufsnetz für Siegmund; um die Ecke ist ein Laden, dort fülle ich das Einkaufsnetz für mich. Ich zahle hier wie da und wünsche einen guten Abend, hier wie da. Danach gehe ich die Straße entlang, kreuze eine andere, breitere, und führe Siegmund auf eine baumgesäumte Grünfläche. Dort lasse ich ihn von der Leine. Ich bleibe stehen und warte, das Einkaufsnetz stelle ich ab. Vorbeikommende grüße ich freundlich; das, so habe ich gelernt, gebietet die Höflichkeit.

Leibesübungen

Der rot gepflasterte Platz vor der Konzerthalle unserer Stadt ist selten belebt. Da gibt es kleine rot geklinkerte Mäuerchen, mal knöchel-, mal kniehoch. Da gibt es ein körperhohes, würfelförmiges Monument. Da gibt es hölzerne Sitzgelegenheiten. Dorthin gehe ich am Morgen mit meinem Ball. Und mache meine Übungen. Über die Mäuerchen springe ich, gegen das Monument werfe ich den Ball. Ich mache Schwünge und Drehungen, ich schwitze. Im Sommer sehr, im Winter weniger. Wenn ich dann ermattet und erschöpft bin, wenn kleine Blitze vor meinen Augen aufglühen, kreuze ich die Straße, lege mich ins Gras oder in den Schnee und höre über die Kopfhörer meines tragbaren Kassettenabspielgerätes Brahms.

Mode

Den ganzen Tag habe ich in der Schneckenlaube gesessen und die Schnecken gefüttert. Erst die großen, dann die kleinen. Dann die nackten und schließlich noch einmal die großen. Immer, wenn ich aus dem Fenster sehe, gehen Leute daran vorbei. Auch heute sind Leute am Fenster vorbeigegangen. Frauen. Männer. Mehrere dieser Männer hatten gleiche Jacken an. Dunkelblau-gelbe Jacken. Sie erinnerten mich an die wetterfeste Kleidung von Postzustellern. Immer wieder sind gelb-blaue Männer im Laufe des Tages an meinem Fenster vorbeigegangen. Die Jacken gefallen mir. Vielleicht sollte ich ebenfalls eine tragen. Sie sehend wärmend aus. Es wird allmählich kühl in der Schneckenlaube. Meine Wachsjacke mag ich nicht mehr tragen, ihr Grün ist unter den schillernden Schleimspuren nicht mehr zu erkennen.

Punkte sammeln

Ich besitze Dosen mit mattschwarzem Sprühlack. Mit einer der mattschwarzen Sprühlackdosen gehe ich nach dem Dunkelwerden durch die Straßen. Das ist jetzt im Winter besonders ergiebig, die Dunkelheit bietet mir sehr viel länger Schutz. Mit mattschwarzem Lack aus der Sprühdose markiere ich die Radkappen von parkenden Autos. Ich platziere einen kleinen schwarzen Punkt an den hinteren Rädern, einmal links, einmal rechts.

Tagsüber, wenn ich im Café sitze und den Verkehr betrachte, achte ich besonders auf die Hinterräder der Wagen, wenn sie vor der Ampel abbremsen, halten, anfahren. Erkenne ich ein von mir markiertes Fahrzeug, gibt es Punkte: Für ein Auto mit Kennzeichen aus der Stadt gibt es einen, für eins aus den benachbarten Landkreisen zwei und für solche, deren Kennzeichen ich nicht zuordnen kann, acht Punkte. Jedes Mal, wenn ich 100 Punkte erreicht habe, gehe ich ins Kebap-Haus gegenüber und bestelle die extragroße Portion Kebap auf dem Teller. Dazu gelbe Brause.

Zack, zack

Ich kann es nicht ertragen, wenn Mutti auf dem Nachhauseweg mit dem Einkaufsroller trödelt. Ich bin es, der die schweren Taschen trägt. Vier Taschen trage ich, Mutti zieht bloß den Einkaufsroller hinter sich her. Sie muss ihn lediglich 500 Meter ziehen, eine Gehwegkante herunter und eine herauf. Dennoch braucht sie mehr als doppelt so lange wie ich mit meinen vier schweren Taschen. Jedes Mal, wenn ich mich umsehe, hat Mutti sich gerade wieder in Bewegung gesetzt. Ich brülle ihr eine Aufforderung zu. Trödelei dulde ich nicht. Die Beine, sagt sie dann, die Beine, und bleibt stehen. Schaut mich an. Aus faltigen Augen. Bei unserem nächsten Einkauf, beschließe ich, nächste Woche, werde ich Mutti vorangehen lassen und werde sie anfeuern, werde das Megaphon wieder einmal benutzen.

Zimmer frei

Weiß wie Schnee sind die Wände meiner Wohnung, die Kacheln im Bad, die Wanne, das Sofa im Flur. Nur mein Bademantel ist rot. Die vier Zimmer meiner Wohnung vermiete ich für wenig Geld an junge Leute aus anderen Städten, aus anderen Ländern. Was ich dadurch verdiene, reicht mir zum Leben. Die jungen Leute kaufen Lebensmittel, und für mich bleibt immer etwas übrig. Außerdem verdiene ich ihre Dankbarkeit, denn ich reinige ihre Wäsche. Ich besitze eine elektrisch betriebene Rührtrommel, die ich in die Wanne stellen kann. Ich gebe das Wasser-Waschmittel-Gemisch hinein und lasse die Rührtrommel rühren. Das mache ich gern für die jungen Leute, die so wenig Zeit haben. Sie kommen, und sie gehen, den ganzen Tag. Sie haben alle einen eigenen Schlüssel, und sie sind sehr leise, wenn sie nachts nach Hause kommen. Nur selten stößt jemand im Dunkeln gegen das weiße Sofa im Flur, und ich wache auf. Aber das stört mich kaum, ich schlafe dann schnell wieder ein. Ich habe einen guten Schlaf.

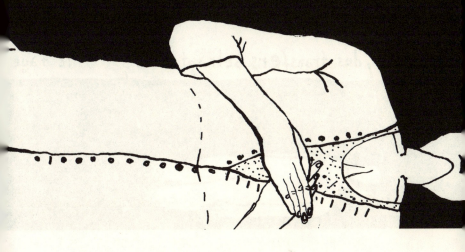

me · wing
reisewünsche

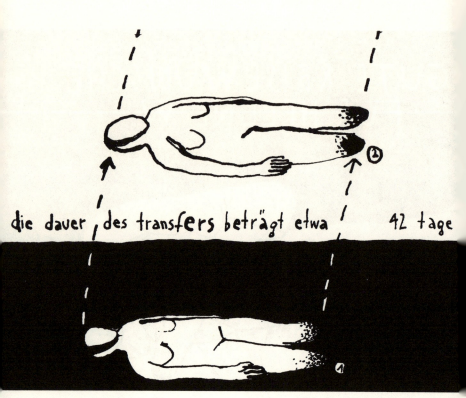

reisewünsche

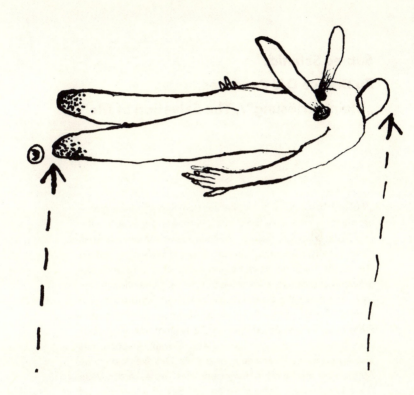

Sabine Schmidt
Zu Breece D'J Pancakes
„Meine Erlösung"/„The Salvation of Me"

„Vielleicht liebt der Schriftsteller aus dem Süden seinen Wohnort mehr als andere Autoren ihre", vermutet der Schriftsteller und Südstaatler Tim Gautreaux. Namen wie William Faulkner, Eudora Welty, Flannery O'Connor und Alice Walker prägen die literarische Tradition dieser Region. Historische Umstände wie Sklaverei und der amerikanische Bürgerkrieg beeinflussen sie. Dazu kommen die Spannungen zwischen Schwarzen und Weißen, Armut, starke Religiosität, Abgrenzung gegen alles Fremde und enge Bindungen an die Heimat, die als isoliert vom Rest des Landes empfunden wird. Gewalt, Alkoholismus und Aggression spielen häufig eine Rolle. Das alles stellen die Autoren oft mit Sinn für Humor und das Groteske dar. Viele Texte beschreiben Lebensformen und Beziehungen, die auf das deutsche Publikum fremdartig wirken.

Breece D'J Pancake ist ein herausragender Vertreter der modernen Südstaatenliteratur. 1952 in West Virginia geboren, wuchs er in bescheidenen Verhältnissen auf. Als Student an einer renommierten Universität erlebte er die Diskriminierung, der im Süden nicht nur schwarze und hispanische Bürger ausgesetzt sind, sondern auch weiße Angehörige der unteren Schichten. Er genoss frühe literarische Erfolge mit seinen Gedichten und Kurzgeschichten. 1979 nahm er sich im Alter von 27 Jahren das Leben.

Pancakes Erzählung „Meine Erlösung" besticht durch ihren lapidaren Ton. Der junge Ich-Erzähler ist fest in seinem Heimatdorf verwurzelt. Der legendäre Radiosender WLS aus dem fernen Chicago nährt seine Ausbruchsträume, doch ihm gelingt der Absprung nicht. Desillusioniert findet er sich schließlich mit seinem Leben ab. Ihm bleibt nur der Hass auf seinen besten Freund Chester, der es auswärts geschafft hat und damit die Stimmung im Dorf vergiftet.

Breece D'J Pancake
Meine Erlösung
übersetzt von Sabine Schmidt

(aus dem amerikanischen Englisch)

Chester war gewitzter als jede Scheißhausmaus, denn Chester machte sich davon, bevor die Scheiße runterkam. Aber Chester hatte zwei Probleme: Nummer eins, er hatte Erfolg, und Nummer zwei, er kam zurück. Das sind nicht die ganz normalen amerikanischen Probleme, so wie Trinken, Drogennehmen, Vögeln oder Verarschtwerden, denn in Rock Camp, West Virginia, werden keine ganz normalen amerikanischen Probleme gemacht, und ein ganz normales Hillbilly-Kaff ist es erst recht nicht.

Wenn du noch nie von Rock Camp gehört hast, dann hast du auch noch nie einen Spiegel zerbrochen, bist nie unter Leitern durchgegangen oder hast noch nie St. Patrick's Day gefeiert, aber wenn du schon mal einen Reifen verloren hast, von der Tragfläche eines Doppeldeckers gefallen bist oder dich mit der linken Hand bekreuzigt hast, dann wahrscheinlich schon. Die drei Letzteren sind die besten Arten, nach Rock Camp zu kommen, und einen guten Fluchtweg kennt niemand außer Chester, und der ist nicht in der Lage, etwas darüber zu sagen.

Es war während Archie Moores bester Zeit – Archie Moore der Gouverneur, nicht der Boxer –, als die süße Quelle der Gelben Rose Texas versiegte und Millionen Amerikaner auf die Überlebensgeschwindigkeit von 55 Meilen pro Stunde herunterzwang. Ich habe gehört, dass Leute aus Georgia bei Schnee nicht fahren können und dass Leute aus Arizona durchdrehen, wenn sie bei Regen am Steuer sitzen müssen, aber kein echtes Kind des Staates West Virginia würde je auf einer geraden Strecke weniger als 120 Meilen pro Stunde fahren, denn solche Pisten sind schwer zu finden in einer Landschaft, wo die Straßenkarten an ein Fass voller Würmer erinnern, die unter Veitstanz leiden. Zu jener Zeit entdeckte Chester, dass

Leute auf dem Interstate 64 durch West Virginia rauschten, auf dem Weg zu interessanteren Gegenden wie Ohio und Iowa, und zum ersten Mal in seinem Leben schaffte Chester es, den vierten Gang in seinem Chevy mit dem Pontiac-Motor einzulegen. Frag mich nicht, was für ein Getriebe es war, weil ich krank war an dem Tag, als sie es einbauten, und frag mich nicht, wo Chester hinfuhr, denn ich sah ihn danach vier Jahre lang nicht, und als ich ihn wiedersah, erzählte er nichts.

Ich weiß nur, dass Chester das große Los zog und zurückkam, um damit anzugeben, und dass ich ihn in den vier Jahren seiner Abwesenheit nie mehr gehasst hatte als in den zwei Stunden, die er zu Hause war. Die Tatsache, dass ich ohne Chester doppelt so viele Autos zu reparieren, halb so viel Benzin zu pumpen und niemanden für Straßenwettrennen oder Fahrmutproben am Wochenende hatte, glich sich von selbst dadurch aus, dass ich meine Zigaretten für mich allein hatte, denn Chester war der einzige Schnorrer an der Tankstelle gewesen. Und sein Verschwinden wärmte einen alten Traum wieder auf.

Damals, 1961, als ich noch in der Schule war, stiegen von einem Ende des Ortes zum anderen alle in Rock Camp von Radios auf Fernseher um, und obwohl ich immer noch glaube, dass Kennedy damit Stimmen kaufte, schwören alle, dass es daher kam, dass sie in der Zeit vor der „Great Society" arbeiteten. So kam das alte Hallicrafters Radio auf seinen neuen Platz neben meinem Schreibtisch und meinem Bett und sah mich an, genauso, wie es das später während stundenlanger Biologiehausaufgaben tun würde, so als ob jeden Moment Präsident Roosevelts Pearl-Harbor-Rede wieder aus den Lautsprechern kommen könnte.

Was herauskam, und zwar nur zwischen Sonnenuntergang und Sonnenaufgang, war der Sender WLS aus Chicago. Chicago wurde zu einem Traum, dann zu einer stärkeren Gewohnheit als pubertärer Selbstmissbrauch, dann ersetzte es das Wichsen, und schließlich führte es zu dem, was der Biologielehrer als Folge des Wichsens beschrieben hatte – ich wurde verrückt wie ein verdammter Irrer.

„Chicago, Chicago, that toddlin' town ..."

Sag nicht, ich soll den Rest singen, den hab ich nämlich vergessen, und frag mich auch nicht, was aus dem Traum geworden ist, denn ich habe den leisen Verdacht, dass Chester ihn abwürgte, als er zurückkam. Aber der Traum war schöner als der von Mrs. Dent, meiner Sexgöttin und

Mathelehrerin, in dem sie mich in einer Nachhilfestunde nach allen Regeln der Kunst vernaschte, und der Traum machte auch mehr Spaß, weil ich glaubte, dass er tatsächlich wahr werden könnte. Als ich Mr. Dent, den Turnlehrer, fragte, ob denn sein Einfallwinkel auch in ihr gleichschenkliges Dreieck passe, rammte er meinen Kopf gegen einen Spind, und ich schwor, für immer die Finger aus meinen Feinripp-Unterhosen zu lassen. Und überhaupt war Chicago tausendmal aufregender als Mrs. Dent, und in Chicago gab es mehr Mrs. Dents, als mich in einer Million Jahre hätten vernaschen können.

Dex Card, damals der Nacht-DJ bei WLS, hatte einen Batman-Fanclub, in dem sogar ich Mitglied werden konnte, und in Chicago hatten alle Jungs Autos und trugen Hosen von h.i.s., vom netten h.i.s.-Bäcker in seinem kleinen Ofen gebacken, damit die Bügelfalten niemals rausgingen. Sie kauten alle Wrigley's Kaugummi und gingen immer zum Wrigley-Haus, das aus irgendeinem Grund sogar heute noch wie ein riesiges, aufrecht stehendes Päckchen Juicy-Fruit-Kaugummi aussieht. Die Jungs in Chicago waren so nah an Motown, dass sie hinfahren und Gladys Knight oder die Supremes einfach auf der Straße spazieren sehen konnten. Und die Jungs in Chicago hatten drei verschiedene Temperaturen: Wenn es am Flughafen O'Hare kalt war, dann war es im Loop kälter, und auf der El-Hochbahn war es immer unter null. Es dauerte zehn Jahre, bis ich den Witz kapiert hatte. Es dauerte zwei Tage, bis das Wetter bei uns war – wenn es montags in Chicago regnete, trug ich mittwochs einen Regenmantel und stellte mir vor, es sei Regen aus Chicago.

Nach dem Traum kam die Gewohnheit. Ich beschloss, nach Chicago abzuhauen, aber ich hatte keine Ahnung, von was ich dort leben sollte, und ich kannte keine Menschenseele in der Stadt. Aber die Typen von WLS klangen wie anständige Menschen, und man konnte echte Wärme hören, wenn sie diese Werbespots für Save the Children machten. Man wusste einfach, dass diese Typen von der Sorte waren, die einem armen Jungen aushelfen würde. Und da vermischten sich der Traum und die Gewohnheit.

Vielleicht würde ich den Zug nehmen – denn das war die einzige Möglichkeit rauszukommen, von der ich wusste, aus den Geschichten meines Vaters über die Zeit der Depression –, und vielleicht würde ich sogar A-Number-One auf einem abgewirtschafteten offenen Waggon treffen, wie er da saß und mit einer Zigarettenkippe alte Träume auf dem Boden des Waggons nachzeichnete. Der alte A-Number-One und ich würden von Kentucky aus die Rock-Island-Strecke nehmen und mit einem Kohlenzug ohne Halt bis in die Schlachthöfe von Chicago hineinfahren, und A-Number-One würde von Zügen erzählen, die komplett verschluckt worden waren, inklusive Pennern und allem verschollen in der Weite des Ganzen, und nie gefunden worden waren. Aber ich würde abspringen, bevor der Zug die Schlachthöfe erreichte und dem Gestank so aus dem Weg gehen, und da wäre ich dann im Loop.

Ich würde die Studios von WLS suchen und nach einem Bewerbungsformular fragen, und die Empfangsdame, attraktiver als Mrs. Dent und außerdem allein stehend, würde mich fragen, was ich denn könnte. Ich wäre schmutzig vom Zugfahren, und meine Kleider würden nicht von h.i.s. sein, also was würde ich sagen können außer, ich würde gern kehren. Bingo, sie nehmen mich, weil in Chicago niemand kehren will, und wenn ich mich hinknie, um den Kaugummi vom Boden zu kratzen, denken sie, dass ich die beste Arbeitskraft der Welt bin. Ich beschließe, dass ich besser auch aufwische, und Dex Card sagt, dass ich zu intelligent zum Putzen bin, und ich soll hier diesen Zehner nehmen, mir was von h.i.s. zum Anziehen kaufen und morgen wieder auftauchen. Er sagt, er will mich zum Tages-DJ machen, und er wird mir zeigen, wie man das Mischpult bedient, Echo erzeugt, die Hits spielt, die Soundeffekte hochdreht und zu Nachrichten-Wetter-Sport umschaltet. Oh, Mann.

Und so saß ich jeden Abend am Schreibtisch, lernte weniger Biologie und träumte den Traum immer wieder, bis ich eines Abends auf meine respektablen Hosen – allerdings von Woolworth – sah und mir einfiel, dass die Güterzüge in Rock Camp ihre Fahrt nicht mehr verlangsamten. Es gab ja auch noch den Bus, aber alle drei Male, wenn ich genug Limoflaschen gesammelt hatte, um mir eine Busfahrkarte in einen Ort zu kaufen, wo die Güterzüge ihre Fahrt verlangsamten, hörte ich den Klang auseinander rollender Billardkugeln in meinen Ohren, und die Münzen verschwanden in den Einwurfschlitzen von Zeit und Zufall.

„Du siehst einfach die Winkel nicht", sagte Chester eines Tages zu mir, nachdem er in nicht mal einer Minute abgeräumt hatte.

Ich war in der zehnten Klasse und scherte mich einen Dreck um seinen Rat. Ich wusste nur, dass mein Kleingeld weg war, dass es entlang der Umgehungsstraße keine Limoflaschen mehr gab und dass Chicago immer noch tausend Meilen weit weg war. Ich lehnte mich bloß auf mein Queue: Ich war machtlos und wusste es.

„Kennst du dich mit Autos aus?" Nein, schüttelte ich den Kopf. „Weißt du, wie man eine Zapfsäule bedient?" Wieder nein. „Aber du weißt doch, wie man Autos wäscht?" Ich grinste ein höhnisches Wer-zum-Teufel-weiß-das-nicht.

Und seit dem Tag arbeitete ich für 75 Cents die Stunde bei E. B. „Pop" Sullivan an seiner American-Oil-Tankstelle. Ein Drittel davon ging an Chester, weil er mir den Job besorgt hatte. Ich sagte mir, dass es egal war, ich wollte ja keinen Beruf daraus machen, und sobald ich die Kohle hätte, würde ich sowieso nach Chicago abhauen – ich würde den Bus nehmen, ich würde selbst fahren. Zum Teufel, ich würde sparen und mir ein Auto kaufen, das mich stilvoll nach Chicago bringen würde.

Als ich Chester erzählte, dass ich mir ein Auto kaufen wollte, erließ er mir die Prozente und ging sogar mit mir zum Gebrauchtwagenhändler, um Schrottkarren anzugucken. Dann sagte ich Chester, dass ich keine Schrottkarre wollte, sondern ein richtiges Auto.

„Ich sag dir, wie du an ein richtiges Auto kommst", sagte er. „Du baust es dir zusammen, wie du es haben willst – Motown baut sie bloß, damit sie kaputtgehen."

Wir sahen uns einen Pontiac mit nur 38.000 Meilen auf dem Tacho und einem 5,4-Liter-Motor an. Jemand war ihm hinten reingefahren und hatte dabei den Kofferraum in den Rücksitz gedrückt. Ein Büschel Haare hing an der Chromeinfassung der Heckscheibe. Chester kroch unter den Wagen und blieb fast fünf Minuten verschwunden, während ich mich mehr für einen neu gespritzten Chevy Impala mit einem selbst gebastelten Verdeck interessierte, das von allein herunter kam, wenn man auf einen Knopf drückte. Chester schoss unter dem Pontiac hervor, als hätte er eine Schlange entdeckt, dann kam er grinsend zu mir herüber.

„Kompletter Totalschaden, aber der Motor ist in perfektem Zustand."

Ich sagte zu Chester, dass mir der Impala gefiel, aber er schnalzte nur abfällig, als wüsste er, was mit Verdecken passiert, die von allein runterkommen. Er ging um den Wagen herum, bückte sich, um darunter zu sehen, rieb mit den Fingern über das Reifenprofil, und ich starrte die ganze Zeit auf die „325 Dollar", die mit Seife auf die Windschutzscheibe geschrieben waren. Klar, der Pontiac war billiger, aber wer wollte denn 130 Dollar zahlen, um dann mit einem Motor unter dem Arm herumzulaufen? Ich jedenfalls nicht, ich wollte mit dem Auto gleich losfahren und das Verdeck hoch- und runterlassen.

„Ich sag dir was", sagte er. „Ich hab einen netten Chevy, der zu dem Pontiac-Motor passt. Du kaufst den Motor, und ich vermiete dir die Karosserie."

Ich hatte nicht die Absicht, mich auf so was einzulassen, also schüttelte ich den Kopf.

„Gut, dann lass uns Partner sein. Wir werden nur an einander verkaufen, und an den Wochenenden machen wir immer was zusammen. Zu viert ausgehen und so."

Das klang schon besser, und für den Rest des Monats summte der Chicago-Traum davon und versteckte sich irgendwo in meinem Hirn. Ich hatte Alpträume von Adaptern, die irgendwie für einen Motor passend gemacht wurden, der nicht in einen Chevy gehörte. Ich machte mir Sorgen, dass die Verbindungen zu weit weg vom Motorblock wären, und ich sah förmlich den Gussstahl splittern, wenn wir den Wagen zum ersten Mal auf 120 bringen würden. Ich ging zu Drag-Rennen und fragte jeden, den ich sah, ob man einen Pony-Motor in einen Chevy einbauen konnte, und die meisten Leute lachten, aber ein Klugscheißer lehnte sich in seinem Stuhl zurück: „Mein Sohn", sagte der Klugscheißer, „geh heim, und spiel ein bisschen an dir rum."

Doch der Monat ging zu Ende, und aus irgendeinem Grund, den ich nie verstanden habe, wurde der Motor eingebaut, aber der Feuerschutz und die Schutzblechschächte wurden komplett ausgebaut. Als Chester sich an das Getriebeproblem machte, bekam ich die Grippe, und drei Tage lang träumte ich weder von Chicago noch von meinem Auto, weil ich zu sehr mit Kranksein beschäftigt war. Als ich wieder in die Schule kam, sah ich den Wagen auf dem Schulparkplatz. Der Kofferraum war höher gelegt, und als ich mir den Schaltknüppel ansah, entdeckte ich, dass Chester einen mit vier eingezeichneten Gängen aufgeschraubt hatte. Ich dachte, das sei ein Witz, denn ich erlebte nie, dass der vierte Gang benutzt wurde. Wenn man den Wagen im dritten Gang hochjagte, schaffte er 50 Meilen pro Stunde, und das reichte auch für das gerade Stück auf der Umgehungsstraße.

Jener Sommer war ein einziger großer Spaß. Chester und ich gaben jeden Cent für Benzin aus und verbrachten jede freie Minute auf den abgelegenen Nebenstraßen. Wir entdeckten eine Brücke mit einem Buckel. Wenn wir mit 45 drüberfuhren, hob es uns in die Luft. Danach schwankte die Karre wie ein Schaukelstuhl, bis wir neue Stoßdämpfer einbauen konnten. Pop Sullivan wusste es zwar nicht, aber er belieferte uns den ganzen Sommer über mit Stoßdämpfern. Wir fanden ein kurvenreiches Stück einspurige Straße, das fast immer für einen Beinahe-Zusammenstoß mit einem Pepsi-Lieferwagen gut war. Ein paarmal belieferte Pop uns mit Bleioxidfarbe, mit der wir die Tatsache verdeckten, dass wir dem Pepsi-Lieferwagen zu nahe gekommen waren. Offenbar kapierte Pepsi es irgendwann und gab dem Fahrer eine andere Lieferroute. Chester sagte zu mir: „Die haben einen kleinen Jungen geschickt, um den Job eines Mannes zu machen."

Aber den größten Spaß hatten wir, als ein Vize-Sheriff aus Cabell County unterwegs war, um einen Schwarzbrenner zum Gerichtstermin abzuholen, der seinen Schnapsprofit nicht mit dem Staat geteilt hatte. Wir kamen dem Sheriff mit Höchstgeschwindigkeit bergab in einer Kurve entgegen, und der Sheriff konnte wenig machen, außer uns vorbeizulassen, sonst wären wir alle draufgegangen. Der Sheriff war ein sehr kluger Mann. Er dachte sich, dass jemand, der so schnell aus dem Nichts auftauchte, etwas zu verbergen haben müsste, und so rief er per Funk seine Kollegen und sagte ihnen, der Schnaps sei in unserem Auto. Am Fuß des Hügels schnappten sie uns, stocknüchtern und ohne einen Tropfen Schnaps im Auto. Was sie fanden, waren die zwei Töchter des Sheriffs – beide waren mit Erlaubnis ihrer Mutti unterwegs. Chester bekam drei Tage, weil er vor dem Sheriff abgehauen war, und er und ich durften die Mädchen nie mehr anrufen. Keine Ahnung, was ihre Mutti bekam, denn ich bin nicht sicher, ob der Sheriff ein Mann war, der seine Frau schlug.

Chester saß seine Strafe an drei Sonntagen im Kreisgefängnis ab und las Zeitung, und der erste Sonntag veränderte ihn erheblich zum Nachteil. Am nächsten Tag auf der Arbeit wollte er nicht darüber reden, mit wem er gern ausgehen würde oder wo wir das Geld für die nächste Tankfüllung herkriegen würden, aber bis zum Wochenende war er wieder locker. „Es hängt alles vom Zufall ab", sagte er. Ich dachte, er redete von seiner Gefängnisstrafe. Ich brauchte vier Jahre, bis ich es kapierte. Nach dem zweiten Sonntag hatte er ein hinterlistiges Funkeln in den Augen, so als ob er nur darauf wartete, dass plötzlich etwas auf seinen Rücken fiele. „Es ist garantiert irgendwo da draußen, es kommt nur darauf an, dass man an der richtigen Stelle steht, wenn die Scheiße runterkommt." Ich war ganz seiner Meinung. Alles passierte in Chicago, und die Schule ging wieder los, und ich war immer noch in Rock Camp.

Am nächsten Morgen haute Chester auf höchst interessante Weise ab. Er war an der Reihe damit, in der Mittagspause herumzufahren und mit seiner Freundin zu schmusen, während ich mich auf der Treppe vor der Schule vergnügte. Wir waren beide dabei erwischt worden, wie wir ein bisschen zu forsch an unsere Mädels herangingen, und jetzt gab es in Rock Camp kein anständiges Mädchen, das nicht behauptete, einer von uns hätte sie vergewaltigt, wenn ihr Footballspieler-Freund sie geschwängert hatte. So kam es, dass Chesters Freundin ein Mädchen aus Little Tokyo Hollow war, da, wo's mit der Schwester am meisten Spaß macht und wo alle Kinder wie Chinesen aussehen. So kam es auch, dass ich an diesem Tag gar kein Mädchen hatte. Und Chester fuhr Runde um Runde auf der Hauptstraße, so dass ich genau sehen konnte, was sein kleines Schlitzauge alles machte.

Die ersten drei Runden waren ziemlich normal, und ich konnte beinahe die Entfernung messen, die ihre Hand sich auf Chesters Hosenschlitz zubewegt hatte, aber bei der vierten Runde hatte er die Beine auseinander, und der Zauber ging los. Ich wusste, dass Chester ganz schön schlau verhandelt hatte, um in so kurzer Zeit so weit zu kommen, und ich dachte, dass das alles gewesen war, denn ich sah ihn umdrehen und zurück in Richtung Schule fahren. Er fuhr immer noch langsam, ließ sich Zeit, so als wüsste er, dass die Schulglocke nicht läuten würde, solange er nicht an seinem Schließfach gewesen war. Dann, als er vorbeifuhr, sah ich das Schlitzauge in seinem Schoß verschwinden, ihr Kopf bewegte sich wie verrückt auf und ab, Chester lächelte, und sein Fuß stotterte auf dem Gaspedal. Erst als er am Ortsrand anhielt und das Mädchen aussteigen ließ, merkte ich, dass Chester nichts daran lag, wieder zum Unterricht zu kommen, aber ich ging trotzdem rein, denn ich war mir ganz sicher, dass er morgen wieder da sein würde.

Am Nachmittag bestellte mich die Schulpsychologin zu sich und fragte mich, was ich mit dem Rest meines Lebens anzufangen gedenke. Offenbar hatte Chesters Schlitzauge geplaudert, und nun dachten sie, dass vielleicht bei mir noch was zu retten wäre. Ich erzählte der Schulpsychologin, dass ich bei einem Rundfunksender in Chicago arbeiten wolle – es sollte ein Witz sein.

„Dafür musst du aber studieren, das weißt du doch?"

Das war mir neu, denn Dex Card klang nicht wie ein Lehrer oder ein Arzt, und so verneinte ich.

Am Abend, als Chester nicht zur Arbeit erschien, fragte ich Pop Sullivan, ob er mir das Studium finanzieren würde. Ich versprach, an der Tankstelle zu arbeiten, bis ich meinen Abschluss in Journalistik hätte, und dann würde ich ihm den Rest schicken.

„Ich hab so viel Rest, wie ich brauchen kann", sagte Pop bloß. Er sah ständig zum Fenster hinaus nach Chester, der kommen und seinen Anteil an den Autos reparieren sollte. Aber Chester tauchte nicht auf, also blieb ich bis zum nächsten Morgen und reparierte seinen und meinen Anteil an Autos mit Hilfe eines Buches und dachte, dass Chester das vielleicht schon immer so gemacht hatte.

Eine Woche später stellte Pop einen anderen Jungen ein, um die Zapfsäule zu bedienen und erhöhte meine Bezahlung auf den gesetzlichen Mindestlohn, was zu Archies Blütezeit ungefähr einsfünfzig pro Stunde war. Da bekam ich auch ein Telegramm aus Cleveland, in dem stand: „Tut mir Leid, Kumpel, hab den vierten reingekriegt und konnte nicht runterschalten. Ich mach's irgendwann wieder gut, C." Ich fragte mich, warum Chester sechs Cents auf das „Kumpel" verschwendet hatte.

Ich ließ das Radio aus, und meine Noten wurden ein bisschen besser, aber ich glaubte nicht, dass ich viel Nützliches gelernt hatte. Wenn die Schulpsychologin auf dem Flur an mir vorbeiging, grinste sie mich immer gönnerhaft an. Dann passierten plötzlich seltsame Sachen – mein Alter ging auf einmal nüchtern ins Bett und sonntags zweimal in die Kirche, trank Orangensaft zum Frühstück und brach keinen Streit mehr mit mir vom Zaun. Und die Eltern der Footballspieler luden mich zu den Partys ein, die sie für ihre Söhne und deren Freundinnen veranstalteten, aber ich ging nie hin. Dann erzählte mir ein Lehrer, wenn ich vor Weihnachten in Geschichte auf eine Zwei käme, wäre ich ein sicherer Kandidat für die Elitegruppe der Schule, aber ich sagte dem Lehrer ganz klar, was mich die Elitegruppe mal könne, und er sagte, ich sei ein ganz Neunmalkluger. Ich gab ihm Recht. Die Zwei bekam ich trotzdem. Ich traf mich wieder mit der jüngsten Tochter des Sheriffs, und er benahm sich, als wäre ich ein Quarterback.

Dann ging die Scheiße richtig los. Vor Weihnachten schneite es wie verrückt, also schwänzte ich die Schule, um Pop beim Schneeschippen an der Tankstelle zu helfen, und er rief den Rektor an, um ihm Bescheid zu sagen. Ich streute gerade den Bürgersteig, als Pop brüllte, ich solle mal reinkommen, dann stopfte er seine Pfeife und setzte sich an seinen Schreibtisch.

„Was hab ich dir übers Stehlen gesagt?", fragte er, aber ich klärte ihn auf, dass ich nichts von ihm geklaut hatte. „Das hab ich auch nicht gesagt, ich wollte bloß wissen, ob du dich noch dran erinnerst." Ich sagte zu ihm, dass er ungefähr eine Million Mal gesagt hatte, einmal ein Dieb, immer ein Dieb. „Glaubst du, dass das stimmt?" Ich fragte ihn, ob er schon mal was gestohlen hätte. „Nur einmal, aber ich hab's wieder zurückgelegt." Ich sagte zu ihm, einmal ein Dieb, immer ein Dieb, aber er lachte nur. „Du brauchst jemanden, der dir das College finanziert. Ich brauche noch einen Katholiken in dieser Stadt." Ich versicherte Pop, dass mein Alter plötzlich das Licht gesehen hatte, aber dass ich in keiner Form, Art oder Weise diesen Weg mit ihm gehen würde, und dabei sei er bloß Methodist. „Denk drüber nach." Ich sagte, ich würde drüber nachdenken und ging rein, um ein Auto zu schmieren. Alles, woran ich denken konnte, war, dass Dex Card nicht wie ein katholischer Name klang.

An dem Abend ging ich im Schnee nach Hause, und er kam mir nicht wie Schnee aus Chicago vor – es war, als wäre ich noch ein Kind, bevor das Radio in mein Zimmer einzog, und als ginge ich vom Schlittenfahren nach Hause und meine alte Dame wäre noch am Leben und würde mir immer noch Kaffee einflößen, um die Kälte zu vertreiben, und ich vermisste sie ein kleines bisschen.

Ich ging hinein und hoffte, dass mein Alter ein Bier in der Hand hätte, nur damit ich die Dinge wieder normal sehen könnte, aber er saß in der Küche und las die Zeitung und war sturznüchtern.

Ich machte uns was zum Abendessen, und beim Essen fragte er mich, ob Pop irgendwas wegen College zu mir gesagt hätte. Ich sagte, er würde es mir bezahlen, wenn ich ein Fischesser werden würde. „Kein schlechter Handel. Machst du's?" Ich versicherte ihm, dass ich darüber nachdachte. „Hier ist Post für dich", und er gab mir einen Briefumschlag, der in Des Moines, Iowa abgestempelt war. Drin waren 75 Dollar und ein Zettel, auf dem stand: „Minus Abnutzung. Adios, C." Ich steckte das Geld in meine Brieftasche und zerknüllte den Zettel. „Von dem Geld kannst du dir was zum Anziehen kaufen", sagte er. Ich versicherte meinem Alten, dass ich eher ein Auto bräuchte, wenn ich jeden Tag zum College fahren sollte, aber er lachte nur und gab mir über den Tisch hinweg eine Kopfnuss. Er sagte mir, für einen Nichtsnutz sei ich ein guter Junge. Sogar die Frauen in der Schulkantine schickten mir eine Karte, auf der stand, dass mir eine Karriere als Spezialist fürs geschriebene Wort beschieden sei. In der Karte war ein Bild von einem Briefträger. Ich brauchte eine Weile, bis ich den Witz kapierte.

Und ungefähr zu der Zeit stieg der Benzinpreis. Ich kaufte einen 58er VW ohne Boden, fuhr damit, bis es regnete, und kaufte dann einen Boden, der teurer als das ganze Auto war. Die Tochter des Sheriffs bekam ein paarmal ihre Tage nicht, entschied, dass es wegen mir war, was wahrscheinlich stimmte, ging mit mir zusammen zur Katechese und zu Kursen am Community College in Huntington, und wir lebten in einer Dreizimmerwohnung über Pops Tankstelle. Als die Tochter des Sheriffs das Kind verlor, ließ der Sheriff alles sofort annullieren, und Pop bestand darauf, dass ich wieder zu meinem Alten zog. Mein Alter fing wieder mit dem Trinken an. Ich brach das Studium ab, blieb aber in Pops Werkstatt, um ihm sein Geld zurückzuzahlen, und ungefähr da merkte ich, dass die Zeit zu schnell vergangen war. In all diesen Jahren hatte ich das alte Radio kein einziges Mal angestellt, und jetzt brachte ich es nicht über mich. Ich entschied, dass es gar nicht so schlecht war, für Pop zu arbeiten, und dass mein Alter bald ins Heim müsste und ich dafür Geld brauchen würde.

Ich fuhr in meinem VW nach Hause und sang „Chicago, Chicago, that toddlin' town ..." und entdeckte, dass ich den Rest des Textes vergessen hatte.

Dann sah ich ihn die Umgehungsstraße herunterkommen, nur ein flüchtiger Augenblick aus Metallicblau, ein verwischter Fleck mit gelben Nebelscheinwerfern, der in der Dämmerung vorbeifuhr, und das Gesicht des Fahrers gehörte Chester. Ich drehte mit dem Käfer um, fuhr zurück in die Stadt, schaltete so spät wie möglich hoch, um schneller zu werden, aber er war schon zu weit weg, als dass ich ihn hätte einholen können. Ich fuhr eine Stunde kreuz und quer durch die Stadt, bis ich ihn wieder die Umgehungsstraße hinunterrasen sah, und diesmal sah ich die Blondine in seinem Wagen. Sie bogen in die Front Street ein, um im Café etwas zu essen, und ich parkte neben dem neuen Camaro. Ich kannte seine Freundin aus dem Fernsehen, wo sie sich in Werbespots für Zahncreme die Zähne leckte.

Ich fragte Chester, wie es ihm ging, aber er vergaß, dass er mich kannte. „Ja, bitte?" Ich sah, dass er Jacketkronen auf allen Zähnen hatte, aber ich sagte ihm, wer ich war. „Ach ja", sagte er. Ich fragte ihn, wo er den heißen Ofen herhatte, und seine Freundin guckte mich seltsam an, lächelte in sich hinein. „Das ist ein Mietwagen." Seine Freundin fing an zu lachen, aber ich verstand den Witz nicht. Ich sagte zu Chester, er solle auf dem Rückweg bei Pop vorbeischauen und guten Tag sagen. „Jaja, stimmt, mach ich." Ich lud sie ein, bei mir und meinem Alten zu Abend zu essen, aber Chester wurde plötzlich nervös. „Vielleicht ein andermal. Nett, dich wieder zu sehen." Er knallte die Wagentür zu und ging vor seiner Freundin ins Café.

Ich saß da im VW, starrte auf die Schmiere auf meinen Jeans, dachte, ich sollte da reingehen und Chester ein paar seiner Vielleicht-ein-andermal in seine scheißfreundliche Fresse hauen. Frag mich nicht, warum ich's nicht gemacht habe, denn in meinem ganzen Leben habe ich nichts mehr gewollt als das, und frag mich nicht, wo der Traum hinging, denn er summte mir nie mehr etwas vor.

Als Chester die Stadt verließ, hinterließ er einen Keim. Nicht die Art Keime, von der man denkt, dass sie eine Pflanze wachsen lassen, sondern eine Krankheit, ein Virus, eine Ansteckung. Chester säte sie im Café aus, als der Sheriff ihn erkannte und fragte, was er denn so mache. Chester erzählte dem Sheriff, dass er am Broadway war, und verteilte Freikarten für das Musical, in dem er eine Rolle hatte, und ein ganzer Haufen Leute fuhr nach New

York. Sie kamen zurück und summten Musicalmelodien. Und der Keim breitete sich überall in Rock Camp aus und verführte jeden, der schon mal auf der Bühne der Schule gestanden hatte, zu dem Glauben, er könne wie Chester sein. Ein paar von den Ersten brachten sich um, und wirklich schlimm war es dann, die Zurückgekehrten zu sehen, wenn Pop ihnen sagte, dass es an seiner Tankstelle keine Arbeit für Schwuchteln gab.

Aber eins war jedenfalls gut zu wissen, nämlich, dass Chester von New York aufgefressen und ausgespuckt wurde, weil er glaubte, seine Scheiße würde nicht stinken, zumindest sagten das die Leute. Ich weiß nicht, was in New York passierte, aber ich habe eine ungefähre Ahnung, was Chester hier gemacht hat. Sein Plan war, jede andere Zauberkraft zu töten und seine Zauberkraft zur einzigen zu machen, und es funktionierte bei denen, die an Archies Blütezeit glaubten, oder bei denen, die glaubten, dass die Quelle nie versiegen würde, und es funktionierte bei Chester, als er zurückkam und anfing, es selbst zu glauben.

Wenn ich an einem ruhigen Tag an der Tankstelle stehe, denke ich mir manchmal Sachen aus, die Chester passiert sein könnten, erfinde kleine Szenen, in denen ich ihn spielen lasse, wo immer er ist. Wenn ich das tue, vergesse ich oft, in welcher Zeit und wo ich bin, und manchmal muss Pop mich dann anbrüllen, damit ich einen Wagen betanke, weil ich die Klingel nicht gehört habe. Jedes Mal, wenn so etwas passiert, bekreuzige ich mich mit links, gehe nach draußen und pfeife einen Refrain von „Chicago".

Öl nachsehen? Natürlich, der Herr.

Benjamin Maack
Der Mond rückt näher

Langsam

Freibadgeruch mitten in Hamburg.
Chlordämpfe und der Geruch eingecremter Mädchenhaut.

Zugluft streichelt Fingerspitzen.
Eine Melodie steigt auf,
erst unsicher,
die Noten suchen, finden sich
zwischen Ozonmolekülen.

Ein Kind bewegt sich,
wie es das in einem Musikvideo
gesehen hat.

Eine Fabrik in Japan
stellt Sonnenuntergänge her.

Einen Atemzug innehalten.

Die Hitze duckt sich zwischen
die Häuser.
Perfekte Luft,
um die Schallwellen eines Schreis fortzupflanzen.

Der Himmel ist blau,
eine Apokalypse
wäre weithin sichtbar.

Auf den richtigen Moment warten.
Dann doch nichts tun.
Und es ist egal.
Weil „in letzter Minute" zu spät ist.

Wir scheißen leise.
Psst.

Der Mond rückt näher

Der Mond rückt näher.
Die Helden und Schurken der Welt haben sich
	zusammengetan
und boxen hilflos in die Luft.
In den Städten taumeln die Wolkenkratzer.
Stein reibt auf Stein.
Wahr ist: Diese Gebäude sind konstruiert, einem Erdbeben
	standzuhalten,
das doppelte Eigengewicht zu tragen.
Aber leichter zu werden, dafür wurden sie nicht gebaut.

Der Mond rückt näher.
Und die über 18jährigen kramen
in ihren Schubladen, Portmonees und Handtaschen.
Die, die ihre Leihkarten finden,
hetzen in die Videothek.
Dort wollen sie Katastrophenfilme ausleihen.
Aber es herrscht ein Betrieb wie samstagabends,
und die meisten gehen leer aus.
Einige sehen „Armageddon" oder „Deep Impact"
und merken erst jetzt, dass das so nicht funktioniert.

Der Mond rückt näher.
Und so langsam bekommen wir alle nasse Füße.
Weil wir keine Ahnung haben, was zu tun ist.
Wenn der Mond näher rückt,
ziehen wir los in kleinen Grüppchen,
schlagen Schaufensterscheiben ein
und plündern Gummistiefel.
Als aus den Läden alle weg sind,
fangen wir ziemlich schnell damit an, dafür Leute zu töten.

Der Mond rückt näher.
Und die Familien holen wieder die Gesellschaftsspiele heraus.
Manche Väter zeigen ihren Söhnen,
wie man einen Fußball kickt oder Auto fährt.
Das Gras ist nass und rutschig, auf den Straßen – Aquaplaning.
Manche Väter vergewaltigen ihre Töchter.
Einige von ihnen das erste, andere noch ein letztes Mal.

Der Mond rückt näher.
Und wir finden, dass er noch nie so schön und rund war.
Wir bleiben nachts auf und drängeln
mit unseren Fotoapparaten und handlichen Kameras
auf die Hügel.
Wir warten in langen Schlangen.
Jemand verlangt ein saftiges Eintrittsgeld.
Wir knipsen die Filme voll
und nehmen den Mond auch auf Video auf.
Einige haben Tonbänder dabei.
Als uns einfällt, dass wir bald alle tot sind, gehen wir zurück
    in die Häuser.
Trotzdem bringen wir die Filme morgen zum Entwickeln.

Der Mond rückt näher.
Und die Kinder spielen auf den Kinderspielplätzen.
Ihre Mütter schelten sie
– Das gehört sich nicht!,
wenn der Mond näher rückt.
Und plötzlich setzen sie sich neben ihre Kinder in die Sandkästen
und nehmen sich Zeit, alles viel zu umständlich zu erklären.
Die Kinder verstehen.

Der Mond rückt näher.
Und die Menschen werden endlich ehrlich
zueinander und zu sich selbst.
Arschlöcher werden mit Arschloch beschimpft,
Drecksschweine mit Drecksschwein.
Manche bringen sich oder andere um
oder ritzen sich die Haut ein.
Manche gehen wieder in die Kirchen.
In die alten, mit den dicken Mauern und Satteldach.
Nicht in die mit Bögen, nicht in die mit Zwiebeltürmen –
weil sie mal gelesen haben,
dass die am wenigsten einsturzgefährdet sind.

Der Mond rückt näher.
Und manche haben aufgehört, ihren Nachbarn zu vertrauen.
Und manche haben aufgehört, Politikern zu vertrauen.
Manche haben aufgehört, sich ungesund zu ernähren.
Und manche haben erst jetzt damit angefangen.
Und manche beten.
Und manche fluchen.
Manche zittern.
Manche stellen sich vor den Badezimmerspiegel
und sehen sich das erste Mal genau ihre Augen an.
Manche bringen ihre Tageszeitungsarchive zum Altpapier.
Und manche randalieren.
Und manche schreiben Postkarten an ihren Lieblingsstar
oder an den Weihnachtsmann.
Manchen tut der Bauch schon weh vor Lachen.
Und manche weinen.
Manche können gar nicht mehr damit aufhören zu weinen.

Der Mond rückt näher.
Und ich sitze in meinem Auto und höre
„Also sprach Zarathustra" im Random/Repeat-Mode.
Gerade jetzt klatscht das Nachtwanderlied
hart gegen „Von den Freuden und Leidenschaften".
So will ich ins All schießen.
Ruhig schaukelt der Mond mich in einen Schlaf voller
      schrecklicher Alpträume.

Hallo

Hallo.
Ich bin Kreuzworträtselautor.
Ich bin Decorwandfarbendesigner.
Ich bin Überraschungseiüberraschungenerfinder.
Ich zeichne Blaupausen von Motoren,

lasse sie knallrot Kerosin bluten,
gehe in die Küche
und mache mir Leberwurstbrot.

Elektronenwahnsinn
Leberwurstruhe

durch einen Strohhalm ohne Schirmchen
Beschleunige ich auf Warp-Geschwindigkeit
und bin schon an den Sternen vorbei.

Wollen wir nicht wieder Glauben:
ans Herz, etwas darunter die Seele
und an das Haltbarkeitsdatum auf Mayonnaisegläsern.

Es wird spät.
Die Sonne fängt schon an,
die Schatten der Hochhäuser
ins All zu schießen.

Hast du einen Videorecorder?
Dann zeig ich dir
wie schön eingerichtet
die Hölle ist.

Peter Köhn
Porträts und Gedichte Hamburger Lyriker

Das Projekt des Hamburger Fotodesigners Peter Köhn umfasst 26 Einzelporträts, die jeweils aus einem Foto und einem Gedicht des Porträtierten bestehen. Sie alle verbindet der Wohnort Hamburg und ihr Engagement für die vielleicht verschlossenste und leiseste Form der Literatur – die Lyrik. In ganz persönlichen Nahaufnahmen in der privaten Wohnwelt der Autorinnen und Autoren spürt Peter Köhn die Charaktere auf. Durch unterschiedliche Perspektiven und Motivumgebungen bieten sich weit reichende Interpretationsmöglichkeiten. So positioniert er Benjamin Maack in seinem Hauseingang vor Graffiti in „Winnerpose". Hinter Gerhard Neumann und Peter Rühmkorf weisen Reihen von Büchern auf das erfolgreiche Werk. Bei Mariola Brillowska liegt der Jahresbericht von „Amnesty international" im Vordergrund. Matthias Politycki zeigt er neben einem „erstochenen" Gartenzwerg, dem Symbol der Kleinbürgerlichkeit.

Köhns Arbeit wurde im Sommer 2002 auf der „Cap San Diego" im Rahmen der zweiten Phototriennale in Hamburg gezeigt. Die Triennale stand unter dem Motto „Reality-Check".

Yoko Tawada
Ein Gedicht für ein Buch

ein wort
ein mord
wenn ich spreche
bin ich nicht da
ein wort
in seinem käfig
fesselnd gefesselt
spuckt einen bericht
über meine taten
über meine karten
kein wort
nur sein schatten
in dem ich ruhe
mein schatten verschwindet darin
nichts wird bewertet
wenn ich schweige
bin ich aus demselben stoff gemacht
wie du
stoffliche zeit
zwischen einem wort
und einem schluck wasser
dort
wo die stimme im fleisch aufwacht
hört man ohne ohren
ein wort
befreit von seinem dienst
ein wort
direkt auf das trommelfell geschrieben
die trommel fällt
lautlos stimmhaft
ein wort
ein ort

Renate Langgemach
krähe und mond

wir sind zwei meere
du eins und ich eins
wir sind zwei krähen
die niemals aufhören
das grau ihrer väter von den dächern zu picken
wir sind zwei gewehre
wir sind ein mond
der nachts seine felder bestellt

Jan Wagner
champignons

wir trafen sie im wald auf einer lichtung:
zwei expeditionen durch die dämmerung
die sich stumm betrachteten. zwischen uns nervös
das telegrafensummen des stechmückenschwarms.

meine großmutter war berühmt für ihr rezept
der *champignons farcis*. sie schloss es in
ihr grab. alles was gut ist, sagte sie,
füllt man mit wenig mehr als mit sich selbst.

später in der küche hielten wir
die pilze ans ohr und drehten an den stielen –
wartend auf das leise knacken im innern,
suchend nach der richtigen kombination.

Mit freundlicher Genehmigung des Berlin Verlags

Benjamin Maack
Grüße aus Plastik

Öffne deinen kleinen Mund
ein kleines, ganz kleines,
nur ein kleines Stück

Ein perfekter Halbkreis:
Ein Kopf voll mit Rezepten.
Ein Bauch voller Geschmäcker.
Abnehmen ohne Diät.

Sag Grüße,
sag „Das Wetter ist schön"

Der perfekte Halbkreis:
Das Warten aus Stein.
Die Pläne aus Video.
Kein Haus bauen können

Sag „Das Wetter ist sehr schön",
sag Grüße aus Plastik

Ein „Bis morgen" leergetrunken, „Auf Wiedersehen" ausgekippt.
Die tausend Wege für's „Hallo"
sind Placebos aus dem harten Flügelschlag des Schmetterlings
und Drogen aus dem sanften Stich der Wespe.

Sag Grüße aus Plastik

Irena Stojànova
Sonntag hier

Es hätte noch was werden können
aus dem Sonntag denn der Morgen
barg Versprechungen um mehr

Doch kam man irgendwie nicht hoch
und jemand meinte, schön die Jalousie,
die Sonne malt auf deinem Rücken

Dann rätselte man wer denn draußen
zwitschern mag und ob die Kirschen
dort im Süden schon gereift sind

Uns träumte auch von dort wo Leute
Früchte pflücken ohne Uhren an den Armen
mit denen sie sich lieben

Als man endlich aufstand war der Tag
geschrumpft zu einem Frühstücksbrot
und ruhte auf dem Tisch

Gerhard Neumann
Törn

Sich
die blutenden Kiele

unter
Ballen und Hacken schnallen,

das
Messband über die Lider

ziehn, den
Anker sich rings in die Brust

schlagen, den
blaumuschelüberrotteten,

abschiedslos – wenn nicht
um der Brandung Verzeihen.

Mariola Brillowska
Alle Welt ist Angst

Ich habe Zeit
Ich habe Herz
Ich bin weich
Du sitzt an der Bar
Ein Mann der denkt
Ich bin ein Mann
Ich fasse dich an
Doch wenn du nur
Mich nimmst an dich
Da bin ich steif
Und du wirfst mir vor
Ich sei so hart
Ich antworte nicht
In dein fettes Gesicht
Mann du bist mir einfach zu dick
Zu alt zu unattraktiv
Viel zu groß
Für meine kleinen Finger
Durch die das Leben fließt
In das leere Glas
Ich bestelle mir noch einen
Die Luft in der Bar
Atme ich tief ein
Geh zur Seite
Ich will mir das Wetter
Da draußen anschauen
Ein Berg aus Fett und Fleisch
Macht mir die Natur madig
Er bildet sich echt ein
Er wird mich zu sich
Nach Hause abschleppen
Wenn ich so steif bin
So bin ich eine Statue
Ich will von dir
Gelassen werden in Ruhe
Denn auch du hast niemals gesehen
Wie eine Kirche weggetragen wurde
Von da wo ihre Glocken
Am schönsten ertönen
Deine Stunde des Erfolgs
Bei Frauen ist schon lange her
Du bist nicht mein Typ
Ich geh jetzt nach Hause
Und du bleib und beweg dich nicht
Mitten im Winter donnert es selten
Der Regen fällt und friert ...

Matthias Politycki
**Was dürfen wir hoffen? Was sollen
wir glauben? Was können wir tun?**

Wir fahren am Morgen
Wir fahren am Mittag
Wir fahren am Abend
Wir fahren
Und fahren

Unsre Nächte sind klein
Und sie knistern vor Kälte
Unsre Tage sind gelb
Voller Glitzern und Glimmern und Gleichmut und Wind

Hinter uns wirbelnder Staub
Und zehntausend zerflüsterte Worte
Vor uns Savanne Savanne Savanne
Lückenlos leergeträumt der Horizont

Wir fahren am Morgen
Wir fahren am Mittag
Wir fahren am Abend
Wir fahren
Und fahren

Mit freundlicher Genehmigung des Hoffmann und Campe Verlags

Peter Rühmkorf
Auf was nur einmal ist
für Heinrich Maria Ledig-Rowohlt

Manchmal fragt man sich: ist das das Leben?
Manchmal weiß man nicht: ist dies das Wesen?
Wenn du aufwachst, ist die Klappe zu.
Nichts eratmet, alles angelesen,
siehe, das bist du.

Und du denkst vielleicht: ich gehe unter,
bodenlos und fürchterlich –:
Einer aus dem großen Graupelhaufen,
nur um einen kleinen Flicken bunter,
siehe, das bin ich.

Aber dann, aufeinmalso, beim Schlendern,
lockert sich die Dichtung, bricht die Schale,
fliegen Funken zwischen Hut und Schuh:
Dieser ganz bestimmte Schlenker aus der Richtung,
dieser Stich ins Unnormale,
was nur einmal ist und auch nicht umzuändern:
siehe, das bist du.

Mit freundlicher Genehmigung des Rowohlt Verlags
und Peter Rühmkorfs

Thomas Klees
legenden

shanghaite seekönig ich
an wochenenden in zügen
legte mit geschlossenem mund
wasserlieder in die ohren befahl
dann seegang unter jeden fuß
bis schritten taub war fester boden
und ich tat mit einem nicken nur
in tausend flaschen grundlos meer
das tief dort tauchten fische
und man sah in dunkles damals
wie betrunken

Familienbilder 1-3

Eltern im Holozän 1

Andreas Münzner
Markus Lemke
Sami Berdugo
Jan Jepsen
Alexander Häusser
Appoche
Sabine Scho

Andreas Münzner
Die Telefonzelle

Man stellt sich ja ständig die Frage, denkt Kliebisch, den Hörer in der Hand, in seiner Telefonzelle, soll ich reden, oder soll ich schweigen, und wenn reden, dann, wie soll ich's sagen, es gibt ja so viele Möglichkeiten, es zu sagen, vielleicht muss es ja auch gar nicht gesagt werden, es wäre mir fast lieber, es meinem Vater nicht zu sagen, und dann geht trotzdem das Maul auf, wieder einmal völlig unpassend in diesem Rahmen, wie der Vater jeweils sagen würde, eben ohne zu überlegen dahergeredet, aber diesmal habe ich es mir zurechtgelegt, diesmal gehe ich aufs Ganze. Es geht ja ständig nur um den passenden Rahmen, denkt Kliebisch in seiner Telefonzelle, während er auf die nicht gerade locker davor hin- und hertrippelnden Schuhe schaut, seit einer Stunde stehe ich hier und habe noch immer nicht angerufen, und den passenden Rahmen habe ich jetzt bestimmt nicht. Hier unterziehe ich ständig alles einer eingehenden Prüfung, und wenn diese Prüfung vorbei ist, dann ist nichts mehr übrig, ich sage nichts, und die Sonne brennt durch den Rahmen der Türe auf die Frauenschuhe, wie sie sich abwechslungsweise vom schwarzen Asphalt heben und nacheinander wieder darauf niederfallen. Selbstverständlich herrscht der blaueste aller Himmel über dem Dorf, genau, wie ebenso selbstverständlich und mindestens ebenso häufig der graueste aller Himmel hier herrschen kann, entweder es ist der graueste, wie meist, oder dann aber der blaueste, von nur einzelnen Wölkchen umrahmt, entweder die dickste Suppe oder die hellste Scheinheiligkeit, und es gibt nichts dazwischen. Darum auch sind alle die Leute hier im Dorf so wetterfühlig und überhaupt so empfindlich, da können sie gar nicht viel dafür, der Vater würde natürlich sofort sagen, das ist ja einfach, sich aus der Distanz über die Leute lustig zu machen und dann herkommen und um Geld bitten, das kann jeder, die Dorfmentalität der Leute zum Besten halten und sich dann auf ebendiese Leute abstützen wollen, die in ihrer so genannten Dorfmentalität sich doch nur eine eigene Lebensgrundlage geschaffen haben, wie willst denn du dir jemals eine eigene Grundlage schaffen im Leben, hört Kliebisch den Vater schon schimpfen, wie willst denn du jemals Verantwortung übernehmen in dieser Gesellschaft, in deinem Leben, das kannst du doch nie.

Auf deine näheren Lebensumstände möchte ich schon gar nicht erst eintreten, so hat es ausdrücklich im letzten Brief des Vaters geheißen, dir dürfte ja mittlerweile zur Genüge bekannt sein, so die bürokratische Formulierung des Vaters, dass wir deinen Lebenswandel in keiner Weise billigen können und schon gar nicht schätzen. Nachdem Kliebisch bei seinem letzten Besuch angekündigt hatte, dass er dem Vater das zinslose Darlehen nicht würde zur genannten Frist zurückzahlen können, hatte ihm der Vater, als sie zu zweit mit den Mountainbikes um den Dorfhügel fuhren, sein Lotterleben vorgehalten, worauf Kliebisch erwiderte, es sei ihm nun einmal nicht möglich gewesen, bis anhin irgendetwas auch noch so Geringes zurückzuzahlen, und er werde so viel Geld auch bis dahin nicht auftreiben können. Du hast es nicht gewollt, zischte der Vater, das kannst du mir doch nicht weismachen, du hast doch ganz bewusst einen solchen Lebenswandel gewählt, oder, wie er es dann im Brief formulierte, wir können natürlich nicht umhin, uns von einem solchen Lebenswandel zu distanzieren, müssen ihn jedoch, da er weit verbreitet scheint, akzeptieren. Offenbar nur mit dem allergrößten Widerwillen akzeptieren, denkt Kliebisch in seiner Telefonzelle, durch deren Glasscheibe noch immer die Sonne sengt, warum nur ist es so schwer, jemand anders zu akzeptieren, und er denkt plötzlich, dass er ja haargenau dasselbe macht, er, Kliebisch, mit seinem ungewollten Sohn.

Ständig möchte ich die Leute ändern, denkt Kliebisch, bei Hufenbach etwa habe ich gar nicht glauben können, dass er aus demselben Dorf kommt und dann in der Psychiatrie landet, wie er in seiner Nachricht auf dem Beantworter präzisiert hat. Nicht verstehen habe ich können, wie Hufenbach plötzlich aus seiner idyllischen Ehe herausgerissen wurde, lange habe ich ja mit ihm geredet auf unserem Spaziergang, der sehr unsportlich gewesen ist, durch die Medikamente von Hufenbach verlangsamt, um den Dorfhügel, bei uns geht oder fährt man immer um den Dorfhügel, oder man geht oder fährt gar nicht. Lange habe ich gebraucht, bis ich die Irrwege von Hufenbach mit meinen eigenen Irrwegen habe vergleichen können, in den meinigen habe nachvollziehen können, in welche Richtung Hufenbach nun abgehauen ist, sich einfach denkend aus dem Staub gemacht hat. Und zugleich, muss Kliebisch in seiner Telefonzelle nun doch zugeben, habe ich es auch ein bisschen erwartet, oder sagen wir, mir hat es auch ein bisschen Freude gemacht, oder sagen wir, ich war nicht überrascht. Nun natürlich, da es mir schlecht geht, ist mir Hufenbach auf einmal wieder wichtig, und insgeheim weiß ich ja, denkt Kliebisch, während er den glänzenden Hörer der neu gestrichenen Telefonzelle in seiner Hand hält, dass ich mich auch nur deshalb getraue, beim Vater betteln zu gehen, weil es diesem mit seinen Hämorrhoiden auch nicht gerade gut geht.

Kliebisch kann natürlich keine Gründe dafür angeben, wie ihm das so oft passiert, zu oft, wie der Vater meint, warum er so überstürzt aus dem sicheren Ausland in sein Heimatdorf zurückgekehrt ist, und nun steht er auf einmal da, und es weiß natürlich niemand hier, dass er dasteht, rundum durch Glas geschützt zwar, da sagt er sich, während die Frau vor der Kabine dieses doppelte Gewicht von einem Bein aufs andere verlagert, um die Muskeln zu entlasten, warum kann ich denn eigentlich nicht in dem Dorf, in dem ich aufgewachsen bin, stehen auf offener Straße, wo jederzeit auch jede mögliche Person daherkommen kann, mit der ich seit fünfzehn Jahren nicht mehr gesprochen habe und bei der sich mittlerweile wohl ebenfalls das Leben eingestellt hat. Mit der das Gespräch wieder dort anknüpft, wo es stehen geblieben ist, als man noch vom Leben träumte, und nun hat es sich prompt eingestellt, aber völlig anders, als erwartet. Das ist ja das Problem von uns, denkt Kliebisch, die wir weggegangen sind und lachen über die Zurückgebliebenen, wir sind in den Sachen des Lebens noch viel mehr zurückgeblieben. Gewiss, die Weite der Welt, was kann man nicht alles sehen auf dieser Welt, aber am Schluss kommt man mit seiner Fotosammlung stets in sein Heimatdorf zurück und steht schweißüberströmt in einer Telefonzelle, denkt, wie soll ich's jetzt sagen, starrt mit einem Plastikteil in der Hand auf nackte Frauenbeine und es tutet schon lang. Dreißig Jahre alt bin ich jetzt, denkt Kliebisch, er schaut auf die Beine der Frau, auch sie ist an dieser Altersschwelle angelangt, jahrelang hat man frischfröhlich geradeaus und ins Nichts geblickt, und plötzlich blickt man auf ein Leben zurück, das sich da plötzlich eingestellt hat, und man erschrickt, und dann ist man froh, dass man ein Kind hat, wie alle anderen auch. Und dann will man noch eins haben, zur Absicherung. Und dann rechnet man auch als Mann, wie lange die Frau das noch kann, Kinder haben, und dann ist da so eine ganz konkrete Frist gesetzt durch das Leben, wie die ganz konkrete Rückzahlungsfrist durch den Vater, denkt Kliebisch in der Hitze seiner Zelle, jetzt bin ich prompt selbst schon Vater geworden, und pinkeln müsste ich jetzt eigentlich auch.

Plötzlich klopft es an die Scheibe, er schrickt auf, es ist die Frau, er starrt auf die langen Haare über diesem Gesicht, das genauso taub ist für fremde Anliegen wie das seine. Es ist zum Verzweifeln, wie kompliziert doch das Leben ist, denkt Kliebisch, da wacht man nach dem Durchlaufen der Schulen auf und wächst in eine Welt hinein und bringt überallhin eine dieser vorgefertigten Antworten mit auf das „Was willst denn du einmal werden?", nicht „*Was* willst denn du einmal werden?" heißt es, sondern „Was willst denn *du* einmal werden?", als ob alle Plätze in dieser Gesellschaft schon besetzt wären, und dann laufen all die unfertigen Menschen mit ihren Probegesichtern in der Gegend herum und können nicht einmal in dieser Phase der größten Öffnung ihres Geistes sie selber sein, was sich zwangsläufig auf ihr weiteres Leben auswirkt, man sehe sich nur einmal das Resultat an, denkt Kliebisch, und nun will er den Vater nicht nur um die Stundung des alten Darlehens, sondern auch noch um ein neues Darlehen bitten, und zwar um ein besonderes, denn plötzlich, denkt er, ist die Situation kritisch. Früher war es ja ganz anders gewesen, als man jeweils in kritischen Situationen steckte, das merkte man ja erst im Nachhinein, per Nachnahme sozusagen. Nur war die Lage, denkt Kliebisch, noch nie so kritisch wie jetzt mit meinem ungewollten Sohn, als ob sich mein ganzes Leben auf diesen Schweißausbruch hingearbeitet hätte, mit dreißig mit dieser Frau, so lange habe ich gebraucht, um aus dem Unbeschwertheitsnebel aufzutauchen, bis ich heute zum ersten Mal in meinem Leben als wacher Mensch dastehe und sehe, dass ich mit diesem Leben ein eher kritisches zugelost erhalten habe. Noch nie habe ich mich so wach gefühlt in meinem Leben wie nun, da ich wieder auf meiner allererersten Bühne stehe, in meinem Dorf, alle die feinsten

Geschichtenfäden haben sich an diesem heißen Sommernachmittag gebündelt in meinem Körper, dafür ist der Körper ja da, denkt Kliebisch, um all die Geschichtenfäden zusammenzuhalten, wahrscheinlich steuert jedes Leben unweigerlich auf diesen Tripelpunkt von Geist und Seele und Körper zu, glücklich ist, wer ihn nicht erreicht, denn darauf folgt unweigerlich die Katastrophe, das Auseinanderdriften in die Sinnlosigkeit aller noch vorhandenen Sinnpartikel, was, fragt sich Kliebisch verzweifelt, ist nun sinnvoller, seiner Herkunft gemäß zu explodieren oder eben leicht betäubt, unter dem Panzer eines beliebigen Probegesichts, weiterzugondeln. Denn das erste wirkliche Hindernis im Lebenslauf ist ja unweigerlich, erschrickt Kliebisch aufs Neue, die Fortpflanzung, alles andere kann ja noch werden, aber wenn du den Fortpflanzungstermin auf deiner biologischen Agenda verpasst hast, dann hilft höchstens noch moderne Technologie, aber das ist auch nicht weniger kompliziert, und klappen tut es auch nicht immer. Nun ist der Fortpflanzungstermin für Männer ja ziemlich beliebig ins Alter verschiebbar, vorausgesetzt, man macht morgens Rumpfbeugen oder trinkt einmal die Woche ein besonderes Gemüsesäftchen oder kümmert sich nicht zu sehr um solche Sachen, aber wenn der Mann die Fortpflanzung nur in Kombination mit einer Beziehung will, dann wird es eben wieder kompliziert, und darum machen die meisten das auch ohne.

Kliebisch lehnt sich zurück, mustert die Frau, ewig lange hat er sie nicht mehr gesehen, und nun kommt sie plötzlich mit dieser Neuigkeit, nun weiß er es, und Neuigkeiten in Sachen Herkunft und Fortpflanzung können nun einmal nicht vergessen werden. Ja, möchte ich denn, denkt Kliebisch, aus dieser Situation, nun, durch Schicksalshand urplötzlich befreit sein, nein, das ist ja das Elend, um etwas muss es ja gehen in meinem Leben, und dann lieber um meine Katastrophe als um diejenige anderer. Das Biologiespiel, er hat es gespielt mit dieser Frau, die nun schon drängend mit einem Seitenblick auf das Gewicht in ihrem Arm zu ihm hereinblickt, wie lange ist es nicht her, überlegt sich Kliebisch, natürlich, etwa zwei Jahre muss es her sein, wenn ich nachrechne, doch in der Zwischenzeit habe ich wohl schlecht gewürfelt, schlecht gezogen, in Wahrheit natürlich überhaupt nicht mich auf das Spiel konzentriert, weil ich dachte, das ist nicht mein Spiel, und doch hat es sich ausgewachsen zum Biologiespiel. Viele Leute merken gar nicht, dass sie dieses Biologiespiel spielen, denkt Kliebisch, und das geht so: Es gibt nämlich zwei Gruppen von Spielern, Stecker und Buchsen. Du schaust also nach, zu welchen du gehörst, und dann tust du dich mit jemandem aus der anderen Gruppe zusammen, und dann macht ihr es euch schön warm, und dann gibt es ein Kleines; das nennt man dann eine Runde; gewonnen hat, wessen Kleines auch eine Runde schafft, das heißt, es schaut nach, zu welcher Gruppe es gehört ... und so weiter. Gewonnen für die Menschheit heißt natürlich, alle Stecker und Buchsen müssen es machen, das heißt, es sich warm machen und so weiter, damit es bei der hohen Ausfallquote überhaupt noch eine Runde geben kann, sonst ist das Spiel eben aus, und der liebe Gott geht zum gemütlichen Teil über. Und wenn man jetzt die einzelnen Leute genauer anschaut, dann gibt es eben solche, die scheiden tatsächlich aus und fühlen sich auch dementsprechend. Hufenbach etwa wäre demnach ausgeschieden. Er, Kliebisch, wäre am liebsten ausgeschieden, disqualifiziert. Wenn man aus der Direktfortpflanzung ausgeschieden ist, kann man sich irgendwie indirekt fortpflanzen, doch jeder will sich natürlich direktfortpflanzen, weil dies das Prestige erhöht, auch wenn es in den meisten Fällen katastrophal herauskommt, dieses Direktfortpflanzen, und er selbst ist ja so ein Fall, denkt Kliebisch in seiner Zelle. Das Biologiespiel ist eigentlich unvorstellbar hart, denkt Kliebisch und fühlt sich fast auch schon ausgeschieden, wie Hufenbach in seiner Psychiatrie, noch härter, denkt Kliebisch, dass man sich mit all diesen übereifrigen Mitspielern abfinden muss, will man weiterhin mitspielen, oder will man nur schon einfach so ein bisschen spielen, da ist es das Beste, denkt Kliebisch auf einmal, zu sagen: Da mache ich nicht mehr mit.

Die Frau klopft an die Zellenwand, macht eine Hand wie eine Autostopperin und schwenkt sie mit angewinkeltem Ellbogen gegen die Schulter. Kliebisch stutzt, dann sieht er die Terrasse der Kneipe, die Frau trippelt in ihren hohen Schuhen mit dem Kind auf dem Arm über die Straße, in jene Kneipe, wo er seine ganze retardierte Jugend verbracht hat, brav dasitzend und den Kollegen vom Sportklub lauschend. Überhaupt ist in meinem ganzen Leben die sinnstiftendste Regung diejenige der Abwendung gewesen, sei es aus Ekel, sei es aus Verzweiflung, sei es aus Trotz, die Abwendung führte jedes Mal in den Sinn und nicht, wie befürchtet, in den Unsinn. Der Vater mag sich fragen, denkt Kliebisch, was er denn unter Sinn versteht, die Abwendung vom Funktionieren, die Abwendung von der Masse hat sich bei mir eben in allen Formen als die sinnstiftendste erwiesen, so auch die Abwendung von dieser Frau und die, am Anfang, vom Vater.

Plötzlich erschrickt Kliebisch, sieht, wie die Frau, die sich an einen der Tische der Kneipe gesetzt hat, ohne aufzustehen dem Kellner eine Ohrfeige gibt, eine so kräftige Ohrfeige, dass der Kellner zurückstolpert, das Tablett mit ein paar ungelenken Schwingbewegungen wieder aufzufangen versucht, einen Moment in der Luft gefriert, es schließlich doch fallen lässt und verdutzt stehen bleibt. Jetzt, denkt Kliebisch, ist es so weit. Eben noch habe ich sie zu Hause abgeholt, mit ihrem Kind, das diese dorfeigenen engen Augen hat, das gemäß ihren Aussagen auch mein Kind ist, was ich ja zuerst überhaupt nicht glauben konnte, dann aber nach langwierigen Erläuterungen der damaligen Ereignisse, die sich mir glücklich zuhinterst in die Vergangenheit gedrängt hatten, nicht umhin konnte, vor allem in Anbetracht des immer drängender werdenden Tonfalls der Frau, als eine Tatsache hinzunehmen, denkt Kliebisch, ich habe ja tatsächlich gemeint, ich hätte mich verhört, dann aber sofort begriffen, der Kleine ist meiner, und vermutlich wollte der Kellner dem Kleinen Gutes tun, aber die Frau wollte das nicht, und nun ist es also so weit. Die ganze Kunst besteht ja darin, denkt Kliebisch, sich in eine gläserne Zelle zu stellen und von da aus die Welt zu beobachten, eine stabile und durchsichtige Zelle, weil man sich gegen das Anstürmen dieser Welt schützen will und sie einen zugleich auch furchtbar interessiert. Dieser Sohn, denkt Kliebisch, von dessen Existenz ich ja erst heute erfahren habe und von dem der Vater noch nichts weiß, müsste ja eigentlich das Zentrum meines Universums sein, aber er ist es nicht. Eigentlich hätte der Akt, einen Sohn zu zeugen, im Zentrum meines Lebenswegs sein sollen, aber wie bei allen anderen auch ist das natürlich nicht der Fall gewesen, trotz der biologischen Großzügigkeit. Gelegenheiten im Überfluss, Partner im Überfluss, aber auch Zweifel im Überfluss, trotz dieser biologischen Großzügigkeit läuft bei den meisten eben die Sache dennoch irgendwie schief, das ist ja gerade das Menschliche, und hier auf dem Dorf ist es am menschlichsten. So sind ja auch meine Zweifel, ob ich nun den

Vater anrufen soll oder nicht, im Grunde völlig lächerlich, er wird sich ohnehin auf einiges neu einstellen müssen. Dann weiß er, wo der Kleine herkommt, genauso, wie der Kleine dann einmal wissen wird, wo er selbst herkommt und von wo der, von dem er herkommt, herkommt. Obwohl, genau zu wissen, wo man herkommt, ist ja unmöglich, schlicht und einfach unmöglich, weil diese so genannten Informationen viel zu verteilt und versteckt sind und der Mensch viel zu lange dafür bräuchte, sie in Erfahrung zu bringen. Es ist ja völlig unsinnig, viel wissen zu wollen, und Wissen hat ja immer mit Herkunft zu tun, schau dir doch nur den Hufenbach an, denkt Kliebisch, mit seiner Philosophie, der wollte tatsächlich wissen, wo wir herkommen, und dann hat er die Grenze überschritten, und nun ist er in der Psychiatrie. Nun sitzt da draußen auf dem Platz eine mir im Grunde völlig fremde Frau mit einem mir im Grunde völlig fremden Kind, und ich stehe in dieser mir völlig fremden, weil neuen Zelle und sollte dem Großvater mitteilen, dass er seinen Enkel noch retten kann, falls er will, es liegt alles nur an ihm, denn ich ziehe mich aus der Generationenabfolge von jenem hypothetischen Adam bis zu meinem realen Vater zurück, wende mich ab. Soll er ihn retten, wenn er will, soll er es bleiben lassen, falls dies sein Wunsch ist. Es wird wahrscheinlich das letzte Mal sein, dass die Frau, denkt Kliebisch, während er hinausschaut, dem Kind die Brust gibt. Ich habe mich vom Biologiespiel, denkt Kliebisch, abgewendet, indem ich es gespielt, aber sogleich mich vom Spieltisch abgewendet habe, die anderen können nun natürlich nicht so ohne weiteres weiterspielen, meine Figur ist noch auf dem Spielbrett, doch niemand ist mehr da, sie zu ziehen, ich frage mich, ob sie das Spiel abbrechen müssen, jetzt, oder ob sie weiterspielen können. Boykott heißt meine Devise, zum Glück kann mein Bruder keine Kinder haben, bei ihm hat sich das Dorfleben eben physiologisch ausgewirkt, der Arzt in der Stadt hat ihm gesagt, da können Sie so viel probieren, wie Sie wollen, Sie sind einfach zu wenig produktiv, was Ihre Zeugungsfähigkeit anbetrifft, stellen Sie sich vor, in einer weiten, heißen Wüste müssten ein paar Dorfbewohner ein Töpfchen finden, wenn da nur zwei, drei sind, wie bei Ihnen, die sind sofort eingetrocknet, vergessen Sie es doch einfach. Wir sind ja nur zwei Brüder, und wenn mein Sohn nicht überlebt, denkt Kliebisch, und ich nicht noch eine Dummheit mache, überlebt die Familie nicht, dann haben alle Biologiespieler vor mir versagt, dann überlebt in diesem Sinn auch mein Vater nicht, ich boykottiere sein Spiel und gebe ihm trotzdem noch eine Chance.

Ja, jetzt bin ich mir sicher, sagt sich Kliebisch, das ist die einzig mögliche Hypothese zur Ohrfeige des Kellners, der Kleine muss auf der Kneipenterrasse, wie schon vorher in der Wohnung, auf den Boden gefallen sein, mit dem Kopf auf den Boden, nicht von sehr hoch, nur von den Knien der Frau, und der Kellner wollte wohl, gar nicht wie ich, denkt Kliebisch, in einem ersten Reflex den Kleinen aufheben, nicht wie ich, der ich sofort begriffen habe, dass das Schicksal des Kleinen ist, irgendwann einmal beim Herunterfallen so hart auf den Boden zu schlagen, dass ihm das Hirn stehen bleibt, der Kellner kennt eben diese Frau nicht, der Kellner wollte helfen, wo nicht mehr zu helfen ist, darum die Ohrfeige. Zuerst habe ja auch ich mich nicht recht wohl gefühlt, als ich in der Wohnung den Kleinen nach dem Sturz auf meinen Knien hielt, denkt Kliebisch, ganz benommen blickte er aus seinen Äuglein, und dann, als sie mal kurz auf Toilette war, als ich ihn auch einmal probeweise auf den Boden fallen ließ, wie zufällig, mit dem Kopf voran, und dann, als sie wieder kam, gleich noch einmal. Klar muss das dem Kellner aufgestoßen sein, in dieser Hitze in der Zelle vergisst man das ja immer wieder, womöglich hat der Kleine dem Kellner sogar Leid getan, aber er weiß ja nicht, wer hinter dem Kleinen steckt und was er für ein Schicksal hat. Hinter dem Kleinen nämlich stecke ich, und hinter mir steckt mein Vater, und dahinter die ganze Reihe, und nun ist Schluss mit dieser Reihe, heute wird ein Riegel geschoben, seufzt Kliebisch, es ist nun einmal so, und wenn das der Vater nicht begreifen will, falls er überhaupt zu Hause ist, dann kann ich auch nichts dafür. Wer da was dafür kann, der weiß es selbst, und ich habe nicht vor, die Verantwortung auf mich zu nehmen, sondern werde sie weiterleiten, die Reihe hoch weiterleiten, ich werde ihn kitzeln, ja, gewiss, eine Provokation, Provokationen, hat ja der Vater immer gesagt, sind primitiv, sind überhaupt das Primitivste, was man sich vorstellen kann, auch die leuchtend weiße Brust der Frau auf der Kneipenterrasse ist eine Provokation gewesen, nachdem sie den Kleinen doch mehrmals bewusst nachlässig auf den Boden hat fallen lassen und ihn dann wieder ein bisschen mit Milch aufgepäppelt hat, bevor sie ihn abermals fallen ließ, der rote Kopf stach ja eben bis in die heiße Telefonzelle aus dem Bild heraus, denkt Kliebisch. Hoffentlich fängt sie nicht noch an zu schreien, wie sie das schon einmal getan hat, genau bewusst der Wirkung, die das auf mich haben würde, noch immer schaffe ich es nicht anzurufen, sie würde alles machen zur Provokation, mein Vater kann ja darauf einsteigen oder nicht, ganz, wie er will, die Frau wäre zu allem Möglichen fähig auf dieser Kneipenterrasse, vor der jetzt schon Leute stehen und auf die sie den Kinderkopf bestimmt schon ein Dutzend Mal hat fallen lassen, ich frage mich, ob der Kleine überhaupt noch bei Bewusstsein ist, ich bin mir ja meines Schicksals auch überhaupt nicht mehr bewusst, denkt Kliebisch, drum versuche ich ja, mich davon abzuwenden, die Zeit drängt, ich darf gar nicht daran denken, was passiert, wenn ich jetzt nicht handle, die Frau kann jeden Moment durchdrehen und den Kleinen tatsächlich umbringen, und dann sind die Frau und ich verantwortlich, und Verantwortung liegt uns ja am fernsten von allem, denkt Kliebisch, ich selber bin zweifellos schon durchgedreht, ich möchte mein Leben aber nicht wie Hufenbach, gedämpft von Medikamenten und Instrumenten und anderen Dementen fristen, der Vater wird mich wahrscheinlich einfach auslachen, das kann er ja, was soll denn das schon wieder, wird er sagen, und ich werde ihm sagen, und hier werde ich eine ganz klare Stimme haben, denkt Kliebisch, ich lege es dir in die Hand, du kannst die Situation glätten, ich schildere ihm die Situation, die Kopfhaut seines Enkels, von dem er noch nichts weiß, er kann alles glätten, ein zarter, runder Kleinkinderkopf, Vater, eine glatte, runde Summe, hunderttausend Mark, Vater, zur Aufhebung des Enkelkopfes und Behebung des Schadens, den der Kleine auf dieser Welt verursachen wird, zum Beweis deines Fortpflanzungswillens, heute, in bar, hunderttausend Mark, flüstert Kliebisch in seiner Telefonzelle und zählt langsam auf zehn. Er wählt die Nummer, hört das Tuten, dann ein Klicken. Am anderen Ende meldet sich eine tiefe Stimme. Kliebisch zögert, holt Luft und sagt, ich bin's, du, hör mal, ich glaube, wir sollten uns eben mal sprechen, wir haben da etwas zu klären ...

Markus Lemke
Zu Sami Berdugos „Markttag"

Die vorliegende Erzählung „Markttag" ist der 1999 erschienenen Kurzgeschichtensammlung „Yalda Shchora / Schwarzes Mädchen" von Sami Berdugo entnommen. Berdugo, Jahrgang 1970, gehört nach Auffassung namhafter Kritiker zu den interessantesten jungen Stimmen im israelischen Literaturbetrieb.

Aus einer traditionsreichen Familie marokkanischer Rabbiner stammend, schreibt Berdugo Prosa von unverkennbar sephardischer, orientalischer Klangfarbe. Doch im Unterschied zu anderen jungen Autoren sephardischer Herkunft ist Berdugo nicht zwanghaft auf der Suche nach seinen Wurzeln, seinem kulturellen Erbe. Seine Erzählungen wollen keine *littérature engagée* sein. Ihm ist es nicht darum zu tun, die israelische Leserschaft mit dem Unrecht zu konfrontieren, das an den Juden, die aus Marokko, Algerien, dem Jemen, dem Irak, Syrien und dem Iran nach Israel einwanderten, verübt wurde.

Auch wo Berdugos Geschichten die Ärmlichkeit und wirtschaftliche Not atmen, in der noch heute unzählige sephardische Familien leben, geraten sie nicht zur plakativen Anklageschrift. Der Autor bedient sich eines vertrauten Milieus als Kulisse, um existenzielle menschliche Probleme wie Generationskonflikte, Altern, Leid und Tod zu thematisieren. Und das in einer lakonischen, nüchternen und dennoch auch sinnlichen Sprache. Diese Sprache ist es, die Berdugos Geschichten durch eine versöhnlich-ironische Note davor bewahrt, trotz des oft niederdrückenden Inhalts in Pathos und Schwermut abzugleiten.

So auch in der schaurigsten (und für eine Übersetzungsprobe bedauerlicherweise zu umfangreichen) Geschichte der Anthologie, die den Titel „Flirt" trägt und das Erleben eines Jungen schildert, der wegen der Platznot in der winzigen Wohnung der Familie gezwungen wird, ein Jahr lang das Bett mit seinem siechenden Vater zu teilen – bis zu dessen Tod.

Der universelle Charakter von Berdugos Erzählungen wird nicht zuletzt auch in ihrem fehlenden Lokalkolorit deutlich. Sie können genauso im sozialschwachen Süden Tel Avivs wie in den israelischen Entwicklungsstädten mit hohem sephardischen Bevölkerungsanteil oder in den maghrebinischen Vierteln von Paris oder Marseille spielen. Berdugos Prosa verbindet nichts mehr mit dem hehren Anspruch, dem in Israel verfasste Literatur einst gerecht zu werden hatte: stets nach einer Antwort auf all die großen Fragen zu suchen, die das Land und seine Bevölkerung umtreiben, eine gesellschaftspolitische Aufgabe zu erfüllen, Visionen von einem friedlichen Zusammenleben mit den Palästinensern zu liefern und neue Perspektiven für die Sozialutopie des Zionismus zu entwickeln.

Sami Berdugo
Markttag
übersetzt von Markus Lemke

(aus dem Hebräischen)

Jeden Freitag, nachmittags zwischen vier und fünf Uhr, öffne ich meiner Mutter den BH. Vom Moment des Öffnens an gleiten wir beide, sie und ich, in die wohlige Ruhe des Sabbats. Jedes Mal, wenn ich meiner Mutter den BH öffne, weiß ich, ich kann mich entspannen. Ab jetzt wird nicht mehr gearbeitet, nicht mehr geputzt und gekocht und nur noch die Königin des Sabbats empfangen. Wenn ich erst ein Häkchen löse und dann noch eins und noch eins, seufzt meine Mutter, und ich antworte ihr als Echo. Nachdem der große BH aufs Bett oder achtlos auf die billigen Parfums, die auf dem Toilettentisch stehen, geworfen ist, dreht sich meine Mutter zu mir um, und ihre Brüste sinken herab und fühlen sich wunderbar, nachdem sie sechs ganze Tage, Tag und Nacht, in dem harten BH-Stoff eingesperrt waren. Am Sonntagmorgen klopft meine Mutter an die Tür meines Zimmers, ich soll ihr den BH wieder zumachen. Sie streift ihn über, dreht mir den Rücken zu und fährt mich an: „Nicht bis ganz zum Ende. Lass ihn ganz locker, nur im ersten." Ich höre ihr zu und hänge die Häkchen nur in der zweiten Ösenreihe des BHs ein. Manchmal bin ich schon morgens gereizt und müde, weshalb ich ihr den BH absichtlich ganz stramm ziehe, und sie fragt: „Ist es bis ganz zum Ende? Das ist viel zu stramm." „Mama, es ist im ersten, halt den Mund", antworte ich ihr und sehe, wie sie sich die ganze Woche mit dem BH, der ihre Brüste abquetscht, herumquält. In solchen Wochen sehe ich, wenn ich ihr am Freitag den BH aufmache, einen roten Streifen, der sich eine ganze Woche lang auf ihrem Rücken und unter der Brust eingegraben hat. Zu meiner Freude spürt meine Mutter ihn nicht, weil sie ihren Rücken nicht im Spiegel sehen kann.

Alle sechs Wochen massiere ich meiner Mutter den Rücken. Sie fragt mich, ob sie alles ausziehen muss, und ich sage ihr, zieh alles aus bis auf den BH, weil ich keine Kraft habe, ihn hinterher wieder zuzumachen. Meine Mutter lässt sich bäuchlings auf die Matratze des Doppelbetts fallen, breitet die Arme aus und seufzt. Ich hole das teure chinesische Öl aus der Arzneimittelschublade, lasse nur ein paar Tropfen hinauströpfeln und schraube die Flasche wieder zu. Dann lege ich meine Hände auf ihren massigen, öligen Rücken und fange an, ihn zu massieren. Ich wandere rauf und wieder runter bis zum Steiß, danach zu den Seiten und in jeden möglichen Winkel. Der Rücken meiner Mutter beginnt rot anzulaufen. Je röter er wird, desto mehr schreit meine Mutter: „Genug, genug, nicht zu feste, ich kann nicht mehr, hör auf, Junge! Ja, ja, genau da, ich glaub', da ist was gebrochen ... Ejjj ... reicht, reicht, ich will nicht mehr." Doch ich lasse nicht ab. Ich sage ihr, dass sei gut für ihre Gesundheit und dass sie den Mund halten und still leiden und danke sagen soll. Sie verstummt, und nach drei Sekunden fängt sie von neuem wieder an. Wenn die Massage beendet ist, wälzt sie sich mühsam auf den Rücken. „Und jetzt ein bisschen die Beine lockern, aber langsam." Ich nehme ein Bein und hebe es in die Luft, drehe es zur Seite, und meine Mutter seufzt erneut. Das Gleiche mache ich auch mit dem anderen Bein. „Ja, so was sollte man ständig machen, die ganze Zeit muss man so was machen", sagt sie, und ich antworte ihr ungehalten: „Na klar, die ganze Zeit, aber du vernachlässigst es. Die ganze Woche über tust du rein gar nichts. Guck nur, wie du aussiehst." Meine Mutter schaut mich an und nickt mit dem Kopf. Sie weiß, dass ich Recht habe. Sie leidet weiter still vor sich hin, gibt einen letzten Seufzer von sich und vertreibt mich dann mit einem Tritt aus ihrem Bett.

Jedes Mal, wenn meine Mutter auf eine Hochzeit geht, muss ich sie schön machen. Ich muss Acht geben, dass sie sich entsprechend anzieht und nicht zu sehr schminkt. Sie ruft mich in ihr Zimmer und macht die Tür zu. In einem beigefarbenen Mieder steht sie dann vor mir, ihr Körper von Wassertropfen bedeckt, die sie nach dem Duschen nie abtrocknet. Sie holt Kleider, Röcke, elegante Blusen und riesige Jacketts aus dem Schrank. „Ich dachte an das", sagt sie und hält ein sackförmiges schwarzes Kleid mit weißem Spitzenkragen in die Höhe. „Nein!", entgegne ich ihr. Sie schlägt ein anderes Kleid vor, und ich lehne ab.

„Nu, was willst du dann, dass ich trage?", donnert sie. Sie geht die Röcke durch und sagt, dass sie sich darin nicht wohl fühlt. „Es hilft nichts, du musst elegant aussehen", sage ich zu ihr. Meine Mutter wirft mir einen Blick zu, wird zunehmend gereizter und beginnt, ihre Kollektion dunkler Röcke durchzugehen. Nachdem wir uns auf eine Satinbluse in Kombination mit einem Rock geeinigt haben, zwängt sie sich in den Rock, und ich mache ihr hinten den Reißverschluss zu. Die Bluse zieht sie alleine an, weshalb ich mich auf die Matratze des Doppelbetts fläze und mir im ovalen Schminkspiegel ansehe, wie sie sich bemüht, ihre schlaffen Arme in die Ärmellöcher zu befördern. „Die Jacke nehme ich über'n Arm", sagt sie, und ich willige ein. Nun kommen wir zur Prozedur des Schminkens. Den Kajalstift zieht sie sich selbst, weil sie nicht haben kann, dass ihr jemand mit dem Stift vor den Augen herumfuchtelt. Nie macht sie es richtig, und fast der ganze Strich verschmiert ihr. „Ekelhaft", sage ich, aber sie besteht darauf. „Jetzt mach mir nur noch ein bisschen Farbe", verlangt sie schließlich. Ich nehme das Make-up von Careline und überlege, was am besten zu den Sachen aussieht. Wir einigen uns auf ein dezentes Türkisgrün. „Tupf das Gesicht gründlich ab", befehle ich, ehe ich den Puder auftrage. Meine Mutter nimmt ein Stofftaschentuch, wischt sich die mit Schweiß vermischten Wassertropfen vom Duschen ab und schließt die Augen. Beide spüren wir, wie unprofessionell das Ganze ist. Angefangen bei ihrer Unterwäsche, ihrem schwabbeligen Körper bis hin zu der Schminke, die wir ihr auftragen.

Jeden Morgen geht meine Mutter aus dem Schlafzimmer in die Küche, ihren Hochofen, eine Fabrikationsstätte, die nie zur Ruhe kommt, selbst wenn sie sich woanders aufhält. Dort überprüft sie, was in den Schränken und in ihrer Tiefkühltruhe lagert. Dort wirkt sie mal als brüllender Sturm und mal mit ohrenbetäubendem Schweigen. Dort beschließt sie, ob ich mit auf eine Einkaufstour muss, um den vorhandenen Beständen weitere hinzuzufügen. Wobei sie kein Schamgefühl kennt. Meine Mutter schämt sich weder ihres Körpers noch sonst irgendeiner Sache. Alle Selbstsicherheit hat sie in jedes Gramm Fett ihres Körpers aufgesogen und mir nichts übrig gelassen. Ich bedecke mich mit der Selbstsicherheit meiner Mutter und sehe zu, nicht ein Fitzelchen Haut von mir preiszugeben. Zu Hause wie außerhalb unserer Wohnung bin ich das verschämte Anhängsel meiner Mutter. Wenn wir auf den Markt gehen, um nackte Hühnerschenkel oder gespaltene Truthahnhälse zu kaufen, bin ich immer puterrot und verkrampft. „Das Fleisch 's nicht koscher, den Preis zahl ich nicht. Nicht frisch, geh ich woanders hin", brüllt meine Mutter den alten Händler an und stopft mit beiden Händen gerupfte Hühnchenflügel in eine Plastiktüte. „Wieg ab und mach mir 'nen Preis. Die Reste von der Schulter mit'm harten Fett nimm raus, und gib mir welche mit weichem, in Gottes Namen!" In den verwahrlosten Gassen des Marktes ist meine Mutter die Freundin jedes einzelnen der Händler. Sie kennt ihre Vornamen, ruft sie aber bei ihren Familiennamen, und ich spüre, wie einige von ihnen zu meinen schlimmsten Feinden werden können. Von hier, wo es am abscheulichsten stinkt, trägt meine Mutter die Zutaten für die köstlichsten Sachen zusammen. Auf Wegen, die nur ihr vertraut sind, durchschneidet sie den Markt von einem Bereich zum nächsten, von einer Unterabteilung zur anderen, vom Schlachter zum Fischhändler, von den Gewürzsäcken zum Seifen- und Shampoogrossisten, von den sauren Gurken zu den Arunknollen und Trüffeln, von den Bienenwachskerzen zu den getrockneten Linsen, von den starken Toffees zu den frischen Korianderblättern. Alles wird bunt gemischt in die Karre gehäuft, die ich hinter mir herziehe. Wenn wir anhalten, um zu verschnaufen, lassen wir uns an dem stinkenden Falafelstand nieder, verschlingen schweigend einen ganzen Teller Kichererbsenpüree mit gebratenen Auberginenscheiben, trinken lauwarme Traubenlimonade und denken angestrengt jeder für sich über die endlosen Sorgen nach, die der morgige Tag bringen wird. Von dort schleife ich die ächzende Aluminiumkarre im Schlepptau von Mutters Einkaufskörben zur Bushaltestelle. Ich kann nicht schneller, und immer überholt mich meine Mutter. Ihre Körbe schwanken vor mir her wie eine Signalrakete in der Nacht, deren Spur man nicht verlieren darf, werden zu einer winzigen Leuchtboje. Über der Bushaltestelle liegt die Stille schwitzender alter Leute, die behaglich sitzen und nach dem Tumult des Marktes wieder zur Ruhe kommen, in die bleierne Luft starren und sich an der Zeit bis zum Eintreffen des Busses aufrichten, das gemeinsame Warten genießen. Auch ich bin Teil dieser Gemeinschaft, erkenne alte Frauen und Männer von vorherigen Malen wieder, sie erkennen mich, und gemeinsam finden wir einen Funken Hoffnung. Innen sind wir leer, können aber noch volle Einkaufskarren hinter uns herschleppen. Nur meine Mutter wirkt anders. Kerzengerade und vor Fett und Schweiß glänzend, nimmt sie mit ihrem ausladenden Hintern auf der schmalen Holzbank Platz und lässt die Eisenrohre der Bushaltestelle erzittern. Sobald der Bus in Sicht kommt, erhebt sie sich, packt begeistert ihre Körbe und ruft mir zu: „Vergiss nichts, yallah yallah, der Bus ist da." „Schrei nicht so." Ich haste hinter ihr her, hieve die Einkaufskarre die Stufen des Busses hoch, komme dicht neben dem Fahrer zum Stehen und sehe in dem rechteckigen Spiegel, der über seinem Kopf angebracht ist, meine Mutter, die schon einen freien Platz in Beschlag genommen hat. Neben ihr kann ich nicht stehen und einen Sitzplatz finden auch nicht mehr. Meine Mutter thront ganz entspannt auf ihrem Sitz und posaunt mir zu: „Komm neben mich, halt gut fest, dass sie in den Kurven nicht umkippt." Während der ganzen Fahrt halte ich die Einkaufskarre so eng umklammert, dass meine Hand rot anläuft, und lasse sie nicht aus den Augen. Nach der Hälfte der Strecke spüre ich die Anstrengung schon nicht mehr und versuche, den warmen Luftzug zu genießen, der durch das Fenster kommt. Von Zeit zu Zeit werfe ich durch den rechteckigen Spiegel einen Blick auf meine Mutter, die ruhig und höflich wie ein wohlerzogenes Mädchen wirkt. Am Ende der Fahrt haben wir beide es eilig, nach Hause zu kommen. Jeder für sich mit seiner Last, kämpfen wir mit der Qual, der Hitze und dem Gewicht, hoffen, für die schweren Momente mit der Ankunft zu Hause belohnt zu werden. Aber unser Zuhause aus Schlafzimmern und Essküche ist in totaler Unordnung. Meine Mutter lässt sich durch das Chaos nicht aus der Ruhe bringen und fängt an, sich auszuziehen, Kleid, Mieder und Bauchbinde planlos irgendwohin zu werfen. Dann verschwindet sie gleich in die Küche, um die Einkäufe wegzuräumen, und ich in mein Zimmer, um auszuruhen. Ich mache immer leise die Tür hinter mir zu und versuche, jeglichen Lärm, der von außen in mein Zimmer dringen könnte, auszusperren. Das Rascheln der Plastiktüten, das Zuschlagen der Kühlschranktür und der Tiefkühltruhe, das Scheppern der Aluminiumtöpfe und der dazugehörigen Deckel schläfert mich ein. Und diese sind es auch, die mich in den brütend heißen Nachmittagsstunden wieder aufwecken. Rötung und verschwitzte

Herzlichkeit sind die Begleiterscheinungen jeden Sommers, treten bei jeder Fahrt auf, die ich mit meiner Mutter zum Markt und von dort zurück unternehme, zeigen sich jedes Mal, wenn ich mein Zimmer verlasse und in die Küche gehen muss, um meine ausgetrocknete Kehle zu kühlen. Dann spüre ich, dass es für uns beide auf dieser Welt keinen Winter gibt, nur Hitze, Röte und Licht. „Was 'n los mit dir? Du bist ja alle. Stell dich vor 'n Ventilator. Wir hab'n halt Sommer, Sommer, kann man nix machen", sagt sie, während ich kaltes Wasser aus der Plastikflasche trinke und den abgespülten Koriander betrachte, der zusammen mit den Gläsern und den Töpfen zum Trocknen auf dem Abtropfgestell liegt. Später einmal wird mir die Farbkombination aus blankem Edelstahl und frischem Grün angenehm und nicht schreiend erscheinen. Doch im Augenblick erfüllt mich nur Wut, und ich kann nicht verstehen, wie sie mit dieser Hitze zurechtkommt. „Ich kann so nicht leben, klar?" „Yallah, komm setz dich hin, ich hab Milztaschen gemacht. Du musst nur noch zunähen." Sie nimmt alles als gegeben hin und arrangiert sich mit allem und jedem, das zu Hause oder auf der Straße in Kontakt mit ihr kommt, ihrem Körper, den nervigen Nachbarn, den räudigen Katzen im Hinterhof, den tyrannischen Sommerwinden, die Staub und trockene Blätter vor sich herfegen.

Alle ein, zwei Monate macht meine Mutter gefüllte Milztaschen, die ich zunähen muss. Wir setzen uns beide an den Tisch, wo drei gleich große Milzlappen auf dem Hackbrett liegen, voll gestopft mit einer Füllung aus Hackfleisch, Leber, weißem Speck, reichlich grünen Korianderblättern, roten Peperoni und dem Duft verschiedener Gewürze. Meine Mutter kramt erst eine Nadel und dann noch eine mit einem langen Faden hervor und ich fange an, gewissenhaft zu nähen. Ich nähe gemächlich den Milzlappen der Länge nach zu, drücke mit den Fingern die Fleischfüllung zurück, die durch die Schlitze herausquillt, und nähe rasch auch diese zu. Sobald der Faden zu Ende ist, reicht meine Mutter mir die andere Nadel und fädelt gleich einen neuen Faden in die erste ein. Auf diese Art und Weise geht meine Näharbeit an den Milzlappen gleichmäßig und ohne Unterbrechung vonstatten. In diesen Augenblicken existieren keine störenden Einflüsse von außen mehr. Nicht einmal die Hitze macht uns noch etwas aus. Während dieser professionellen Stunden geschieht alles schweigend und mit großer Effektivität unter unseren fleißigen Händen. Wenn die Arbeit getan ist, sind meine Hände von den Resten der Füllung besudelt, die auf den Fingernägeln bereits eingetrocknet ist. Auch meine Mutter hat sich um die Lippen und im oberen Teil ihrer Kleidung beschmiert. Doch das kümmert uns nicht. Wir betrachten die drei gefüllten und akkurat vernähten Milztaschen, die ordentlich nebeneinander liegen, und lehnen uns zurück, jeder gegen die Lehne seines Stuhles. Dieser Moment des Zur-Ruhe-Kommens dauert nicht lange. Meine Mutter steht auf und sagt zu sich selbst: „Lass uns mit dem Schälen anfangen. Eine tun wir in die Tiefkühltruhe. Mal sehen, wann ich die anderen in den Ofen schiebe." Ich bleibe sitzen und versuche, alles zu vergessen, was sich um mich herum abspielt. Ganz allmählich erkenne ich, dass es keine wirklichen Geschehnisse gibt, sondern nur eine regelmäßige Wiederkehr von verschiedenen Zeiteinheiten, von Monaten, Wochen, Stunden und halben Stunden, und dazwischen unbestimmte Momente. Dies sind die Augenblicke der ausgefransten Waschlappen, der weiten Kleider, der alten Hausschlappen, der kleinen Räume, der bunten Plastiktüten auf dem Fußboden, des gefrorenen Fleischs, das in der Küche auftaut, und der Füllung, die an meinen Handflächen trocknet. Das alles atmet und bestimmt mein Leben, ohne etwas mit dem zu tun zu haben, was außerhalb unserer Wohnung tatsächlich geschieht. Doch ich bin durstig nach Ereignissen und spüre, wie die gesamte Zeit des Jetzt gegen mich arbeitet und nicht einen Moment für meine Hoffnungen übrig hat.

Und jetzt ist meine Mutter tot. Ein glühend heißer Sommer hat begonnen, und heute ist ihre Beerdigung. Die Spiegel sind mit Bettlaken verhängt, und ich stehe vor der Bahre, die mit dunklem Stoff bedeckt ist. Oben sind zu einem Bogen angeordnet mit weißem Garn die Buchstaben ת נ צ ב ה eingestickt. Der Buchstabe צ thront ein wenig hervorgehoben in der Mitte und liegt genau über ihren Brüsten. Die anderen Buchstaben scheinen ihm untergeben, zerknittert und bedeutungslos. Unter den Buchstaben liegt meine Mutter, größer und aufgeblähter denn je. Auf dem Weg zum Grab marschiere ich hinter ihr her und beobachte die alten Totengräber, wie sie schwitzen und Mühe haben, die schwere Last zu tragen. Sie wechseln sich ab, und ich höre einen von ihnen sagen: „Gütiger Gott, sie war eine große Frau, aber schwer, schwer." Um mich herum sehe ich Hände, die buntes Grünzeug halten, um es auf den Sandhaufen zu legen, der sie bedecken wird. Hinter mir höre ich ihre jüngeren Schwestern laut schluchzen. Im Gehen drehe ich mich zu ihnen um und versuche ihnen zu sagen, sie sollen ruhig sein. Beide sind groß und üppig, weiß, zerbrechlich, rosa, glatthäutig unter glänzendem Fett, wischen ihre Tränen mit einem gemeinsamen weißen Stofftaschentuch weg. Sie sind weit davon entfernt, meine Mutter zu sein. Ich will, dass sie endlich begraben wird. Ich will, dass sie sie für mich unter die Erde bringen, damit ich in meine Wohnung gehen und darüber nachdenken kann, wie der Tag zu verleben ist, wie die eingefrorenen Hühnchenflügel aufzutauen sind, die sie mir auf dem Markt gekauft und energisch in die Tiefkühltruhe gestopft hat.

Jan Jepsen
Die Paranormale

Mein Vater ist nur teilweise tot. Den Beweis dafür halte ich gerade in der Hand: eine stinknormale C 60 von Agfa, Chromdioxid. Doch im Gegensatz zu meiner Mutter, kann ich nicht finden, dass sie eine Offenbarung ist und wichtiger als jede Weltformel. Wieso sie auf einmal anfing, meinen Vater überall dort zu suchen, wo er garantiert nicht war, weiß der Henker. Ich weiß bloß, dass diese C 60 für sie eine Art Jenseits-Beweis war. Sie glaubte unbedingt daran, weil sie einfach daran glauben wollte. Und weil es ihr diese seltsame Frau mit dieser noch seltsameren Gabe eingebläut hatte.
Meine Mutter nannte das „paranormal".
Ich nannte das pervers.
„Aber so was gibt's, Junge", sagte sie. „Menschen mit ungewöhnlichen Fähigkeiten."
Die Adresse von dieser Frau hatte meine Mutter aus einem Heft namens „Esotera", das sie kurz nach dem Tod meines Vaters abonniert hatte. Die Paranormale warb darin, dass sie schon mit diversen Toten Kontakt hatte. Mit Abraham Lincoln, beispielsweise, Marlene Dietrich, Fred Astaire und anderen hochrangigen Persönlichkeiten. Allein das machte mich stutzig. Sehr stutzig. Wieso, dachte ich, sollte ausgerechnet mein Alter – post mortem – plötzlich mit Prominenten verkehren? Und wieso, dachte ich weiter, gibt es nicht im Himmel erster und zweiter Klasse! Meine Mutter machte einen Termin. Einen Tag später besuchten wir die Paranormale. Sie stellte sich uns mit den Worten: „Guten Tag, ich bin Medium Angela", vor und hielt uns die Tür auf. Mit einem durchaus bodenständigen Blick auf unsere Füße bat sie uns, die Schuhe auszuziehen.
Medium Angela lebte mit ihrem Mann in einem Reihenhaus. Die Gegend sei zwar still und normal und vielleicht ein bisschen spießig, aber die Geister der Verstorbenen mögen das. Sie sind sehr scheue Wesen, sagte sie. Oder

flüchtig war glaube ich das Wort, das sie benutzte. Autos und überhaupt Motoren aller Art würden sie jedenfalls scheuen.

Entsprechend lag das Zimmer für ihre Séancen nach hinten raus. Mit Blick auf die Obstbäume und einen rostigen Wäscheständer, der aus zwei großen T's bestand und an dem mehrere Bahnen Wäsche hingen.

„T" wie Tod, dachte ich zwangsläufig, obwohl es ganz normale Unterwäsche war. Socken und so was, keine Leichentücher. Auf den ersten Blick konnte ich wirklich nichts entdecken, was irgendwie erklärt hätte, warum ausgerechnet in einer Reihenhaussiedlung, ohne Totenköpfe, Raben, Sargdeckel, Hühnerblut oder auf den Kopf gestellte Kreuze, mit den Toten getratscht wurde. „Wissen Sie", sagte Medium Angela, als könne sie meine Gedanken lesen, „das Haus steht auf einem ehemaligen Friedhof!", und sie könne sich – lebhaft – vorstellen, dass es vielleicht mit dieser historisch verbrieften Tatsache zu tun hätte: dieses spezielle Fluidum, gepaart mit ihrer Fähigkeit, meinte sie. Und dann erzählte uns Medium Angela die ganze Geschichte. Wie sie eines Tages mit einem ganz gewöhnlichen, handelsüblichen Tonbandgerät in den Garten gegangen sei. Ursprünglich habe sie nur ein paar Vogelstimmen einfangen wollen. Ihr Hobby. Sie habe sich von jeher für Vögel und Vogelstimmen interessiert und eine Schwäche für Flatterhaftes, wenn man so will. Und ob uns zufällig bekannt sei, dass Vögel im Mittelalter die Symbolik für Seelen gewesen seien. „Nein", sagte meine Mutter, „das ist mir neu." Dann sah sie mich an und fragte: „Du, Benny? Wusstest du das?"

Nein. Wusste ich nicht. Woher auch?

„Ja, doch", sagte Angela und erzählte weiter, dass sie damals nicht schlecht gestaunt habe, wie sie also, vor sieben Jahren genau, mit ihrem Tonbandgerät in den Garten gegangen und hinterher von Vogelgesang kein Mucks zu hören gewesen sei.

„Sondern ...", sagte Medium Angela und zögerte auf äußerst dramatische Weise. Sie wartete, bis sich unsere Aufmerksamkeit astronomisch ausgedehnt hatte, um sich dann wie zwei ausgehungerte Hyänen auf ihre nächsten Worte zu stürzen.

„... sondern ein Toter!", sagte die Paranormale.

Waas?, dachte ich. Die hat sie nicht mehr alle.

„Ja", sagte Medium Angela, eine männliche Stimme, so

um die vierzig, die wiederholt ihren Namen: „Angela Herrlich", und mehrfach „Hallo, wir brauchen dich" gerufen hätte. Tja, und so sei damals alles gewesen. Bei ihrem ersten Tête-à-Tête mit den Toten, sagte sie. Und dass wir uns sicherlich spielend vorstellen könnten, wie baff sie damals gewesen sei.

„Na", sagte meine Mutter. „Und ob. Was, Benny?!"
Ich nickte.

„Stell dir das mal vor, dir passiert so etwas, wenn du gerade 'Musik für junge Leute' aufnimmst, und hinterher ist ganz was anderes drauf!", sagte meine Mutter.

„Genau, die Stimme eines Toten", ergänzte Medium Angela. Ich sagte gar nichts. Dachte mir aber meinen Teil. Nämlich: Das passiert mir eigentlich ständig: Bob Marley, Jimi Hendrix, Jim Morrison, Angus Young – alle tot. Vorsichtshalber hielt ich den Gedanken zurück, so kontraproduktiv, wie er war. Die Paranormale wirkte nicht sonderlich humorvoll. Sie hätte uns sicher gleich rausgeschmissen. So aber sagte sie, wenn wir wollten, könnten wir ja schon mal auf dem Sofa Platz nehmen. Sie wolle nur schnell noch einen Tee aufsetzen und Kekse holen.

Und da saßen wir dann, meine Mutter und ich, auf dem Sofa. In einem stinknormalen Reihenhaus, Dienstagnachmittag, bei einer wildfremden Frau. Bei Medium Angela, die jeden Moment meinen Vater auferstehen ließ. Sie wollte nur noch schnell einen Tee aufgießen, wie gesagt.

Wenig später kam sie mit einer Prinzenrolle, einer Kanne Tee und Tassen wieder.

„So", sagte sie und zündete eine Kerze und ein paar Räucherstäbchen an. „Für die Toten. Denn die Geister leben vom Rauch." Wüssten wir das? Sie ernähren sich davon.

Nein, wussten wir nicht.

„Ist aber so", sagte Medium Angela, ohne sich näher zu erklären. Sie meinte bloß, dass man deshalb in Tempelanlagen so viel mit Räucherstäbchen und in Kirchen mit Weihrauch arbeitete. Und für unser Wohl, das leibliche, packte sie dann die Kekse aus.

Bis hierhin bereute ich jedenfalls kein Stück, dass ich mitgekommen war. Meine Mutter hatte zwar gemeint, ich müsste nicht, aber sie würde sich freuen, wenn. Also tat ich ihr den Gefallen. Und weil ich es einfach nicht verpassen wollte. Für den Fall, dass es wirklich zu einer geglückten Kontaktaufnahme kam, wie es ganz korrekt im Anzeigentext hieß.

„Selbst wenn es nicht gleich auf Anhieb klappen sollte", erinnerte Medium Angela, „so viel kann ich Ihnen schon jetzt versichern: Ihr Mann ist nicht aus der Welt, nur weil er scheinbar tot oder teilweise tot ist." Der Tod sei nämlich nicht das, was gemeinhin immer angenommen wird: von wegen Klappe zu – Affe tot.

Der Tod sei lediglich ein Übergang, der Wechsel in einen anderen Aggregatzustand, eine Metamorphose, sagte sie, was ich mir aber lieber nicht so genau vorstellen wollte. Mein Vater in den verschiedensten Aggregatzuständen, und wie er von fest zu flüssig und langsam ins Gasförmige überging.

„In diesem Universum geht jedenfalls nichts und niemand verloren, Frau Kaiser."

„König", sagte meine Mutter.

„Ach ja, Frau König, das können Sie mir glauben."

Ich dachte darüber nach. Ich dachte, dafür ist es aber ganz schön groß, dunkel und unübersichtlich. Das Universum. Man kam eigentlich weder mit den Augen noch mit seinen Gedanken hinterher. Oder auch bloß meinen Gedanken. Ich wusste noch nicht mal, wie viele Pakete Taschentücher meine Mutter im letzten Jahr verschnieft hatte. Ich weiß nur, dass die Firma „Tempo" vom Tod meines Vaters enorm profitierte. Und nicht nur die. Auch Medium Angela hatte auf die Frage meiner Mutter, was sie denn für ihre Dienste verlange, von einer „Spende" gesprochen und hinzugefügt: „Im Falle einer geglückten Kontaktaufnahme geben Sie einfach so viel, wie es Ihnen wert ist."

Nachdem auch das geklärt war, wurde es langsam spannend. Medium Angela setzte sich wie ein Pilot vor ihr altes Röhrenradio. Direkt daneben stand ein UKW-Funkgerät und ein simpler Nordmende-Cassettenrekorder. Das war alles. Und alles ziemlich überholt. Was soll da schon groß passieren?, dachte ich entsprechend. Und prompt sagte Medium Angela (als läse sie gerade zum zweiten Mal meine Gedanken), sie könne uns natürlich nicht versprechen, dass es gleich auf Anhieb klappte. Ein bisschen Geduld müssten wir schon aufbringen. In der Regel gälte: Je weniger wir erwarten würden, desto besser sei das. „Druck erzeugt Gegendruck, wissen Sie. Das ist ein simples physikalisches Gesetz." Das habe erst recht für alles

Metaphysische Gültigkeit. Schließlich hätten wir es hier mit einer sehr sensiblen Sphäre zu tun. Und man könne nie wissen, wie die da oben gerade gelaunt sind und wer sich am Ende meldet. Ihr sei schon so mancher Lautsprecher durchgeknallt.

O.k.! Ich gebe zu, ein bisschen mulmig war mir schon. Alles in allem. Und nach der einleitenden Geschichte mit dem Vogelgesang, der Stimme und dem Friedhof. Das saß jedenfalls. In der Abteilung Angst. So ähnlich waren auch die Gespenstergeschichten in meinen Heften gestrickt. Wenn die ganze Séance um Mitternacht bei Vollmond mit Hühnerblut und Totenschädeln in einer alten, efeuumrankten Villa stattgefunden hätte, wäre ich niemals mitgegangen. Aus meinen diversen Comics und Gespensterheften wusste ich nämlich, dass sämtliche Begegnungen mit den Seelen der Verstorbenen, den Untoten, nie zum Vorteil der Lebenden gerieten.

Nie!

Und am Ende der Geschichten stand immer in blutverschmierter Schrift: „Seltsam, aber so steht's geschrieben."

Wenn ich mir allerdings die Technik genauer ansah, die Medium Angela gebrauchte, kehrten alle meine Zweifel wie auf Kommando zurück. Und letztlich ging es nur um meinen Alten. Schlimmer als zu Lebzeiten, dachte ich, konnte es eigentlich kaum kommen.

Ob wir denn eine Cassette dabeihätten?, fragte Medium Angela. Meine Mutter sah mich an.

„Benny!"

„Was?"

„Die Cassette! Du hast doch hoffentlich daran gedacht."

Klar hatte ich das. Ich hatte sogar überlegt, ob ich anlässlich des feierlichen Ereignisses eine nagelneue TDK spendieren sollte, entschied mich aber im letzten Moment dagegen. Weniger geizig als ungläubig dachte ich, das sei bestimmt Verschwendung. Mein Vater war schon zu Lebzeiten nicht besonders gesprächig gewesen. Also zog ich die alte Cassette aus der linken Brusttasche meiner Jeansjacke und gab sie, zurückgespult, Seite A, Anfang, Medium Angela.

Sie war bereits bespielt. Mit dem NDR-Wunschkonzert für junge Leute. Und zwangsläufig auch mit Wortfetzen von Günter Fink, dem Moderator. Denn wenn ich das kurz an ein paar Leidensgefährten loswerden darf, wie um mich (oder uns) zu ärgern, quatschte er oft genug mitten in meine Lieblingsstücke, oder er ließ, noch schlimmer, das verdammte NDR-Verkehrsstudio in ein legendäres Rory-Gallagher- oder Ted-Nugent-Solo grätschen. Das war jedes Mal – mindestens – ein Koitus interruptus.

„Na, dann mal los", sagte Medium Angela. „Wie heißt denn Ihr Mann eigentlich?"

„Hans", sagte meine Mutter. „Hans König!"

„Und haben Sie auch ein Foto von ihm mitgebracht?"

Das sei ganz wichtig für eine geglückte Kontaktaufnahme. Meine Mutter nickte und klappte ihre Handtasche auf. Sie suchte nach dem gefütterten Umschlag mit den Fotos. Nach langem Hin und Her hatte sie sich für ein Bild entschieden, das meinen Vater mit rotweißer Schürze, Strohhut und Grillzange auf einem Campingplatz in Dänemark zeigte. Er war bester Laune. Man konnte sogar einen Backenzahn mit Goldfüllung sehen. Das Wertvollste an ihm, sagte er manchmal. Aus Spaß.

Meine Mutter übergab Medium Angela das Bild mit den Worten, das seien mit Abstand die schönsten Ferien gewesen. Damals, am Ringkøbing-Fjord.

„Das sieht man", sagte die Paranormale, „sehr sympathisch, ihr Mann!" Er hätte so ein gewinnendes Lächeln.

Im selben Moment fing meine Mutter an zu weinen.

„Und wie lange ist er jetzt schon tot?"

„November '79", schluchzte meine Mutter, und an dieser Stelle, das kannte ich schon, setzte jedes Mal eine Art Spasmus der Stimmbänder ein. Ihre Stimme wurde einfach von innen her überrollt. Wie eine Schüttellähmung, die sich ausschließlich an ihren Nasenflügeln, den Haarspitzen und den beiden Augenlidern bemerkbar machte. Während des Anfalls sprang ihre Stimme mindestens eine Oktave nach oben. Dann sagte sie, vom Schluchzen zerhackt:

„... aber ... es kommt mir vor ... wie gestern."

„Ja, klar ..., das ist normal. So was braucht Zeit, meine Beste, ganz bestimmt. Aber Sie müssen auch loslassen können. Das ist ganz wichtig in der Geistwelt", sagte Medium Angela und sah seltsamerweise mich dabei an, der ich die Sache längst abgehakt hatte.

Bei meiner Mutter war das anders. Seit dem Tod ihres Mannes klaffe ein riesiges, schwarzes Loch in ihrem Leben. Eine Art Niemandsland. Und wenn sie den Jungen, also mich, nicht hätte, sagte sie, dann wüsste sie so manches Mal auch nicht ...

„Ach, nun warten Sie doch erst mal ab", sagte Medium Angela. „Ich bin ja auch noch da! Nun wollen wir doch erst mal sehen, was wir hier und heute für Sie tun können."
In der Regel sei zwar nachts die beste Zeit. Denn tagsüber sei eine Menge Betrieb im Äther. Also viel Funkverkehr. Und Interferenzen war, glaube ich, das Wort, das ich nicht verstand. Aber Probieren ginge über Studieren, sagte Angela Herrlich und ließ die Jalousien runter. Sie müsse sich nur kurz sammeln. Und es wäre schön, wenn wir ihr dabei helfen könnten. Als Unterstützung für ihre Konzentration bat sie dann mich und meine Mutter, ebenfalls ganz intensiv an meinen Vater zu denken.
Ganz egal, was, sagte sie.
„Ist gut", sagte meine Mutter und sah mich an. „Benny, du auch." Ich nickte. Wie immer fiel mir als Erstes sein ewiges Gebrüll ein. Der Stubenarrest. Taschengeldentzug. Die Ohrfeigen. Und Standardsätze wie: „Dass du mir spätestens um neun Uhr zu Hause bist, Freundchen. Allerspätestens. Sonst ..."
Nur solche Sachen.
Aber dann wurde ich abgelenkt und konnte mich nicht länger konzentrieren. Medium Angela sagte plötzlich: „So", und drückte einen roten Knopf an ihrem Mikrofon. Das Problem war, dass Medium Angela so komisch gedehnt sprach. Teils Telefonhure, teils traumatisch. Ich weiß nicht. Als seien alle Toten in Ermangelung ihrer Ohren ein bisschen schwerhörig:
„Hallooooo ... ihr Lieeeben ... hhhier spricht euuuure Annnnngelaa, ich grüüüüüße euchhh ..."
Die duzt die Toten, dachte ich fast reflexartig. Für meinen Vater war das sicher o.k. Der duzte auch immer alle. Du, Frau Hansen. Aber was war mit Lincoln, Astaire, Dietrich und denen. Noch bevor ich eine zufrieden stellende Antwort darauf fand, wurde es langsam wirklich spannend.
„Heute rufe ich Hans ..., kannst du mich hören, Hans, bitte melde dich, deine Frau und dein Sohn sind hier bei mir und warten auf ein Zeichen von dir." Medium Angela wiederholte ihre Durchsage noch ein paar Mal. Dann erst ließ sie die Sprechtaste los. Mit oder ohne gültigem Funkzeugnis. Das Funkgerät brodelte jedenfalls. Ein Gewirr von schrillen und schrägen Tönen kam aus dem Lautsprecher. Aber das war auch alles. Und alles keine Antwort.

„Wie gesagt, es klappt nicht immer", erinnerte Medium Angela. „Sie müssen nur weiterhin ganz fest an ihn denken."

„Tue ich eigentlich ständig", sagte meine Mutter und schloss die Augen. Um es noch düsterer zu machen und sich dann sonst was vorzustellen: die Verlobung, die Heirat, den Hochzeitstag, meine Geburt, die Ferien im Wohnmobil. Die Essenz einer glücklichen Ehe eben.

„Haaaa-aans, wenn du mich hören kannst, bitte melde dich. Deine Frau und dein Sohn würden gern ein Zeichen von dir bekommen."

Ich warf einen Blick zu meiner Mutter. Ihre Augen waren jetzt weit aufgerissen. Sogar die Ohren kamen mir größer vor als sonst. Sie hatte die Hände im Schoß gefaltet und wartete fast flehentlich, dass mein Vater reagierte und womöglich „Hallo, ihr Süßen, ich bin's, Euer Papi im All" sagte. Was natürlich nicht geschah.

Jedenfalls noch nicht. Selbst zu Lebzeiten konnte es manchmal tage-, wochen- und sogar monatelang dauern, bis er auf einen Wunsch meiner Mutter reagierte.

Falls er es doch tat, rechnete ich mit allem: ob ich meine Schulis schon gemacht hätte. Und dass ich Mutti nicht so viel Kummer machen sollte. Und ob ich nicht Lust hätte, ihm eben mal die Zeitung von unten raufzuholen. Solche Sachen.

„Haaa-aaans, hörst du mich – bitte melde dich!"

Je länger ich darüber nachdachte, desto lieber wäre es mir gewesen, Medium Angela vertröstete uns auf ein anderes Mal. Wenn ich nicht dabei war. Mit meinen Zweifeln. Vielleicht war ich ja das destruktive Element. Der Störenfried. Die Interferenz. An Medium Angelas Stimme konnte es jedenfalls nicht liegen. Die Stimme selbst verströmte so viel Klarheit und Wohlwollen, dass jeder sofort gern darauf geantwortet hätte. Nehme ich an. Ein bisschen erotisch war sie wohl auch. Fand meine Mutter. Von daher kam es ihr nach der Séance nicht weiter verwunderlich vor, dass sich „dein Vater, dieser Luftikus", doch noch gemeldet hatte.

Denn plötzlich machte die Paranormale: „Pssst", als hätten wir irgendwas gesagt. Sie hob beide Arme und sagte: „Daaa! Ich glaube, wir haben Kontakt. Ist das seine Stimme, erkennen Sie ihn?"

Welche Stimme, dachte ich. Es klang, als würde sich der kleine Lautsprecher übergeben wollen. Wie Klangkotze, wenn überhaupt. Medium Angela aber beugte sich dicht über das Mikrofon und hauchte:

„Ja, Haaa-aans ..., bist du das? Na komm, Junge! Versuch's noch mal, wir hören dich." Und im selben Moment machte der Lautsprecher: „Aaaoo ... iihh ... lieen ... miaaahh ... gehh ... uuuht ... iiiie ... üüüüüü-ssse ... oooiiccchhhh ..." Das war alles. Und alles sehr verzerrt. Es folgten weitere Wortfetzen. Eine männliche Stimme. Das schon. Aber es war noch unverständlicher als zuvor und überhaupt nicht klar, was diese Stimme gesagt hatte, geschweige denn, in welcher Sprache. In Wirklichkeit konnte es alles Mögliche sein. Ein SOS-Ruf aus Russland, ein Bananenfrachter in Ecuador, ein gelangweilter Lotse, ein Außerirdischer oder ein Wetterbericht aus Togo. Es war, wie gesagt, ein Frequenzfurz. Solche Geräusche hatte ich (leider) ständig auf Band, wenn ich über Mikrofon und Mittelwelle nachts heimlich Radio Luxemburg aufnahm. Da dachte ich auch nie (und tat es auch künftig nicht), ich hätte es mit meinem toten Vater zu tun, der ausgerechnet „Hallo ihr Lieben, mir geht es gut. Ich grüße euch" gesagt haben soll.

Obwohl das einigermaßen typisch für ihn sei, meinte meine Mutter. Diese Maulfaulheit. Und die Tatsache, dass er sich, wie früher, zu Lebzeiten, wenn er mit seinen Leuten irgendwo auf Montage oder Vatertag unterwegs war, mit keiner einzigen Silbe nach uns erkundigt hatte.

Das tat er diesmal auch nicht.

Trotzdem spendete meine Mutter hinterher fünfzig Mark. Das sei es ihr allemal wert, seufzte sie und bedankte sich bei Medium Angela. Endlich ein Zeichen. Von unserem Vati, sagte sie. Auf einer stinknormalen C 60 von Agfa, dachte ich. Wo vorher mal Daddy Cool zu hören war.

Zufall oder nicht.

Keine Ahnung.

Die Warnungen vor dem Geisterfahrer auf der A7 Richtung Horster Dreieck war jedenfalls immer noch drauf.

Familienbilder 1938 – 2001

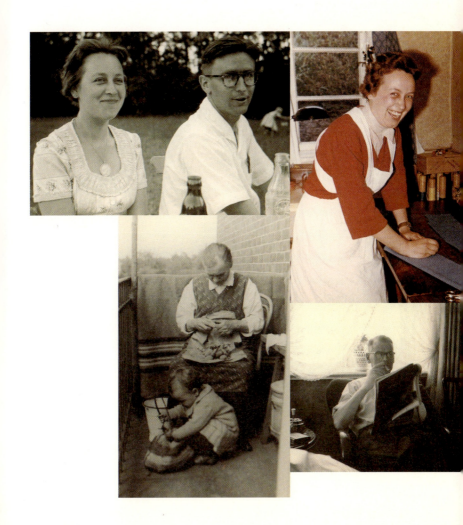

Familienbilder

276 Familienbilder

Alexander Häusser
Zahltag

Hans reißt die Tür vom Küchenschrank, samt den rostigen Scharnieren. Schmeißen wir einfach aus dem Fenster. Er schützt nicht einmal seine Augen, schlägt die Tür auf den Steinfußboden. Aus dem Fenster oder vom Balkon. Der Kunststoff splittert, das Sperrholz bricht entzwei. Er dreht den Kopf nicht weg, tritt mit dem Fuß die Rückwand ein. Der Lärm rauscht durch die Wohnung das Treppenhaus hinunter und in den Hof hinaus.

Eine Fuhre mit dem Pritschenwagen. Dieses Dreckszeug, weg damit. Er lacht schallend. Staub legt sich auf die leeren Bierflaschen. Komm, sitz nicht rum! Hol Bier, frisch aus der Badewanne. Mit dem Feuerzeug zischt er es auf. Immer dabei; weiß man nie, wofür man's braucht. Die Kronkorken im Schutt sehen wie Goldmünzen aus; man möchte sich bücken und nach ihnen greifen. Zahltag! Sechs Richtige! Viel Zeit ist nicht mehr. Aber wir schaffen's schon allein. Wir werden rechtzeitig fertig. Hat keine Freunde, die Gute. Das wird sich auch ändern. Lass sie mal zurückkommen.

Hans räumt das Regal mit einem Streich leer. Die Bretter haut er kurz und klein. Fettverschmiert mit konservierten Abdrücken; die Gewürzgläser in Scherben. Majoran, Basilikum und Thymian – haben längst den Duft verloren. Waren schlechte Tage, als sie ohne Appetit gegessen hat. Weg damit! Am besten wär ein Feuer. Hol mal das Benzin gegen die Jodflecken! Für das Dreckloch reichts. Das Feuerzeug immer dabei. Weiß man nie, wofür man's braucht. Und beim Entzünden das Geräusch vom Gasherd, aber kein heimeliger Kranz aus blauen Flämmchen. Sondern Stichflammen und ein roter Feuerteppich. Gelegt zu ihren Ehren. Die Wohnung hatte schon immer einen prächtigen Durchzug. Wie durch den Kamin zogen die Gerüche in den Hof ab. Ob sie den Braten riecht, wenn sie zurückkommt? Das wird ein Fest!

Rück weg, jetzt ist der Tisch dran! Räum die Platte frei! Sie wird woanders sitzen, wo es schöner ist. Dann kann sie über ihre neue Wohnung schreiben, nicht nur von ihren Schmerzen und der Müdigkeit. Einen ganzen Stapel Tagebücher; schwarzes Lederimitat. Manager-Planer, die sie jedes Jahr aus dem Kaufhaus mitbrachte. Im Februar als Sonderposten: neun Mark neunzig, für sie aus der Belegschaft gab es noch Rabatt. Der Tag hatte zwei Seiten, Kästchen für Anrufe und Posteingänge, Bemerkungen und Messedaten. Sie quetschte sich dazwischen, und du hast dich gewundert, dass sich ihr Tag nicht völlig auflöste. Wie die Scheißtabletten, die sie damals nehmen musste. Sprudelten weg, und nichts blieb davon übrig. Du konntest nicht glauben, dass da ein Rest bleibt. Nach der Arbeit und dem Tütenschleppen, nach dem Sorgenmachen und Nachrechnen deiner vertanen Zeit. Hast es doch auch nicht wissen wollen, oder!? Über die Schulter hast du ihr manchmal gesehen. Kann sein. Dann blickte sie auf; die kleinen Elefantenaugen. Schön, sie bald zu sehn! Sie blickte auf und drückte die Hand gegen ihr Rückgrat, gegen die Stelle, die ihr keine Ruhe ließ. Das Tagebuch lag offen da. Diese eckigen Druckbuchstaben: ein „Ich" und „heute war ein schlimmer Tag" und „wieder nichts gewonnen" und dass die Heizung nicht funktionierte. In diesem Loch. Eine antrainierte Schrift, weil Sütterlin aus einer Zeit stammt, an die sie nicht erinnert werden will. Hättest dir ja denken können, dass sie krank ist. Warst doch selber krank. In deiner Bude hast du Hefte voll geschrieben, über die Mädchen aus dem Schwimmbad und das Ding in deiner Hose. Hast dich reingeträumt in andre Zeiten, macht jeder so in deinem Alter. Und ihr hat's nicht wehgetan, allein zu sein?

Schwamm drüber! Vergessen und vorbei. Wir machen alles schön für sie, hat, weiß Gott, genug gearbeitet, die gute Haut. Oft genug deine Ohren sauber gewischt und den Schlafdreck weggekratzt. In deine Jackentasche ließ sie die Münzen klimpern, damit du in der Pause was beim Bäcker holen konntest. Belegte Brote waren ärmlich. Ja, und ADIDAS 'ne Marke. Grüne Turnhose und fein geripptes Hemdchen. Weil's alle hatten, hast du's auch bekommen. Aber die Laufmaschen in ihren Strümpfen stoppte sie mit Nagellack. Den sie für nichts anderes brauchte.

Schluss, jetzt ist Zahltag! Sechs Richtige. Jetzt kommt die neue Küche. Und der bequeme Stuhl. Jetzt soll mans sehen, dass der auch Wer ist, der hier wohnt.

Wir schaffen's schon, ist noch nicht zu spät. Pack mit an! Mensch, wenn das Vater sehen könnte: Kleinholz – der ganze alte Plunder. Hat sich nichts gegönnt, solang er lebte. Und was hatte er davon? Das bisschen Sparbuch; aufgelöst und futsch. Entwertet wie sein Personalausweis. Gelocht mitten durchs Foto. Wir machen's anders, was!

Hans wirft einen Fetzen Tür durch das geschlossene Fenster. Egal! Er wirft die leeren Flaschen hinterher. Der Schrank jetzt, da die Klumpen, komm, steh auf, der Tisch noch und die Stühle und die Tagebücher. Weg damit!

Nicht die Tagebücher. Dann ist es still. Ich stehe auf, klappe mein Heft zu. Aus dem Küchenschrank nehme ich ein Glas und die Flasche Mineralwasser. Für die Nacht. Ich mache kein Licht in ihrem Zimmer, zünde nur die Kerze an. Das Tagebuch liegt auf ihrem Nachttisch. Kein Eintrag mehr, seit drei Wochen. Ich rücke ihren Kopf zurecht. Sie atmet. Die Elefantenaugen hat sie fest geschlossen.

Würd' sie gerne noch mal sehn.

Alexander Häusser
Der Schatz

Auf den Bänken an den Blumenrabatten saßen im Sommer die Männer. Sie saßen in karierten Bademänteln, breitbeinig vor dem roten Klinkerbau, die Arme auf die Knie gestützt, und ihre dicken, weißen Zehen streckten sich aus den Sandalen nach der Sonne wie neugierige kleine Tierköpfe aus einem Bau. Die Männer rauchten, während sie sich die Schlagzeilen aus der Zeitung vorlasen, und wenn sie uns kommen sahen, schnippten sie die Kippen in die Primeln und pfiffen. Ich hob meinen Kopf nur kurz und drehte ihn, um Mutters Gesicht sehen zu können. Sie lächelte, obwohl sie traurig war. Ich ließ trotzig die Kieselsteine unter meinen Füßen knirschen. Manchmal tat ich so, als müsste ich mir die Schuhe binden, kniete mich auf die Stufe zum Eingang und schob schnell eine Hand voll Steine in die Hosentasche. Doch bevor einer der Männer zu uns kommen konnte, stand ich schon wieder auf und zog Mutter am Kleid in die dunkle Halle. Sie wollten mir die Steine abjagen.

Im Herbst klebten rote zackige Blätter auf den nass glänzenden Bänken, und der Kiesweg quietschte. Ich traf die Männer in gestreiften Mänteln; hustend schlurften sie durch die Halle oder standen am Kiosk. Dünne, glatte Beine neben fetten, haarigen neben Krücken. Es waren dieselben Männer wie im Sommer, nur verkleidet. Mutter glaubte das aber nicht.

Ich ging mit gesenktem Kopf und folgte den Kieselsteinen. Sie blieben an den Sohlen hängen und wurden ins Haus geschleppt. Durch die Halle führte eine Spur vom Eingang weg, am Kiosk vorbei bis in den Aufzug hinein. Dort blieben einige in den Schienen der Tür liegen und wurden beim Schließen zu Häufchen zusammengeschoben.

Im Flur auf der Station verlor sich die Spur. Es war meine Aufgabe, sie bis zu Vaters Zimmer fortzusetzen. Ich nahm die Steine aus meiner Tasche und ließ sie vorsichtig aus der Hand rieseln; die großen, spitzen drückte ich mit dem Fuß in das weiche Linoleum. In gerader Linie würden sie zu Vater und dem Schatz führen. Aber das wusste nur ich.

Gold. Ein Goldschatz unter Vaters Bett. Zwischen Bremsen und Rädern des Metallbetts hatte ich die Klumpen versteckt. Mutter wollte, dass ich neben ihr auf dem Stuhl sitzen bleibe; dass ich Vater den roten Tee gebe, den er nicht mag; ihm von zu Hause erzähle, wie brav und was für ein großer Junge ich sei und dass er sich nicht zu sorgen brauche. Er wollte davon gar nichts hören; winkte ab, weil er genau wusste, warum ich unter sein Bett krabbelte. Er bewachte meinen Schatz schon so lange. Keinen ließ er in die Nähe kommen, schrie deshalb die Schwestern und Ärzte an. Und in der Nacht konnte er nicht schlafen. Mutters Füße wippten ungeduldig, während sie beruhigend mit ihm sprach. Man will dir nur helfen, sagte sie. Doch Vater war klüger. Er vertraute keinem, nicht einmal ihr. Sie goss jedes Mal den kalten Tee weg und ließ frischen bringen. Die Schwestern kamen und räumten seine Brille in den Nachttisch, damit er nichts mehr sehen konnte. Wozu er sie denn brauche, fragten sie. Die Brille soll liegen bleiben, schrie er. Über mir hob und senkte sich die Matratze von Vaters Bewegungen; er stemmte sich dagegen, rollte zur Seite.

Im Sommer saß er noch manchmal auf dem Bett und ließ vor Wut die Beine baumeln. Ich musste aufpassen, dass er mich nicht am Kopf traf. Später konnte er die Beine nicht mehr bewegen. Das dachten alle – aber ich wusste, dass er ihnen nur eine Falle stellte. Er wartete regungslos, bis einer versuchen würde, unter sein Bett zu greifen, um den Schatz zu stehlen. Der Glatzkopf von nebenan würde es sein, der immer vor seinem Bett nach den Pantoffeln tastete und dabei den Kopf zu mir steckte. Er flüsterte auch mit Mutter – draußen auf dem Flur erzählte er, wie sich Vater aufführe und dass die Sturheit ein Zeichen seiner Krankheit sei. Sie sitzt schon im Kopf, tuschelte er. Ich hätte Mutter alles erklären können, aber sie sollte es selbst sehen, wie Vater den grinsenden Glatzkopf packt und an den Ohren unter dem Bett hervorzieht.

Mutter sprach immer von dem Tag, an dem wir Vaters Sachen wieder in den Koffer packen würden. Vater nähme mich an der rechten, Mutter an der linken Hand, und wir würden gemeinsam über den Flur in den Aufzug, durch die Halle gehen. Auf dem Kiesweg läge vielleicht schon Schnee, aber lange könne es nicht mehr dauern.

Als die ersten Flocken fielen, wurden wir tatsächlich zu Vater gerufen. Für das Gold hatte ich einen kleinen Lederbeutel dabei, der einmal mein Handschuh gewesen war. Die Spur der Kieselsteine reichte bis an Vaters Tür, doch der Platz, wo sein Bett gestanden hatte, war leer. Auch der Glatzkopf war nicht mehr da.

Die Schwester führte uns in einen Raum mit Kachelboden. Er war zerkratzt, kein Steinchen war zu sehen. In einer Nische, hinter einer Wand aus Stoff, hatten sie Vaters Bett versteckt. Ich sah das Gold in einer Kehrichtschaufel.

Appoche
Laterne gehen

Wir kommen zu spät, der Gottesdienst hat bereits angefangen. Nur weil wir Jan-Hendrik dabeihaben, Angie wollte es so. Unbedingt. Jan-Hendrik, ihr großer Held vom zweiten Stock. Behinderte Mutter, die Großmutter hat's mit der Lunge, Vater, denkste. Ein Kafkakind, schrecklich. Von der Kindergärtnerin kassiere ich den bösen Blick. Alle gucken. „Und wann kommt die Polizei?! Tatütata!", ruft das Kind in die Kirche, wo sie alle im großen Kreis zwischen den Kirchenbänken stehen und singen.

„Kommt jetzt die Polizei?", fragt nun auch Angie, meine Tochter. Eigentlich Angelika, ein Name, den ich nicht mag. Ich hatte mir Jacqueline oder Valencia vorgestellt, als wir vor dem Bildschirm saßen, auf dem etwas Vages in Schwarzweiß changierte. Der Ärztin mit ihrem Scanner gelang nicht, es deutlicher einzufangen, sie lächelte entschuldigend, dabei ist es nie anders, bei keinem Termin konnte man etwas erkennen, mit den Monaten wurde es immer undeutlicher, ich dachte, wie gesagt, an etwas Südländisches; aber meine Frau sagte, wir sind Deutsche, das Mädchen heißt Angelika, Angelika mit 'k'. Ich nenne sie 'Angie'.

„Angie", sage ich, „jetzt kommt keine Polizei. Jetzt wird gesungen, später an der Kreuzung, da ist die Polizei." Ich quetsche ihre Hand, damit sie weiß, dass ich es ernst meine, dass jetzt nicht geredet wird. Jan-Hendrik drücke ich ebenfalls, aber der fasst das als Wettkampf auf und hält dagegen. Ganz schön kräftig, der Kerl, wird bestimmt Terrorist, bei seinem beschissenen Leben. „Ihr sollt jetzt singen", sage ich, aber jetzt spricht schon Angies Kindergärtnerin, so eine Vertrocknete, Friedensbewegte, ausgedörrt von den ganzen Kindern, die sie tagein, tagaus um sich hat, die Hölle auf Erden, der Gesang ist zu Ende, und ich muss noch mal ordentlich zudrücken, weil Angie und ihr Held irgendein Lied singen. Dieser blöde Kerl, immer

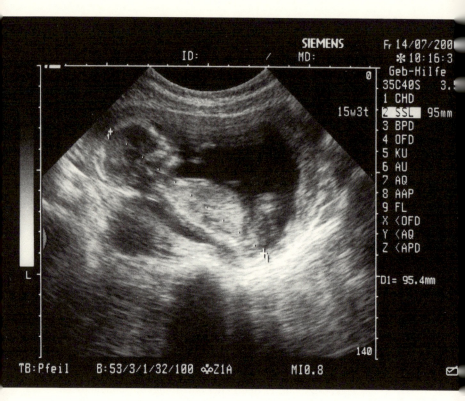

fällt man auf mit ihm. „La-le-lu", die Verdörrte spricht im Wechsel mit dem Gemeindevorsteher, erklärt den Weg, am Fluss entlang, bis zur Brücke, mit der Polizei über die Kreuzung, einige Gemeindemitglieder lachen, wie jedes Jahr.

Sollte besser auf einen Stuhl steigen, man sieht ihn kaum, den Vorsteher, legt jedes Jahr zu um die Hüften, zeichnet sich besonders gut ab unter dem einstmals roten, nun verwaschen rosafarbigen T-Shirt, ähnelt immer mehr einem Schweinchen, unser Gemeindevorsteher, flüstert jemand neben mir. Ich hoffe, das wir bald losgehen, obwohl es draußen schneit, obwohl ich gläubig bin, was man so landläufig darunter versteht. Viel Ahnung habe ich nicht, naja, die Bibel gibt es bei uns schon, reingeguckt selten, ich singe halt nicht gern, immer dieses Gesinge, „Sie können jetzt gerne die Kerzen in den Laternen anzünden". Sehr gut, denke ich, und bei Angie geht alles problemlos, aber Jan-Hendriks Winnie-Puh-Laterne bereitet mir Schwierigkeiten. Er hat so eine Riesenlaterne dabei, ein Meter zehn im Durchmesser. Solche Dinger werden sonst nur als Kaufhausdekoration verwendet. Eine Seite muss ich weit einreißen, um an die Kerze zu gelangen, den ganzen Kopf von Winnie Puh muss ich wegreißen. „Ey!!", beschwert sich der Junge, weil ich den Kopf von Winnie Puh abgerissen habe, weil die Schneeflocken durch das große Loch in seiner Laterne treiben und sich am Boden neben der Kerze sammeln, „Ey!!", und schon wieder glotzen uns alle an, diese Christen, sie ist ja auch ein wenig obszön, diese Gigalaterne, halbiert, ich komme mir verloren vor, von wegen Gemeinschaft, einige tuscheln.

Angies Laterne hat die Form eines Busches oder einer Algarve, selbst gebastelt natürlich, wie es sich für die Kirche gehört, und hübsch, keine Frage, aber ein Mond oder eine Sonne hätten es auch getan. Die Vertrocknete hält die Kinder immer zu Höchstleistungen an, ich sehe nur komische Formen, ein Kind trägt eine Leuchtbanane vor sich her. Wenigstens sind es alte Laternen mit Kerzen, keine mit Batterie und Glühlämpchen zum An- und Ausknipsen. Heutzutage dürfen die Kinder nicht einmal mehr erleben, wie eine Laterne abbrennt, alles aus zweiter Hand, Fernsehkinder, wobei *eine* Laterne immer abbrennt, bei jedem Laternegehen, und das vergisst man nicht als Kind. Bei Jan-Hendrik würde es sich lohnen, das Brennen. Er kann seine Winnie-Puh-Laterne nur über den Boden schleifen, hängt mir wie ein Senkblei am Arm mit seiner Gigalaterne, jammert schon, obwohl wir kaum losgegangen sind, ganz hinten natürlich.

Vielleicht müssen wir nicht den ganzen Umzug mitmachen, denke ich, letztes Jahr habe ich mir Angie einfach auf halber Strecke gegriffen, bin an der Schleuse ausgeschert und nach Hause gegangen. Aber diesmal ist Jan-Hendrik dabei. Mal sehen. Der schleift tapfer seine Laterne hinter sich her, nachdem ich mir unter Handquetschen Ruhe erbeten habe, nicht sehr fein, ich weiß, aber es ist nicht mein Kind.

Wir kommen zum Fluss, der ganze Weg ist unbefestigt und rutschig, könnten ruhig mal asphaltieren hier oder ihn zumindest beleuchten. Man sieht nur die Kerzen in den Laternen, immer wieder stürzen Kinder oder Erwachsene, rutschen die Uferböschung zum Fluss hinunter, die Ratten werden sich freuen. Dann stockt der Zug, flucht, weint, man hätte doch, sollte, die aus dem Wasser Gezogenen schütteln sich, jetzt aber, Gezeter, Handtücher, Punsch. Dann geht es weiter.

Endlich, die Flussbiegung, ich lasse mich zurückfallen, improvisiere einen geöffneten Schnürsenkel, der Ort ist ideal, die ganzen Laternenleute sind hinter der Biegung verschwunden. Wir verstecken uns hinter einem Busch, unser Held fängt wieder an zu jammern, ich halte ihm, ich halte auch Angie den Mund zu, sie kennt das. Von fern hört man 'Laterne, Laterne', aber da sehe ich, wie der Gemeindevorsteher zu uns eilt, ausrutscht, sich wieder aufrappelt.

Mit Effet wie beim Tischtennis schlage ich Jan-Hendrik die Laterne aus der Hand, sie brennt, als bestünde sie aus Kerosin. Der Junge spuckt nach mir, versucht sich zu befreien, tritt. „Alles in Ordnung?", fragt der Gemeindevorsteher, ich stehe auf, löse meine Hände von den Kindermündern, „ja", antworte ich, „aber eine Laterne ist abgebrannt". Ich deute auf das Feuer zu unseren Füßen. Der Gemeindevorsteher sieht immer noch nicht überzeugt aus, „wir gehen jetzt wohl besser nach Hause", sage ich, „ich möchte Sie gerne in der nächsten Woche in meinem Büro sehen". „Gerne", sage ich, „aber jetzt müssen wir los", links und rechts ein Kind, und dann den Weg am Fluss zurück, kaum etwas zu erkennen mit nur einer Laterne, sie sollten hier dringend asphaltieren, damit man schneller wegkommt.

Hier lang, sage ich, aber das ist nicht der Weg nach Hause, erkennen die Kinder sofort, es stimmt, aber ich bin stärker, ziehe Jan-Hendrik hinter mir her, Angie vertraut mir, sie kommt freiwillig.

„Wir gehen durch den Park", sage ich. „Es ist schön im Park. Mit einer Laterne und vollkommener Dunkelheit drum herum."

„Papa", sagt Angie, „halt deine Laterne fest, Papa, ich habe Angst."

„Und wo ist die Polizei?", muckt Jan-Hendrik auf, ich habe lange nichts mehr von ihm gehört. „Po-li-zei, Po-li-zei!", fängt er an zu schreien.

Ich drücke seine Hand, er soll still sein oder singen, aber nicht nach der Polizei rufen, dieser Rabauke.

„Die Polizei, die Polizei", schreit nun auch Angie. Man kann die Angst hören in ihrer Stimme.

„Angelika hat A-hangst, Angelika hat A-hangst!!", hat auch Jan-Hendrik bemerkt. So bringt das alles nichts.

„Nee, Angie hat keine Angst", beschwichtige ich.

„Guckt mal, wie toll deine Laterne leuchtet", sage ich zu ihr, aber tatsächlich ist mir die Laterne scheißegal, und ich will nur noch nach Hause.

Weil irgend so ein Idiot sich zu Silvester noch nicht ausgetobt hat, leuchtet plötzlich der Himmel hell, grüne und rote Explosionen in die Dunkelheit hinein. Vor Angst lässt Angie ihre Laterne fallen. „Halt deine Laterne fest", sage ich, doch Angies Algarve verglüht vor unseren Füßen, Schneeflocken werfen kleine schwarze Schatten. Jan-Hendrik lacht, aber kein echtes Lachen, das nehme ich ihm nicht ab, sein Lachen.

„Ey, das war nur 'ne Rakete. 'ne Silvesterrakete", sage ich. „Geister", lacht unser Held, „hier sind bestimmt Geister." Und so, als würde ihm das, was er eben gesagt hat, erst jetzt bewusst, „Polizei", sagt er mit ängstlicher Stimme, „Polizei". Schon wieder der Ruf nach der Polizei, wenn der hier im dunklen Park noch weiter nach der Polizei ruft, dann kommt sie bestimmt gleich, die Polizei. „Wir gehen nach Hause", sage ich, „wo ist denn bloß der Ausgang, schnell, lass uns schnell aus dem Park verschwinden."

Zu Hause schicke ich Jan-Hendrik gleich in den zweiten Stock, „los, nein, ich muss jetzt nicht mit deiner Mutter sprechen, gute Nacht, bestimmt liegt die schon im Bett", dieses arme Schwein, was für eine Kindheit. „Sei nächstes Mal nicht so ungezogen", rufe ich ihm hinterher.

Als Angie im Bett liegt, fragt sie, ob es wirklich Geister im Park gibt.

„Natürlich nicht", sage ich, „auch nicht hier im Zimmer, schlaf jetzt, kein Mucks mehr, es war anstrengend genug heute, Ruhe."

Ich schließe die Tür zum Kinderzimmer, atme einige Male tief durch, öffne die Balkontür, es schneit noch immer, das blaue Windrad von Budnikowski dreht sich leicht im Wind neben unserem erfrorenen Salbeistrauch, ich hole tief Luft und schreie auf die dunkle Straße hinaus, so etwas wie 'Uuaaaahhh!', ein Schrei, der im Autolärm untergeht.

Sabine Scho
Vater, Mutter und Karin

jüngeres Kind von zweien.
Der Vater ist Fabrikant.
Die Mutter versorgt den Haushalt.
Die Eltern besitzen ein Haus auf dem Land.
Karin wächst in harmonischen Verhältnissen heran.
Man nimmt sich die Zeit, widmet dem aufgeweckten Kind
einen Großteil der Aufmerksamkeit, die es braucht, denn
das, so der Vater, macht sich später einmal bezahlt. Karin zeigt
gute Intelligenzbegabung, besonders für schlussfolgerndes Denken.
Sie liest früh und viel, steckt voller Ideen, was sie werden will, wenn
sie groß ist.
Karins Körperbau hat
alle Merkmale einer Frühentwicklung bei Hochwuchs.
Wenn sie nicht als leptosom bezeichnet werden kann, dann wegen
ihrer kräftigen Muskulatur und den breiten Schultern. Ihre Haltung
ist grazil, beherrscht, zuweilen posiert sie, neigt zu Rollenspiel.
In ihrer Selbstdarstellung auf Wirkung bedacht, zieht sie stets
die Blicke an. Ihr Ausdruck ist gewandt. Mit dem älteren
Bruder streitet sie viel. Der, so der Vater, wäre besser
nicht geboren, wenigstens nicht als Mann.
Die Eltern, noch jung,
wollen ein drittes Kind
oder später einmal einen anständigen Schwiegersohn.
Einen *Mann von heute*, der den Betrieb leiten und Karin etwas
bieten kann. Karin könnte in der Firma helfen, Buchhaltung und
die Auslandskorrespondenzen führen, denn man will expandieren.
Und vielleicht wird der Junge mal Jura studieren, so die Mutter versöhnlich. Dass sie die Männer nicht hasst, deren Hemden sie bügelt.
Das, so der Vater, muss Karin noch lernen.

Im Inneren der Pappelrinde 2

Alicja Wendt
Karen Duve
Matthias Göritz
Axel Brauns
Katja Kellner
Charlotte Richter-Peill

Alicja Wendt
Südtirol

Windschiefe Jahre dieser Gegend
schimmernd durch die Haut
der kleine Junge sitzt im Gras
und weint
die Berge ins Herz gerammt
zwischen den Zähnen
ein harter Kanten Sprache
so gehst du noch einmal
durch den Mai
der Löwenzahn lässt sich
in die Wiese fallen
keine Bitterkeit im Blick
nur eine Bitte
die Augen hin zur schartigen
Grenzlinie gehoben
dem Sonnenaufprall lauschend

Karen Duve
Dies ist kein Liebeslied

Romanauszug

Es war nicht nur mein Vater mit seinen Rasenmähern – jeder in meiner Familie hatte so eine Macke, konnte irgendetwas nicht ertragen. Meine Mutter zum Beispiel hasste hohe Frauenstimmen. Genau genommen hasste sie wohl die Stimme meiner Großmutter, die im halb ausgebauten Dachgeschoss unseres Hauses wohnte. Aber das sagte sie nie so direkt. Sie sagte immer nur: „Diese kreischenden Stimmen, ich kann diese kreischenden Frauenstimmen nicht ertragen. Wie soll man dabei arbeiten?" Meine Oma konnte das Geräusch nicht ertragen, das die Männer machten, die nachts in ihr Dachstübchen eindrangen. Sie behauptete, dass jede Nacht Männer zu ihr heraufkämen. Sie rissen ihr heimlich Haare aus und nahmen die Deckel von den Töpfen, um damit über die Wandkacheln ihrer Küche zu scheppern. Das Erstaunlichste an der ganzen Sache war vielleicht, dass meine Oma weder Töpfe noch Küche besaß. Sie kochte gar nicht selbst, sondern aß mit bei uns unten.

Meine ältere Schwester hasste Vogelgezwitscher. Während sie über ihren Hausaufgaben saß, die Flüsse und Hügelketten einer Landkarte verschiedenfarbig bemalte, oder was man sonst so als Viertklässler aufbekam, schleuderte sie plötzlich die Wachsstifte zu Boden und rief: „Die Vögel, die verdammten Vögel! Wie soll man da arbeiten? Sie schreien die ganze Zeit." Außer Vogelgezwitscher hasste meine Schwester noch jedes Geräusch, das ich machte. Ich selber kann es bis heute nicht aushalten, wenn jemand eine Tüte Backpulver drückt und reibt, bis sie knatscht, was mein Leben aber nicht großartig beeinträchtigt. Mein kleiner Bruder war das einzige Familienmitglied, das keinerlei Abneigungen gegen ein spezielles Geräusch hatte. Allerdings konnte er es nicht ertragen, Perlmuttknöpfe anzufassen. Meine Mutter musste immer sämtliche Knöpfe von seinen Pyjamas abschneiden und die knöpfbaren Stellen zunähen. Münzen dagegen liebte er sehr. Er besaß eine Spardose, die mein Vater von einer Tagung aus Finnland mitgebracht hatte. Ein kleiner durchsichtiger Globus aus Kunststoff, dessen Boden mit einem Schlüssel zu öffnen war, so dass mein Bruder die Münzen immer wieder herausschütteln und zählen konnte. Als er genügend gespart hatte, tauschte mein Vater ihm seine Münzen gegen ein blankes Markstück ein, das mein Bruder von nun an in einer Pappschachtel unter seinem Bett verwahrte. Er nahm es jeden Abend heraus, küsste und streichelte die Mark und legte sie wieder in die Pappschachtel zurück.

Eines Abends kam ich nach einem langen und anstrengenden Nachmittag im Froschspital ins Kinderzimmer zurück, hängte meinen Arztkoffer an die Schneewittchen-Garderobe und sah, wie mein kleiner Bruder den Arm aus seinem Gitterbett steckte und nach der Schachtel mit dem Geldstück angelte. Er konnte sie nicht erreichen, weil meine Mutter den Boden gebohnert und die Schachtel dabei bis an die Wand geschoben hatte. Obwohl er schon fünf war, schlief er immer noch in einem Gitterbett. Er tobte so sehr im Schlaf, dass er sonst hinausgefallen wäre. Jetzt fing er an zu brüllen. „Mein Geld, ich will mein Geld", heulte er. Meine Schwester kam herein. Wir wohnten alle zusammen in diesem Zimmer, meine Schwester, mein Bruder und ich. Meine Schwester legte sich auf den Boden, stieß sich mit den Händen ab und schlidderte unter sein Bett. Sie trug ein rotkariertes Kleid, das meine Mutter aus dem gleichen Stoff genäht hatte wie meines und das auf dem gebohnerten Linoleum gut rutschte. Als sie wieder auftauchte, stemmte sie den Oberkörper hoch und reichte meinem Bruder die Schachtel. Er nahm sein Markstück heraus, streichelte es und polierte es dann mit einem Ende seines Kissens. Meine Schwester blieb auf dem Boden, schob und zog sich mit den Händen vorwärts und glitt auf dem Bauch durch das ganze Zimmer. „Ich bin ein Krokodil", sagte sie. „Passt bloß auf! Ein schnelles, gefährliches Krokodil."

Mit Schwung tauchte sie unter mein Bett. Wir schliefen in einem Etagenbett, sie oben, ich darunter, wo ich vor dem Einschlafen gegen einen Matratzenschoner voller Eskimo-, Indianer-, Neger- und Chinesenkinder blickte. Ich hörte meine Schwester rumoren, dann stieß sie sich mit den Füßen von der Wand ab und sauste aus der Dunkelheit hervor, geradewegs vor meine Füße. In der Hand hielt sie den Schuhkarton, in dem ich meine Geheimnisse aufbewahrte. Und bevor ich sie daran hindern konnte, öffnete sie ihn und nahm ein Matchboxauto heraus. „Wo hast du das her. Das hast du gestohlen." „Nein", sagte ich, „das hat mir Holger Deshusses geschenkt." Holger Deshusses war ein Nachbarjunge. Niemand konnte den Nachnamen der Familie richtig aussprechen. Nicht einmal die Erwachsenen. Wir sagten alle „De-süß". Es war enorm einfach gewesen, dieses Auto zu klauen. Babyeierleicht, wie wir das damals auszudrücken pflegten. Das Matchboxauto war ein völlig unscheinbarer grauer Opel, den Holger Deshusses zusammen mit hunderttausendmillionen anderen Spielzeugautos in einer tapezierten Waschmitteltrommel aufbewahrte. Als Holger mit meiner Schwester ins Badezimmer gegangen und ich allein in seinem Zimmer zurückgeblieben war, hatte ich den Opel in meine Unterhose gesteckt und mein Kleid darüber glatt gestrichen. Ich war nicht so dumm gewesen, etwas Auffälliges wie ein Polizei- oder Feuerwehrauto oder das Corgy-Toys-Batmobil mit der ausklappbaren Kreißsäge im Kühlergrill zu nehmen. Niemand hätte je bemerkt, dass der Opel fehlte. „Du lügst", sagte meine Schwester. „Morgen, in der Schule, gehe ich mit dir zu Holger Deshusses und frage ihn. Und wehe, du lügst!"

An diesem Abend konnte ich nicht gut einschlafen, und ich wachte am nächsten Morgen auch nicht gut auf. Sofort fiel mir die drohende Gegenüberstellung ein. Ich hoffte, meine Schwester hätte das Ganze über Nacht vergessen, und sah sie nicht an, während ich neben ihr im Badezimmer stand und mir im Zeitlupentempo die Zähne putzte und schließlich nach dem Kamm griff. Der Kamm war mit Birkenwasser verschmiert, einem öligen Zeug, mit dem mein Vater seinen Haarausfall bekämpfte. Nur die großen Zinken waren noch halbwegs trocken. Ich trödelte so lange herum, bis meine Mutter hereinkam und mir beim Waschen half, denn meine Oma wartete schon vor der Tür. Meine Eltern hatten ihr spätes Wirtschaftswunderhaus mit drei Kindern und einer Großmutter, aber mit nur einem Badezimmer bestückt. Während meine Mutter mir mit einem Waschlappen über die ausgestreckten Arme fuhr, stieg meine Schwester neben mir auf einen Kinderstuhl, um sich im Spiegel zu besehen. Sie drehte und wandt sich, und dann sagte sie zu mir: „Mein Po sieht aus

wie ein Apfel. Deiner sieht aus wie ein Milchbrötchen."
Ich verdrehte den Kopf und begutachtete meinen Po. Er
sah so mies aus, wie ich vermutet hatte. Wie ein Milchbrötchen. Meine Schwester sprang vom Stuhl, sah mich
streng an und sagte: „Gleich treffen wir Holger Deshusses."
„Mir ist schlecht", sagte ich zu meiner Mutter. „Mir tut
da 'was weh! So 'n Pieksen. Da irgendwo." Ich zeigte
auf meinen Bauch. „Ich glaube, ich hab' Fieber." Meine
Mutter legte mir die Hand auf die Stirn. „Fieber hast du
nicht", sagte sie und nahm die Hand wieder weg. „Doch"
– ich schrie beinahe –, „fühl noch mal! Sie legte mir ein
zweites Mal die Hand auf die Stirn. Ich schickte eine Welle
Hitze aus meinem Bauch in den Kopf. „Wirklich. Und
wie! Du gehst sofort wieder ins Bett." Ich schlurfte zurück
ins Kinderzimmer, zog mein Nachthemd wieder an und
kroch unter die immer noch warme Bettdecke. Ich beobachtete meinen kleinen Bruder, der in seinem Gitterbett
lag und sich mit dem Zipfel des Kopfkissens die Stelle
zwischen Mund und Nase rieb. Meine Schwester und
meine Mutter kamen herein, und meine Schwester nahm
eine rote Frottee-Unterhose vom Tisch und zog sie über
ihren Apfelpo. Meine Mutter hielt eine Dose Nivea-Creme in der Hand. Sie setzte sich zu mir aufs Bett und
tunkte die Spitze eines Thermometers in die Nivea. „Leg
dich auf den Bauch!" Ich hatte neununddreißig Fieber.
Ich konzentrierte mich darauf, das Fieber zu halten, bis
der Arzt kam. Als er endlich eintraf, war ich von dieser
Anstrengung völlig erschöpft. Der Arzt sah mir in den
Mund. „Das sind die Masern", sagte er. Meine Mutter zog
die Vorhänge zu.

Die Masern bedeuteten, dass Holger Deshusses tagelang nicht in dieses Zimmer kommen durfte. Und danach
würde die Sache mit dem Matchboxauto längst vergessen
sein. Von nun an war ich in Sicherheit. Nicht nur, was
Holger Deshusses betraf, sondern für alle Zeiten. Wann
immer irgendetwas schief gehen würde, konnte ich einfach krank werden. Richtig krank, ernstlich und nachweislich – nicht nur so ein bisschen Temperatur oder
vorgetäuschte Bauchschmerzen. Die Masern, die Röteln,
Windpocken oder Scharlach konnte ich bekommen – und
das allein durch Willenskraft. Ein wunderbares Leben lag
vor mir. Denn wenn es mir schlecht ging, ging es mir richtig gut. Die Masern bedeuteten ein neues Bussi-Bär-Heft,
Kekse und Sunkist ans Bett und daneben eine Kuhglocke,

mit der ich nur zu läuten brauchte, und meine Mutter kam angesprungen und brachte mir, was ich sonst noch wollte. Die Masern bedeuteten, dass das Vogelnest mit dem winzigen Ei darin, das Onkel Gustav der ganzen Familie zur Anschauung geschenkt hatte, neben mein Bett gestellt wurde. Onkel Gustav war der ältere Bruder meines Vaters, ein dürrer Junggeselle, der ein winziges Holzhaus in einer Schrebergartenanlage bewohnte und „vom Staat" lebte. Die Besuche bei ihm waren immer ein Quell der Langeweile. Er besaß weder Radio noch Fernseher. Mein Vater musste für ihn die Lottozahlen aufschreiben, und Onkel Gustav sagte jedes Mal: „Was sind denn das für dösige Zahlen, da kommt ja kein Mensch drauf." Über die Zigaretten, die mein Vater ihm mitbrachte, freute er sich hingegen sehr. Ich bekam dann die leere Schachtel vom letzten Mal. Manchmal saßen wir vor der Schreberlaube, und Onkel Gustav machte uns auf Vogelstimmen aufmerksam: „Hört ihr – eine Kohlmeise: zituit zituit. Und das ist eine Blaumeise: zii-zii-tütütü." Er machte die Vogelstimmen wahnsinnig schlecht nach. Als würde er sie aus einem seiner Bestimmungsbücher ablesen. Wenn wir gingen, hatte er jedes Mal ein Geschenk für uns, einen großen Tannenzapfen, einen Rehknochen, eine mumifizierte Kröte, die meine Mutter zu Hause sofort in den Ascheimer warf, oder eben das Vogelnest, das dann neben mein Krankenbett gestellt wurde. Die Masern bedeuteten auch, dass Axel, der die Masern bereits hinter sich hatte, zu Besuch kam und mir einen Strauß Papageientulpen mitbrachte. Papageientulpen sind die schönsten Blumen der Welt. Ihre Blütenblätter sind geflammt und so zerschlitzt wie die Kleidermode, die ab 1520 von Deutschland aus ganz Europa beeinflusste – um mal einen wichtigtuerischen Vergleich zu benutzen. Es sind die wahren Blumen der Liebe. Aber da die meisten Menschen nichts von der Liebe verstehen, kaufen sie stattdessen rote Rosen. Meine Mutter tat die Papageientulpen in eine Vase und stellte sie auf den Kinderstuhl, auf dem vorher das Nest gelegen hatte. Das Nest hatte man mir wieder weggenommen, weil ich versucht hatte, das Ei auszubrüten. Es war zerbrochen, und ich hatte meinen Pyjama mit dem Dotter und dem winzigen Vogelembryo verschmiert. Axel setzte sich zu mir auf die Bettkante und holte zwei fünfpfennigstückgroße Gummitiere aus seiner Hosentasche. Er wusste, dass ich Gummitiere sammelte. „Toll – die

Krake", sagte ich und hielt sie gegen das Licht. Die Krake war schwarz und merkwürdig zweidimensional, was sie noch unheimlicher aussehen ließ. „Und das Schaf", sagte Axel. Das Schaf hatte ich auch noch nicht. Axel besuchte mich jeden Tag. Er überredete meine Mutter, die Musiktruhe aus dem Wohnzimmer ins Kinderzimmer zu schleppen und uns ein Album voller Single-Schallplatten zu überlassen. Die Musiktruhe war ein rechteckiger Holzkasten, der auf dünnen, abgespreizten Beinen stand. Der runde Lautsprecher war hinter einem Mattengeflecht verborgen, ließ sich aber ertasten, und die Skala mit den Radiofrequenzen leuchtete grün. In einem Fotoalbum, das meinen Eltern gehört, gibt es ein Bild, auf dem mein Vater mit einem kleinen Sombrero auf dem Hinterkopf vor dieser Truhe sitzt und eine Schallplatte zwischen den Fingerspitzen hält. Er lacht in die Kamera, und seine – hier noch viel volleren – Haare glitzern vor lauter Birkenwasser. Meine Mutter steht schräg hinter meinem Vater und winkelt schon mal die Arme an, als würde sie am liebsten sofort lostanzen. Sie trägt Caprihosen und einen Rollkragenpullover und sieht umwerfend schön aus, und das findet der fremde junge Mann, der ihr seinen Arm um die Schulter gelegt hat, auch. Es ist eine ziemlich gute Party, alle sind albern und ausgelassen und scheinen wirklich Spaß zu haben. Das Foto stammt aus einer Zeit, als meine Eltern schon verheiratet waren, aber noch keine Kinder hatten. Ich kann mich nicht daran erinnern, dass später einer von ihnen jemals Musik auflegte oder auch nur das Radio anstellte. Höchstens zu Weihnachten. Vielleicht waren sie anfangs so froh, wenn ihre Kinder endlich schliefen, dass sie es nicht wagten, Musik zu hören, um uns bloß nicht wieder aufzuwecken. Und als wir dann schließlich aus dem Schrei-Alter heraus waren, hatten sie es sich bereits abgewöhnt. Meine Geschwister und ich benutzten die Musiktruhe manchmal, um unsere Märchenplatten oder die Hörspielversion von Disneys „Dschungelbuch" abzuspielen und die Texte dabei auswendig mitzusprechen: „Und der alte King Loui – babbedibei-babbedibu – das bin ich – organisiert das für dich." Axel zog sechs Singles aus dem Album, steckte sie übereinander auf die Wechselachse in der Mitte des Plattentellers und legte den Plattenhalter darüber. Die Truhe funktionierte so, dass eine einzelne Schallplatte herunterfiel und abgespielt wurde, woraufhin die nächste herunterfiel und sich auf die erste legte, so dass wir ohne Unterbrechung alle Platten nacheinander hören konnten. Dann stimmten wir ab, welche Single uns am besten gefiel. Und dann hörten wir die noch einmal. Beim ersten Mal gewann „Pigalle" von Bill Ramsey, beim zweiten Mal „Banjo Boy" von den holländischen Knaben Jan und Kjeld und beim dritten Mal „Cafe Oriental", wiederum von Bill Ramsey. Bill Ramsey war überhaupt der Größte. Manchmal machten auch meine Geschwister bei der Schlagerparade mit. Meine Mutter sagte, sie sollten sich ruhig bei mir anstecken, damit wir die Masern „in einem Aufwasch" hinter uns brächten. Aber mir war es lieber, wenn Axel und ich den Sieger allein bestimmten. Wir hatten fast immer den gleichen Geschmack.

Nachdem ich gesund geworden war, verbrachten wir die Nachmittage wieder unter dem Rhododendron. Manchmal nahm mein Vater uns und meine Geschwister auch zum nahe gelegenen Olpenteich mit. Dann ermahnte er uns jedes Mal, nicht in „unbekanntes Gewässer" zu springen. Vor allem nicht mit dem Kopf voran. „Prüft immer erst, wie tief das Wasser ist, bevor ihr reinspringt", sagte er. „Das Krankenhaus Boberg ist voll mit Leuten, die in zu flaches Wasser gesprungen sind. Alles Querschnittslähmungen." Es war der Sommer, in dem die Amerikaner auf dem Mond landeten, und ich erinnere mich, dass die ganze Familie bei geschlossenen Gardinen im Wohnzimmer saß, obwohl draußen die Sonne schien. Sonst kämpften meine Geschwister und ich vergeblich darum, an sonnigen Nachmittagen fernsehen zu dürfen. Mein Vater schaute sich das Ganze bereits zum zweiten Mal an. Das Fernsehbild sah grieselig aus. Manchmal zuckte es auch. So ähnlich, wie wenn mein Vater versuchte, das DDR-Programm reinzukriegen. Ein Astronaut stieg in seinem weißen Anzug unendlich langsam eine Leiter herunter. Dann wurde das Bild auch noch angehalten, und jemand erklärte etwas, und dann sah man Schautafeln, die ich nicht verstand. Besonders aufregend fand ich das nicht. Ich war erst sieben, für mich war das meiste neu, sogar die 50er-Jahre-Schallplatten meiner Eltern. In der Schule hatte ich gerade erst gelernt, dass es einen Gott gab, der für alles verantwortlich war. Zu Hause hatte das niemand erwähnt. Ich nahm Gottes Existenz genauso gleichmütig hin wie die Existenz von Flugzeugen, Telefonen und fließend Warmwasser. Ich glaube, sieben Jahre ist ein

Alter, in dem man es sich einfach nicht leisten kann, von neuen Erfahrungen übermäßig beeindruckt zu sein. Was mich wirklich aufwühlte, war, dass unsere Lehrerin erzählte, Tiere hätten keine Seele. Ich mochte Tiere. Tiere waren die kleinen Freunde, die Professor Grzimek mit ins Studio brachte. Lustige Affen oder dünne Geparden, die sich weigerten, still zu sitzen, und derenwegen ich ausnahmsweise länger als bis acht Uhr aufbleiben durfte. Es war nicht einzusehen, warum sie keine Seele haben sollten. Für Raumfahrt interessierte ich mich erst, als es bei den Shell-Tankstellen Sammelmünzen zugab, die man in die entsprechend großen Löcher einer Pappkarte hineindrücken konnte. Auf der Pappe war die Trägerrakete abgebildet, die Apollo 11 in die Mondumlaufbahn gebracht hatte, und darüber stand: „Die Eroberung des Himmels." Jedes Mal, wenn mein Vater tankte, bekam er eine kleine Papiertüte mit einer Münze darin geschenkt. Eigentlich brachte er die Münzen meinem Bruder mit, aber mein Bruder verkaufte mir jede für zehn Pfennige, und ich sammelte sie an seiner Stelle. Es war meine erste ernsthafte Sammlung, womit ich meine, dass sie auf Vollständigkeit abzielte. Bei meiner Gummitiersammlung war es nur darum gegangen, besonders viele und möglichst gefährliche oder ungewöhnliche Tiere zu besitzen. Von der Münzsammlung fehlten mir zum Schluss noch zwei Exponate: „Apollo 8" und „J. Alcock". „Charles A. Lindbergh" hatte ich dafür dreimal. Ich musste die Münzen jedes Mal blind von meinem Bruder kaufen. Er öffnete die Tüten zwar vorher, ließ mich aber nicht hineinsehen, bevor ich bezahlt hatte. Die beiden Münzen, die mir noch fehlten, bekam ich nie. Die Serie lief aus, und mit Axel, der aus Treue zu mir ebenfalls mit einer Shell-Münzen-Sammlung angefangen hatte, konnte ich nicht mehr tauschen, weil wir nicht mehr befreundet waren.

Matthias Göritz
Die Radfahrt

Der Bus hielt. An der Eiche am Sportplatz lehnte mein Rad. Es war ein heißer Sommermorgen, und ich hätte in der Schule sein müssen. Keiner im Ort konnte mich jetzt schon erwarten. Wenn die Bauern etwas merkwürdig daran fanden, dass ich so früh hier auftauchte und auf mein gelbes Racing-Rad stieg, dann sagten sie nichts. Der Trecker von Höft, ein grüner Fendt, fuhr gerade vom Hof. Höfts Kordmütze nickte über seinem müden Gesicht, es hätte auch zufällig beim Einlegen eines höheren Ganges passiert sein können. Und wenn schon. Höft war mein Freund.

Ich stieß mich am Kantstein ab. Meine Fußgelenke machten anfangs noch einen Knacks, wenn ich die Pedale bis ganz nach unten durchtrat. Das Fahrrad war neu. Wir hatten es extra zu groß gekauft, denn ich hatte eben erst wieder einen Schuss gemacht – und wir wollten nichts riskieren mit meinem ersten richtigen Rad. Wenn man ein Fahrrad hatte, dann war man frei. Ich pendelte den Schwung aus, den mir das Aufsteigen verschafft hatte, trat dann volle Kraft in die Pedale und fuhr den Hügel hinab, nach Hause zur Farm. Ich ließ rollen. Der Boden war voller kleiner Steine und herabgefallener Zweige, die auf dem Asphalt knackten. Ich nahm die Kurve am Sportplatz und kam am Clubhaus vorbei. *Rotweiß bleib' dir treu.* Leicht rechts legte ich mich in den Schatten der großen Kastanie, erste Früchte mit dem Arm herunterschlagend. Dann geradeaus weiter, die Dorfstraße freihändig runter.

Die Weißdornhecken bildeten mit den über sie hinausragenden großen Bäumen ein Dach, eine Art Tunnellandschaft, die dem Auge für einen Moment ein anderes Bild anbot – das eines vernachlässigten Aquariums voller Tang und anderer Unterwasserpflanzen, die in der Strömung wippten.

Ich schoss da durch, weit über die Lenkstange nach vorne gebeugt. Das hatte ich auf einer Profiabfahrt gesehen,

Fernsehen, Tour de France, wo sich die Körper der Fahrer zu Käferbuckeln krümmten, an denen der Fahrtwind entlang strich. Ich erreichte eine Geschwindigkeit, die die Welt in einen Ort verwandelte, durch den ich jetzt wie ein Schwimmer tauchte. Vor meinem Vorderrad löste sich alles auf, verteilte Farbspuren, legte Linien an, Striche von Grün, Rot und Grau. Und gleich hinter mir kam die Welt aus dieser Verbiegung wieder zum Stillstand, forderte ihre ursprüngliche Festigkeit zurück, als wäre ich nicht vorbeigekommen, als wäre nichts geschehen.

Die Vögel sangen. In den frühsommerlich aufgeräumten Gärten standen aufgeblasene Plastikwannen bereit, auch ein großes Planschbecken, für Kinder, die mit mir zur Schule gingen. Darin schwappte das Wasser auf und ab, als hätte gerade noch jemand gebadet, wäre nun untergetaucht und müsste nach ein paar Zügen unter Wasser gleich wieder zum Vorschein kommen, das Wasser abschütteln, helle Glitzerpunkte in der Sonne. Hier wohnten die Honoratioren des Ortes. Es waren Häuser vom Anfang des Jahrhunderts, nicht aufwändig, aber auffallend in der satten Sommerlandschaft mit ihren Seenplatten und Endmoränenbuckeln, meist versteckt hinter hohen Hecken und Pappelansammlungen, für die Vorbeifahrenden nur als rotweiße Putzeindrücke sichtbar.

Die meisten Gärten lagen noch im Schatten. Die Sonne schien gerade erst schräg über die Hecken und Bäume auf die Häuser, bedeckte einen Teil des Rasens oder schnitt Muster in die kleinen Steine der Waschbetonplatten auf den Terrassen. Wo der Rasen schon von der Sonne beschienen wurde, begann es nach Sommer zu riechen. Die mit dem Spaten scharf gestochenen Kanten der Rosenbeete trockneten.

Es würde ein heißer Tag werden. Im Treten innehaltend, schlug ich mir eine Fliege vom Bein. Die Sonne hatte den Rand von Martens rotgoldenem Planschbecken erreicht; wenn Delf in ein paar Stunden aus der Schule käme und nicht so wie ich den Tag verschwänzte, dann hätte er einen Garten vor sich, in dem die Spielzeugfiguren und die Taucherbrillen, die noch im Wasser trieben, mit Hitze aufgeladen sein würden. Das Plastik der Beckenränder würde sich fremdartig, wie die Haut einer Schlange, anfühlen und warmen Plastikgeruch ausdünsten. Etwas Gras und ein paar vom Morgenwind ins Wasser geblasene Blätter wären ganz voll gesogen und aufgeweicht. Beim Einsteigen ins Wasser müsste man neben der Kälte und dem Gefühl, sich in ein anderes Element einzulassen, die Berührung dieser schlaff dahintreibenden Körper auf der Haut aushalten, das Gefühl eines anderen, aufgeweichten organischen Materials, das von der eigenen Kinderperson angezogen zu sein scheint. Es hinge an einem wie Haare aus Seetang. Man vergisst das Wasser, das kalt ist und auf der Haut beim Eintauchen kleine Gänsehautbuckel aufwirft und einem den Atem wegreißt. Man macht ein paar Züge. Dann spürt man gar nichts mehr, ist für einen Augenblick gewichtslos und leicht. Ich könnte am Nachmittag wiederkommen.

Vor einer Stunde war ich mit Delf im Schulbus gefahren. Wir hatten mit Jönsi ein neues Quartett gespielt, *Fünf Zylinder sticht: stich mit*. Wir waren danach auch auf dem Schulhof zusammengeblieben, hatten nicht bei Wer-hat-Angst-vorm-schwarzen-Mann mitgemacht. Als uns die Glocke zur ersten Stunde in Zweierreihen vor den überdachten Schuleingang rief, standen wir schon längst dort. Ich stand mit Delf.

„Na, alle frisch wiederhergestellt?"

Pörschke dachte immer, alle seien krank gewesen, wenn er uns längere Zeit nicht gesehen hatte – und Pörschke, Heimat- und Sachkundelehrer, hatte unsere Klasse nur einmal die Woche.

„Na, Nicki, mal wieder der Erste?"

Pörschke trug seinen Anzug und sein Toupet mit dem blassen, verordneten Chic eines Kaufhausabteilungsleiters. Als er sich umdrehte und ins Gebäude ging, setzten wir uns alle still in Bewegung. Abmarsch. Das Licht floss wie Milch durch die gläserne Eingangstür der Jakob-Struve-Schule. Die feinen Drähte im Thermopane schnitten es zu kleinen Quadraten auf dem Kachelboden vor unseren Füßen. Ballwanz, unser Klassenlehrer, war nicht zum Dienst gekommen, und so hatte er, Pörschke, die 4. Klasse heute übernehmen müssen. Das bedeutete Stillarbeit, Förderstunde. Ich holte mir aus dem Schrank einen neuen Mathematikplättchentest, drehte die elfenbeinfarbenen Plättchen mit den Multiplikationsaufgaben zwischen den Fingern der linken Hand und fuhr mit den Fingerspitzen an ihren puzzleartig geschnittenen Rändern entlang. Nach einer halben Stunde gab ich die Tafel ab.

„Schon fertig?", fragte Pörschke.

Ich nickte.

„Dann hol doch mal Division."
Pörschke glaubte wohl, ich wüsste nicht, was das ist.
„Herr Pörschke, ich würde ja gern die Teilungsaufgaben noch machen, aber mir ist so schlecht; ich habe auch Bauchschmerzen."
Pörschke verzog das Gesicht und sah plötzlich aus wie ein wütendes Wildschwein.
„Wirklich, Herr Pörschke, mir ist nicht gut. Mir ist bestimmt etwas auf den Magen geschlagen. Vielleicht ist es ein Virus."
„Eine Magen-Darm-Grippe?"
„Vielleicht. Ja."
Ich malte mir einen nicht zu stoppenden Durchfall aus, der mir in die Hose schießen würde, eh ich das Klo erreichte.
„Kann ich gehen?"
Allein saß ich dann auf der Rückbank im leeren Bus und starrte den Busfahrer an, der vorher die anderen zur zweiten Stunde gebracht hatte. Die Schule war gerade neu umgebaut worden. Mein Vater hatte einiges investiert. Zum Beispiel war die Sporthalle mit ihren 2000 Plätzen europatauglich erweitert worden, für die Frauenhandball-Bundesligamannschaft von gleich nebenan. Der Fahrer war ein hagerer Mann, hatte eine schlaff das Gesicht herunterhängende Haut und einen riesigen Kehlkopf, dessen Adamsapfel sich wie ein Turner auf- und abbewegte, wenn er schluckte. Er hieß „Das Klapperskelett". Meine Klassenkameraden hatten ihn einmal beim Pinkeln gesehen und erzählten, dass er ein ganz großes Ding hätte, so eins, an dem man Handtücher aufhängen könnte. Das Klapperskelett schaute mich im Rückspiegel an, und ich starrte zum Fenster hinaus. Die Landschaft begann aufzuwachen. Nebel hing zwischen den Gräsern, verharrte an den Koppeltoren und ließ einen schwach die Maulwurfshügel auf den Weiden ahnen. Ein ganzer Vormittag lag vor mir, frei, wie für mich reserviert. Ein Tag nicht mehr in Schulstunden, Mittagessen, Hausaufgaben und Nachmittagsmüdigkeiten zerzählt, sondern frei.
Ich trat wieder mit Wucht in die Pedale, war aus dem Sattel aufgestanden, Wiegetritt, nahm Geschwindigkeit auf. Ein großer Kasten sauste vorbei, die Klinkervilla von Bost, unserem Arzt für Allgemeinmedizin, der in der Kreisstadt praktizierte. In seiner kleinen Notfallpraxis im Arbeitszimmer mit der nach altem Leder und Desinfek-

tionsmitteln stinkenden Couch gab er aber auch manchmal den ihm vertrauten Patienten eine Sonderbehandlung. Eben noch sah ich aus den Augenwinkeln heraus einen Mann und eine Frau in Bosts Arbeitszimmer stehen, anscheinend im Streit, nah an der Scheibe.

Mir wurde kalt. Seit ich in den Schatten der großen Kastanien eingetaucht war, wehte der Fahrtwind erbarmungslos durch meine Kleidung. Ich hatte die Hände parallel zueinander in die Mitte der Lenkstange gelegt. Um die Vibration meines Vorderrades zu dämpfen, presste ich mein Knie ans Rahmenrohr. Die Schwingungen übertrugen sich. Für einen Moment fühlte es sich so an, als würde jemand in meinen Knochen bohren. Danach hörte das Flattern auf. Ich schaute den Kantstein entlang. Die Geräusche des Fahrtwinds verliefen sich in mein Ohr, pochten und rauschten, als würden sie selbst das Innere meines Kopfes noch erfassen. Der Wind steckte spielerisch seinen Finger in meinen Mund, mein linker Backenzahn schmerzte, ein Loch? Wäre ich blind gefahren, ich hätte anhand der Geräusche genau sagen können, wo ich mich gerade befand. Der Zug um die Kurve bei Martens Haus, ein Pfeifen, die lange, freie Gerade zu Ziegler, juchu, dann die Hügelkuppe und der Absturz in die letzte, alles entscheidende Abfahrt auf der Höhe von Baathmann. Die Räder drehten sich schnell, ich lag über dem Lenker wie ein Ritter mit einer Lanze. Ich kniff die Augen zusammen, damit mir nicht Fliegen oder Bienen in die Augen rasten. Jetzt hätte ich eine Brille gebraucht, mit Gummizug hinten.

Der Wind ließ mir die Tränen seitlich aus den Augen treten.

Die Wasserfläche des Pools in Meyers Garten, der sich an den von Baathmann anschloss, spiegelte blau leuchtendes Licht ab, in der Farbe von Schlumpfeis. Meyers Pool war der erste fest in den Rasen eingelassene Swimmingpool der Gegend. Er soll damals beheizt gewesen sein, erzählten sich die Leute, nach amerikanischem Vorbild, sogar mit Sprungbrett, was das an Unterhalt kostet. In diesem Pool war Meyer der Sohn ertrunken. Knapp zweijährig, sein einziges Kind. Für einen Moment sah ich in den blauen und roten Wasseraugen der Pools kleine Fratzen auftauchen, die von unten den Himmel anstarrten. An solchen Gärten vorbeizurasen, das machte mir Angst. Angst, wie Meyers Sohn einfach zu verschwinden, eine kleine Geschichte zu werden, die sich wie ein Wespenstachel in meinen Kopf bohrt; es blieb nur die glatte Oberfläche des Pools, den der Vater noch immer einmal im Monat reinigen ließ. Das Einzige, was sich darin noch bewegte, waren die Schläuche der Reinigungsmaschine, die Absaugpumpe und die Insekten, die manchmal für Stunden dort einen einsamen Kampf führten und schließlich ertranken. Ich musste immer an Meyer denken, wenn ich hier lang fuhr. Die Geschwindigkeit gab mir das Gefühl, sicher zu sein.

Kurz bevor es am steilsten nach unten ging, schon an der Auffahrt von Rohde, riss die Kette mit einem unwirklich sanften Geräusch. Die zwei Gipslöwen auf den Säulen vom Auffahrtstor lächelten ihr wildes, babylonisches Lächeln, ich war zu schnell, um den Fortgang der Bauarbeiten von Eckehard anzusehen; zu schnell auch, um herauszufinden, welcher Wagen auf welcher Bühne sich in welchem Stadium der Ausweidung befand.

Ich war aus dem Gleichgewicht geraten, dem Tritt in die Pedale bot sich kein Widerstand mehr, so dass die Beine für eine Viertelumdrehung ins Leere fuhren. Der Oberkörper geriet aus dem Gleichgewicht, die Hände hielten den Lenker umkrampft. Mit ruckartigen Lenkbewegungen versuchte ich das Rad wieder unter Kontrolle zu bekommen. Das Quarzglitzern von Harms Auffahrt, das graue T-Muster der Betonpflasterung, alles strömte an mir vorbei, als hätte man an einer Schnur gezogen, ließe Wasser aus dem Ausguss laufen. Wirbeln. Ich spürte die Sonne nicht mehr. Mein Schweiß war eiskalt.

Das Rad rollte steil auf die Kreuzung zu. Die Angst roch wie ein Tier, wie etwas, das man schon die ganze Kindheit lang neben sich gehabt und bloß nicht richtig verstanden hatte. Erstarrt saß ich im Sattel und raste auf einen Abgrund zu.

Ich war immer ein Rücktrittbremser gewesen, hatte die Vorderradbremse nie, oder nur sehr sporadisch, benutzt, gerade das leichte Ausbrechen des Hinterrads, wenn man voll in die Eisen ging, machte mir Spaß. Normalerweise hätte ich an dieser Stelle leicht runtergebremst, die Zahnräder die Kette stocken lassen, um nicht zu schnell zu werden. Aber mitten am Berg in die Pedalen zu steigen, Vollbremsung, da hätte das Hinterrad blockiert, wäre ausgebrochen, ich hätte mich unweigerlich überschlagen und mir die Knochen gebrochen. Ich zog an der Vorderradbremse und drückte den Schalthebel fest an die Noppenkappe vom Lenkergriff. Der Bremszug reagierte nicht. Klemmt, gerissen, durchgeschnitten, das Einzige, was ich wusste, war, dass ich schneller wurde, schneller und immer schneller; ich saß jetzt steif und aufrecht, mein Hemd flatterte wie ein Segel und bot dem Wind Widerstand. Zerbrechlich wie ein dürrer Ast raste ich auf die B 12 zu. Ich wurde fast vom Fahrrad gezogen. Vielleicht wäre das besser gewesen, aber meine Hände waren wie eingefroren und umklammerten den Lenker. Ich spürte in der Angst noch den feinen Kitzel, den die Noppen meinen Handflächen bereiteten. Meine Hoden schrumpften, meine Brustwarzen standen ganz hart aus den Höfen heraus, hielten wie kleine Stifte den Stoff auf Distanz. Es ist aus, dachte ich. Vor mir tat sich der Mund zur Straße auf. Die B 12 war eine stark befahrene Straße. Es hatte schon viele Unfälle gegeben. Ein Mann im Cabrio wurde vor zwei Jahren beim Überholmanöver von einer ungesicherten, seitlich aus einem Laster ragenden Eisenstange geköpft. Man fuhr hier zu schnell, und einmal war der Fahrer eines Scania-Achtachsers übermüdet am Steuer eingeschlafen und erst in einem Vorgarten, halb im Gebäude hängend, wieder aufgewacht. Das war sogar in den Nachrichten gewesen. Regelmäßig unterschätzten Fahrer die scharfen Kurven und bremsten zu spät. Die Gemeinde hatte zusammengelegt und eine Ampel mit Knopfdruckanlage gebaut, aber zum Drücken kam ich nicht mehr. Die Hecken der Eckgrundstücke von Schmäler und Specht schossen auf mich zu. Ich hörte von irgendwoher durch den Wind den Verkehr, sah eine weiße Lasterwand an mir vorbeisausen, las die Aufschrift „Alles von Hansano ist gut", dachte ans Sterben. Vielleicht nicht in diesem Moment, vielleicht Millisekunden danach, nur vom Wind solch eines Lastkraftwagens erfasst, weggewirbelt wie ein lästiges Blatt. Ich dachte an den Frogger in dem neuen Elektronikspiel von Atari, das wir letzte Woche in Neumünster gesehen hatten. Man steuert einen Frosch durch die Lücken der Autos auf einer dreispurigen Straße, sonst ist er nur noch Matsch. Vielleicht ist es solch ein Moment, in dem sich in einem Leben entscheidet, ob du ein Held bist oder nur einer mit Schiss.

Ich sah bloß in die Weite auf der anderen Straßenseite und hörte die nächste Lasterwelle heranrollen, Carl Luppy Junior – Umzüge, fern und nah, dann war wieder Licht da, eine orangefarbene Sicherheitsbirne am Absperrschild, Vorsicht: Baustelle. Alle würden so weitermachen. Und ich war hilflos, wie im Traum. Und dann war ich durch. Durch. Auf der anderen Seite. Der Sog eines hinter mir die Lücke schließenden LKW riss mich mit kurzer Wucht zurück. Dann wurde ich ausgespuckt. Ein Horn tutete böse wie ein verirrtes Schiff. Ich hatte den Mund geöffnet und hörte mich schreien, was ich schon die ganze Zeit über getan haben musste, ein langes, in viele Buchstaben gestrecktes Nein.

Neben meinem linken Ohr drehte sich das freilaufende Vorderrad. Kreise und immer Kreise. Ich hatte den Mund voller Sand; wahrscheinlich war ich schreiend in den Kieshaufen gestürzt und hatte meine Fahrt am Fuß der Betonmischmaschine beendet. Ich spuckte das Zeug aus, stand auf und klopfte mir den Sand von den Kleidern. Die Augen taten mir weh. Als ich den Mund schloss, machte der Abrieb am Zahnschmelz ein Geräusch, das mir in die Knochen herabfuhr. Die Welt waberte, und meine Knochen schienen das einzig Feste darin zu sein. Sie steckten in mir, wie Löffel an einem Kindergeburtstag in einer riesigen Geleemasse. Ich hob das Fahrrad auf, stellte fest, dass es nicht wesentlich beschädigt war, hielt mich nicht für verletzt und setzte mich in den Sattel. Die Arbeiter hatten zugeschaut. Dicht vor mir stützte sich einer auf seine Schaufel und fummelte an einer Packung mit Zigaretten.

Axel Brauns
Buntschatten und Fledermäuse

War das ein Gewusel und Herumgehusche. An diesem Sommertag flatterte auf dem Spielplatz alles herum, was der Vorbeckweg an Fledermauskindern hergab. Da waren welche an der Sandkiste und noch ein paar auf der Fußballwiese und noch ein paar mehr, wenn ich mich umdrehte, und es waren eigentlich viel zu viele. Einige Namen kannte ich, nur war ich mir nie sicher, welcher Fledermaus sie gehörten.

Ein Fledermausjunge fragte mich:

„Wie alt wirst du morgen?"

Die Frage machte mich verlegen. Zu den vielen Worten, die für mich Geräusch waren, gehörten neben den meisten Namen auch manche Zahlen. Ich war drei Jahre alt. Das wusste ich. Die Zahl Vier war Geräusch. Ich konnte die Antwort nicht geben. Der Fledermausjunge fragte ein zweites Mal. Ich druckste herum:

„Weiß nicht."

Der Fledermausjunge hänselte mich nicht. Ich gab Auskunft:

„Nicht drei ... nicht fünf ... vergessen."

Der Fledermausjunge blieb freundlich.

„Du wirst morgen vier Jahre alt."

Die Zahl hüpfte zum einen Ohr hinein und zum anderen wieder hinaus. Wie alt würde ich morgen sein?

Am Abend lag ich lange in meinem Bett wach und bat inständig darum, dass am nächsten Tag nicht nur mein größter Wunsch, eine Sandkiste für mich allein, in Erfüllung ginge. Ich wünschte mir auch, dass ich auf meiner Geburtstagstorte fünf Kerzen würde auspusten dürfen. Das wäre die Rettung. Wie sollte ich sonst das nächste Jahr überstehen, wenn mich jede Fledermaus nach meinem Alter fragen würde und ich die Antwort nicht wüsste?

Beim Auspacken der Geschenke war meine Enttäuschung groß: keine Sandkiste nur für mich. An der

Geburtstagstafel folgte die nächste Enttäuschung. Ich starrte auf den Geburtstagskuchen.
„Da fehlt eine Kerze."
„Nein. Du bist erst vier Jahre alt. Fünf Kerzen gibt es im nächsten Jahr", sagte die Haha.
Beim Topfschlagen und Brezelessen wurde ich Letzter. Beim Sackhüpfen fiel ich auf die Nase. Es war nicht mein Tag.
Am Morgen danach fragte mich der Heimer:
„Wie alt bist du jetzt?"
Ich schwieg.
„Warum weiß Axel das nicht?"
Der Heimer blickte fragend zu der Haha.
„Du bist v i e r Jahre alt", sagte der Heimer.
„Neck deinen Bruder nicht", sagte die Haha. „Er weiß, wie alt er ist."
„Glaube ich nicht."
„Schluss jetzt!"
Viele Sandkistentage später verwickelte die Haha mich in ein Gespräch. Eines ihrer Worte, Kindergarten, gewann Klang.
„Zwei Tage in der Woche sind für dich genau das Richtige."
Das Wort sollte in der Seestraße liegen. Der Straßenname hörte sich verheißungsvoll nach Baisers an. Vergnügt ging ich neben der Haha her.
Sandkiste ... Sandkiste ... Sandkiste.
Die Haha lieferte mich am Eingang ab. Eine blonde Fledermausfrau machte Geräusch. Ich wurde in das Spielzimmer des Kindergartens geführt. Eine Schar Fledermauskinder flatterte umher. Meine Arme und Beine versteiften sich. Verloren stand ich am Rande und versuchte, in meiner Vereisung Halt zu finden. Den ersten Tag verbrachte ich abseits.
Zwei Tage später begrüßte mich die Kindergartentür ohne viel Aufhebens. Die blonde Kindergärtnerin nahm mich bei der Hand, wie das Fledermäuse gerne tun, und kümmerte sich um mich. Sie wies mir einen Malplatz am Fenster zu. Oh, da war sie! Ich zeigte zum Fenster hinaus.
„Sandkiste."
„Du kannst jetzt nicht in die Sandkiste. Heute bleiben alle Kinder drinnen."
Da war eine Sandkiste, und die Fledermaus erlaubte mir nicht, dass ich dem Sand guten Tag sagte. Traurig nahm

ich Platz. Ein Fledermausmädchen setzte sich zu mir und sagte:
"Ich heiße Geräusch. Wie heißt du?"
Ich sagte dem Fledermausmädchen meinen Namen. Es stellte eine weitere Frage:
"Wie alt bist du?"
Als ich keine Antwort gab, fragte es mehrmals nach, bis die blonde Kindergärtnerin sagte:
"Axel ist vier Jahre alt."
"Warum sagt Axel das nicht?"
"Axel ist schüchtern. Er traut sich nicht."
Ich blickte auf die zum Hineinhüpfen nahe Sandkiste und dachte darüber nach, wie alt ich sei.

Zweimal in der Woche brachte mich die Haha vormittags in den Kindergarten. Zweimal in der Woche widmete ich mich dort den Spielsachen, die die Fledermauskinder verschmähten. Fast immer gehörte ein armloser Hampelmann dazu, der mit den Beinen schlenkerte, wenn ich an der Schnur zog. Zweimal in der Woche blickte ich sehnsüchtig zum Fenster hinaus. Alleine spielen durfte ich in der Sandkiste nie. Ob nun Laub darin lag oder Schnee.

Eines Tages im Frühling schob die blonde Fledermausfrau ein neues Spielzeug in das Spielzimmer. Sie nannte das Spielzeug Laster. Der Laster war eine Art Dreirad, nur größer und eindrucksvoller. Bevor ich mich satt gesehen hatte, umringten die Fledermauskinder das neue Gefährt.

Es kam, wie es kommen musste. Die Fledermausjungen belegten den Laster jeden Morgen mit Beschlag und bewachten ihn die ganze Zeit über argwöhnisch. Der Anführer der Bande war eine besonders wilde Fledermaus. Er hatte einen Namen, der Name hatte Klang. Die anderen Fledermausjungen hatten auch Namen, ihre Namen hatten keinen Klang. Ein paar Mal hatte ich Oliver schon darum gebeten, ob ich den Laster benutzen dürfe. Ohne Erfolg.

Hatte ich vielleicht heute Glück? Gerade stieg einer der Fledermausjungen vom Laster. Oliver griff nach dem Lenker. Ohne sich zu setzen, fing er wieder an, mit seinen Freunden zu reden. Dann ließ Oliver den Lenker los. Ich stand auf und ging zu den Fledermausjungen. Heute würde ich Glück haben. Keine Fledermaus saß auf dem Laster.
"Darf ich mit dem Laster fahren?"
"Verschwinde."
Oliver setzte sich breitbeinig auf den Laster, ballte seine

Hände um den Lenker. Traurig kehrte ich auf meinen Platz zurück. Ich spürte, dass sich meine Sehnsucht, den Laster wenigstens einmal steuern zu dürfen, niemals erfüllen würde. Eine Sandkiste nur für mich? Ich könnte sie mir so oft wünschen, wie ich wollte. Ich würde sie nie bekommen. Wehmütig blickte ich zum Fenster hinaus und zupfte am Hampelmann: klappklapp.

An einem sonnigen Julimorgen flatterten der Heimer und die Haha, kurz nachdem ich aufgewacht war, zur Tür herein.

„Herzlichen Glückwunsch zu deinem fünften Geburtstag."

Der Kakao schmeckte besser als je zuvor. Jeden Schluck kostete ich aus. Ein Kribbeln durchzog meinen Leib.

„Na, Brüderchen, wie alt bist du?"

„Fünf", sagte ich.

Am Eingang zum Kindergarten steckte mir die Haha eine Tüte mit Süßigkeiten zu. Es war im Kindergarten wie immer. Ich suchte mir meinen Platz beim Fenster, wo ich in Ruhe malen konnte. Ich pickte aus der knisternden Tüte einen Bontje und ließ ihn genussvoll auf meiner Zunge zergehen.

Hin und wieder blickte ich zu den Fledermausjungen, die mit dem Laster spielten. Auf einmal kam Oliver auf mich zu und redete mich an. Ich hörte nur Geräusch. Erst als Oliver mit seinem Finger auf meine Bontjes zeigte, verstand ich, was er sagte. Ich sollte ihm etwas abgeben. Ich wusste, was das bedeutete. Ich mochte es, wenn ich meinem Bruder etwas abgab. Meine Mutter hatte mir dieses Spiel beigebracht. Oliver war das erste Mal freundlich. Ich gab ihm einen Bontje. Er bedankte sich. Er forderte mich auf, mitzukommen, und fragte dann:

„Möchtest du einmal mit dem Laster fahren?"

Ungläubig nickte ich. Zuerst lenkte Oliver den Laster, und ich bewunderte ihn, wie er wortreich erklärte, was man alles beachten müsse, wenn man mit Olivers Laster unterwegs sei. Einige Runden später durfte ich selbst den Laster lenken. Oliver bot mir an, die Bontjetüte zu halten.

„Du musst beide Hände frei haben. Beim Steuern des Lasters darfst du keinen Fehler machen."

Aufgeregt nahm ich unter den Anweisungen Olivers Platz. Ich thronte nun dort, wo zu thronen ich mir immer gewünscht hatte. Es war der wichtigste Platz im ganzen Kindergarten. Überglücklich stieß ich mich mit beiden

Füßen ab. Nach ein paar Runden bettelte einer von Olivers Freunden, dass er nun an der Reihe wäre. Als ich nicht sofort abstieg, schubste er mich. Vor so viel Nachdruck wich ich zurück. Artig gab mir Oliver meine Bontjetüte zurück. Sie war fast leer.

Oliver erklärte mir, er habe den anderen Kindern etwas abgegeben. Das sei nötig gewesen, weil ich nun sein bester Freund wäre. Ich hielt ihm einen der letzten zwei Bontjes hin. Er nahm diesen Beweis meiner Freundschaft an. Niemals hätte ich gehofft, einmal mit Oliver und seinen Fledermausjungen spielen zu dürfen. Und jetzt war ich sein bester Freund! Im Vorbeckweg auf dem Spielplatz gab es kein Fledermauskind, dessen bester Freund ich war. Und Oliver machte nicht nur leere Worte. Er achtete ganz genau darauf, dass ich in den Genuss all der Vorteile gelangte, die es mit sich brachte, Olivers bester Freund zu sein. Es war ein sandkistenguter Vormittag im Kindergarten. Warum hatte ich nur ein ganzes Jahr auf diesen Tag warten müssen?

Wie alt war ich gestern gewesen? Ich hätte es nicht sagen können. Zum Glück fragten mich die Fledermauskinder nicht danach.

Die Haha stellte eine Torte auf die Geburtstagstafel. Keine Kerze fehlte. Ich holte tief Luft. Die Kerzen flackerten und erloschen alle.

Zwei Tage später spazierte ich fröhlich neben der Haha die Seestraße hinunter. Nach dem sandkistenguten Dienstag würde ein sandkistenguter Donnerstag folgen. Schwelgerisch tastete ich in Gedanken den Lenker des Lasters ab. Ich sah das ganze Spielzimmer vor meinem inneren Auge. Ich sah mich selbst, wie ich auf dem Laster Platz nahm. Ich hatte nichts von dem vergessen, was ich beim Fahren beachten sollte. Dem Vorderrad gab ich einen Dreh, nahm Schwung und rollte zum großen Fenster, von dort zu den zwei Tischen und wieder zurück. Genau das wollte ich unbedingt tun. Es würde wundervoll sein.

Ungeduldig trippelte ich über den Vorplatz zum Eingang des Kindergartens. Wenige Minuten später trollte ich mich gedemütigt zu dem Platz am Fenster, wo ich immer saß. Ratlos blickte ich zu Oliver und seinen Fledermäusen. Warum war ich nicht mehr sein bester Freund? Warum durfte ich nicht mit dem Laster fahren? Verstört verbrachte ich den Vormittag damit, nach einer Antwort zu suchen.

Katja Kellner
Die Tochter des Pappelkönigs

Nur noch ein kleines Stück, dann bin ich an der Gartenmauer.
Lissys Füße fliegen über das Gras, setzen in einem großen Sprung über das Rosenbeet und sinken tief im Beetrand ein. *Oje – schon wieder ein ganzes Büschel Petersilie zertrampelt.* Hinter ihr schlägt schon das Küchenfenster auf. *Das ist die alte Hexe! Bloß schnell weg.*
„Verschwinde, du Rotzgöre, du hast mir heute zum letzten Mal die Beete zertreten!", keift es hinter ihr her.
Außer Atem setzt Lissy den linken Fuß auf den niedrigen Türriegel und zieht sich auf das Dach des Geräteschuppens. Von dort erreicht sie mit einem weiten Schritt die Mauer – *vorsichtig, nicht auf die Glasscherben treten, die oben eingelassen sind!* –, balanciert einige Schritte, um dem Haselstrauch auszuweichen, hockt sich auf die Mauer und springt in den Nachbargarten. Hart landet sie auf den Fußsohlen, aber ihre Füße gleiten in den neuen roten Sandalen aus, und sie schlägt nach vorne auf die Knie. *Mist!* Die Cordhose ist rechts quer übers Knie aufgerissen, und die ausgefransten Stoffränder färben sich schnell rot. Lissy beißt sich auf die Unterlippe und pult den klebrigen Stoff auseinander. Das Knie ist voller Blut, und wenn sie versucht, es zu beugen, tut es schrecklich weh.
Unter die Weide setzen und ausruhen, bis der Schmerz nachlässt? Aber vielleicht kann ich das Knie später noch weniger bewegen. War beim letzten Mal so, als ich mir das Knie aufgeschlagen hab. Drei Gärten noch bis zu meinem. Der von der alten Hexe ist der schlimmste. Reißt das Fenster auf und keift, wenn sie mich in ihrem blöden Garten erwischt. Sie wird sich bei Mama beschweren – nicht so schlimm –, und wenn sie mich noch mal erwischt, will sie mich mit dem Teppichklopfer verprügeln, und zu ihrer Zeit hat es so unerzogene Kinder nicht gegeben. Pah! Ist jetzt eben nicht mehr ihre Zeit. Außerdem kriegt sie mich sowieso nicht.

Julia hat Lissy gesagt, dass Frau Hübner eine Hexe ist. Sie sind auf dem Schulweg an ihrem Haus vorbeigegangen. Julia hat auf die Wohnung im Erdgeschoss gezeigt und in Lissys Ohr geflüstert: „Da wohnt die alte Hexe. Spricht immer verrücktes Zeug mit sich selbst und kann Kinder nicht leiden."

Am hellen Tag, zusammen mit Julia, war das gleichzeitig gruselig und lustig gewesen.

„Nachts kocht sie Kinder, die sie fängt, wenn sie aus der Schule kommen! In ihrer Küche hat sie eine große Feuerstelle, darüber hängt ein riesiger schwarzer Kessel, und darin kochen lebendige Kinder zwischen Petersilie, Möhren, Fliegenpilzen und Kröten!"

„Und dann lädt sie sich andere Hexen ein, und sie fressen sich so voll, bis sie vom Besen fallen!"

Lissy und Julia hatten fast die Schultaschen fallen lassen vor Lachen über die dickbäuchigen Hexen, die sich nicht mehr rühren können, wie Käfer, die auf den Rücken gefallen sind und mit den Beinen zappeln.

„Sie haben sechs Beine, wie Käfer, und wenn sie so zappeln, verheddern sich die Beine, und dann können sie sich gar nicht mehr bewegen!"

„Und dann fangen wir sie, wenn sie so fett und müde sind, dass ihnen kein Zauberspruch mehr einfällt!"

Als sie das letzte Mal vor der alten Hexe davonlaufen musste, hat Mama sie ohne Verständnis angesehen. „Warum machst du dir das Leben so schwer", hat sie gefragt, „warum gehst du nicht einfach über die Straße, wenn du aus der Schule kommst?"

Mama weiß nicht, dass die Gärten mittags verzaubert sind. Mittags sind die Gärten Grönland. Mittags gehören alle Gärten Lissy. Sie verwandeln sich in den Schlosspark von Grönland – den hinteren, wilden Teil des Schlossparks, wo es Drachen gibt und Einhörner, blaue Igel und verzauberte Spinnen. In ihrem Bündel auf dem Rücken trägt Lissy Leckereien aus der Schlossküche und Bücher aus der Schlossbibliothek, um sie zum Papa zu bringen. Der Papa ist der König von Grönland, aber er wurde aus dem Schloss vertrieben, Lissy weiß nicht genau, warum. Eines Tages ist er nicht nach Hause gekommen. Und etwas muss ihn ja vertrieben haben, sonst hätte er Lissy nicht allein gelassen. Seitdem weint die Mama immerzu, da ist es kein Wunder, wenn er nicht nach Hause kommen will.

Jeden Abend öffnet die Mama eine Flasche Wein. Ihre Augen verschwimmen, und sie spricht mehr und weint mehr als tagsüber. Meistens spricht sie dann vom Papa und wie sehr sie ihn vermisst. Warum holt sie ihn denn nicht zurück? Nachts, wenn Mama an Lissys Bett kommt, um sie zuzudecken, riecht sie säuerlich, wie der Wein. Mama denkt, Lissy schläft, aber sie tut nur so. Sie liegt unter der Decke und atmet ganz schnell. Ihr ganzer Körper wird unbeweglich. *Geh weg, und lass mich in Ruhe schlafen.* Nein, sie soll bei ihr sein und sie im Arm halten, aber sie soll dabei nicht traurig sein, denn dann darf Lissy ja nicht traurig sein.

Mama ist immer damit beschäftigt, unglücklich zu sein. Manchmal fragt Lissy: „Bist du böse auf mich, oder bist du traurig?" Mama findet das sehr klug von Lissy, und sie glaubt, dass es Lissy nichts ausmacht, wenn sie nur weiß, dass sie nicht an Mamas Traurigkeit schuld ist. *Aber das stimmt nicht. Mama soll bei mir sein.* Oft sieht sie aus dem Fenster, hinüber zum Garten der alten Hexe, und ist weit weg von Lissy.

Weil die Mama nicht für sie da ist, besucht Lissy mittags den Papa hinten im Schlosspark. Er wohnt in der Pappel im Garten der alten Hexe, drüben in Grönland, und meistens kann Lissy ihn besuchen, ohne dass die alte Hexe sie erwischt. Lissy versteht nicht, warum die alte Hexe so böse auf sie ist. Sie macht ja nichts kaputt. Sie sitzt nur unter der Pappel. Dass ihr Vater, der König, in der Pappel wohnt, ist geheim, niemand darf es wissen. Vielleicht regt die alte Hexe sich immer so auf, weil Lissy das Geheimnis herausgefunden hat.

Jetzt ist Lissy im Goldfischgarten. Hier ist es während der Woche ungefährlich, nur an den Wochenenden muss sie sich in Acht nehmen, wenn Frau Bernhard im Liegestuhl liegt und mit ihren Goldfischen spricht. Jedes Wochenende stellt sie ihren Liegestuhl an eine andere Stelle, damit sie im Liegen Gänseblümchen auszupfen kann. So bekommt sie einen englischen Rasen – Lissy hat sich unter der Weide versteckt und gehört, wie sie mit den Fischen darüber gesprochen hat. Leider weiß Frau Bernhard nicht, dass auf allen Wiesen in Grönland Gänseblümchen blühen, damit die Leute sie pflücken und sich Kränze flechten können.

Lissy weiß alles über Grönland, denn der Papa hat ihr früher vor dem Einschlafen immer Geschichten erzählt.

„In Grönland", hat er gesagt, und seine Augen haben im Licht der Kerze gefunkelt, „in Grönland, da bin ich der König. Du bist natürlich die Königstochter und trägst lauter Kleider aus Pappellaub, die rascheln und unterhalten sich miteinander, wenn du mit deinem zahmen Drachen spazieren gehst, und alle Leute wissen, da kommt die Königstochter. Wir wohnen in einem Pappelwäldchen, und am schönsten ist es im Frühling, wenn die Pappeln blühen und weiße Flocken wie Schnee durch die Luft wirbeln. Daraus mache ich dir eine Krone, und du bist die schönste Königstochter auf der ganzen Welt. Nachts, wenn es dunkel ist, kann man in Grönland zaubern, und in jeder Nacht zaubere ich dir ein weiches Bett und eine kuschelige Decke aus Schwanenfedern. Es gibt nämlich viele Schwäne in Grönland, und wenn ihnen Federn ausfallen, bringen sie sie zu dir, damit die Königstochter weich und behütet schlafen kann." Dann hatte der Papa sie fest zugedeckt und sie auf die Nase geküsst. Das fehlt ihr jetzt jeden Abend.

Als Nächstes kommt der Apfelbaumgarten. Meistens ist er leer, nur manchmal lassen Bäckers ihren Hund raus. Wenn er sie sieht, bellt er ganz fürchterlich. Er tut aber nur so gefährlich, in Wirklichkeit hat er Angst vor Lissys zahmem Drachen, der vor ihr her springt und aus Spaß Funken und kleine Flämmchen auf die Nase des Hundes spuckt.

Dann der letzte Garten, durch den geht sie gern. Die alte Frau Nause schenkt ihr meistens Schokolade oder Fallobst oder Würfelzucker aus dem Café, der in verschiedenfarbiges Papier eingewickelt ist. Wenn sie ihr beim Beerenpflücken hilft, darf Lissy beim Pflücken so viele Johannisbeeren und Stachelbeeren essen, wie sie will, und nach dem Einmachen kommt Frau Nause zu Lissys Mutter herüber und bringt ihr Marmelade oder Kompott.

„Mein armes Puttchen", wird sie sagen, wenn sie sieht, dass Lissy sich das Knie aufgeschlagen hat. Sie wird aber Jod auf das Knie träufeln. Lissy muss sich fest in die Oberarme kneifen, damit sie nicht schreit, weil es so weh tut. Deswegen wird sie heute den Umweg hinter den Johannisbeersträuchern nehmen müssen. Dort kann sie nicht einfach durch das Loch im Zaun in ihren eigenen Garten schlüpfen. Mühsam sucht sie mit den Füßen in den glatten Sandalen Halt zwischen den Latten. Sie klettert über den

Zaun, hinten, wo Frau Nause sie nicht sehen kann. Grüne Lacksplitter, die vom Zaun abblättern, haften an ihren Handflächen. Sie wischt sie am Hosenboden ab, schultert den Schulranzen wieder und hinkt weiter. Das Knie muss sie ganz steif halten. Ihre Muskeln zittern vor Anstrengung, und bei jedem Schritt holt sie den Schwung aus der Hüfte. Das ist mühsam, und sie kommt nur langsam vorwärts.

Eines Tages ist sie mit Julia um das Haus der alten Hexe herumgeschlichen. Sie wollten herausfinden, wo sie die abgenagten Kinderknochen vergräbt. Als die alte Hexe aus der Haustür gekommen ist, haben Lissy und Julia sich hinter der Ligusterhecke versteckt und sie beobachtet. Beim Gehen hat sie sich schwer auf ihren Stock gestützt.

„Natürlich kann sie nicht gut laufen, meistens fliegt sie ja auf ihrem Besen", hat Julia in Lissys Ohr gewispert und ein Lachen an Lissys Schulter erstickt.

Die alte Hexe ist zur Pappel gehinkt und hat den Baumstamm mit ihrem Stock geschlagen. Dabei hat sie ein bisschen geschwankt, weil sie ohne ihren Stock nicht gut stehen kann und weil sie beim Schlagen so viel Schwung geholt hat. Mit lauter Stimme hat sie geschimpft: „Verschwinde aus meinem Garten, und lass mich in Ruhe, hättest dir auch einen anderen Baum aussuchen können und mir meinen Seelenfrieden lassen."

Julia hat gekichert: „Siehst du, sie ist verrückt – sie schlägt Bäume und redet Quatsch!"

Lissy hat zur Pappel rübergeschaut. Der Baum hat sich im Wind bewegt, und durch das Rascheln und Wispern der Pappelblätter hat Lissy ganz deutlich Papas Stimme gehört. Er hat ihr zugeflüstert, dass er jetzt in der Pappel wohnt. *Mit ihm hat die alte Hexe geredet, nicht mit dem Baum!* Auf einmal konnte Lissy in der Rinde und zwischen den Ästen seinen Körper sehen. Er hat sogar seine Beine, die aussehen wie Wurzeln, angewinkelt, damit Lissy auf seinem Schoß sitzen und ihren Kopf an seine Brust unter der Pappelrinde lehnen kann. Er hat gesagt, er lässt sie nicht allein, er bleibt in der Pappel, damit sie ihn besuchen kann. Er hat auch gesagt, sie darf das Geheimnis wissen, denn sie ist doch die Tochter des Königs, und sie soll jeden Tag kommen und ihm erzählen, wie es in der Schule war.

Sie setzt sich zwischen die Wurzeln unter der Pappel, auf Papas Schoß, und hört, wie sein Herz durch die Rinde unter ihrem Ohr klopft. Wenn sie den Kopf an seine Brust legt, klopft es ganz laut. Das kommt daher, dass er der König ist. Könige haben blaues Blut, das schlägt besonders laut.

Lissys Blut ist rot, um das zu sehen, braucht sie sich nur ihr Knie anzuschauen. Mama schimpft nie, wenn sie ihre Sachen zerreißt oder mit Flecken auf der Jacke nach Hause kommt. Die anderen Kinder sagen manchmal in der großen Pause mit wichtigem Gesicht: „Heute darf ich mich nicht schmutzig machen, wir gehen mittags zu Tante Else." Lissy hat es auch einmal gesagt, weil es sich so gewichtig anhört, aber die Lehrerin hat sie ausgelacht. Sie hat behauptet, dass Lissy sich das nur ausgedacht hat, weil ihre Mutter so etwas nie sagen würde. Lissy konnte ja nicht sagen: „Ich darf mich nicht schmutzig machen, denn mein Vater, der König, und ich geben heute mittag ein Bankett, und wir haben das Einhorn zu Gast."

Der Papa war früher Lehrer an der Schule, in die Lissy jetzt geht, und alle Lehrer erinnern sich noch an sie, von früher, wenn zwei Schülerinnen vom Papa sie mittags aus dem Kindergarten abholten. Dann durfte sie die letzte Stunde im Klassenzimmer verbringen. Der Tisch war zu hoch, sie schaute auf die Tischkante, und oft war es langweilig. Aber in den Pausen spielten die großen Mädchen mit ihr. Sie sagten zu ihr: „You make me dizzy, Miss Lizzy." Lissy weiß nicht, was das bedeutet, aber sie weiß, dass es aus einem Lied stammt, das die Mädchen manchmal im Radio hören. Sie hat das Gefühl, dass ihr Name weniger ihr gehört, wenn die Mädchen ihn singen, es ist, als wäre sie nicht mehr ganz sie selbst, sondern auch ein bisschen Miss Lizzy. Lieber wäre sie nur Lissy. Aber die Mädchen hörten nicht auf, sie so zu nennen. Der Papa hat immer Lissy zu ihr gesagt, und manchmal Trulla.

Die Putzfrauen in der Schule erinnern sich auch noch an Lissy. Aber sie vergessen, wie sie heißt – meist sagen sie Lisa. Lissy versucht immer, vor ihnen davonzulaufen, denn sie umarmen sie, drücken sie an ihre glatten, blauen Kittel und stellen alle möglichen Fragen – wie es ihr geht und wie es ihr in der Schule gefällt und welches Fach sie am liebsten hat und ob sie weiß, dass sie ihrem lieben Vati wie aus dem Gesicht geschnitten ist.

Der Papa hat all seine Sachen zu Hause zurückgelassen, deshalb bringt Lissy ihm manchmal etwas – die rote Krawatte aus Mamas Kleiderschrank, den Zirkel aus der Schreibtischschublade, eine Tasse aus dem Küchenschrank, damit er daraus Wasser trinken kann, wenn es lange nicht geregnet hat. Lissy hat auch ein Bild für ihn gemalt. Darauf spaziert sie an seiner Hand durch den Schlosspark von Grönland, überall blühen bunte Blumen, Schmetterlinge und kleine zahme Drachen fliegen um sie herum, und auf den Köpfen tragen sie beide eine goldene Krone. Das Bild hat dem Papa sehr gut gefallen, und er hat es in seine Brieftasche gesteckt, die er in der Innentasche seiner Jacke trägt, im Inneren der Pappelrinde.

Manchmal, wenn Lissy bei der Pappel sitzt und nur aus dem Augenwinkel zum Baumstamm schaut, kommt der Papa aus dem Baum hervor. Seine Glieder lösen sich aus der Rinde, knacken ein bisschen wie alte Äste, wenn er sich reckt und streckt und seinen Anzug ausschüttelt, damit Moos und Rindenstückchen abfallen. So hat Lissy gesehen, wie er das Bild eingesteckt hat. Aber wenn sie sich rasch umdreht, um ihn richtig zu sehen, verschwindet er so schnell wieder in der Pappel, dass Lissy denken würde, sie hätte sich getäuscht, wäre nicht das Bild verschwunden oder die Tasse ausgetrunken. Jedes Mal ist sie aufs Neue enttäuscht, dass der Papa sich nicht richtig von ihr sehen lässt. Aber er flüstert: „Geduld, Geduld" und breitet seine Astarme aus, damit sie sich hineinschmiegen kann.

Gestern früh hat Lissy die alte Hexe auf dem Schulweg getroffen. Weil sie auf der Straße ging und die alte Hexe nur im Garten Macht hat, ist Lissy nicht weggerannt, obwohl sie furchtbar erschrocken ist, als die alte Hexe plötzlich losgeschimpft hat. „Saugör, verschwinde, wenn ich dich noch mal in meinem Garten erwische, dann setzt es was."

Lissy hat sich ihre Krone auf dem Kopf zurechtgerückt und die alte Hexe kühl angesehen. „Wenn mein Vater aus Grönland zurückkommt", hat sie gesagt, „dann sperrt er Sie im Keller ein."

Die alte Hexe war auf einmal still. Komisch, dass eine Hexe so leicht durch einen Keller einzuschüchtern ist. *Eine Hexe hat doch keine Angst vor Ratten und Spinnen und Dunkelheit, oder?* Aber sie hat Lissy plötzlich mitleidig angesehen und „armes Kind" gemurmelt. Das passiert

Lissy manchmal. Sie tut den Leuten Leid, weil der Papa nicht mehr im Schloss wohnt. Die Leute glauben, er ist gestorben, aber das kann er ja nicht, wenn er in der Pappel wohnt.

Lissy hat gehört, wie die alte Hexe mit der Verkäuferin im Supermarkt über den Papa gesprochen hat.

„Es ist eine Schande, so ein junger Mensch", hat die alte Hexe gesagt. „Alle dachten, sie wären eine glückliche, junge Familie, das ganze Leben noch vor sich, und dann geht er eines Abends hin und hängt sich auf."

Bedauernd hat die Verkäuferin den Kopf geschüttelt. „War das nicht in Ihrem Garten, Frau Hübner?" Die alte Hexe hat genickt. „In der Pappel, wo sich die Kleine jetzt immerzu herumtreibt. Soll sie doch den Toten ihren Frieden lassen."

„Dass aber auch niemand etwas gemerkt hat", hat die Verkäuferin überlegt, „jemand muss doch gesehen haben, wie es ihm ging. Und das kleine Mädchen – wie konnte er sie nur allein lassen?"

Lissy hat sich hinter dem Regal mit den sauren Gurken versteckt, damit sie nicht bemerkten, dass sie das Gespräch gehört hatte. Sie weiß, dass die beiden Frauen nicht Recht haben. Die alte Hexe lügt ja. Alle wissen, dass Hexen nicht die Wahrheit sagen können. Das steht doch in allen Geschichten. Der Papa will gar nicht, dass sie ihn in Frieden lässt. Im Fernsehen hat sie gesehen, dass man stirbt, wenn man sich aufhängt. Und wenn man stirbt, dann kommt man nie mehr wieder. Der Papa kann also nicht tot sein. Natürlich hat er sie nicht allein gelassen. „Ich bin nach Grönland abgereist", stand in dem Brief, den er auf ihrem Bett für sie zurückgelassen hat. Da wusste sie noch nicht, dass Grönland so nah ist. Er wohnt eine Zeit lang in den Pappelhainen von Grönland. Aber er kommt sicher bald wieder. Vielleicht im Herbst, wenn die Pappel ihr Laub verliert und es in Grönland zu kalt wird.

„Wenn ich groß bin", sagt Lissy, setzt sich bequemer im Baumhaus zurecht und pult an dem großen Pflaster herum, das Mama auf ihr Knie geklebt hat, „dann bin ich die Königin von Grönland."

„Quatsch!" Julia glaubt ihr kein Wort. „Dann müsste ja dein Vater König sein. Oder du heiratest den Prinz von Grönland. Aber Prinzen heiraten immer nur Prinzessinnen."

Lissy kneift die Lippen zusammen und denkt nach. Soll sie Julia vom Papa erzählen? Vielleicht erzählt sie lieber erst ein bisschen von Grönland. Julia weiß sicher nicht, dass dort alles anders ist. Außerdem muss sie noch das mit dem Heiraten klarstellen.

„Ich heirate nie", sagt sie. „In Grönland muss man das auch nicht. Wenn du willst, nehme ich dich mit, dann können wir zusammen dort leben. Wenn ich Königin bin, hab ich ja genug Platz. In Grönland gibt es lauter ganz seltene Tiere. Drachen und Einhörner und so. Das hat mein Vater gesagt, deshalb weiß ich, dass es stimmt. Und die Leute wohnen nicht in Häusern, sondern in Bäumen. Sie können sich so verwandeln, dass sie unter die Rinde schlüpfen, und durch die Astaugen gucken sie nach draußen, und ihre Haare werden grün wie die Blätter. Und in Pappeln dürfen nur Könige und Königinnen wohnen, so wie mein Vater jetzt." *Verdammt, jetzt hab ich das Geheimnis doch verraten. Hoffentlich wird der Papa nicht böse.*

„Du spinnst", sagt Julia, „dein Vater wohnt nicht in der Pappel. Mein Vater hat gesagt, dass er gestorben ist und nie mehr wieder kommt."

„Dein Vater weiß überhaupt gar nichts. Der kann sich ja nicht einmal in einen Baum verwandeln, und er lebt auch nicht in Grönland, wo es viel schöner ist als hier. Ich sag meinem Vater, er soll deinem von Grönland erzählen."

Lissy muss sich auf die Lippe beißen, damit sie nicht losweint. Gemein ist das, dass Julia jetzt ihren eigenen Vater ins Spiel bringt, der ihr jeden Abend aus dem dicken Märchenbuch vorliest, so wie der Papa ihr früher immer Geschichten erzählt hat.

„Ich spiel nicht mehr. Ich geh nach Hause. Und nach Grönland nehm ich dich auch nicht mit. Dein blödes Baumhaus ist bloß eine Bruchbude, da muss man ja aufpassen, dass es nicht vom Baum kracht."

Das Baumhaus hat Julia zusammen mit ihrem Vater gebaut, und darüber will Lissy jetzt nicht nachdenken. Sie klettert rückwärts die Leiter herunter und rennt durch Julias Garten, die Straße entlang und geradewegs auf die Pappel zu. Außer Atem vom Rennen und weil sie jetzt, wo Julia sie nicht mehr sehen kann, doch weinen muss, vergisst sie fast, nach der alten Hexe Ausschau zu halten. Gerade rechtzeitig fällt ihr noch ein, vorsichtig um die Ecke zu spähen.

Niemand zu sehen. Langsam das Gartentor öffnen – quietscht manchmal ein bisschen –, den gepflasterten Weg entlangrennen. Bloß nicht auf die Ritzen zwischen den Steinplatten treten, sonst weiß die alte Hexe, dass ich komme, und schreit wieder los.

Sie setzt sich unter die Pappel. Wenn sie kommt, sitzt der Papa immer so, dass er dem Haus der alten Hexe den Rücken zukehrt. Wahrscheinlich will er sie nicht immerzu ansehen müssen. Oder er will Lissy vor den Blicken der alten Hexe abschirmen. Tritt sie aus der Haustür, sieht sie nur die Pappelrinde um Papas Rücken, und sie muss schon um den Baum herumgehen, um Lissy zu entdecken.

„Du sollst mir auch ein Baumhaus bauen", sagt Lissy zum Papa. Der antwortet nicht, sondern rauscht nur ein bisschen mit seinen Blättern, als würde er vor sich hinsummen und nicht richtig zuhören.

„Ich will dich wieder richtig sehen und hören können", redet Lissy weiter, denn ein bisschen hört er sicher trotzdem zu. Sie will, dass er sie fest in den Arm nimmt, so wie früher, wenn sie geweint hat. Aber er schüttelt und wiegt seine Astarme im Wind, als gäbe es nichts Wichtigeres zu tun. Lissy stochert mit dem Zeigefinger in den Ritzen der borkigen Rinde herum. Vielleicht wacht der Papa auf, wenn sie ihn kitzelt, vielleicht fällt ihm dann wieder ein, dass er kein Baum ist und dass er zurückkommen muss.

„Papa", drängt sie, „ich bin's doch, Lissy. Ich will nicht mehr, dass du in Grönland wohnst. Es ist auch nicht schlimm, wenn du kein König mehr bist. Ich kann ja was anderes werden, wenn ich groß bin, Architektin oder Köchin. Das mit Grönland war doch bloß eine Geschichte, oder?"

Sie bricht ein großes Stück Rinde ab und hält erschrocken den Atem an. Sanft legt sie die linke Hand über die Wunde. Aber der Papa hat keinen Mucks gemacht, er ist nicht einmal zusammengezuckt.

„Entschuldigung", murmelt sie, „das wollte ich nicht." Der Papa antwortet nicht.

„Warum sprichst du nicht mehr mit mir? Du sollst nicht sein wie die Mama und immer schweigen und an was anderes denken. Hab ich was Falsches gesagt?" Lissy hält inne, um dem Papa Gelegenheit zu geben, etwas zu sagen. So war er noch nie. Er hat sie immer getröstet und mit ihr gesungen, und jetzt ist er so still, als wär er gar nicht da. Ist er böse, weil sie Julia von ihm erzählt hat?

„Das ist mir eben bei Julia bloß rausgerutscht. Und sie hat mir ja gar nicht geglaubt. Ich wollte dich nicht verraten." Sie weint noch mehr. Sie hat schon öfter gehört, dass Verrat schwer bestraft wird. Aber sicher nicht damit, dass der Papa sie nicht mehr lieb hat. Sie kann doch auch nicht aufhören, den Papa lieb zu haben, selbst wenn er nicht mehr mit ihr spricht.

„Papa!" Sie trommelt mit den Fäusten gegen den Baumstamm.

Der Papa antwortet nicht mehr.

Vielleicht ist er böse, weil die Mama ihn noch nicht zurückgeholt hat. Vielleicht sollte sie nach Hause laufen und die Mama holen, aber es ist nicht gut, mit der Mama vom Papa zu sprechen. Sie fängt dann immer an zu weinen und hört lange nicht auf, und dann kommt sie sicher nicht mit, um den Papa zu holen, sondern fängt an, Wein zu trinken.

Die Mama weiß nichts von Grönland. Einmal hat Lissy sie gebeten, „Erzähl mir was von Grönland", und die Mama hat von Eis erzählt, von Eskimos und von Walfängern und von Mitternachtssonne. Das mit der Mitternachtssonne hat Lissy gut gefallen, aber sicher hat die Mama sich das nur ausgedacht. Und von Grönland weiß sie nichts. Denn wenn nachts die Sonne scheint, wann soll man dann zaubern?

Lissy würde Papas Geschichten von Grönland gern weiter glauben. Es war so schön, beim Papa an den Pappelstamm gelehnt zu sitzen und sich von ihm trösten zu lassen. Aber wenn er sie nicht mehr tröstet, fühlt sie sich bei der Pappel sehr allein.

Auf einmal wünscht sie sich, dass es nur eine Gutenachtgeschichte war, denn dann wäre der Brief, in dem stand, dass der Papa nach Grönland abgereist ist, auch nur eine Geschichte, und in Wirklichkeit wäre er zu Hause in der Wohnung und würde sie in seinen Armen auffangen und ihr sagen, dass sie nicht alles glauben darf. Sie traut sich aber nicht, nach Hause zu gehen und nachzusehen, ob er da ist. Schon seit vor den Sommerferien ist er nicht mehr nach Hause gekommen, nicht einmal an ihrem ersten Schultag im Juli. Wo ist er denn dann, wenn er nicht zu Hause ist und nicht in Grönland?

Sie wird zu Julia zurückgehen. Julia hat die Geschichte vom Papa in Grönland von Anfang an nicht geglaubt. Vielleicht ist sie noch im Baumhaus.

Ob es doch stimmt, was Julia und die Mama und die Verkäuferin und die alte Hexe gesagt haben – ist der Papa tot und kommt nie mehr zurück?

Lissy steht auf und tritt gegen die Pappel. *Blöder Baum, hat mir die ganze Zeit vorgemacht, er wär der Papa.* Der Baum raschelt mit seinen Blättern, aber Papas Stimme kann Lissy nicht mehr darin hören, darum tritt sie noch mal. Dann wischt sie sich mit den Handballen durchs Gesicht. Es piekst ein bisschen, weil sie lauter Rindenstückchen an den Händen hat. *Ich werd's dir zeigen, das bisschen Schmerz macht mir gar nichts aus.* Sie reibt noch einmal kräftiger mit beiden Händen von der Nase nach außen über die Wangen, bis alle Tränen abgewischt sind und ihr Gesicht brennt.

Auf einmal geht die Haustür auf. *Die blöde alte Hexe kann mir keine Angst mehr machen. Sie ist immer garstig, schreit mich an, und weiter passiert nichts. Julia hat sich nur ausgedacht, dass sie Kinder frisst.*

Lissy nickt höflich einmal mit dem Kopf. „Guten Tag, Frau Hübner."

Dann geht sie würdevoll, als wäre sie immer noch die Königstochter, über den Plattenweg bis zum Gartentor, klinkt es sorgfältig hinter sich zu und geht zurück zu Julia, in das Baumhaus, das ihr Vater gebaut hat.

Charlotte Richter-Peill
Der Keller

Während der Fahrt mit dem Bus höre ich auf, mir die Augen zu wischen. Als ich aussteige und in meinen Taschenspiegel schaue, blickt mir ein Gesicht aus Tränen und Rotz entgegen. Ich putze es mit dem Ärmel ab. Dann folge ich der Straße bis zu der gekiesten Auffahrt, die noch einmal eine fünfminütige Wanderung bedeutet.

Meine Mutter wartet in der Tür auf mich; auch farblich passt sie zu ihrem Heim. Blassgelbe Buttercreme, angelaufenes Messing. Ihr Haar ist eine Krone. Vier Löckchen haben sich gelöst und rahmen ihr Gesicht.

Die Rückkehr in mein Elternhaus ist schwierig für mich. Weil sie mich in eine Zeit zurückkatapultiert, in der andere festlegen konnten, wie ich zu leben hatte. Weil ich mich zu wehren beginne, ehe ich angegriffen werde.

„Hallo, Saskia", sagt meine Mutter.

„Hallo, Mama", sage ich und versuche ein Lächeln. Dann gehe ich an ihr vorbei. Meine Reisetasche stelle ich neben die Treppe, die auf den Dachboden führt.

Der Dachboden riecht nach alter Luft und in Umzugskartons verwahrten Erinnerungen. Das rauchgraue Zelt steckt zwischen der Wand und der Kommode, auf der meine Mutter mich wickelte; die Kommode, die meine Mutter noch immer behält, für das Enkelkind, auf das sie nicht aufhören kann zu hoffen.

Das Zelt gehört mir, als Studentin habe ich ein paar Mal darin übernachtet. Es war wärmer damals. Es war aufregend. Das Zelt roch nach Abenteuer. Jetzt riecht es nach nassem Staub. Ich trage es hinunter und stelle es neben meine Tasche. In der Tasche steckt nichts von Bedeutung. Etwas Wäsche und ein Postsparbuch, das beinahe nichts wiegt. Bei dem Versuch, mich in meinem neuen Leben einzurichten, wird es mir keine Hilfe sein.

Anders die wilde Wiese, die mein Vater mir schenkte. Baugrund. In Gedanken sah er sich wohl schon so manchen Nachmittag dort sitzen, in meinem rosenumpflanzten Eigenheim, vor sich eine Tasse Kaffee, der Apfelkuchen gekrönt von Schlagsahne in Form eines Kuppeldachs, das Ganze garniert mit ein paar bezaubernden Enkeln, die sich auf seinen Schoß kuscheln. Aber wilde Wiese, Baugrund und Zukunft erwiesen sich als trügerisch. Ein Morast, der jedes Fundament verschlungen hätte. Ohne Wert. Trotzdem habe ich die Wiese behalten.

Meine Mutter steht am Herd. Sie kocht Milch, gibt eine Stange Vanille und eine Prise Zimt dazu und hängt ein Netz, gefüllt mit rotbraunen, beinahe durchsichtigen Blättern in die leise blubbernde Flüssigkeit. Nachdem er lange genug gezogen hat, gießt sie den Tee in eine Kanne, ruft meinen Vater und mich ins Wohnzimmer, arrangiert das Geschirr auf dem Couchtisch mit der Marmorplatte und uns in der gepolsterten Sitzecke. Den Tee schenkt sie durch ein Sieb in unsere Tassen. Kein einziges Blatt rutscht durch. Der Kuchen, den sie gebacken hat, schmeckt nach Schokolade und Butter. Ich werde nie mit meiner Mutter gleichziehen können.

Jetzt sitze ich also noch einmal hier. Nun, es wird nicht lange dauern. Ich brauche das Zelt. Ich brauche die Wiese.

Wir kauen, schlucken, lächeln. Meine Eltern reden außerdem. Ich sehe ihre Münder auf- und zugehen, rund und eckig und wieder rund werden. Der Bart meines Vaters ist grau und von glänzender Glätte, er spiegelt mein Gesicht. Noch immer trimmt er ihn täglich und mit Hingabe. Im Moment hängt Schokoladencreme darin. Das rührt und reizt mich gleichermaßen. Wenn ich meinen Eltern die Gelegenheit gebe, werden sie ihre Liebe wie eine warme, weiche, alles erstickende Decke über mich breiten.

Mit einer Serviette tupft meine Mutter ihren Mund ab. „Warum ziehst du nicht hier ein?", fragt sie. „Bis du weißt, wie es weitergehen soll."

Ich mag meine Eltern. Aber ich mag es nicht, wie sie in mein Leben eindringen und alles mit Beschlag belegen. Sie wissen nicht, wie man ein Leben wie das meine behandeln muss; also behandeln sie es wie das ihre. Sie lassen es an der Behutsamkeit fehlen, die ich mir bei den Besuchern meines inneren Zuhauses wünsche. Mein Vater verstreut Pfeifentabak auf dem Parkett. Meine Mutter, die in der Küche gern eine Mahlzeit oder wenigstens einen Tee für mich zubereiten würde, reißt das Geschirr aus den Schränken, hantiert mit meinen Geräten herum, fasst alles an, probiert alles aus, richtet Verwüstungen an.

Jetzt sagt mein Vater: „Deine Mutter hat Recht. Warum kommst du nicht zurück?"

Meine Eltern haben mir immer gesagt, wo es langgeht. Aber in mir steckt dieser Kern, der fest mit mir verwachsen ist. Der sich nicht aus meinem Fleisch herauslösen lässt. Freundlich sehe ich sie an und nehme mir noch ein Stück Kuchen.

„In einem Zelt wohnen, das ist doch verrückt", sagt mein Vater. Seine Milde, die Güte eines netten Onkels aus einem amerikanischen Kinderfilm, durchmischt sich allmählich mit der Strenge eines Pastors.

„Such dir wenigstens eine Wohnung", insistiert meine Mutter. „Du kannst doch nicht auf einer Wiese campieren."

„Ich habe kein Geld für eine Wohnung."

Mein Vater runzelt die Stirn. „Dann nimm unser Geld."

Ich schüttele den Kopf.

„Verrückt", beschließt er noch einmal. „Vollkommen." Die finale Diagnose. Die Diskussion ist beendet. Er seufzt, erhebt sich, geht auf die Toilette. Vielleicht, um seinen Bart zu säubern. Vielleicht, um mir zu zeigen, was er von meinen Plänen hält. Als er zurückkommt, ist die Schokoladencreme verschwunden.

Meine Eltern fahren mich zu der wilden Wiese. Hier werde ich es mir in meinem neuen, rauchgrauen Heim gemütlich machen; hier werde ich stromernden Hunden meine Befehle erteilen: „Hopp, das war's, pisst woanders hin."

Misstrauisch mustert meine Mutter die lilaköpfigen Blüten des Pestwurzes. Als könnten sie aufplatzen und eine Horde schleimiger Sciencefiction-Monster entlassen. Auch der Blutweiderich, dessen grelle Ähren wie Lanzen aufragen, das filzige Mädesüß, das überall in bleichen Büscheln wuchert, die blassgelben Schwertlilien und die fettig glänzenden, meterhohen Sumpfdotterblumen üben keine beruhigende Wirkung auf sie aus. „Hier wimmelt es bestimmt von Schnecken und Kröten", sagt sie. Ein letzter Versuch, mich ins Auto zu locken.

Ich zucke die Schultern.

Sie helfen mir nicht mit dem Zelt. Von jetzt an muss ich mich daran gewöhnen, die Dinge allein anzupacken. Ein Zelt ist ein Anfang und die Bäckerei mein nächstes Ziel. Sie liegt einen erfrischenden Fußmarsch entfernt und hat noch geöffnet. Ich kaufe ein Rosinenbrötchen, zwei

Würstchen in Blätterteig und eine Cola. Auf dem Heimweg sehe ich vor einem Nachbarhaus, auf einer Terrasse, eine Frau mit einem Buch auf den Knien.

Dann sitze ich, mein Abendessen im Schoß, vor meinem Zelt und schaue über mein Land. Das Licht der untergehenden Sonne richtet am Himmel ein Blutbad an. Grillen geigen. Frösche jammern nach ihren Weibchen. Alle weiteren Nachbarn leben mindestens einen halben Kilometer entfernt. Ich habe das Maß an Einsamkeit erreicht, das man in dieser Gegend erreichen kann.

Die Sonne sinkt hinter die Bäume. Ich krieche in mein Zelt und rolle mich in meinen Schlafsack. Dann träume ich, wie ich nur als Kind geträumt habe: ohne mir vorher die Zähne geputzt zu haben.

Mein Traum führt mich in ein Zimmer. Weißgelbes Licht strömt durch ein Fenster. Auf der anderen Seite blühen Apfelbäume. Die Stille ist vollkommen.

Ich erwache vom Geschrei der Vögel. Sofort spüre ich, dass sich etwas verändert hat. Aber ich weiß nicht, was.

Als ich mit einem Croissant, einem kaffeegefüllten Plastikbecher und dem Entschluss, mir einen Campingkocher zu organisieren, von der Bäckerei zurückkehre, stolpere ich über einen Hering und falle in mein Zelt. Sturzartig wird mir klar, worin die Veränderung besteht.

Über Nacht haben die Wände meines Zeltes einiges an Festigkeit hinzugewonnen. So viel, dass sie unter meinem Gewicht nicht nachgeben.

Das ist die Veränderung. Ich finde sie beachtlich.

Ich kaufe einen Campingkocher und träume jede Nacht von dem Zimmer, in dem alles Wärme und Licht ist.

Nach einer Woche haben meine Träume das Zelt so weit verändert, dass es sich bequem darin leben lässt; meine Träume haben aus dem Zelt eine Hütte gemacht. Rauchgraue Wände, ein Schieferdach. Es gibt nur einen Raum, der viel größer ist, als es von außen den Anschein hat. Das Fenster aus meinem Traum fehlt, trotzdem läuft der Raum über vor Sonnenlicht. Ich nenne ihn das Zimmer der Helle. Ein Bett steht darin. Ein Sessel. Und eine Wiege, was ich nicht verstehe.

Mit jeder Nacht, jedem Traum dehnt und reckt sich mein Heim. Das zweite Zimmer ist riesig. Ein Atelier ohne Fenster. Überall stehen Klötze aus Stein, schwarz und glänzend, als hätte sie jemand in Öl getaucht. Weil mich ihre Größe bedrückt, zerhacke ich sie. Vielleicht werde ich das Haus, in dem ich bald leben werde, mit den von mir geschaffenen Splittern verzieren. Bis es so weit ist, schmücke ich das Atelier mit den Rosen, die ich auf meinen Spaziergängen von den Hecken schneide.

Nachts träume ich.

Mit seinen kalkigen Wänden, der trockenen Kühle und den Betonpfeilern besitzt der dritte Raum den Charme einer Tiefgarage. An der Tür hängt ein Bild. Dargestellt ist ein Haus mit Fenstern, die Inseln aus Licht in der Dunkelheit sind. Vielleicht liegt der Sinn des Bildes darin, mich an das zu erinnern, was ich will. Doch wenn ich zu lange auf die Lichtinseln starre, beginne ich zu frieren; dann verwandeln sich die Inseln in Tunnel, die in das Bild führen. Fort von allem. Ich bin froh, dass mein Haus ohne Fenster ist.

Bei dem vierten Zimmer sind meine Träume ein paar Quadratmeter über das Ziel hinausgeschossen. Die gemauerten Bögen, die Säulen, das ganze Dekor, alles wirkt überladen, theatralisch. Fehlt nur der Kristalllüster, den ich von meinem Großvater erbte und der auf dem Dachboden meiner Eltern ein glanzloses Dasein führt. An einem Samstag hole ich ihn.

„Kommt morgen Nachmittag", sage ich zu meinen Eltern.

Ich erwarte sie an dem schlaffen Drahtzaun, der meine Wiese von der Welt trennt. „Hallo", sage ich und umarme sie. Meine Stimmung ist euphorisch. Gerade ist der fünfte Raum fertig geworden. Ein Wintergarten. Die Glaswände sind beschlagen vom rauchigen Grau meines Hauses. Das Grau erlaubt keinen Blick hinein. Oder hinaus. Das Innere ist vollgewuchert mit Blumen und Bäumen. In allen Stadien der Reife. Einige geduckt, fast unsichtbar. Andere groß und selbstbewusst. Ein Geäder kiesbestreuter Pfade führt zwischen den Beeten zum Zentrum: ein Oval aus Katzenkopfsteinen. Hier warten Eisenstühle an einem Eisentisch; hier möchte ich meinen Eltern den Tee servieren.

Noch stehen sie am Zaun, still wie zwei Statuen, marmorkalt.

„Wo ... wo kommt das Haus her?", fragt meine Mutter.
„Ach, das. Das habe ich mir so gebaut", sage ich stolz.
Ungläubig sieht sie mich an. Ich lächele.
„Wohl eher ein Schloss als ein Haus." Die Worte meines Vaters fallen hart und kalt wie Eiswürfel auf den Boden.

Aufmerksam beobachte ich meine Eltern. „Gebt es zu", denke ich. „Gebt es zu. Mein Haus ist wunderschön."

„Fein, dass du deine Träume verwirklichst." Mein Vater strafft sich. „Aber meinst du nicht, du hast es etwas übertrieben?"

Ich bin nicht für mich allein. Noch immer ist mein Leben mit dem Leben anderer Menschen verknüpft. Jetzt verwandeln mich die Worte meines Vaters in etwas Winziges. Unzulängliches. Das passiert mir manchmal. Bei Menschen, die mich nicht loben, wenn ich stolz auf mich bin.

„Trinken wir eine Tasse Tee?" Unsicher deute ich auf mein Haus.

Mein Vater schaut auf die Uhr. „Ein andermal. Wir sind noch verabredet." Er lächelt, nimmt meine Mutter am Arm. Dann sind sie im Auto und weg. Ich starre ihnen nach. Lange stehe ich so. In der Dämmerung. Die Nacht kommt. Ich verlasse Mädesüß und Blutweiderich und gehe in das Zimmer der Helle. Flach ausgestreckt liege ich auf dem Bett und sehe in die Schwärze, die das Licht verzehrt, die nun über mir schwebt und sich schwer und unausweichlich auf mich legt. Meine Augen schließen sich. Ich träume.

Wenn ich zurückblicke, dann glaube ich, dass meine Nachbarn sich über das Zelt auf der Wiese geärgert haben. Schweigend, aber spürbar. Wieder so ein Penner, der uns mit seiner Existenz belästigt. Jetzt bleiben sie am schlaffen Drahtzaun stehen, messen mit ihren Blicken die Türme, Erker und Mansarden meines Hauses ab und werden in seinem Schatten klein und nichtig.

Im Innern gibt es eine behagliche Bauernküche von der Größe eines Wirtshauses, die ich mit Holzmöbeln, Zwiebelzöpfen und Kupferkesseln ausstaffiert habe. Ganz anders der Raum, den ich die Bar nenne und dem alles fehlt, was man rustikal nennen könnte. Vor dem matt beleuchteten Tresen, der eine zehn Meter lange Mauer aus Mahagoni ist, stehen hohe Hocker. Kleine Tische wachsen wie Marmorpilze aus dem saphirblauen Teppich. Die Vorstellung gefällt mir, in der Bar eines Tages meine Freunde zu begrüßen. Auch wenn diese Freunde bisher nur in meiner Phantasie existieren.

Über dem Buffet im Speisezimmer hängt ein Bild. Ein blauweißgrünes Meer. Neben dem Buffet ein gläsernes Auge, ein Spiegel, der ebenfalls zur Erbschaft meines Großvaters gehört.

Zuletzt der Raum, der mich jedesmal an einen riesigen Zwinger denken lässt. Die Wände sind mit Stahl vergittert und hoch über mir mit der Dunkelheit verlötet. Den weiß gekachelten Boden habe ich mit Patchworkdecken in eine bunte Landschaft verwandelt. Vielleicht kaufe ich mir eines Tages einen Hund. Jemand sollte mein Haus bewachen; mein Haus riecht nach Geld.

Das Ganze ist natürlich eine Nummer zu groß für mich. Obwohl ich seit mehreren Wochen hier wohne, finde ich mich noch immer nicht zurecht. Die Flure und die neun Zimmer gehen zufällig ineinander über, keinen Regeln folgend sind sie das Ergebnis von Ideen, die mein Haus seit einiger Zeit von allein hervorbringt. Die Anordnung der Räume ändert sich ständig. Oft bleibe ich einem Zimmer, einem ganzen Stockwerk tagelang fern, erinnere mich nicht einmal mehr, wo in meinem Haus das Zimmer liegt, über welche Treppe ich das Stockwerk erreiche. Bis ich eines Tages unerwartet hineingerate. Mein Haus bietet mir ein endloses Feld zum Wandern.

In jedem Zimmer öffnen sich wenigstens zwei Türen. Das ist verwirrend, führen sie doch jedes Mal in andere Zimmer. Zuweilen stelle ich mir vor, hinter einer der Türen würde ein völlig neuer Raum auf mich warten. Ich weiß nicht, was für ein Raum das sein könnte. In meinem Haus habe ich alles, was ich brauche.

Von morgens bis abends poliere ich Möbel, gieße die Orchideen und Rhododendren im Wintergarten, widme mich der Schönheit meines Hauses. Ich nehme mir Zeit. Jeder Raum hat ganz unterschiedliche Bedürfnisse. Manchmal denke ich noch an die Freunde, die ich einladen werde, eines Tages. Aber immer häufiger mache ich Essen ohne diesen Gedanken. Mit drei und mehr Gängen. Mit Kanapees, legierten Suppen, gespicktem Braten. Und mit einer neugierigen Sorgfalt. Meine Eltern bitte ich nicht mehr um einen Besuch. Dabei hätte ich sie gern in meiner Nähe. Zum ersten Mal in meinem Leben. In meinem Innern, da, wo es dunkel ist, kauert noch immer das Kind, das nach Anerkennung hungert. Ich würde mich über die Stimmen meiner Eltern in meinem Haus freuen. Glücklich aber würde es mich nur machen, wenn sie mein Haus bewundern.

Von jetzt an will ich nur noch glücklich sein.

Ich habe eine Tür entdeckt. Die Tür ist aus Stahl und mir fremd. Obgleich ihr Aussehen anderes verheißt, ist sie leicht zu öffnen. Eine Treppe führt hinunter, in eine Dunkelheit, die der milchige Schimmer einiger verstaubter Glühbirnen kaum durchdringt. Von dieser Dunkelheit habe ich nie geträumt. Oder von der Treppe. Stufe um Stufe steige ich hinab, vorsichtig, beide Hände am Geländer, mit weit geöffneten Augen, die sich nur zögernd im kränklichen Licht zurechtfinden. Die Luft fühlt sich zäh und klebrig an und drückt gegen meine Augäpfel.

Die Treppe endet in einem hohen Gewölbe. Neun Gänge führen von dem Gewölbe weg. Ich sollte jetzt wieder hinaufgehen. Aber ich sollte auch wissen, was da ist. Unter meinem Haus.

Mit kleinen Schritten taste ich mich in einen der Gänge hinein. Rechts und links öffnen sich weitere Gänge. Nach einigen Schritten und mehreren hastigen Atemzügen bleibe ich stehen. Ist vorne hinten? Ist hinten vorn? Bin ich von rechts gekommen? Oder von links? Ich stolpere zurück, oder in irgendeine andere Richtung, schaue nach der Treppe aus, die nach oben führt. Es gibt keine Treppe. Von allem anderen gibt es zu viel. Gänge und Hallen, Korridore und Kammern. Das Kreislaufsystem eines riesigen Kellers verästelt sich unter meinem Haus.

Und dann höre ich das Geräusch. Ein Seufzen und Stöhnen, das in einem der Gänge entlangzulaufen scheint. Es kommt auf mich zu. Ein Scharren auf dem Boden. Atemzüge. Ich erstarre. Nur für einen Moment. Mit einem Ruck kehrt das Leben in meinen Körper zurück. Ich renne. Weg von dem Scharren. Plötzlich ist da die Treppe. Ich stolpere sie hinauf. Vor mir die Tür aus Stahl. Ich stoße sie auf, strauchele, falle in den Gang, der vom Speisezimmer in den Zwinger führt.

Also hat sich etwas unter meinem Haus eingenistet; also lebt etwas unter meinem Haus. Ich bin nicht verrückt. Auch wenn dies die einfachste Lösung wäre.

Es ist gut, nicht verrückt zu sein. In dieser ganzen Angelegenheit ist es das einzig Wichtige.

Ich habe mehrere Riegel an der Kellertür anbringen lassen. Seitdem versuche ich, die Tür zu vergessen. Das ist nicht leicht. Es ist unmöglich. Unvermutet taucht sie in einem Gang, einem Zimmer auf. Nie kann ich an ihr vorübergehen, ohne stehen zu bleiben. Es ist wie ein Zwang;

derselbe Zwang, der mich mit beiden Händen über den kalten Stahl streichen lässt. Der mich in meinem Kopf einen Plan dessen erstellen lässt, was ich gesehen habe, hinter der Tür, am Ende der Treppe.

Ich stehe vor der Tür und höre es vorüberkriechen. Unten, in den Tiefen meines Kellers. Es ist gewachsen. Ich bin mir sicher. Es schiebt sich durch hohe Hallen, drängt in lange, leere Gänge. Ich stelle mir vor, wie es sich da hindurchwindet, wächst, wuchert, sich ausbreitet. Ein Pilz, eine nachtweiche Pflanze, deren Ausmaß ich nur erahnen kann. Es robbt durch den Keller, rutscht über den Boden, kraucht an den Wänden entlang, doch es verfolgt kein Ziel. Es ist ein Drang, es muss sich bewegen. Ist der Drang befriedigt, ruht es sich aus. Ich spüre sein Ausruhen. Das Zusammenkauern. Das Aufhören des Wachsens. Es lauscht. Ich lausche. Ich weiß nicht, worauf ich warte. Mein Kopf sinkt gegen die Tür. Meine Stirn ruht am glatten Stahl. Ich hocke auf dem Boden. Meine Brüste drücken gegen meine Knie. Irgendwann stehe ich auf und suche meine Küche.

Meine Küche ist borkenbraun. Vor dem Herd sammle ich mich wie eine Balletttänzerin vor ihrem Auftritt. Meine Bewegungen sind knapp, konzentriert. Ich habe dazugelernt. Küchen bereiten mir keine Probleme mehr. In einer Mühle mahle ich eine Handvoll glänzender, schwarzer Bohnen, fülle das Pulver in einen Filter und verwandele es mit kochendem Wasser in einen duftenden Brei.

Der Kaffee ist dickflüssig wie Honig, dunkel wie Morast, giftig wie Öl. Ich trinke ihn heiß. Ohne Milch und Zucker. Mit gierigem Ekel. Als wäre der Kaffee eine Arznei, die mich in meiner verwirrenden Lage zur Vernunft bringen könnte. Das Gebräu lässt meine Hände zittern und mein Herz gegen meine Rippen fliegen. Ich darf nicht schlafen. Im Schlaf könnte es kommen. Die Treppe herauf.

Trink so viel Kaffee wie möglich.

Um mir diese Bitternis zu versüßen, stopfe ich mich mit Keksen voll. Selbst gebacken. Ich kann mir den Luxus leisten, meine Vorlieben zu entdecken, zu entwickeln und zu kultivieren. Weil ich eine Frau bin, die allein lebt.

Aber ich bin nicht allein. Nicht mehr.

Ich esse meine Kekse, trinke meinen Kaffee, versuche, einen Roman zu lesen. Ich halte mir das Buch dicht vor die Augen, beginne noch einmal von vorn. Ich muss begreifen, was die wirbelnden Buchstaben bedeuten. Mechanisch fasst meine Hand in die Dose mit den Keksen. Ich verschlinge das zuckrige Zeug pfund- und kiloweise. In ihm verschmelzen Schokolade und Butter auf eine Art, die mir Tränen in die Augen treiben sollte. Aber ich esse nur, esse mich bis auf den Grund der Dose. Dabei ist mir schon seit dem ersten Bissen schlecht.

Der Abend kommt. Ich lege den Roman weg, lasse die letzten Kekse und beginne mich zu fürchten. Von allen Seiten kriecht die Angst auf mich zu.

Warte nicht auf die Angst.

Ich stehe auf und wandere los. Durch die Zimmer meines Hauses. Treppen hinauf und Treppen hinunter. Das Wandern hält mich wach. Kilometer um Kilometer laufe ich. Mein Weg endet im Zimmer der Helle. Wände und Decke sind wie mit Sonnenlicht gestrichen. Auf dem Boden strahlt ein sonnengelber Teppich. Der Sessel, bespannt mit sonnengelbem Stoff, streckt mir unsichtbare Arme entgegen.

In meinen Gedanken ist Nacht.

Ich setze mich auf das Bett und halte meinen Kopf mit beiden Händen. Mein Hirn hat sich in eine grell glühende Sonne verwandelt; wahrscheinlich leuchtet mein Schädel in derselben Farbe wie Wände, Teppich und Sessel.

Es hat ja keinen Sinn, hier zu sitzen. Langsam streife ich meine Kleider ab. Nackt stehe ich in meinem sonnigen Zimmer. Gänsehaut wächst meine Arme hinauf. Ich streife mein Nachthemd über, der Stoff reibt sich an meinem Bauch, meinen Beinen. Mit ruhigen Strichen bürste ich mein Haar, versuche, alle Gedanken aus meinem Kopf herauszubürsten. Dann rolle ich mich in einer Ecke meines sonnengelben Bettes zusammen und warte auf den Schlaf. Jetzt, wo ich ihn will, kommt er nicht. Ich stehe auf, schlucke eine Tablette, lege mich wieder hin. Meine Gedanken flattern wie Vögel in einem Labyrinth aus Finsternis. Ich schlucke eine zweite Tablette. Eine dritte.

Das, was in meinem Keller lebt, wächst. Wuchert. Wartet.

Wir stehen vor meinem Haus. Ich neben meinen Eltern. In der Kälte. Sie wollen nicht hereinkommen. Und eigentlich will ich es auch nicht. Nein, sie sollen mein Haus nicht betreten. Ein paar Worte, die ich gleich wieder vergesse, gehen hin und her. Ich spreche nicht von meinem Keller.

Dem Kriechen. Dem Stöhnen. Sie sollen nicht denken, ich hätte den Verstand verloren. Sie sollen mir nicht erzählen, wer ich bin und was ich als Nächstes tun muss. Manchmal glaube ich, sie warten nur darauf, mir mein Leben wegzunehmen.

„Geht es dir gut?", fragt mein Vater.

„Blendend." Ich zwinge ein Lächeln auf mein Gesicht.

„Du hast abgenommen." Der Blick meiner Mutter umfängt meine Taille. „Und sag mal –, was ist denn mit der schönen Wiese passiert?"

Jetzt, wo die Wiese nicht mehr da ist, kann sie die Wiese schön nennen. Keine Blumen mehr. Keine Sciencefiction-Monster, die meine Mutter fürchten müsste.

Ich zucke die Schultern. „Wahrscheinlich Parasitenbefall."

Die Pflanzen sind tot. Auf gelbbraunem Gras liegen modriges Mädesüß und Haufen von verrottetem Pestwurz. Dürre Strünke recken sich in den Himmel wie die Hände von Verzweifelten. Das, was in meinem Keller lebt, hat alle Säfte aus der Wiese herausgetrunken. Es mästet sich mit dem Blut der Erde. Es blüht und gedeiht.

Meine Eltern verlassen die Wiese. Ich gehe ebenfalls. In die andere Richtung. Die Straße hinunter. Ein Spaziergang wird mir gut tun. Die Sonne gießt Pfützen aus Licht auf den Asphalt. Der Wind hat sich in den Blättern der Bäume verirrt, sucht vergeblich den Weg hinaus. Wolken rutschen durch das Blau des Himmels wie Schafe mit abgeschnittenen Beinen. Noch ein paar Straßen. Die Bäckerei. Ich trete ein. Was nun? Soll ich etwas kaufen? Krokanttorte und Mohrenköpfe verschwimmen vor meinen Augen zu einem cremigen Brei. Irgendwo über dem Brei blinkt mich das Lächeln der Verkäuferin an.

„Guten Tag", sage ich. Und plötzlich denke ich, was, wenn es schon an der Treppe meines Kellers ist? Wenn es an der untersten Stufe leckt, jetzt, in diesem Moment? Ich stehe in der Bäckerei, und es beginnt an mir zu zittern. Der Speichel in meinem Mund verklumpt zu einem säuerlichen Schleim. Ich kann nicht mehr schlucken. Ein Schweißfaden zieht auf meiner Schläfe eine klebrige Spur. Mein Haus. Es wird mir mein Haus nehmen.

Ich drehe mich um, bin schon an der Tür, die Messingglöckchen bimmeln wild. Ich stolpere hinaus, beginne zu laufen. Ich renne. Passanten rufen mir Worte nach, die ich nicht verstehe. Kalte Luft füllt meinen Mund, drängt die

Luftröhre hinunter, in die Lunge. Menschen wogen auf dem Gehweg hin und her. Ich quetsche mich an ihnen vorbei. Vorhin waren sie noch nicht da. Oder doch? Ich erinnere mich nicht. Ich habe keine Zeit, mich zu erinnern.

Dann bin ich in meinem Haus. Ich renne, stolpere, falle gegen die Tür, gleite an ihr herunter, kauere mich auf den Boden. Noch immer zittere ich. Dass ich so zittern kann. Mein Ohr drückt sich gegen die Tür, saugt sich daran fest.

Stille.

Es wird kommen. Bald. Es wird an der untersten Stufe lecken.

Ich darf mein Haus nicht mehr verlassen; ich darf mein Haus nicht dem ausliefern, was dort unten lauert. Die Tabletten spüle ich ins Klo. In der Küche brühe ich viele Liter öligen Kaffees. Ich werde nicht mehr schlafen. Sondern die Kellertür bewachen. Wenn es die Treppe erreicht, werde ich bereit sein.

In der dritten Nacht sind meine Lider schwer wie nasse Tücher. Immer wieder sinkt mir der Kopf auf die Brust. Mein Schlaf ist kurz wie ein Atemzug. Mit einem Ruck fahre ich hoch.

Es leckt an der untersten Stufe. Es ist ein Gefühl, als würde seine Zunge über meinen Körper gleiten, über meine Beine, meinen Bauch, meine Brüste reiben. Millimeterweise schiebt es sich über die Kante der untersten Stufe.

Wie still es ist. Ich halte den Atem an. Und höre es. Noch trennt uns die ganze Länge der Treppe voneinander. Doch es ist auf dem Weg.

Ich muss die Tür öffnen. Hinuntergehen. Es wegbekommen aus meinem Haus.

Langsam stehe ich auf. Meine Finger umfassen den oberen Riegel und schieben ihn zurück.

Vielleicht hat es meinen Keller verändert, während es von einem Raum in den anderen kroch. Während es wuchs. Sich ausbreitete.

Vielleicht wird es mich verändern.

Mit einem Ruck schiebe ich den Riegel wieder vor und laufe, weg von der Tür, tief in mein Haus hinein.

Zuweilen bin ich ruhig, still wie die Oberfläche eines Spiegels, Stunde um Stunde. Zu anderen Zeiten jagt mich die Angst, krallt sich an mir fest, wühlt sich in mich hinein. Stöhnend laufe ich durch die Zimmer meines Hauses, mit schweißfeuchter Haut, bis ich taumele, falle, mich vor der Tür meines Kellers zusammenrolle.

Lange kann es so mit mir nicht weitergehen, wenn überhaupt noch etwas von mir übrig bleiben soll.

Das, was in meinem Keller lebt, hat mir nicht verboten, mein Haus im Stich zu lassen.

Ich will mein Haus nicht verlieren.

Manchmal ist mir, als könnte ich fliegen; manchmal stelle ich mir vor, der Tag wäre gekommen, an dem ich hinuntersteige. Es wartet auf mich. Ich gehe zu ihm, und die Wirklichkeit fällt von mir ab wie ein Mantel, dem ich entwachsen bin.

Doch ich gehe nicht. Nicht zu ihm. Aber auch nicht weg von ihm. Ich muss die Tür meines Kellers bewachen. In diesem Augenblick ist das meine einzige Sicherheit. Dass ich für alle Zeiten die Tür meines Kellers bewachen werde.

Seine Atemzüge sind lauter geworden. Hungriger. Egal, wie schnell oder langsam ich selbst atme, immer finden sie meinen Rhythmus. Ich muss etwas tun. Herausfinden, was es von mir will. Heute werde ich einen Anfang machen.

Ich gehe zu der Tür meines Kellers. Stelle den Teller ab. Zögere.

Lange stehe ich vor der Tür. Immer wieder muss ich mir sagen, dass ich es tun werde. So, wie ich es in Gedanken schon viele Male getan habe.

Behutsam schiebe ich die zahlreichen Riegel zurück. Es gelingt mir, die Klinke herunterzudrücken. Die Tür öffnet sich. Dämmriges Licht tropft auf die Stufen. Sie sind blank, rein und unberührt. Das untere Ende der Treppe liegt im Dunkeln. Dieses Ende ist weit entfernt. Ich hebe den Teller vom Boden auf, greife in das Fleisch, werfe Brocken für Brocken in meinen Keller. Tief unter mir höre ich die Fleischfetzen auf die Stufen klatschen. Ein blutiger Regen.

Leise schließe ich die Tür und schiebe alle Riegel vor. Mein Kopf sackt nach vorn, gegen den Stahl. Lange stehe ich so. Bis ich es höre. Sein Fressen. Sein Keuchen. Seinen gierigen Atem.

Es ist noch immer hungrig.

Egal, wie viel Fleisch ich hinunterwerfe, ich kann es nicht besänftigen. Ich kann es nicht sättigen. Es kommt die Stufen herauf. Ich halte mir die Ohren zu und höre es trotzdem.

Soll ich hinuntergehen? Ihm entgegengehen? Was wird geschehen, wenn ich zu viel Licht mitnehme? Wenn das Licht in die Dunkelheit fällt und ich es sehen muss?

Die Entscheidungen sind es, die mein Leben schwierig machen. Könnte ich doch immer vorwärts gehen.

Lange habe ich mein Haus nicht mehr verlassen. Jetzt stehe ich unter einem trügerisch blauen Himmel und schaue über mein totes Land. Gegen Abend verschwindet die Sonne im Dunst eines blutigen Nebels.

Mein Weg ist nicht hier. Nicht außerhalb meines Hauses.

In der Küche, deren Hitze mir den Schweiß aus allen Poren treibt, beginne ich zu backen. Schokoladenplätzchen. Mandelmakronen. Vanillekipferln. Während das Gebäck abkühlt, trinke ich Tee am Küchentisch. Zwei Kannen später fülle ich die Plätzchen in Blechdosen, die ich fest verschließe. Ich stapele immer drei Dosen übereinander, um nicht zu oft in den Keller hinuntergehen zu müssen. Denn dort werde ich die Dosen verstauen. Natürlich könnte ich sie in einen der Schränke stellen. Aber die Schränke bleiben zu. Der Keller gehört zu meinem Haus. Also werde ich ihn benutzen. Mich nicht länger vor ihm fürchten. Ab sofort ist der Keller ein gewöhnlicher Keller, und so werde ich ihn behandeln.

Riegel um Riegel schiebe ich zurück. Behutsam trete ich auf die erste Stufe. Die Treppe meines Kellers kommt mir sehr lang vor. Sie führt in eine Tiefe, die größer ist als die Tiefe, an die ich mich von meinem letzten und einzigen Gang her erinnere. Alles hier ist gewachsen.

Vorsichtig, um nicht zu fallen, taste ich mich die lange Treppe hinunter. In dem großen Vorraum bleibe ich stehen und sehe mich um. Neun Gänge führen in die Dunkelheit. Ich versuche, mir den Plan des Kellers, der irgendwo in meinem Kopf herumliegen muss, ins Gedächtnis zu rufen. Die Hauptgänge verzweigen sich zu weiteren Gängen, die sich wiederum verzweigen werden. Angestrengt überlege ich. Doch ich kann mich nicht erinnern. Kalt und feucht ist es. Nun fällt auch noch das elektrische Licht aus. Ich stehe im Dunkeln. Stille hüllt mich ein wie eine Krankheit, dringt in meine Nase, meinen Mund, verstopft mir die Ohren.

Hat es meinen Keller verlassen?

Ein Seufzen. Ein Stöhnen. Über mir. Unter mir. Rechts und links von mir. Die Dosen in meinen Händen fallen herunter. Blech auf Stein. Der Lärm ist ohrenbetäubend. Er bringt mich zu mir. Ich wende mich ab und renne die Kellertreppe hinauf, stolpere, falle, schlage mir die Knie blutig, ziehe mich am Geländer hoch, strauchele die letz-

ten Stufen hinauf, werfe die Tür zu, lehne mich mit dem Rücken dagegen und ringe nach Luft.
 Dann sehe ich es.
 Vor mir, nur wenige Schritte entfernt, kauert ein Haufen. Als hätte jemand in meinem Haus eine Wanne voll Schleim ausgekippt. Es ist fleischfarben und groß und von einem pilzartigen, wuchernden Geflecht überzogen. Es zuckt und pulsiert wie eine gigantische Qualle. Augenlos sieht es mich an, während sein Körper sich versteift. Während es den Atem anzuhalten scheint. Ich kann nichts tun. Nur dastehen und warten. Auf das, was geschehen wird. Jetzt. Hier.
 Es richtet sich auf. Unter dem Geflecht läuft ein Zittern hin. Geballt springt es mich an. Ich werde begraben unter ihm. Mein Hinterkopf schlägt gegen die Kellertür. Nein. Nicht mein Kopf. Nicht ich. Und doch ich. Jetzt. Ich spüre es an meiner Haut, schleimig und kalt. Hartes Fleisch reibt über meine Kehle, drückt sich auf mein Gesicht, saugt sich an meinem Mund, meinen Lippen fest. Ich schreie wie durch Mull. Meine Stimme ist weg. Ich will den Kopf zur Seite drehen. Es ist zu schwer. Zu stark. Es schiebt sich unter meine Bluse, tastet über meine Brüste, kriecht zuckend meinen Bauch hinunter, umwindet meine Schenkel, packt sie, spreizt sie. Und dann schiebt es sich in mich hinein. Stößt ein paarmal. Vor. Zurück. Ich spüre, wie innen in mir etwas kaputtgeht. Mein Mund schreit ohne Geräusch. Es pulsiert unter meinen Händen, ich kralle mich fest. Es ist ein Gefühl, als würde ich meine Finger in einen Haufen Eingeweide stecken. In schleimiges, zitterndes Gewebe. Etwas Klebriges rinnt meine Beine hinunter. Ich sinke zurück, schreie nur noch. Aber es hört mich niemand. Nicht hier, in der Einsamkeit dieses Hauses.

Ich werde mein Haus nicht mehr verlassen. Vor die Tür stellt man mir das Mindeste, was ich brauche; zum Glück gibt es Lieferdienste. Viel ist es nicht. Stille füllt die Zimmer. Den Keller.
 Meine Eltern kommen. Ich mache nicht auf. „Ich bin krank", sage ich durch die geschlossene Tür. „Ich kann euch nicht sehen. Vielleicht ist es ansteckend."
 Im Zimmer der Helle streife ich meine Kleider ab und stelle mich vor den Spiegel. Der Fleck an meinem Unterleib, der heute morgen die Größe eines Fünfmarkstücks

hatte, ist gewachsen. Ein handtellergroßes, fleischfarbenes Geflecht. Es tut weh. Als würden sich tausend winzige Wurzeln durch meine Poren schieben, sich in mein Fleisch bohren, meine Knochen umwinden. Es sieht lebendig aus. Organisch. Mit beiden Händen stütze ich mich gegen den Spiegel, während ich mich übergebe.

Lange versuche ich, es von mir herunterzukratzen. Erst mit den Händen, dann mit einer Schere. Blut läuft über meinen Bauch, rinnt meine Beine hinunter, tropft auf den sonnengelben Teppich. Ich habe ein großes Stück des Geflechts in der Hand. Ich gehe in die Küche, werfe es in den Müll, säubere die Wunde und verklebe sie mit einem Pflaster.

Über Nacht platzt das Pflaster von meiner Haut. Es ist zurückgekehrt. Es ist gewachsen. Ich kratze es weg und weiß, es wird nichts nützen.

Am Nachmittag klingelt das Telefon.

„Geht es dir besser?", fragt meine Mutter. „Brauchst du irgendetwas? Soll ich für dich einkaufen gehen?"

„Danke, nicht nötig."

„Soll ich kommen?"

„Ich kann dich nicht sehen."

Ihre Stimme tastet sich vor auf dünnes Eis. „Warst du beim Arzt?"

„Er hat gesagt, ich brauche Ruhe", lüge ich. „Bitte, Mama. Lass mich einfach, ja?" Meine Stimme klingt rau. Meine Stimme macht nicht mehr mit. Mein Hirn kann nicht mehr denken.

„Was hast du gesagt?", fragt meine Mutter.

Ich lege den Hörer auf.

Wenig später klingelt es an der Tür. Ganz dicht trete ich an die Tür heran. „Mama", sage ich. „Geh."

Ihre Stimme schlittert viel zu weit auf das Eis hinaus. „Ich glaube, du solltest noch einmal zum Arzt gehen. Zu einem Psychiater. Ich glaube –"

Ich lasse sie glauben und gehe tief in das Innere meines Hauses hinein. Als ich zurückkehre und mein Ohr an die Tür lege, um die Atemzüge meiner Mutter zu erlauschen, höre ich nur die Leere, die sie hinterließ.

Am nächsten Tag ruft sie an. Und am übernächsten. Jedenfalls nehme ich an, dass sie es ist, die mein Telefon klingeln lässt. Ich ziehe den Stecker aus der Wand.

Möglich, dass es meine Eltern erleichtert, mich nicht mehr anrufen zu müssen und alle weiteren Besuche auf einen unbestimmten Zeitpunkt zu verschieben. Solange ich vor ihren Augen kein wirres Zeug brabbele, keine Speichelfäden an meinen Lippen hängen und ich mich nicht auf dem Boden wälze, können sie weiterleben wie bisher. Nur ohne mich.

Es hat sich bis zu meinen Brüsten ausgebreitet. Ich kratze es weg, doch es wächst schneller, als ich es von meinem Körper herunterschaben kann. Auch auf meinem Rücken und an den Innenseiten meiner Schenkel mäandern Flecken.

Es klingelt an der Tür, so behutsam, als würde ein feiner Draht die Klingel mit einem kostbaren Möbelstück verbinden, das bei der geringsten Erschütterung zu zerbrechen droht. Es kann nicht meine Mutter sein.

In den nächsten Tagen wiederholt sich das Klingeln. Mal morgens. Dann am Nachmittag. Oder am späten Abend. Das Klingeln wird unausweichlich. Entnervt öffne ich die Tür, lasse aber die Sicherheitskette zwischen mir und dem Draußen hängen.

„Gott sei Dank, ich dachte schon, Ihnen sei etwas passiert." Das Gesicht der Frau, die vor mir steht, kommt mir bekannt vor. Eine Nachbarin. Mit einem Buch saß sie auf ihrer Terrasse. Oder sah ich sie in der Bäckerei einen Kuchen kaufen?

„Man macht sich ja so seine Gedanken – wo man doch gar nichts mehr von Ihnen mitbekommt. Da habe ich gedacht, ich seh' mal nach dem Rechten." Verlegen kratzt sie mit der Spitze ihrer linken Sandale ein Muster in den Boden, sieht an meinem Haus hinauf, sieht wieder mich an. „Sie leben wirklich ganz schön weit vom Schuss hier." Sie zögert, kramt plötzlich ihr Portmonee aus der Seitentasche ihrer Jeans und zieht eine kleine gelbe Karte hervor. „Da steht auch meine Telefonnummer drauf", sagt sie und wird rot. „Ich dachte, wo wir doch Nachbarinnen sind ... Rufen Sie einfach an, wenn Sie etwas brauchen." Sie lächelt unsicher. „Vielleicht können wir uns ja mal zum Tee treffen."

Ich starre sie an. Es genügt nicht, den Stecker des Telefons zu ziehen. Auch die Türklingel werde ich abstellen müssen.

Manchmal bewege ich mich noch, gehe langsam durch die Zimmer meines Hauses. Meine Beine fühlen sich leimig an, als könnten sie jeden Moment auseinander fließen. Die Schere hat Schrammen und Narben hinterlassen, überall aufgebohrte Haut und mürbes Fleisch. Ich kann das, was auf mir wächst, nicht loswerden.

Meistens liege ich aber auf meinem Bett. Meine Augen sind halb geschlossen. Haarsträhnen kleben mir in der Stirn, glanzlos und strohig, ein filziges Gestrüpp. Meine Hand fährt über meine Augen, als versuche sie, Bilder und Gedanken fortzuwischen. Dann liege ich wieder still.

Vielleicht ist das alles keine große Sache. Ein kleiner, zwangsläufiger Defekt. Weil ich zu viel allein gewesen bin in meinem Haus. Mein Haus, das mir noch immer gehört.

Im Keller ist es still. Es braucht den Keller nicht mehr.

In meinen Träumen möchte ich es verstehen. Das, was in mir ist. Was auf mir wächst. Und es dann abstreifen wie eine alte Haut. Ich warte darauf, dass es zu mir kommt und sich mir erklärt. Ich träume mich bis in seine Worte hinein. Das Beben seiner Stimme berührt mich körperlich. Sanft, fast behutsam dringt die Stimme in mich ein. Ich weiß, was geschehen wird, und obwohl ich es weiß, zucke ich zusammen, als es geschieht.

Es sagt meinen Namen. Ich horche auf meinen Namen, und während ich horche, steige ich tiefer und tiefer hinab. Es ist sehr einsam dort unten. Ich erkenne das an der Art, wie es meinen Namen sagt; mein Name erzählt mir alles über seine Einsamkeit. Das Blut beginnt in meinen Ohren zu rauschen, bis ich nichts anderes mehr höre. Bis ich erwache.

Es brennt auf meiner Haut. Ich lasse es brennen. Flammen lodern aus meiner Brust und meinem Unterleib. Ich fühle mich wund. Aufgeschürft. Bloß. Aber ich halte still, bis die Schmerzen schrumpfen und sich in meinen Körper zurückziehen. Eine große Mattigkeit bleibt zurück. Ich stehe auf, koche mir in der Küche einen Tee und trinke ihn heiß. Er schmeckt nach Galle. Aber er wärmt mich von innen.

Dann lege ich mich wieder in mein Bett. Den ganzen Tag liege ich so. Ab und zu ein Schluck Tee. Es wächst nicht mehr. Es tut nicht mehr weh. Die weiche, dunkle Ruhe, die das Herz seines Wesens ist, hüllt mich ein. Dass es bei mir ist, lindert fast meine Einsamkeit. Ich lege meine Hände auf meinen Bauch. Sacht zittert es unter der Berührung. Als wolle es die Innenflächen meiner Hände küssen. In diesem Moment spüre ich es, wie ich es bisher nicht habe spüren können.

Hier, in meinem Bett, finden wir uns. Nicht als etwas, das füreinander bestimmt ist. Aber mit der Unausweich-

lichkeit eines Windes, der von irgendwoher nach irgendwohin weht.
Es soll bei mir bleiben.

Seine Farbe hat sich verändert. Ein stumpfes Schwarz, überzogen von einem Flechtwerk blutroter Adern. Wenn ich meine Hände darauf lege, spüre ich es hart pulsieren. Nichts Weiches mehr. Nur noch trockene Spröde und krampfhafte Stöße.
Ich hätte es wissen müssen. Und das denke ich immer, wenn es zu spät, das Schicksal schon an mir vorübergeschlichen ist.
Was soll ich tun, wenn es stirbt? Ich möchte ihm helfen. Es soll ihm gut gehen. Manchmal, wenn ich sehr tief in mich hineinträume, finde ich es. Blind hockt es dort unten und kann mich nicht sehen. Es so anzutreffen, tut weh.
Es stirbt um Mitternacht. In schwarzen, schweren Placken löst es sich von meiner Haut. Ich hebe es auf, und es zerbröckelt zwischen meinen Fingern, zerbröselt zu einem staubfeinen Puder, den ich in meinen Händen trage. Wie leicht es geworden ist. Es wiegt fast nichts.
Ich trete vor mein Haus, auf die Wiese, die verdorrt im Mondschein liegt. Der Wind haucht über meine Hände, ein warmer Atem, der die schwarzen Puderkörner über die Wiese verstreut. Tief sinken sie ein, um im Schoß der Mitternacht zu erblühen.
Dann sitze ich wieder in meinem Haus. Allein. Ich fühle den traumgeschaffenen Keller meines Hauses in sich zusammensinken. Denn das, was in meinem Keller gelebt hat, ist fort.
Der Tag beginnt mit Vogelgezwitscher. Ich trete hinaus in meinen Garten, mitten unter die schwellenden Knospen des Blutweiderichs. Tau tropft von grünen Halmen. Schwärme von Schmetterlingen taumeln betrunken vor nektargefüllten Kelchen. Bienen tanzen zwischen Lila und Gelb, sitzen auf buttrigen Sumpfblumenblättern. Der Sommer füllt meinen Garten, doch was bedeuten Wärme und Leichtigkeit, wenn es nicht bei mir ist?
Ich gehe zurück in mein Haus, dessen Dunkelheit mich zärtlich umfängt, sitze am Küchentisch, auf dem ich so viele Spuren hinterlassen habe, halte mich still und träume die ersten Fenster in mein Haus. Goldenes Licht sickert zögernd durch die Spalten in den Läden. Ich stehe auf und öffne sie, lasse warme Luft herein. Dann gehe

ich zum Telefon, nehme den Hörer ab und wähle eine Nummer.
 Meine Nachbarin meldet sich.
 „Kommen Sie heute Nachmittag", sage ich.

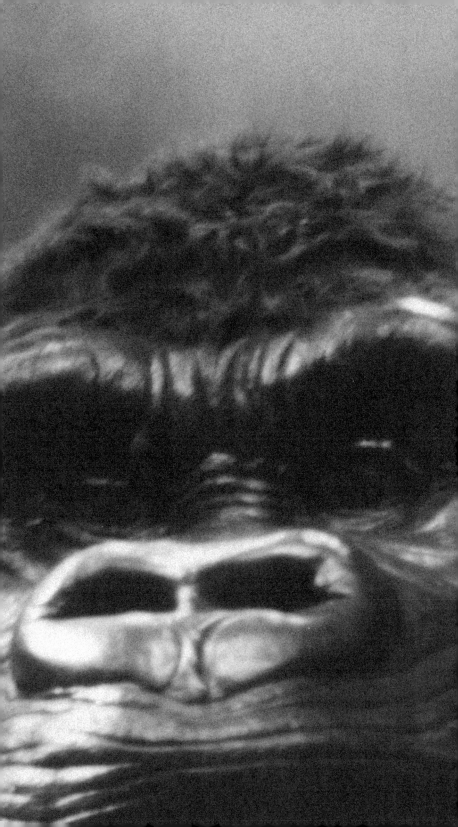

Historien mit Trauerrand 3

Christian Maintz
Dietmar Bittrich
Bernd Hans Martens
Gordon Roesnik
Jutta Heinrich

Christian Maintz
Afrikanische Anekdote

Der Elch *(Alces alces)* gehört zur Ordnung der Paarzeher, trägt ein schaufelartiges Geweih, haust einzelgängerisch in sumpfigen Waldgebieten und ernährt sich bevorzugt von den Schösslingen verschiedener Laubbäume. Dies alles interessiert uns momentan freilich herzlich wenig, da die folgende Geschichte nicht von einem Elch, sondern von einem Löwen handelt. Der Löwe *(Panthera leo)* wird zur Gattungsgruppe der Großkatzen gezählt, ist ein ausgesprochener Steppenbewohner, brüllt ungemein laut und zeigt überhaupt wenig einnehmende Eigenschaften. Letzteres musste auch der Afrikareisende Herbert F. Greininger erfahren, als er im Jahre 1971 mit seiner Ehefrau Elsbeth den Kongo durchquerte. Am frühen Abend des achtzehnten April nämlich näherte sich ihm in schnellem Lauf ein ausgewachsenes Löwenweibchen, das ihn gleich darauf mit Haut und Haaren verzehrte und nur seinen nagelneuen Tropenhelm sowie eine Rohrzange übrig ließ, die er aus unerfindlichen Gründen stets bei sich getragen hatte. Frau Elsbeth Greininger konnte sich durch die rasche Erkletterung einer Dattelpalme *(Phoenix dactylifera)* dem Zugriff des Tieres entziehen und wurde einige Tage später ohne ihr ausdrückliches Einverständnis von Kumbalo dem Ersten, einem Stammesfürsten der Bantus, geehelicht. Im Lauf der Jahre schenkte sie ihrem zweiten Gatten sechzehn gesunde Kinder und lebt heute als mehrfache Großmutter am Oberlauf des Nils. Ihr drittjüngster Sohn, Kumbalo der Zweite, studiert in Heidelberg Zoologie und arbeitet ironischerweise an einer Dissertation über das Sozialverhalten der Elche.

Dietmar Bittrich
Die Abtrittanbieterin

Die ungeheuerliche Schande, die unsere Familie für alle Zeit entehrt hat, habe ich nur durch Zufall entdeckt. Es ist die Schande, die es dem Urgroßvater Gustav Bittrich unmöglich machte, eine Kaffeerösterei auf dem Burstah zu eröffnen. Die unserem Großvater das Recht auf ein Studium entzog. Und die meinen Vater von der ruhmreichen Teilnahme am Russlandfeldzug ausschloss. In meiner Kindheit wurde nie darüber gesprochen; doch ein Schatten aus Schweigen ging mit uns. Und einigen Anspielungen konnte ich entnehmen, dass unter den Vorfahren meines Vaters etwas für alle Ewigkeit aus der Ordnung geraten war.

Die Nachbarn müssen davon gewusst haben. Ich war fünf Jahre alt, als meine Mutter eines Morgens die Tür öffnete und erstarrte. Wir wollten auf den Spielplatz gehen; ich verstand nicht, weshalb die Schwelle nun unübertretbar war. Auf der Fußmatte lag ein Strauß voller sonderbarer goldgelber Blüten. Ich griff danach; meine Mutter gab mir eine Ohrfeige und jagte mich ins Zimmer. Um den Türpfosten spähend, wurde ich Zeuge, wie sie die Blüten zertrampelte, außer sich, in manischer Wut, als wollte sie allem sichtbaren und unsichtbaren Ungeziefer für immer den Garaus machen. Erst Jahrzehnte später habe ich herausgefunden, warum diese Blumen bedeuteten, dass wir entdeckt waren.

Seltsam blieb, dass alles in einer Übereinkunft des Schweigens geschah. Die Verlobung meiner ältesten Schwester wurde gelöst; sie erfuhr nicht, weshalb. Ein Seelenarzt konnte das Rätsel nicht lösen, und dass sie sich in ihn verliebte, machte nicht wett, dass unsere Familie auf geheime Weise unwürdig war.

Den ersten Anhaltspunkt für die wahre Geschichte fanden mein Bruder und ich, als wir den vorweihnachtlichen Anstandsbesuch bei unserer Erbtante machten. Mechthild blätterte ihre Alben auf, erzählte vom Glanz der

Ahnen und nötigte meinen Bruder, den auf Papierbahnen gemalten Stammbaum zu entrollen. Während sie mich aufforderte, Seitenäste zu verfolgen und die Namen unter Ziehharmonikakragen und knöchernen Korsetts zu entziffern, während sie sich ausließ über verlorenen Grundbesitz und geniale Talente, über Gutshöfe, Mühlen, Viermaster, Senatoren, starrte mein Bruder auf das Zentrum des Stammes und sagte: Da fehlt doch etwas.

Zu Weihnachten in jenem Jahr gingen wir leer aus. Und als Mechthild im folgenden Frühling starb, gehörten weder mein Bruder noch ich zu den Erben. Diese Strafe erst machte unsere Entdeckung kostbar. Im Stammbaum fehlte eine Generation. Die zwei entscheidenden Vertreter waren gelöscht, als sei der Baum um sie herum gewachsen. Der Zeichnung der Ahnenfolge nach hätte Viktor Bittrich, geboren 1842, der Sohn seines eigenen Großvaters gewesen sein müssen. Die Eltern des Viktor selbst waren ausgemerzt. Ich beschloss, sie zu suchen.

In den Alben und handgeschriebenen Erinnerungen wurde ich nicht fündig. Ich wäre überhaupt nicht weitergekommen, hätte ich nicht im Sommer 1999 das bescheidene hanseatische Abwassermuseum am Alten Elbtunnel besucht. Damals arbeitete ich an einem Buch über Kriminalfälle und brauchte Auskunft über einen Bankeinbruch, der von der Kanalisation aus verübt worden war. Der Leiter des Abwassermuseums, Doktor Paschen, hatte den Ehrgeiz, mich zunächst in die Geschichte der hanseatischen Fäkalienentsorgung einzuweihen, die er in zwei abstoßenden Räumen dokumentiert hatte.

Vor einer Vitrine voll toter Fliegen packte ich ihn am Arm; das Geleier brach ab. Hinter dem staubigen Glas sah ich den Strauß, den meine Mutter dreißig Jahre zuvor auf der Fußmatte gefunden hatte. Nicht denselben natürlich; es war ein konserviertes Ansichtsexemplar. Doch eine handbeschriftete Tafel erläuterte, dass es sich um Rainfarn handelte, und ließ keinen Zweifel daran, wer solche Sträuße vor hundertfünfzig Jahren zu welchem Zweck benutzt hatte. Ich war auf die Spur meiner Urururgroßmutter gestoßen, der Mutter des Viktor. Und Doktor Paschen – nur er – konnte mir Zugang verschaffen zu jenen Akten, aus denen ich ihren Abstieg in die Unberührbarkeit lesen konnte und den Aufstieg ihrer verwerflichen Liebe zum Pastorensohn Matthias Wendt.

Sie hieß Charlotte. Bis zum März 1813, aber wohl keinen Monat länger, muss ihr Benehmen über allen Tadel erhaben gewesen sein. Da war sie allerdings erst fünfzehn Jahre alt und hatte eine Kindheit in lichten Zimmerfluchten und weitläufigen Parks hinter sich. Sie war versiert im Französischen, in Sittsamkeit und Klavichordspiel und hatte im Anschluss an ihre Konfirmation Tanzstunden genommen und einen Ball besucht. Im Fundus der Hamburger Kunsthalle habe ich aus jenem Frühling ein Ölgemälde gefunden – das letzte, auf dem die Familie sich vollzählig porträtieren ließ. Charlotte, rosig und blond, trägt ein himmelblaues Kleid mit Rüschenkragen und einen Strohhut mit bunten Bändern. Sie sieht aus wie die Vortänzerin eines Sommerreigens; selbst wenn ihr Abbild geschönt ist, muss sie auffallend hübsch gewesen sein.

Am 18. März gehörte sie zu den hundertvierundzwanzig auserlesenen Jungfrauen, die in weißen Kleidern an der Steinstraße Spalier stehen durften, um Fähnchen zu schwenken für den Oberst Tettenborn. Vor dessen Heer waren nach sechs elenden Jahren die Franzosen geflohen; nun zog er mit tausend Kosaken in die jubelnde Stadt. In den Fenstern brannten Kerzen, und jeder achtbaren Familie war es eine Ehre, wenigstens einem Soldaten des Befreiungsheeres Unterkunft zu gewähren.

Der Name des Kosaken, den Charlottes Vater aufnahm, ist nicht zu ermitteln. Aus einer Bemerkung im Kontorbuch des Johann Bittrich geht jedoch hervor, dass der fremde Soldat die Talgstangen aus den Lampen zog und genüsslich verzehrte. Offenbar sogar mit wachsendem Appetit; man musste nachordern. Außerdem wurde notiert, dass er die Butter vom Tisch nahm, um sich damit die Haare zu pomadisieren. Vielleicht ließen sich die hanseatischen Gastgeber ihre Befremdung nicht anmerken. Dass er jedoch am zweiten Sonntag verlangte, den Hund zu schlachten, muss dazu beigetragen haben, dass die Rückkehr des Franzosenheeres zwei Monate später ohne Bedauern hingenommen wurde. Nur kamen der Einmarsch des Marschalls Davout und die Flucht der Kosaken zu spät, um noch die Ehre der Familie Bittrich zu wahren. Am dritten Advent desselben Jahres legte Charlotte ein warm verschnürtes Bündel auf die Drehlade des Waisenhauses am Schaartor. Dann zog sie die Glocke. Die Lade wurde nach innen gedreht. Niemand hat von jener Knospe des Stammbaumes noch irgendetwas gehört.

Wie schwer Charlotte das Opfer am Schaartor gefallen ist und ob es ihrem eigenen Willen entsprach, bleibt ungewiss. Auf jeden Fall hätte der Vater es dabei bewenden lassen können. Doch etwas wie Ehrgefühl oder Schmerz bewog ihn, seine älteste Tochter noch schwerer zu strafen. Dazu benutzte er die französische Anordnung: Jeder Bürger müsse für den Belagerungsfall einen Halbjahresvorrat anlegen, sonst werde er aus der Stadt gewiesen.

Am Weihnachtsabend zogen die Truppen des Marschalls Davout von Haus zu Haus, um die Bestände zu kontrollieren. Die Villa des Johann Bittrich, des angesehenen Importeurs von Tabak und Baumwolle, wurde mehr aus Schikane denn aus Misstrauen überprüft. Deshalb war der kontrollierende Offizier überrascht, als ein Sechs-Monats-Kontingent fehlte. Nicht eines der Eltern, auch nicht eines der Bediensteten, sondern eines der Kinder. „Richtig", sagte der Vater und deutete auf Charlotte, „für diese Mademoiselle haben wir keinen Vorrat angelegt."

Mademoiselle bettete sich in der Heiligen Nacht auf den strohbedeckten Steinfußboden der Petrikirche, die in jener Zeit ein Pferdestall war. Eine unübersehbare Menge drängte sich in den hallenden Ställen; ihre Mitternachtsmesse war ein Lagerfeuer aus dem Holz der Altarkreuze. Am dritten Morgen verließen zwanzigtausend die Stadt. So viele starben, dass der Ottensener Vogt Prahl sein schneebedecktes Weideland hergab und seine Knechte zu Totengräbern machte. Die Lebenden bettelten von Dorf zu Dorf.

Als im Mai die weiße Fahne am Michel aufgezogen wurde, weil Napoleon abgedankt hatte und die Besatzer geflohen waren, gehörte Charlotte zu den räudigen Scharen, die in die Stadt zurückkehrten. Sie ging an der Seite eines Geigers, der vor der Vertreibung in den Kaffeehäusern am Jungfernstieg aufgespielt hatte. Sein Platz war nun vergeben. Die Wohnung an der Groeningerstraße hatten die Franzosen konfisziert und weitervermacht; er bekam sie nicht wieder. Man riet ihm, als Musikant durch die Höfe zu ziehen. Das tat er. Die Behausung, die er davon bezahlen konnte, lag am Kattrepel und gehörte zu Vierteln, von denen Charlotte nicht gewusst hatte, dass sie existierten.

Wenn Gassenkot leuchten könnte, bräuchte Hamburg keine Straßenlaternen, hatte der Marschall Davout gesagt. Die Quartiere an den Fleeten hätten demnach besonders hell sein müssen. Im Labyrinth überbauter Gänge und schlammiger Winkel klebten unzählbare Hütten aneinander; faulig und schwarzgeraucht, unterbohrt von Kellerlöchern, übersponnen von einem Geflecht morscher Stiegen, die zu angeflickten Buden und Bretterverschlägen führten. Im Zugwind der Schindanger und Knochenmühlen, beatmet von den flussnahen Gerbereien, zogen zehntausend menschliche Lebewesen ihre Spuren durch den Morast.

Niemand in diesem Schattenreich hielt sich an das Gesetz, wonach Prunztiegel und Schundkacheln erst nach zehn Uhr abends aus den Fenstern auf die Straße entleert werden durften; und auch dann nur nach warnendem Zuruf. Hier war ohnehin alles Gosse und immer Nacht. Hier standen auch im Sommer schillernde Pfützen, und der schmierige Schlick trocknete nie, er überfror nur im Winter. Der Pastor Wendt von der Nicolaikirche, der sich im Spätherbst 1841 die Stiege hinab in die Niederwelt wagte, um die Teufelin zu suchen, die seinen Sohn verführt hatte, berichtet in seinen Aufzeichnungen, er sei bei jedem Schritt bis über die Knöchel im Unflat versunken. Nach dem siebenten Knick eines Hohlwegs im vierten Hof habe er die Richtung verloren und sei benommen von Verwesung und Torffeuerrauch in einen Schweinekoben gestolpert; fremde Händen hätten ihn gezogen und fortgeschleppt; erst am Dovenfleet, auf der Stiege nach oben, habe er wieder Tritt fassen können, um nimmer zurückzukehren.

In dem gasenden, Blasen werfenden Orkus drängten sich Flechter, Stricker, Netzflicker, bleiche Näherinnen und Fischweiber, elende Färber, Gerber, Everführer, Trankocher und Talgdreher, Kohlenträger, Reepschläger, Kalfaterer und Fassmacher, räudige Lumpensammler, trunkfällige Brauereigesellen, hustende Teersieder, Ausschlämmer und Schinder, lauter bejammernswerte Geschöpfe, garstig anzusehen, kurzatmig, gichtbrüchig, krank, von Krätze, Kopfgrind, Läusen heimgesucht, jedoch unanfechtbar im Glauben an die Ordnung der Dinge und womöglich zufrieden.

Es gab Menschen, die in diesen Grüften geboren waren und nie daraus emporstiegen; die drei Kinder der Charlotte gehörten offensichtlich dazu. Ihre Familie, die Familie des Musikus, hauste in zwei Stuben, die jede sechs Fuß lang waren und fünf Fuß breit. Hinter rottenden Türpfosten und mit Leinwand verklebten Fenstern brannte eine Funzel von Rübenöl. Im Hof grunzten Schweine; sie gehörten einem fernen Mäster und waren erkoren, das Ausgeschiedene der Elenden zu fressen, um es auf die Teller der Frohen zu tragen. Einmal im Jahr, kurz vor Weihnachten, kletterten furchtlose Mitglieder des Weiblichen Vereins für Armenpflege die Stiegen hinab, um Äpfel und Gebackenes zu verteilen. Aus ihren Berichten klingt dieselbe unbehagliche Irritation, die heutige Reisende aus Kalkutta mitbringen.

Wollte Charlotte hier leben, oder blieb ihr nichts anderes übrig? Liebte sie den Musikanten? Oder war es eine Art selbstquälerische Vergeltung? Hegte sie einen Plan? Wenn alles beabsichtigt war, wie es am Ende eintraf, dann hat sie aus Kalkül an diesem Ort ausgeharrt. Dann wollte sie vertraut werden mit allen Nuancen jenes Metiers, für das sie ein paar Jahre später eine städtische Lizenz erwarb. Jenes Metier, für das sie die gelben Blüten benötigte und dessen Meisterschaft ihr die Rache gewährte. Das ihr zugleich und völlig unerwartet noch einmal die Liebe zutrug, spät und unvernünftig und so empörend wie die Leidenschaft zu dem Kosaken, schlimmer noch, denn diese späte Liebe war so verheerend für die Stadt, dass ich mich scheue, davon zu erzählen. Doch letzten Endes verdanke ich ihr mein Leben.

Mit dem Geiger verbanden Charlotte Kameradschaft und Loyalität. Er hatte sich in der Verbannung um sie gekümmert; nun blieb sie bei ihm. Seinen Namen nahm sie nicht an. Sie wollte sich nicht lossagen von der Familie, die sie verstoßen hatte; ich nehme an, aus Trotz. Zu diesem Zeitpunkt konnte sie dem Ansehen der Bittrichs noch nicht schaden, denn von den Bewohnern der Sickergruben zu den Bewohnern der Gärten bestand schlechterdings keine Verbindung. Lediglich bei Südostwind wehte etwas vom fauligen Atem hoch und über die Dächer, doch Südostwind war damals in Hamburg so selten wie heute. Es gibt auch kein Zeugnis davon, dass Charlotte den Kontakt zur Familie gesucht hätte. Den Annalen des Elternhauses ist nichts zu entnehmen. Sie lesen sich makellos und störungsfrei, so sorgsam geführt wie ein Kontorbuch, nur dass die private Buchhaltung nachhaltiger gefälscht wurde als die geschäftliche.

Wahr sind die Todesdaten. Die beiden jüngeren Brüder Charlottes starben, als im Jahr 1824 die Pockenepidemie die Elbe übersprang. Vermutlich hing auch der Tod der Schwester mit Infekten aus dem Marschland zusammen; das Familienbuch nennt Schweißsucht als Ursache. Was sich dahinter verbarg, bleibt so schleierhaft wie die Krankheit der Mutter. In dem kalten Frühling 1827, in dem Charlottes Vater zum Mitbegründer der Sparkasse wurde und in dem man ihn ehrte für Verdienste um Einfuhr und Ausfuhr, wurde die Mutter von etwas gepackt, das die Chronik den Spanischen Pyp nennt. Was immer es gewesen sein mag – im Herbst 1830 waren nur noch zwei Mitglieder der Familie am Leben: der Vater und Charlotte.

In diesem Herbst sahen sie sich. Es war beim Konzert des Niccolo Paganini, der als selbst ernannter Teufelsgeiger durch Europa reiste und an einem regnerischen Oktobersonntag im Festsaal des Rathauses auftrat. Charlotte begleitete ihren Mann, den Paganini der Hinterhöfe, bis an die fackelgeschmückte Trostbrücke. Von dort schlich er zum Nebeneingang, wo ein Bratschist aus dem Caféhaus wartete; die beiden durften an der Hintertür lauschen. Vorn beobachtete Charlotte die Auffahrt der ehrbaren Gäste. Sie zählte die Pferde, die Kaleschen, musterte Damen ihres Alters und die Galane dazu, taxierte zukünftige Kunden, lächelte über einen untertänigst begrüßten Greis, der hölzern und allein die Stufen zur Ratstür erklomm, und erschrak, weil er ihr Vater war. Seit bald siebzehn Jahren hatte sie ihn nicht gesehen; nun war er sechzig, sie zweiunddreißig. Vielleicht erkannte sie in seiner Greisenhaftigkeit ihr eigenes vorzeitiges Altern; auf jeden Fall sah sie die begrenzte Frist, die ihr noch blieb.

In den folgenden Monaten zog sie Erkundigungen ein, ließ Dokumente erstellen, setzte Schreiben auf und arbeitete sich zu den Ämtern vor. Im April 1831 beantragte sie ganz offiziell ihre Lizenz. Die bekam sie; jedoch erst auf erneute Anfrage ein Jahr später, erst nach dem Klagewinter, in dem die Cholera die Stadt blau und schwarz schminkte. Im Abwassermuseum ist Charlottes erstes Gesuch ausgestellt, zusammen mit dem herablassenden Bescheid der Behörde: Dergleichen Dienste brauche man in Hamburg nicht; die Bürger wüssten sich selbst zu helfen.

Das entsprach der Wahrheit. Die Hanseaten halfen sich selbst. Sie hockten sich in die Höfe und an die Brücken. Sie pflanzten ihr Ungemach in die Durchgänge, unter die Treppen und an die Kaimauern; setzten es in Torwege, hinter die Säulen der Kirchen und in die Schlupfgassen zwischen den Häusern; wenn sie vornehm waren, ließen sie es im Fahren unter die Droschkenbank fallen. Wer einen Diener hatte, befahl ihm, am Gassenrand den Mantel zu halten. Wer allein war, musste keine Aufmerksamkeit fürchten. „Geht man bei einer Person vorbei, welche sich erleichtert, so stelle man sich, als ob man solches nicht gewahr wird", ordnete der Ratsherr Hudtwalcker an und fügte hinzu: „Es ist wider die Höflichkeit, selbige Person anzusprechen oder herzlich zu begrüßen."

Im Winter der Seuche reichte solche Höflichkeit nicht. Im Spätsommer waren bereits Nachrichten aus Russland eingetroffen, bald kamen sie aus Polen, darauf aus Ungarn, dann aus Preußen. Im Herbst wurde der Handel mit den Ländern der Ostsee eingestellt. Ab Oktober durften Binnenschiffer die Stadt nicht mehr anlaufen. Reisende aus Wien hatten vor den Mauern Quartier zu suchen. Als aber in der Nikolaistraße der Pastor Wendt Meldung machte vom Tod seiner Frau und als am anderen Tag die Nachbarn erkrankten, wurde die Stadt selbst unter Quarantäne gestellt. Soldaten der dänischen Krone verstellten die Übergänge nach Holstein. Bis dahin hatte jeder Bauer, der seine Ware in Hamburg feilbieten wollte, auf dem Rückweg eine Fuhre Unrat aus der Stadt fahren müssen und in die Sickergruben von Othmarschen, Harvestehude oder Uhlenhorst gekippt. Das ging nun nicht mehr. Der Unrat blieb in der Stadt.

Und die Cholera liebte ihn. Sie suhlte sich vier Monate in den Gassen. Sie nistete in den Abtritten, brütete im Brei der Kanäle und erhob sich im Dunst aus dem Schlick. Weshalb sie den einen anfiel, während der andere gesund weiterschritt, war nicht zu erklären. Warum sie überhaupt gekommen war und warum sie dann ging, war eine Entscheidung höherer Weisheit. Am 12. Februar 1832 wurden die Tore wieder geöffnet, alle Glocken läuteten, und der Pastor Wendt feierte in Sankt Nicolai einen Dankgottesdienst. Es ist kaum wahrscheinlich, dass Charlotte daran teilnahm. Sie war Witwe geworden und als Mutter verwaist; ihre Kinder, fünf, sieben, zehn Jahre alt, hatten am Dreikönigstag das Haus verlassen, in Säcke gepackt und mit Kalk bestäubt.

Ich habe die Aufzeichnungen des Pastors Wendt gelesen, die Chroniken des Vereins für Armenpflege, die Akten der Siechenbehörde und die Berichte des städtischen

Hospitals, wo die Kranken zu zweit in den Betten lagen und die Verstorbenen des Abends erst am Morgen unter der Decke hervorgezogen wurden. In keinem Bericht wird nach Gründen für die Seuche geforscht. Immerhin muss aufgefallen sein, dass die Bevölkerung der flussnahen Armenquartiere zur Hälfte hingesiecht war, während die luftigen Viertel unbehelligt atmeten. Der Pastor Wendt bringt den Tod mit miasmatischen Gasen in Zusammenhang. Man hielt die Luft für ungünstig, die aus den Fleeten aufstieg, von denen es damals noch einundsechzig im Stadtgebiet gab, die meisten versumpft und zu Mooren gestockt. Ein schwarzgrüner Brei füllte die Kanäle zwischen Elbe und Alster, aus denen das Wasser zum Trinken geschöpft wurde.

Man muss etwas geahnt haben. Sechs Wochen nach Abzug der Cholera, am 22. März 1832, bekam Charlotte ohne Verzögerung ihre Lizenz. Jetzt war sie Vergolderin, wie man in Wien sagte, Senfträgerin, wie es in Frankfurt hieß, Trüffelsammlerin nach Züricher Art, Bouillonchauffeuse in Köln, Bärenstecherin nannten es die Berliner. Sie war erste hanseatische Abtrittanbieterin.

Von nun an verließ sie morgens die armseligen Schlammpfade und wandelte würdig durch die gepflasterten Straßen, in einen weiten blauen Mantel gehüllt, in der Hand eine schimmernde Glocke. Unter der Pelerine, mehr zu ahnen als zu sehen, balancierte sie ein Schulterholz und am Schulterholz zwei bedeckte Eimer aus Blech, die im Laufe des Tages schwerer wurden. An ihrem Gürtel hing ein Strauß goldgelber Blüten, der duftende Rainfarn.

In solchem Ornat schritt sie über den Jungfernstieg und die neu geschaffene Esplanade. Sie stand in Bereitschaft an den Stationen des Pferdeomnibusses und an der Mole, wenn die erstaunlichen Dampfschiffe anlegten. Sie wartete im schattigen Hintergrund bei den Platzkonzerten des goldbetressten Wandsbeker Regiments und bei den akrobatischen Vorführungen der Turnerschaft. Sie war die Tempelfee der Festplätze und die Madonna Misericordia der Märkte.

Das blaue Aufschimmern ihres Mantels in der Ferne ließ Bedrängte Hoffnung schöpfen und Mühselige noch eine Frist aushalten. Der helle Klang ihrer Glocke stimmte die Beladenen glücklicher als das Läuten der Glocken aller fünf Kirchspiele. So wurde sie bekannt, nicht allerdings unter ihrem Namen, keinesfalls als Frau Bittrich, sondern als Frau Kanalrat vom Brunzelianum, als die Königin der Gewürzinsel und Patronesse des Schmettersalons, als Kakaoträgerin von der inneren Stadt, Vergolderin und Schokoladenfrau. Und ihr Erfolg war so überzeugend, dass sie nach Ablauf eines Jahres aufgefordert wurde, weitere Weibsbilder ungefährdeten Alters einzuweisen in die unvergleichliche Kunst, Schmelzkessel durch die Stadt zu tragen und Honig und Winterkirschen zu sammeln.

Sie holte ihre Schülerinnen aus der Nachbarschaft ihrer Niederung, weil niemandem dort die Scham noch abgewöhnt werden musste. Die Frauen lebten in Buden und Kellern, in denen in Hochwassernächten die Elbe aus sauren Versenklöchern quoll. Kein Obam, kein Bolt und kein Boslem, kein Rostfleck oder Danebenpfiff konnte diese Frauen noch schrecken. Den Akten des Abwassermuseums zufolge waren es schließlich dreizehn, die ihren bezahlten Dienst in die Stadt trugen, alle im tröstlichen blauen Mantel, alle mit Schulterholz und abgedeckelten Eimern, mit der Erlösung verheißenden Glocke und dem würzigen Rainfarn am Gürtel. Zusammen mit Charlotte sind sie als die Vierzehn Nothelfer in die Geschichte der Stadt eingegangen.

Charlotte blieb die Heilige, die am häufigsten um Hilfe angerufen wurde. Sie war die Meisterin. Nicht nur erkannte sie schon aus der Ferne diejenigen in der Menge, die Marschierpillen verzehrt hatten und vom Sausen ereilt waren. Sie erspähte im Gewirr der Schaulustigen die Kandidaten, noch ehe diese selbst etwas ahnten und die doch alsbald bolten und ableichtern mussten. Charlotte blieb diskret. Sie ersparte sich jede Bemerkung, es sei denn, sie wurde darum gebeten. Und weil sie ein Gästebuch mit sich trug und schreiben und lesen konnte, weil also ein funkelnder Bodensatz Bildung an ihr zu erkennen war, erklommen mit der Zeit auch Kaufleute und Würdenträger ihre mit Karbolineum bestrichene Loge, ihren Balcon de cnattre, wie sie in gelehrtem Französisch sagte. Selbst die hochweisen Lenker städtischer Geschicke, anfangs nur, wenn es anders nicht ging, später freiwillig und gern, hockten sich auf ihren Donnerstuhl, um genüsslich von der Schmelzkante abzuprotzen.

Als fühle sie sich dadurch geehrt, ließ sie bei solch edlen Besuchern den Rainfarn stecken, dessen Kampferduft und zerriebene Blätter unverzichtbar waren, um die fatalen Schwaden gewöhnlicher Bürger zu übertönen. So kam es, dass sie bald das Rückenseitenwetter des Bankiers Heine deutlich unterscheiden konnte vom spanischen Wind des Herrn Godeffroy. Und weil sie dem Zigarrenfabrikanten Louis Pagels seine Hosenschleicher verzieh und dem Reeder Sloman sein ewiges Kielwasser nachsah, weil sie außerdem stillschweigend überging, wenn der Senator Jenisch abermals aus dem falschen Loch redete, wurde ihr schließlich die höchste Würde zuteil. Man beauftragte sie, ihren Dienst bei offiziellen Anlässen im Rathaus feilzubieten, bei den Zusammenkünften der Senatoren, den Sitzungen der Ausschüsse, zuletzt sogar beim Matthiaemahl, bei dem sie schließlich 1842 den Grauen erregenden Skandal provozierte.

Sich am Feseln und Ableichtern der Senatoren zu ergötzen, war bis dahin das Privileg respektloser Bürger gewesen, die sich die Zeit nahmen, von der Trostbrücke aus den Gewürzkasten zu beobachten. So hieß der Erker an der Schmalseite des Rathauses, der als Hochsitz sechs Meter über dem Nicolaifleet hing und unter dessen Öffnung tief unten die Aale um fette Mast wetteiferten. Das glotzende, zuweilen gar applaudierende Volk samt seinen schamlosen Wetten war den Ratsherren lang schon ein Ärgernis gewesen. Nun hatte das Schauspiel ein Ende. Das Loch im Trichter des Erkers wurde zugemauert. Während der Senatskonferenzen sah man nun lediglich die Abtrittanbieterin alle Stunde mit ihren Mustöpfen an die Kaimauer treten. Das Publikum zerstreute sich murrend. Den Aalen blieb das Vergnügen. Und was sie nicht aufnehmen konnten, trieb in langsamen Kreisen der Elbe zu, vorbei an den Brauereien, die unter einem Amphitheater von Latrinen das Wasser für ihr unvergleichliches Bier schöpften.

Vermutlich aus Mitgefühl und als Entschädigung für das entgangene Spektakel, erweiterte Charlotte um diese Zeit ihr volkstümliches Repertoire. An den ratsfreien Tagen machte sie ihre gewöhnliche Kundschaft mit der Magie vertraut. Denn mit dem Abtritt war von jeher eine machtvolle Zauberkraft verbunden. Aus den Akten der Hygienebehörde geht hervor, dass sie Segensbedürftige ermunterte, dreimal in den Prunztopf zu spucken; das brachte Gesundheit und haltbares Glück. Sie empfahl treuen Gästen, abgeschnittene Haare hineinzuwerfen, ein verbürgtes Mittel gegen Läuse und Grind. Den Zahnleidenden riet sie, einmal in der Woche, freitags am besten, einen tiefen Atemzug vom Musdampf zu nehmen;

das half gegen Schmerzen und sicherte Beißkraft bis ins Alter. Sie erinnerte Mütter an den heilsamen Brauch, kranke Kinder durch die Aura des Fuhlstuhls zu ziehen; und wahrhaftig, die meisten genasen. Und schließlich bestand das uralte Gesetz der Liebe: Wenn ein Mann und ein Weib durch Zufall am Krachgeschirr zusammenkommen und beide erschrecken, so werden sie binnen eines Monats in maßloser Leidenschaft einander verfallen.

Im Frühling 1841 erschrak Charlotte. Sie war dreiundvierzig Jahre alt. Der Mann, den es im selben Augenblick traf, war kaum ein Mann. Er war achtzehn und der Sohn des Pastors Wendt von Sankt Nicolai. Vielleicht durchfuhr es ihn, weil sie seine Mutter hätte sein können und doch nicht nur mütterlich war. Und sie erschrak, weil er so alt schien, wie ihr ältester Sohn nun gewesen wäre, und weil er doch so viel mehr war als nur ein Kind.

Vielleicht aber erschrak sie auch, weil sie den Namenszug, den er wie jeder andere in ihrem Buch hinterließ, falsch entzifferte: Matthiae las sie. Getauft war er auf den Vornamen seines Großonkels, des Dichters Claudius, also Matthias. Charlotte jedoch sprang ein Matthiae wie das Menetekel einer Flammenschrift in die Augen, und ihr Herz pochte, als sei sie entlarvt. Kurz zuvor hatte sie beim Matthiaemahl ihren Dienst versehen, bei jenem Gastmahl im Rathaus, für das sie ihren vernichtenden Anschlag vorgesehen hatte. Eben, im Februar, war ihr Plan noch gescheitert, weil das vorgesehene Opfer dem Ort ferngeblieben war. Doch der Plan blieb.

Wenn sie also beim ersten Treffen mit dem Pastorensohn noch aus Furcht erschrocken war, so erschrak sie aus Lust drei Wochen später. Es war beim Frühlingskonzert der Hamburger Liedertafel vor Streits Hotel, bei dem sie sich in gebotenem Abstand bereithielt. Auf einmal fühlte sie sich flüchtig gestreift. Ehe sie sich vergewissern konnte, war jemand unter ihren bergenden Umhang geschlüpft. Nun stieß jemand an den blechernen Eimer. Griff nach dem Buch, das am Band an ihrem Gürtel hing. Jemand kritzelte. Atmete. Hauchte. Jemand berührte sie auf eine Weise, wie sie nie berührt worden war, zarter, neugieriger, vorsichtig, achtungsvoll. Und entschlüpfte. Der Umhang knisterte wie kurz vor dem Gewitter. Es roch nach Rainfarn. Und sie sah den schmalen jungen Mann, der ihr Sohn hätte sein können, in der Menge verschwinden. Sie tastete nach dem Buch. Schlug es auf und sah ein zitterig gezeichnetes Herz.

Dieses Buch ist das bewegendste Ausstellungsstück im hanseatischen Abwassermuseum am Alten Elbtunnel. Der Museumsleiter Doktor Peter Paschen hat es für mich wie eine kostbare Ikone aus der Vitrine gehoben. Ich durfte es berühren und scheute mich nicht, daran zu schnuppern; es riecht nach nichts anderem als nach billigem, aus Lumpen geschöpftem Papier. Das ist das Gästebuch der Charlotte. Ein Pappband im Oktavformat, gestaucht, gestoßen, mit schiefem Rücken, der Schnitt stockfleckig, die Seiten randgebräunt, schäbig, schadhaft, insgesamt unansehnlich, und doch enthält es alle großen Namen jener Zeit in persönlicher Signatur.

All die Ratsherren und die Kaufleute, die Reeder und Gesandten haben ihre Unterschriften da reingesetzt, großspurig oder verschnörkelt oder verschwörerisch klein. Dazwischen finden sich die Kreuze und Striche der Analphabeten neben den rührenden Kommentaren gewöhnlicher Bürger und ihren anstößigen Einfällen sowie einige unterschriftslose Zeichnungen, von der historischen Patina für immer dem Zugriff aller Zensoren entzogen. Charlotte hat diesen Band samt einem Bleistift von Anfang an mit sich geführt, wie ein Bildungsreisender jener Zeit sein Stammbuch bei sich trug. Sie selbst ist mit keiner Zeile als Autorin tätig geworden; lediglich das Datum über dem ersten Eintrag stammt von ihr, wie auch das Datum am Ende unter dem letzten Strich: 24. Februar 1842; der Tag ihrer Austreibung aus allen Ämtern.

Matthias Wendt hat zwei Einträge hinterlassen: seinen Vornamen Anfang April 1841 und jenes ungelenke, pfeildurchbohrte Herz drei Wochen später. Von der ungehörigen Liebe, die daraus entsprang, finden sich in den Blättern nicht die mindesten Spuren; es ist auch keine Seite herausgerissen, keine Bemerkung geschwärzt; diese Liebe gehörte weder in den Bezirk der Gastfreundschaft noch in das Reich der Toilettenpoesie. Desto beredter sind die Aufzeichnungen des Pastors Wendt, der verzweifelt und hilflos die Leidenschaft der beiden in den Bereich der Höllenfeuers verbannte. Wenn man das Ende ihres geheimen Liebesnestes und das Ende seiner eigenen Kirche bedenkt und vor allem das Ende seines Sohnes, hat er damit sogar Recht gehabt.

Die ersten alarmierenden Meldungen müssen den Pastor im Juli erreicht haben. Sie waren vage. Ungläubig notiert er, sein Sohn sei an mehreren Abenden im Gleichschritt mit einer Abtrittanbieterin gesehen worden. Es gab deren vierzehn, allesamt anonym und wegen ihrer Tracht und Hauben schwer zu unterscheiden. Nur eine einzige hatte der Pastor näher gesehen, diejenige, die im Februar beim Matthiaemahl schattenhaft im Hintergrund gewartet hatte. Er hatte ihren Dienst nicht in Anspruch genommen, doch ihr Betragen war von vollkommener Demut gewesen; sie kannte ihren Platz. Kamen immer noch die dreizehn anderen in Betracht.

Hier bereits irrte er. Er irrte erst recht, als er ein paar Wochen später ins Armenviertel hinabstieg, um dort Auskunft zu suchen und womöglich den Verschlag der lästerlichen Liebe zu finden. Das war im September, nachdem sein Sohn sich wiederholt verstockt und verschwiegen gezeigt hatte, auch auf Bitten vernunftlos und widerspenstig, unbelehrbar sogar noch, als der Vater ihm das Missverständnis der Barmherzigkeit erläutert hatte, die eben nicht den Elenden zugute kommen soll, sondern den Frommen. Die Nächstenliebe gilt den Nächsten, beschwor ihn der Pfarrer, und deine Nächsten sind würdige Menschen; zu denen kann keine Abtrittanbieterin zählen, die hat ihre eigenen Nächsten, hat ihre Abdecker, Schinder, Darmsaitenmacher, ihre Knochensammler, Kanalreiniger, all die Kumpane des Gestanks, die in der Unberührbarkeit leben.

Aber Charlotte war nicht unberührbar, und es ging nicht um Nächstenliebe. Es ging um Verlockung, Verführung, sanfte Gewalt, um hastiges Entkleiden, Erzittern und fliegenden Atem, zerrissene Kleider und wilde Jagd, um Pfänder und Spiel, um Elbwind auf schweißbedeckter Haut, Schreie und stürzende Möbel und erschöpftes Lauschen in einem tabakduftenden Speicher der Deichstraße.

Denn dort war das Liebesnest, in einem Bezirk, der aus Kontoren und Warenlagern bestand, weitgehend unbewohnt, einsam und öde bei Nacht, besucht lediglich vom wachhabenden Polizeidiener, der zu festgelegter Stunde mit einer Blendlaterne vorbeistrich. Im obersten Stockwerk der Deichstraße 44, unter den Dachbalken, von denen sich Leinen dicht gehängter Tabakblätter spannten, importiert von Johann Bittrich, zwischen Stapeln Rohschnitts und getrockneter Lagen, die tagsüber zwei Stockwerke tiefer zu Zigarren gerollt wurden von den Angestellten der Firma Louis Pagels, dort hauste bei Nacht die ungehörige Leidenschaft.

Die Treffen des Paares waren jenseits alles Erlaubten, und Charlotte kann nur durch Diebstahl in den Besitz des Schlüssels gelangt sein. Vermutlich hat sie einfach ihrem vertrauensvollen Kunden Louis Pagels in die Tasche gelangt, den Schlüssel womöglich in den Gefilden der Gesetzlosen kopieren lassen und darauf als gefunden zurückgegeben. Jedenfalls war der Ort unübertrefflich für die Liebe geeignet, mit seiner Stille und seinem Knistern, seiner Wärme und den berauschenden Aromen. Er war auf verschwiegenen Wegen leicht zu erreichen. Charlotte hatte es nicht weit von der Stiege, die an der Mattentwiete aus den Niederungen führte, und der Pastorensohn musste nur aus seinem Fenster klettern, um mit den Katzen über die Simse und Vordächer zu balancieren. Der Glockenschlag von Sankt Nicolai gab das Signal.

Im Januar 1842 machte der Pastor Wendt eine Eingabe, worin er die Abschaffung der Abtrittanbieterinnen forderte. Er wies auf die Wiener Einrichtung feststehender intimer Kabinette, bewachter Butten an Straßenkreuzungen und vor öffentlichen Gebäuden. In Berlin waren sogar erste einständige Stehanstalten errichtet worden, Vespasiennes, die mit Gas erleuchtet und durch Wasserrohre rein erhalten wurden. Die Hansestadt sei stolz, auf dergleichen mechanische und unpersönliche Einrichtungen verzichten zu können, war die Antwort des Senats. Sie wurde bereits einen Monat später, nämlich beim Matthiaemahl, nachhaltig widerlegt.

An jenem Matthiastag, dem 24. Februar, nahm Johann Bittrich teil an dem traditionellen Gastmahl, das er im Jahr davor krankheitshalber versäumt hatte. Im feierlichen Kerzenlicht, das von Pokalen und silbernen Tafelaufsätzen blitzend vervielfältigt wurde, erkannte der Alte nicht die Frau im blauen Mantel, die am dämmerigen Ende des Saales Wache hielt. Er sah sie nur hin und wieder auf Wink oder Zuruf an den Tisch huschen, um hier einen Ratsherrn ableichtern, dort einen Gesandten prunzen zu lassen, ohne dass einer das Mahl unterbrechen musste. Das stetige Nachstopfen von Forellen, Schwanenbrüsten, Rehrücken, Kalbsvierteln und Kapaunen sowie das fleißige Begießen machte die wachsende Eile und Regsamkeit der Frau nötig. Sie erledigte alles mit unvergleichlich diskreter Geschicklichkeit. Und es sprach für ihr Feingefühl, dass sie auch noch die Dankesrede des holländischen Gesandten abwartete.

Danach erst begab sich Charlotte zu dem ehrbaren Kaufmann Johann Bittrich. Er hatte sie nicht gerufen; doch nun schien er dankbar, dass sie ohne Aufforderung kam. Er machte eine Bewegung, die sie nicht erwiderte. Stattdessen richtete sie das Wort an ihn in einer Lautstärke, die ihr keinesfalls zustand. Am anderen Tischende erbleichte der Pfarrer Wendt. Seinen Aufzeichnungen zufolge posaunte sie ihren vollen Namen aus. Dann soll sie gesagt haben: Mein Vater, ihr habt mich wegen mangelnder Vorratshaltung einst aus dem Haus gewiesen; ich habe lange gesammelt, ich habe die Vorräte nun.

Damit stellte sie dem Alten einen schweren Eimer in den Schoß. Als er ihn mit zittrigen Händen zu halten suchte, gab sie ihm den zweiten dazu, den er unmöglich fassen konnte. Zu spät kam ihm sein Nachbar, der Ingenieur Lindley, zu Hilfe. Charlotte warf den Strauß Rainfarn auf den Tisch. Sie ließ den blauen Mantel fallen, so dass der Pastor Wendt sah, dass sie schwanger war. Die anderen waren zu entsetzt und zu aufgeregt, wohl auch zu verwirrt, um die rechten Befehle zu geben. Die Dienerschaft rang die Hände, während Charlotte aus dem Saal floh, die Treppe hinab eilte, den Wachen vor der Ratstür noch einen raschen Gruß zuwarf, worauf sie im Dunkel verschwand.

Das war das Ende der Hamburger Abtrittanbieterinnen. Am folgenden Tag tauchten auch die dreizehn anderen nicht auf. Die Polizeidiener streiften vergeblich und ohne bedeutenden Eifer durchs Armenviertel. Das undurchschaubare Labyrinth verbarg die Frauen, wie es Charlotte selbst verschluckt hatte. Der Senat breitete Schweigen über die Angelegenheit; in den Chroniken ist in so dezenter Umschreibung davon die Rede, dass nur der Wissende etwas erfährt. Johann Bittrich, nach jenem Vorfall unwiderruflich in die Umnachtung gesunken, starb zehn Wochen später.

Am Abend seines Todes, nach einem ungewöhnlich warmen und trockenen Frühling, brachte Charlotte einen Sohn zur Welt, Viktor, meinen Ururgroßvater. Das war am vierten Mai, als die Glocke von Nicolai zehn schlug, in jenem tabakduftenden Speicher, in dem nur der Geliebte ihr helfen konnte. Was genau dann geschah und ob aus Versehen, wie ich glauben möchte, oder aus Absicht, wie böswillige Chronisten bis heute beharren, wird nie geklärt werden. Der einzige Zeuge, Matthias Wendt, feierte mit leichtfertigen Kumpanen in der Denker'schen Weinstube seine Vaterschaft, bis das Gewölbe über ihnen einstürzte.

Tatsache ist, dass ein bis zwei Stunden nach der Geburt die Lampe mit Rübenöl umfiel, die Licht gespendet und das Wasser für die Tücher erwärmt hatte. Sie fiel um, sage ich. Sie wurde nicht gestoßen und schon gar nicht geworfen. Charlottes Rachegelüste müssen um diese Zeit vollauf befriedigt gewesen sein. Und doch bin ich nicht sicher. Ich weiß nicht, ob sie mit dem Kind den Speicher verließ in der Furcht, dass das Feuer nicht mehr aufzuhalten war – oder in der Gewissheit. Und falls sie in ruhiger Gewissheit ging: ob sie nur den Tabak und die Baumwolle ihres Vaters vernichten wollte oder tatsächlich jene Katastrophe in Kauf nahm, die nun über die Stadt kam.

Wahr ist, dass erst gegen ein Uhr ein Nachtwächter die Flammen aus dem Dach schlagen sah. Wahr ist, dass Charlotte bereits auf dem Weg in die besseren Viertel war, während das Feuer die angrenzenden Speicher ergriff, die mit Arrack und Schellack und Gummi gefüllt waren. Die Alarmglocken läuteten, von den Türmen wurden die Knarren geschwungen, die Signale geblasen, auf den Wällen wurden die Schüsse gelöst, als Charlotte schon weit entfernt auf das Haus ihrer Kindheit zuschritt. Und während die Männer an der Brandstelle die Fässer aus den Kellern holten, um den Sprit in den Fleet zu gießen, öffnete sie das kühle Gartentor. Sie ging über den Kiesweg zur Haustür und pochte. Es dauerte eine Weile, bis sie drinnen Geräusche hörte und ein schwaches Kerzenlicht sah. Am Brandort pumpte inzwischen die Feuerwehr ahnungslos aus dem Fleet den Sprit in die Flammen. Und jetzt begann der Brand zu rasen.

An der Villa das Johann Bittrich öffnete die alte Haushälterin die Tür und erkannte die verleugnete Tochter. Und während in der inneren Stadt die Flucht begann und die Plünderer loszogen, ging Charlotte verzaubert durch Räume, in denen nichts sich verändert hatte. Wahr ist, dass im selben Augenblick, als das einstürzende Denker'sche Haus den Weinkeller und ihren Mann und seine Freunde für immer begrub, sie am Totenbett ihres Vaters niederkniete. Wahr ist ferner, dass um zwölf Uhr mittags, während in der Nicolaikirche der Pastor Wendt das Ende der Welt auf die Sünde zurückführte, Charlotte ihren Sohn Viktor in die Rechte der Familie einsetzte.

Und als am Nachmittag die Nicolaikirche mit allen Kunstschätzen in den Flammen versank, suchte Charlotte ein paar Kostbarkeiten der Familie zusammen, packte bessere Kleider ein, als sie in den vergangenen dreißig Jahren besessen hatte, und erklärte, sie werde die Stadt verlassen. Das tat sie noch in derselben Nacht. Der Feuerschein erhellte den Himmel, als sie sich in die Scharen der Flüchtenden mischte. Ein Viertel der Häuser war vernichtet, doch sie sah sich nicht einmal um, als in einer Explosion von achthundert Tonnen Sprengstoff das Rathaus vernichtet wurde, wobei der Silberschatz des Matthiaemahls zu einem anthrazitfarbenen Klumpen schmolz.

Nur die Akten des Rates waren gerettet worden, auch die Akten über die untadelige Tätigkeit der Abtrittanbieterin bis zu ihrem skandalösen Verschwinden. Wo sie schließlich geblieben ist, ob in der Lausitz, in Oberbayern oder Berlin, wofür es Zeugen gibt, oder ob sie auf Wanderschaft blieb, ist ungewiss und auch nicht wichtig. Mir ging es darum, ihre Geschichte zu erzählen und das Familiengeheimnis zu ergründen, weil ich glaube, dass Geheimnisse ihre unheilvolle Macht erst verlieren, wenn sie gelüftet werden. Das habe ich getan, mit Scham, Lust, Schaudern und dankbaren Angedenkens.

Bernd Hans Martens
Gänsehaut

Unser Wohnzimmer ist wie andere auch: dunkel gebeizte Schrankwand, immergrelles Fernsehbild. Sieh dir das an!, sagt mein Bruder Niels, wie der im Sattel hängt. Angeschossen, ein Streifschuss hat ihm die Gänsehaut poliert.

Bier dazu?, fragt Vater.

Niels greift nach der Fernbedienung, mischt die Farben neu. Macht aus Indianern Bleichgesichter. Am Rande der Sierra Madre sieht es vorübergehend aus wie auf dem Bolzplatz an der Högenstraße. Von der Wohnungstür kommen Schließgeräusche. Jetzt schon!, denke ich, es ist doch Donnerstag, die Kaufhäuser haben lange geöffnet. Sie sei putzen gegangen, sagt Mutter und bleibt am Türrahmen stehen. Das will sie nun regelmäßig, bei Hartungs. Schicke Wohnung, schickes Paar. Sie Richterin, er Anwalt. Oder umgekehrt. Da habe sie sich schon angestrengt, beim Hochdeutschsprechen. Und im Kinderzimmer Kaugummi vom Teppich pulen, Bücher abstauben, jedes Buch einzeln. Pflichtlektüre sei das, hat Frau Hartung gesagt. Und Mutter weiß nicht, ob für sich oder fürs Kind.

Was läuft denn da?

Di-aner, erzählt mein kleiner Bruder Lukas seinem Teddy.

Hat gerade angefangen. Setz dich, Ingrid! Eine Familiensaga. Der Schwager reitet durch die mexikanische Kakteenlandschaft und sucht den Bruder des Goldgräbers.

Wie mühsam!, sagt Mutter vom Türrahmen. Und wo ist er?

Unter der Erde.

Der Schatz, meine ich.

Auch! Jetzt 'n Bier, Niels?

Mutter bleibt im Türrahmen stehen, sie kann sich nicht entscheiden. Ich soll ihr großes Mädchen sein, nett, hübsch, fein gekämmt. Dafür lässt sie sich von den Nachbarn loben. In welcher Sendung will sie nur diese Vorabend-Tussi entdeckt haben? Ich weiß es nicht, ich sehe eigentlich nur noch nebenbei, den Ton klein gedrosselt.

Wenn der *motorman* aus der Cabrio-Werbung flüstert: Entscheiden Sie sich jetzt – es könnte Ihr Leben ändern!, dann schließe ich die Augen. Meistens erscheint Phil auf meiner Netzhaut. Dringt in immer fernere Körperregionen vor. Soll er doch.
　Wie war es sonst heute?, fragt Mutter.
　Das Übliche, sagt Vater. Und morgen eine Scheibe weniger. Die mit Kalbsleberwurst, ich ess in der Kantine.
　Was machen die nur?
　Palaver, großes altes Manitou wird gefragt.
　Ob der da durchblickt? Übrigens – morgen hat Oma Geburtstag, sagt Mutter.
　Schon wieder?
　Niels spielt mit der Fernbedienung. Vater nimmt sich ein Bier, mit der Hand tastet er blind nach dem Flaschenöffner. Findet ihn aber nicht. Gleich wird er sich nach mir umdrehen. Ich flüster Lukas ins Ohr, dass er ins Bett muss, sobald die Indianer losreiten. Wie erwartet, heult Lukas auf. Vaters Blick packt ihn hart. Lässt ihn zappeln; der Teddy fliegt in die Schrankwand. Nun beginne ich, tröste mit weit ausholenden Schmusegebärden meinen kleinen Bruder. Es klappt, Vater ruft in Richtung Türrahmen, ob Mutter nicht mal eben den Flaschenöffner aus der Küche holen könne. Damit verdammt noch mal Ruhe ins Haus käme. Ich flüster Lukas ins Ohr, dass er niemals so wie Vater werden soll. Kriegst auch 'n Lolli! Mutter hat sich an den Türrahmen gelehnt. Ich lächel ihr zu. Endlich, sie ist jetzt Putzfrau, lässt sich nicht mehr für nichts hin- und herschicken.
　Wann war denn zuletzt jemand von euch bei Oma?
　Vater winkt ab. Er kann es nicht ertragen, den Schlafsaal mit Engelbildern an den Wänden. Oder wahlweise eine Lüneburger Heidelandschaft, silberfarbig gerahmt. Und all die alten Frauen, die warten, dass der Tag vorübergeht. Sie redet ja auch kaum noch, sieht nur noch die Wetterkarte.
　Dann hol sie da raus. Es ist deine Mutter!
　Sie ist dort bestens aufgehoben, das weißt du doch, Ingrid! Kriegt all die Pflege, die sie braucht. Das können wir ihr hier gar nicht bieten!
　Und morgen hat sie Geburtstag! Einer von euch sollte mit mir gehen. Ihr neunter Heimgeburtstag.
　Glas knirscht auf Metall. Vater hat den Kronkorken mit dem Obstmesser aufgehebelt. Warten wir noch ein Jahr,

sagt er. Und dann feiern wir richtig. So ein rundes Jubiläum. Prost!

In der Werbepause spiele ich mit Lukas *Ich sehe was, was du nicht siehst!* Nicht lange, er will Werbung gucken. Ich wusste mit vier, dass sich Kinder mit Milchschnitten ernähren, um zwischendurch satt und glücklich zu sein. Lukas wird es noch früher erfahren. In einer begrünten, gut ausgeleuchteten Einbauküche wird uns gezeigt, wie ein Familienleben auch sein kann. Der Vater schenkt den Kaffee aus, hört dem Kind zu. Und lässt es ausreden. Die Mutter schnuppert am Aroma, die Gesichtshaut entspannt, feinporig und faltenfrei. So eine Familie will ich später auch haben. Oder lieber doch nicht?

Kommst du mit, Niels?, fragt Mutter, dabei sieht sie mich an. Oma ein Sträußchen vorbeibringen?

Was –? Jetzt wird's aber lustig. Guckt mal, die graben das Kriegsbeil aus!

Ob du mit zu Oma kommst?

Oma –! Niels hat wieder seinen schrägen Blick, kann die Augen nicht stillhalten. Zum Friedhof, meinst du?

Vater dreht sich zu ihm um. Man sieht, wie schwer es ihm fällt. Kein letzter Blick auf die Sierra Madre. Die Bierflasche hält er wie eine Lebenskerze auf Brusthöhe. Was soll mit dem Friedhof sein?

Da rief doch neulich diese Frau von der Heimverwaltung an, glaube ich.

So –?

Wann?

Na, neulich! Hitchcock lief. Und *Hallo, du da!* auf dem Zweiten. Ihr wart nicht da. Man kann es im Programmheft nachsehen.

Und? Was wollte sie?

Wart mal! Mensch –

Auf dem Bildschirm tut sich etwas. Die Kamera zoomt auf die Wegelagerer zu. Die schrecken auf. Musik springt an, drei Oktaven hoch, mit Pferdegetrappel unterlegt. Jetzt werden Spaten in die rissige Erde getrieben. Und dann haben sie es gefunden.

Teufel, ist das Kriegsbeil rostig!

Was ist denn nun mit Oma?

Die Heimleiterin druckste herum, sagt Nils. Ganz gedämpft, mit einem Hall in der Stimme, sprach sie. Ich war doch gerade beim Aufnehmen, *Psycho!* Wie der Sohn die Treppe hochtrappt, ganz langsam, und dann sitzt seine

Mutter dort. In ihre dunklen Tücher gehüllt. Ich habe die Szene aufgehellt, immer mit dem Telefonhörer am Ohr. Es war ja nichts mehr an ihr, nur noch Haut über Knochen, sagte die Heimleiterin. Ist wohl das Beste so. Und ob wir besondere Wünsche hätten.

Warum hast du uns nichts gesagt – ?

Hab ich doch! Da ist was mit Oma, hab ich gesagt. Beim Frühstück. Und ihr habt gesagt, da ist immer was mit Oma.

Christian Maintz
Die Wandergesellen und der Troll

Ein Schneider, ein Bademeister, ein Fagottist und ein Diplomsoziologe wanderten einmal frohgemut durch einen großen, finsteren Wald. Die vier hatten seit gemeinsamen Grundschultagen vereint so manches Pils gezischt und mehr als einmal fünfe gerade sein lassen; mittlerweile aber waren sie allesamt Familienväter in einem Alter, das man vormals, als das Wünschen noch geholfen hat, die *besten Mannesjahre* zu nennen pflegte, heute hingegen als die Periode der ersten *Midlife-Crisis* zu bezeichnen gewöhnt ist. Ihre Rucksäcke enthielten allerlei Camping- und Survival-Hightech sowie reichlich Mineralwasser und Müsliriegel, ihre Kondition war gut, ihr Schuhwerk trotz der Profilsohlen ultraleicht, und also schritten sie zügig fürbass und plauderten dabei angeregt über die Börsenkurse, die Bundesliga und die Bordelle von Bangkok.

Was die vier rüstigen Wandergesellen freilich nicht ahnten, war, dass tief im Innern des Waldes ein gottloser, sackgemeiner Troll hauste, ein wahrhafter Unsympath und Schlagetot, hässlich, bösartig und bar jeder sittlichen Regung. Gerade in jüngster Zeit hatte er seine Ernährung zunehmend von Schwarz- und Niederwild auf großstädtische Touristen umgestellt, die der anhaltende Trend zum naturnahen Fitness-Urlaub in erklecklicher Zahl in sein abgelegenes Jagdrevier führte. Ortsunkundig und allgemein degeneriert, wie sie waren, bildeten sie zumeist eine leichte Beute; nicht selten stolperten sie dem Troll geradewegs vor die klauenartigen Füße. Und so lauerte der Unhold denn, hinter Buschwerk und Felsvorsprüngen verborgen, auf seine unwissenden Opfer; sein breites Maul starrte vor messerscharfen Zähnen, und seine kleinen roten Augen funkelten heimtückisch. Im Profil erinnerte er seltsamerweise ein wenig an den beliebten Kölner Volksschauspieler Willy Millowitsch.

Hätten unsere Wanderburschen voraussehen können, welche Schrecknisse ihrer warteten, sie würden schleunigst kehrtgemacht und Reißaus genommen haben; so aber trabten sie munter und arglos immer tiefer ins Dickicht hinein. Vorerst gab es freilich weit und breit nichts Außergewöhnliches zu entdecken; die Luft war erfüllt vom Gezwitscher des Waldgefieders, und allenfalls kreuzte hier und da ein flink hüpfendes Eichhorn oder ein friedlich äsender Damhirsch ihren Weg. Als sie aber über ein Weilchen an einem lichten Birkenhain vorüberkamen und der Bademeister gerade schwärmte, wie er mal in Bangkok mit drei mandeläugigen Minderjährigen gleichzeitig ..., da machte es auf einmal laut Knacks! und Pardauz!, der Boden gab unter ihnen nach, und ehe sie sich's versahen, lagen sie alle vier in einer der Fallgruben, die der listige Troll wohlweislich auf verschiedenen Waldwegen angelegt und geschickt mit Reisig und Laub getarnt hatte.

Tja, da war nun guter Rat teuer und ihre Lage ziemlich prekär, denn die Wände ihres Verlieses waren hoch und steil. Alle Versuche, daran emporzuklettern, scheiterten kläglich; und allmählich ward den vier gefangenen Wandervögeln ganz schön blümerant zumute. Wer schildert aber ihr Entsetzen, als nach einigen Stunden bangen Harrens die grobe Fratze des Trolls am Grubenrand erschien und hämisch grinsend zu ihnen hinunteräugte? Die vier kriegten, wie man sagt, das große Heulen und Fracksausen, das könnt ihr euch sicher vorstellen, und jeder von ihnen wäre nur gar zu gern daheim bei seinem lieben Weibe und den Kindern gewesen und hätte auch wohl geschworen, niemals wieder nach Bangkok zu fliegen, wenn's nur geholfen hätte.

Der Troll aber zog die vier herauf und schnürte sie sogleich mit einem dicken Strick zusammen; dann führte er sie zufrieden grunzend in seine nahe Höhle. Dort angekommen, entzündete er ein Feuer im Herd, holte ein ellenlanges Schlachtermesser hervor und begann, dessen Klinge an einem mächtigen Schleifstein zu schärfen. Als dies die vier Wanderburschen sahen, huben sie an, ganz erbärmlich zu jammern und zu schreien, und sie boten dem Troll nacheinander nicht nur Silber und Gold, sondern auch ihre Reihenhäuser, Autos und Ehefrauen an, wenn er sie nur verschone; aber der Waldgeist kümmerte sich gar nicht darum und fuhr fort, in aller Ruhe sein gräuliches Mordwerkzeug zu präparieren.

Endlich prüfte er die Schneide des Messers sorgsam mit seinem klobigen Daumen und nickte bedächtig. Hierauf näherte er sich schlurfend den gefesselten Gesellen, wobei aus seinem halb geöffneten Maule ein ekler langer Speichelfaden herabbaumelte. Jählings packte er nun das erstbeste seiner Opfer, es war der Diplomsoziologe, am Kragen und hob den blitzenden Dolch, um ihm den Garaus zu machen. Da rief der arme Mann in seiner Not, sein jüngster Sohn gehe in eine Schulklasse mit der Tochter von Alida Gundlach, und wenn der Troll ihn und seine Kumpane laufen lasse, könne er, der Soziologe, ihm zu einem Auftritt in der bundesweit bekannten NDR-Talkshow verhelfen, die ja von Frau Gundlach moderiert werde. Kaum hatte er das gesagt, ertönte ein lautes Scheppern, das rührte daher, dass der Unhold sein Messer hatte fallen lassen, und daraufhin herrschte einen Augenblick lang atemlose Stille. Dann sprach der Troll mit dumpfer Stimme: „Stimmt das wirklich, oder willst du mich jetzt verarschen?"

Ja, und so kam es, dass der Schneider, der Bademeister, der Fagottist und der Diplomsoziologe nicht geschlachtet, noch aufgefressen wurden und wohlbehalten zu ihren Familien in ihre Reihenhäuser zurückkehren konnten. Der Troll aber erhielt einige Wochen später tatsächlich eine Einladung zur NDR-Talkshow, denn Alida Gundlach hatte ein Einsehen gehabt, und schließlich, einen waschechten Waldgeist in einer Live-Sendung, das gibt es ja auch nicht alle Tage. Und da mögt ihr nun sagen, was ihr wollt, das Fernsehen ist sicher recht albern und einfältig und letztlich überhaupt bescheuert, ganz klar, aber manchmal kann es eben auch Leben retten.

Und so saß der Troll denn eines Freitagabends geschniegelt und geschminkt im heißen Scheinwerferlicht eines Fernsehstudios in Hamburg-Lokstedt, wo ja bekanntlich die NDR-Talkshow produziert wird. Man hatte ihn zwischen dem früheren Fußballbundestrainer Berti Vogts und dem Modezaren Karl Lagerfeld platziert, und er nestelte an seiner nagelneuen Krawatte herum und schwitzte und hatte Lampenfieber wie alle anderen auch. Und Alida sah an diesem Abend ganz besonders bezaubernd aus, was der Komoderator Werner Meyer-Burckhardt ihr in seiner charmant-augenzwinkernden Art auch mehrfach bestätigte, und ihre erste Frage an den Troll lautete: „Hat Ihnen schon mal jemand gesagt, dass Sie Ähnlichkeit mit Willy Millowitsch haben?"

Gordon Roesnik
Lewis Carroll

Ein Spätsommervormittag in der pädagogischen Provinz. Hügelige Wiesen unter blauem Himmel. Strahlender Sonnenschein. Das Schulhaus ein modernistischer Holzbau, der sich harmonisch in eine flache Talsenke fügt. Gemächlich schreite ich darauf zu; ich bin eingeladen, der Investitur meiner Freundin Sabine beizuwohnen, sie wird heute in ihr Lehrerinnenamt eingeführt.

Auf dem Vorplatz fahren mehr und mehr Autos vor, aus denen Eltern steigen, ihre Kinder an der Hand. Neugierige Eltern, die die neuen Lehrer ihrer Kinder begutachten, um sicherzugehen, dass ihr Nachwuchs in guten Händen ist. Hier, in der Provinz, wird noch Wert auf Erziehung gelegt, der Kampf gegen die schädlichen Einflüsse ist noch nicht verloren gegeben.

Ich finde Sabine in einer Ecke des Gebäudes, heimlich und nervös eine Zigarette rauchend. Sie wird diese Angewohnheit aufgeben müssen, sie muss von nun an ein Vorbild sein. Ihr Leben wird sich ändern. Vorbei die Zeiten, in denen wir gemeinsam die Literatencafés der Metropole frequentierten, auf der Jagd nach intellektuellen, halluzinogenen und auch fleischlichen Genüssen. Sie hat sich entschieden, diesen Weg zu gehen: ihr Studium abzuschließen und den pädagogischen Eid zu leisten – als Lehrerin zu dienen, an dem Ort, dem die Schulbehörde sie zuteilt.

Wir sprechen nicht viel, Sabine ist viel zu aufgeregt. Die Investitur ist eine Herausforderung, eine Feuerprobe, die es zu überstehen gilt. Hastig tritt sie die Zigarette aus, zu uns gesellt sich die Schulleiterin, eine noch junge Frau, für die diese Stellung nur ein Zwischenschritt ist auf der Karriereleiter. Erfreut begrüßt sie mich, sie fühle sich geehrt von meinem Besuch, ja, mein Erfolg habe sich auch bis hierhin herumgesprochen, die literarischen Entwicklungen der Metropole würden überhaupt sehr aufmerksam verfolgt in der Provinz. Es sei ihr eine Ehre, mich vor

Beginn der Zeremonie noch ein wenig herumzuführen, es lohne sich.

Sie führt mich um das Gebäude, zu den Sportplätzen und Stallungen. Sie gibt einen Abriss der Schulhistorie, angefangen von der Gründung als Reformschulexperiment in den Zwanzigern. Bauhausstil, Neue Sachlichkeit, die Seele des Kindes in den Mittelpunkt gestellt. Ein idealistischer Aufbruch. Avantgardistische Theorien erprobt in der Praxis auf der grünen Wiese. Eine Erbschaft, der man sich verpflichtet fühle, auch heute noch. Sie bittet sie jetzt zu entschuldigen, sogleich beginne die Zeremonie.

Ich nehme nicht wie sie den schon bekannten Weg um das Schulhaus herum, sondern versuche mein Glück durch einen Nebeneingang, um durch das Innere des Gebäudes wieder zur Frontseite zu gelangen. Auch innen ist alles holzgetäfelt, Korridore, Schulzimmer, Besenkammern, in die ich einen Blick werfen kann. Am auffälligsten aber der durchweg spielerische Charakter der Einrichtung. Viele wunderbar gearbeitete und bemalte Skulpturen, ein Hasenbankett zum Beispiel oder Formation tanzende Schachfiguren. In einem Saal treffe ich auf ein Memoryspiel aus mit Tarotmotiven bedruckten Fußmatten. Die erstaunlichste Attraktion ist zweifellos eine Miniaturbahn, deren Gleise durch das ganze Gebäude führen und deren Waggons Platz für je ein Kind bieten. Ein Schulhaus als Erlebniswelt. Die Schulleiterin hat nicht übertrieben.

Dummerweise trügt mich mein Orientierungssinn, ich verlaufe mich und lerne so mehr von dem Gebäude kennen als beabsichtigt. Als ich schließlich in den Empfangsraum gelange, ist die eigentliche Zeremonie bereits beendet, die neuen Lehrer werden in die Klassenräume geschickt, um ihre Demonstrationsstunde abzuhalten. Hinter ihnen sammeln sich nicht nur ihre Schüler, sondern auch deren Eltern sowie Freunde und Angehörige der Investiten. Ein unübersichtliches Getümmel. Ich halte Ausschau nach Sabine, finde sie aber nicht sofort.

Auf einmal ein Tumult. Ein älterer, dicklicher Mann hat sich am Eingang eines Klassenzimmers aufgestellt und trägt mit lauter Stimme etwas aus einem aufgeschlagenen Album vor, Dichtung offenbar. Er wendet sich lächelnd an die vorbeiziehenden Kinder, er will sie beeindrucken. Die Kinder sind eher belustigt, die Eltern jedoch reagieren wütend und schreien den Mann an; sie sind kurz davor, auf ihn loszugehen. Der Deklamierer lässt sich nicht einschüchtern und fährt fort, schließlich kommt es zu einem Gerangel, zwei kräftige Väter packen ihn an den Armen und zerren ihn davon. Sie schimpfen ihn ein Schwein und schubsen ihn aus der geöffneten Eingangstür, dass er fast die Treppe hinunterfällt. Er solle sich vorsehen, sonst werde man ihn sich richtig vorknöpfen. Der Mann lächelt dabei nach wie vor, er scheint eine solche Behandlung gewohnt zu sein und sie gleichmütig zu ertragen.

Ein unangenehmer Vorfall, bemerkt die Schulleiterin, die plötzlich wieder neben mir steht, ich solle nichts darum geben, man kenne den Mann seit Jahren, aber werde ihn einfach nicht los, hartnäckig schleiche er sich immer wieder ein, bei jeder Investitur aufs Neue, ein Unverbesserlicher. Ob ich nicht die Demonstrationsstunde meiner Freundin verfolgen wolle? Sie zeigt mir den Weg zu ihrem Klassenzimmer.

Das Klassenzimmer bildet einen Vorsprung des Gebäudes und ist von beiden Seiten durch großzügige Fensterfronten einsehbar. Der Raum ist völlig überfüllt, entlang der Wände drängen sich Eltern und Freunde, die Schüler in den Sitzbänken sind gar nicht zu sehen. Sabine steht hinten an der Tafel und versucht sich sichtlich Gehör zu verschaffen. Sie sieht blass aus.

Ich verzichte darauf, mich auch noch hineinzuschieben, und setze mich stattdessen in eine Ecke des Empfangsraums, von wo aus ich durch die Fensterfront Sabines Klassenzimmer bequem einsehen kann. Der Empfangsraum ist nun fast leer, alles drängt sich in den Klassenzimmern, ich genieße die Ruhe. Ich muss an eine Unterhaltung mit Sabine vor einigen Wochen zurückdenken, in einer unserer favorisierten Bars. Ihre Unsicherheit, ja Verzweiflung, ihre Angst, dem pädagogischen Eid nicht gewachsen zu sein. Wir hatten viel getrunken, sie noch mehr als ich, ihre Stimme war schwankend und brüchig. Es ginge ja nicht nur um sie, es ginge vor allem um die Kinder, die ihr anvertraut seien. Wenn sie scheitere, dann wäre es auch ein Scheitern für die Kinder. Und was das in jungen Seelen anrichten könne, sei gar nicht auszudenken. Eine solche Verantwortung. Sie wisse nicht, ob sie die tragen könne, sie wisse es nicht. Aber sie müsse ja, sie müsse.

Man spricht mich von der Seite an. Man hoffe, nicht zu stören, aber wolle doch die Gelegenheit wahrnehmen, schließlich sei hier in der Provinz nicht oft ein solch illustrer Literat zu Gast, ob ich wohl ein paar Minuten Zeit hätte? Ich schaue hoch und erkenne den Mann, der vor wenigen Minuten hinausgeworfen wurde, den Vorleser, der den Unmut der Elternschaft auf sich zieht. Seine Wangen sind gerötet, noch von der Auseinandersetzung oder etwa von der Aufregung, mich anzusprechen? Ich habe eigentlich keinen Grund, ihn abzuweisen, mir hat er ja nichts getan, also mache ich eine knappe Geste, er möge sich setzen, was er im selben Moment bereits ausführt, er lässt sich neben mich auf die Bank fallen, seine massige Gestalt unangenehm nah, eine Geruchsmischung aus Schweiß und Moschus.

Wie ich ihm helfen könne, frage ich und ahne es bereits, schon hat er sein Vorlesealbum in der Hand. Jetzt heißt es gütig sein, höflich, aber reserviert. Ein weiterer verkannter Dichter, der mich von sich überzeugen will. Ich bin das gewohnt mittlerweile, es lässt sich nicht ändern, nun gut.

Er sei ja ein Kollege, hebt er an, sowohl von mir als auch von meiner Freundin dort im Klassenzimmer, er sei nämlich sowohl Dichter als auch Pädagoge, ja, die Einzigartigkeit seiner Berufung liege gerade in der Verknüpfung dieser beiden Aufgaben, und in dieser Einzigartigkeit liege auch der Grund seiner Verkennung, er wisse das und nehme es gelassen hin. Als Dichter werde er ignoriert, ja verfolgt, ich habe es ja soeben sehen können, und auch als Lehrer habe man ihn schon vor langem davongejagt, früher habe er selbst nämlich an dieser Schule unterrichtet, damals habe noch ein wahrer Reformgeist geherrscht und er habe diesen Geist verkörpert und in Ehren gehalten, doch dann kamen andere Zeiten, man habe ihn als Kinderfeind diffamiert und ihn davongejagt, während die Schule auf den Hund gekommen sei, ich sähe ja selbst, wie traurig es heute hier aussehe.

Finden Sie, erwidere ich kühl, um ihn ein wenig zu bremsen. Er wirkt ungewöhnlich selbstsicher für einen Bittsteller. Ich frage ihn, worin genau denn dieser Reformgeist bestünde.

In der Verehrung, erwidert er. In der Verehrung der Kinder und alles Kindlichen. Die heutige Gesellschaft behandle Kinder ja wie kleine Erwachsene und habe nichts anderes im Sinn, als sie von Anfang an in ihre schäbige, ordinäre Erwachsenenwelt hineinzuzerziehen. Dabei wohne doch der Kindheit ein Zauber inne, der nicht gebrochen, sondern nur bewahrt und bewundert werden dürfe. Göttliche Geschöpfe seien sie, die Kinder, und seine Berufung sei es, ihnen Loblieder zu singen. Sehen Sie nur, ruft er und deutet aus dem Fenster, sehen Sie doch nur!

Wie auf seine Bestellung war auf der Wiese vor dem Turnhaus eine Gruppe von Kindern erschienen, barfuß in luftigen weißen Gewändern, die unter Anleitung einer Lehrerin tanzten, sich im Kreise drehten und dabei weiße Bänder hinter sich herzogen, die im lauen Sommerwind flatterten. Eine geradezu hypnotisierende Wirkung ging von diesem Anblick aus, ich merkte zuerst gar nicht, dass der Mann neben mir bereits weitergesprochen hat.

–die Anmut der Körper, schwärmt er, der unverbildeten Körper, noch nicht entstellt durch kantige Muskulatur oder unförmige Rundungen. Dieser grazile Schwung der Oberkörper, die glatte, makellose Haut, die schlanken Fesseln, die Unverbildetheit der Bewegung; ob ich nicht denke, dass dies das Paradies sei, ein Paradies, das niemand zu schätzen wisse, außer wenigen–

In diesem Moment öffnet sich die Tür zum Klassenzimmer, Kinder strömen heraus, die Demonstrationsstunde ist offenbar beendet. Manche der Kinder zeigen mit dem Finger auf uns beide und lachen, andere winken dem Mann kokett zu, dieser winkt zurück, ohne jedoch aufzuhören, auf mich einzureden. Die Eltern ziehen ihre Kinder rüde mit sich und blicken uns zornig an. Mir ist das natürlich unangenehm, ich versuche, von dem Mann wegzurücken, doch er bleibt mir auf der Pelle. Zuletzt kommt auch Sabine aus dem Klassenzimmer, umringt von mehreren Kindern, und schaut irritiert zu mir her, wendet sich dann aber wieder ihren Schützlingen zu und geht mit ihnen hinaus. Es wird Zeit, beschließe ich, den unangenehmen Menschen loszuwerden.

Hören Sie, setze ich an, hören Sie. Ich erkläre ihm, dass er seine Zeit verschwende, dass ich seine Theorien nicht teile, er habe sich den Falschen ausgesucht, seine Begeisterung sei mir fremd.

Er lächelt, als habe er damit gerechnet, und schüttelt sachte den Kopf, nachsichtig, wie einem störrischen Schüler gegenüber. Oh doch, sagt er, er wisse, dass er bei mir richtig sei, er habe schließlich meine Werke gelesen, und er habe dort den Funken erkannt, den Funken der wahren Pädagogik, verborgen natürlich hinter den stilistischen Konventionen, die die literarische Mode erfordere. Er aber erkenne unsere Geistesverwandtschaft, er sehe es daher als seine Aufgabe, mich von nun an zu geleiten, damit ich nicht durch die vielen schädlichen Einflüsse vom rechten Weg abkomme und dereinst, wenn die Zeiten wieder besser sind, bereit sei, die Geistesführerschaft zu übernehmen für eine neue pädagogische Dichtung.

Sie reden Unsinn, sage ich und will aufstehen, doch er hält mich am Arm fest. Lassen Sie mich los, sage ich.

Ja, sagt er, ich könne gehen, natürlich, er hindere mich nicht, aber ich müsse zumindest einwilligen, seinen Sonettenkranz an mich zu nehmen und zu studieren, das sei alles, was es bräuchte, es würde seine Wirkung nicht verfehlen, da sei er sicher, also nehmen Sie doch, ich bitte Sie, nehmen Sie.

Indem er mir sein Album in die Hand drückt, lässt er meinen Arm los, ich schnelle nach oben und entferne mich rasch. Und studieren Sie die Kinder!, ruft er mir noch nach, lesen Sie die Sonette und betrachten Sie die Kinder in einem ganz neuen Licht!

Ich trete nach draußen, das Album in der schwitzenden Hand. Die frische Sommerluft macht mir die stickige Atmosphäre von eben, den schweißigen Geruch des Mannes erst wieder bewusst. Ich atme durch. Auf dem Vorplatz stehen noch einige Kinder und Eltern in Gruppen herum. Als ich die Treppe hinabschreite, weichen sie vor mir zurück. Sie sehen das Album in meiner Hand, der elterliche Zorn fokussiert sich nun auf mich, als hätte ich mit dem Album auch das Amt des Deklamierers übernommen. Auch die Schulleiterin verzichtet darauf, mich zu verabschieden; sie spricht mit einem Elternpaar und tut so, als sei ich nicht vorhanden. Ich sehe ein, dass Erklärungen nutzlos wären, und begnüge mich damit, mich wortlos zu entfernen.

Wie ich über die Wiese davonschreite, sehe ich Sabine an der Ecke des Schulhauses stehen. Ihr Blick ist nun merklich gelöst, sie hat die Investitur überstanden. Ein kleiner Junge überreicht ihr ein Blatt Papier, offenbar eine Zeichnung, die er extra für sie angefertigt hat. Sabine bedankt sich freundlich und streicht ihm über den Kopf. Ich verlasse sie hier, wird mir bewusst, sie hat eine neue Heimat gefunden, eine Heimat in der Pädagogik. Es sieht nicht aus, als würde sie scheitern. Ich dagegen kehre zurück in die verrauchten Literatencafés der Metropole, in eine Welt des unsteten Lebens, abseits aller kindlichen Unschuld. Ich klemme das Album unter meinen Arm und gehe.

Jutta Heinrich
Kind meiner Zeit

Damit ich mir sprachlich und analytisch in die Falle gehen kann, stelle ich ein Zitat von Friedrich Nietzsche voran: *„Ich bemerke etwas und suche nach einem Grund dafür: das heißt ursprünglich: Ich suche nach einer Absicht darin, und vor allem nach EINEM, der Absicht hat, nach einem Subjekt, einem TÄTER."* Das zunehmende Alter kantet und meißelt eine Tatsache aus der eigenen Geschichte heraus: Es gibt keine Täter, keine Täterinnen, vor allem aber keine Absichten, die nicht aus dem unklaren Bodensatz des eigenen Selbst aufsteigen. Mit zunehmendem Alter entsteht so etwas wie eine wehmütig obstinate Selbsthaftung. Ich bin ein Kind meiner Zeit. Das ist erst einmal nichts Ungewöhnliches. Die Zeit, in der ich das Kind bin, hört bei mir allerdings nicht auf. Ich habe sogar den Verdacht, dass dieser Rückfall, die Neigung, Kind meiner inneren und äußeren Zeit zu bleiben, genau die metaphysische Kraft ist, die alte Schmerzen zwingt, sich immer wieder dem Licht neuer Erkenntnisse auszusetzen. Was heißt das aber, dieses Kind seiner selbst zu bleiben? Und worin besteht die Hilfe, die aus dieser unabgebrochenen Verbindung Kraft schöpft? Ich werde den heilsamen Verdacht nicht los, dass eben dieses Kind in mir nicht getötet, zu Tode verletzt abgetrieben werden musste. Es konnte in mir überleben, und es ist vor allem kein Pfand der Elternhaftung geblieben. Und dieses Geschenk mag auch unirritierter Grund sein, dass ich von mir behaupte: eine glückliche Kindheit gehabt zu haben, ja – noch weiter: ein glücklicher Mensch zu sein, obwohl ich seit mindestens vierzig Jahren in regelmäßigen Abständen unbewusst oder bewusst lernen musste, in den Gefühlsstürmen von Hochglück, unruhiger Nervosität, wütender Trauer bis zu massiver depressiver Verstimmung – zu leben.

Wenn ich nachfolgend versuche, einen Grund dafür auszumachen, dann heißt das für mich eben nicht wie bei Nietzsche, einen Täter zu suchen, sondern das Kind in mir, das unbeschadete, das ruft: Du bist es allein, du bist die Täterin, der Täter und die Absicht. Natürlich ist die spätere Wahl, ja – die mich wählende Passion, Schriftstellerin zu werden, geradezu eine physische Übertragung auf die Gesellschaft, in ihr, in ihren Verknotungen meinen Schlüssel zu entdecken, aber auch den Schlüssel zu übergeben, um das Verborgene öffnen zu können und unter Licht zu setzen. Es ist fast ein wenig unheimlich, dass ich in meinem ersten Roman: *Das Geschlecht der Gedanken*, den ich 1971 schrieb, eine bildhafte, ja – visionäre Übersetzung entdecke, die den künstlerischen Impetus vorwegnimmt: „Und auch jetzt sagten sie mir nicht, dass das Leben keine Schlüssellöcher braucht und dass sich meinem angstvollen im Geheimen erlaubten Blick nichts anderes offenbart hatte als klägliche und einsame Intimität, die mit diesem Schlüssellochsystem das Leben für immer gefangen hielt. Ich fühlte mich umgeben von Schlüsseln, so weit ich sehen konnte, jeder warf mir seinen Schlüssel zurück, während ich in mir nichts anderes spürte als ein großes Loch, mit dem ich die Vergangenheit vergessen sollte und die Zukunft füllen." Woher mag jene Neigung zur Depression, die ich im klinischen Sinne für mich ausschließe, herkommen? Und woher mag es kommen, dass ich immer wieder und von Zeit zu Zeit von einer Quellmasse widersprüchlichster Emotionen überwältigt werde, elektrisiert bin von entzündeten Nervenbahnen, die Geist und Leib zu Feinden machen und einen Wundbrand auslösen? Niemals wäre ich auf die Idee gekommen, mir durch eine der modischen Therapien Erleichterung zu verschaffen, und wenn ich überhaupt diese fragwürdige Definition Depression für mich benutze, dann einzig in dem Sinne von Alain Ehrenburg, der schreibt: *„Die Depression ist das Geländer des führungslosen Menschen, nicht nur sein Elend, sie ist die Rückseite der Entfaltung seiner Energie."* Meine Kindheit habe ich in einem wohl behüteten, großbürgerlichen Haus erleben dürfen. Ich war die Älteste von fünf Mädchen. Ich will außer Acht lassen, dass diese Tatsache allein schon hinreichend Verdacht auf allerlei fatale Klischees wachruft. 1940 geboren, erlebte ich, wie alle anderen auch, die Katastrophen des Krieges, der auch uns zu Flüchtlingen machte, an drei Fluchtorten anstranden ließ, die so schrecklich waren, dass meine empfindsamen Eltern zu Flüchtlingen aus sich selbst werden mussten. Sie verloren sich in dem Elend von Armut,

Fremdheit und Banalität. Auch hier bin ich ein Kind meiner Zeit, denn ich wurde noch im Kindheitsalter eine Erwachsene, die im Verlauf des Nachkriegsdaseins nicht nur eine Stütze war, sondern immer unbewusster und selbstverständlicher das Versagen der Erwachsenen auf sich nahm. Meine Generation wuchs auf in der schwelenden Ahnung, dass die leidenden, verlorenen Eltern nicht nur die unschuldigen Kriegsgeiseln waren, vielmehr wucherte in dem dunklen Grund eine unausgesprochene Schuld, eine sprachlose Teilhabe, die dumpfe Verdrängung verlangte. Als wir uns endlich – nach vielen Jahren schrecklichen Herumwanderns – in einem Dorf in Bayern niederließen und wieder so taten, als ginge es um einen Wiederaufbau aus den Trümmern, die andere verursacht haben, als würde es jetzt nach all dem Leiden gelingen, die Familie wieder in einem warmen Nest zu schützen, begann in mir etwas, was ich viel später als die nervöse, irritierte Beobachtung bezeichnen sollte. Es wuchs sich sacht und doch fordernd ein unauflöslicher Widerstreit in mir ein: die gerührte Liebe zu meinen Eltern, gleichzeitig aber eine detektivische Suche nach den Verursachern, die ich nirgends fand, die scheinbar nicht unter den Lebenden weilten. Trotz des besinnungslosen Wiederaufbaus lagerte über den Menschen des armseligen, verpetzten und fremdenhasserischen Dorfes, aber auch in meiner Familie, so etwas wie eine pathologische Verlangsamung, ein Gefühl unentrinnbarer Determination durch die Vergangenheit. Durch eine Art Standesdünkel war es mir möglich, die Flucht der rüden Dorfbewohner in eine dichte Dumpfheit aggressiv zu erleben, sie stützten eine Randständigkeit, die berechtigt schien. Meine Eltern aber verfielen ohne den Halt ihres gesicherten Daseins in aufrührende Hilflosigkeit. Mein Vater, ein geistreicher Dauererfinder, irrte von einem rettenden Einfall und Erfolg wieder ins Desaster, und meine verwöhnte, behütete Mutter fiel von einer neurasthenischen Erkrankung in die andere. Ihre frühere Geistigkeit, ihr gemeinsames Interesse an Leben, Lesen und Mitwelt wich einer traurigen Ermüdung am Selbstsein. Erwachsene wurden für mich zu etwas, die – allein schon wegen der unheimlichen Vergangenheit – vor sich geschützt werden mussten. Erwachsene waren Überforderte, Gefährdete und Gefährliche, die ich zu beschützen hatte. Die erwachsenen Menschen waren die Inkarnation, von der Lothar Baier schreibt: *„Depres-*

sive spüren eine Art Verknotung der Zeit, die etwas wie temporale Erstickungsanfälle hervorruft: Zwischen Vergangenheit und Zukunft zieht es nicht mehr durch." Die aufgestachelte, hilflose Liebe zu meinen Eltern, ihre ermüdenden Bemühungen, dem Leben und uns wieder jene Lebendigkeit einzuhauchen, die einstmals war, verbot mir, machte es mir unmöglich, mich gegen sie zu stellen, meine Witterung gegen sie und die kollektiv gemordete Zeit wirklich wahrzunehmen. Ich wurde zu einem Seismografen für die Fragilität und die Bestialität des Lebens, aber auch zu einer Einsamen, die ein Doppelleben führte, aus dem es kein Entrinnen gab, wenn man nicht, wie ich, in einer noch engeren Endgültigkeit, der Ehe, ankommen wollte. Die bohrend misstrauische und mitfühlende Wachsamkeit verbot mir selbstverständlich, gerade die männlichen Erwachsenen nicht der Pathologie ihres Trümmerdaseins zuzuordnen. Zumal besonders in der Zeit der frühen Fünfziger zwischen den Menschen im Allgemeinen eine muffige, sprachlose Verstocktheit herrschte, die exemplarisch in den Begegnungen zwischen Mann und Frau jede authentische Berührung verhinderte. Zwischen Jung und Alt, Frau und Mann grassierte eine obszöne Vermufftheit, eine zwanghafte Traditionsbergung, die offensichtlich die Verdunkelung der Vergangenheit garantieren sollte. In dieser Zeit besaß man keine Freunde, keine Freundinnen, es existierte kein Kult der Kids, als Mädchen oder junge Frau fühlte man sich umstellt von aufdringlich Geilen und väterlichen Älteren, die nur darauf aus waren, die ständig überarbeitete Frau mit der Jugend, dem jungen Fleisch, zu hintergehen. Mir schien, es war und blieb ein Krieg mit unsichtbaren Waffen, die tief ins Zentrum trafen, um dort eine Lähmung auszulösen, damit nichts offenbar werden konnte? Selbst als mein Vater wieder eine Firma aufgebaut hatte, die auf fragilem Grund stand, offenbarte sich nur, dass meine Mutter in der alten Vorkriegsheimat zurückgeblieben war und mein Vater seine edle Herkunft, seine feingeistige Besonderheit gegen eine hemdsärmelige Unternehmermentalität eintauschen musste. Drunter und immer anwesend aber lauerte dieses überanstrengte Scheitern, eine Lebenszäsur, die eher ein Abgrund war. All mein Ablauschen ihrer Gefährdetheit, gepaart mit einer unermüdlichen Aktivität, war der Versuch, sie diesen Abgrund nicht sehen und spüren zu lassen. Es war ja aber nicht nur die Verlorenheit in Schuld oder

Nichtschuld, die die Erwachsenen inkarnierten, was aufwühlender blieb, war die Tatsache, dass doch ihre geistige Heimat, ein akademisch-künstlerischer Bildungsstand, ja – sogar die kulturelle Feinsinnigkeit in die Brüche ging. Die Erbschaft dieser Zeit, von denen meine Eltern noch glaubten, sie hinübergerettet zu haben, wurde doch nur einige Zeit später genau die Tradition, von der George Steiner in seinem radikalen Buch *Sprache und Schweigen* behauptete, jene geistige Mentalität habe jene Schuld möglich gemacht, sei sozusagen die Schule der Barbarei gewesen. Es gab also keinen Halt und kein Vertrauen in mir, weder nach oben in eine gebildete Zukunft noch nach unten, denn da war dieser Abgrund. Ich kann mich nicht erinnern, irgendetwas nicht „Praktisches" gelernt zu haben. Ich habe gelernt, meine vertiefte, angstvolle Wahrnehmung aufs Äußerste zu steigern, ich war ein Empfangsgerät, das in alle Richtungen die leisesten Schwingungen in Katastrophen übersetzte. Und natürlich durch die abgeforderte Tüchtigkeit und Hilfsbereitschaft unersetzlich, so schien es mir. Und als dann die ewig lange Zeit kam, als meine Mutter begann, uns zu verlassen, die Verheerung der Flucht ihre Folgen zeitigte, bilde ich mir ein, eine Schlaflose geworden zu sein, die nicht im Dunklen und nicht im Hellen des Tages ihre Wahrnehmung vernachlässigen durfte. Mir schien, ich schlug die Augen auf – und lauschte. Horchte die Herztöne der Eltern ab: wie ihre Schritte im Flur klingen, wie die Türen geschlossen werden, der Klang und Ton ihrer Stimmen sich anhört, ob es ein Flüstern, ein Weinen, ein Beschwören ist, ob die Sprache schrill und verletzend wird, wie ihr Lachen klingt, in welcher Beschwingtheit oder Trauerlast ein Tisch gedeckt wird, welche Gekränktheit ihr Morgengruß ausdrückt, welche Sorgen sich in Gang und Haltung ausdrücken. Am Schlimmsten das verbergende Flüstern. Immer Vorboten einschneidender Affekte, die ihre Folgen bald zeitigen würden. Die Dunkelheit war voll davon, und dann das Weinen, das mein Herz in Stücke riss. Und es waren nicht nur die Liebsten, die sich nicht tragen konnten, die mitten in ihrer großen, öden Fremde standen, es war die gesamte Umgebung, das traurig böse Dorf, mir schien, die ganze weinende Welt. Viel später und natürlich unwissend schrieb ich im Buch *Das Geschlecht der Gedanken*: „Erst nach Jahren stellte ich fest, zu welch unerhörtem Instrument sich meine Ohren ausgewachsen hatten, gleich einem

Abhörgerät, einem Seismografen, entging ihnen nicht das zarteste Geräusch, ob Fleisch gegen Fleisch, Atem an Atem, eine Heftigkeit des Augenaufschlages, Gelenke, deren Knöchel knackten, Finger, die tasteten, streichelten oder kniffen."

Meine Eltern sind früh gestorben, durch sie habe ich nicht nur die Liebe erlernt, wie falsch oder richtig auch immer, aber vor allem das Unantastbare, Heillose oder Geglückte der eigenen Existenz schmerzreich erlebt. Und ich wurde wohl in meinem frühen Leben eine von denen, über die Walter Benjamin schreibt: *„Die Kranken haben ganz besondere Kenntnis vom Zustand der Gesellschaft; in ihnen schlägt die private Hemmungslosigkeit gewissermaßen in die inspirierte Witterung der Atmosphäre um, in der die Zeitgenossen atmen. Die Zone des Umschlagens ist die Nervosität."* Erst nach 1968 geschah das, was ich wiederum viele Jahre später als die Fruchtbarmachung meines gelegten Humus bezeichnen möchte. 1971 studierte ich Sozialpädagogik, die Kaderschmiede des linken Denkens und der voreiligen, beflissenen bis fanatischen Vorwegnahme einer veränderten Gesellschaft. Wie es mir entsprach, war ich gegen die Entflammung von Gruppen immun, aber durch die Aufbruchstimmung, die hellwache und euphorisierte revolutionäre Atmosphäre, begann ich nachtragend all die aufklärenden Schriften zu lesen. Sanft, aber tief steckten sie mich an und gaben mir ein unerhörtes Gefühl davon, dass der verdorbene Untergrund einer ganzen Gesellschaft umgegraben werden kann, dass selbst Einzelne in die Möglichkeit versetzt werden, die grausamen Gesetzmäßigkeiten aus den Angeln zu heben, um die Brutstätten der Vergangenheit bloßzulegen. Eine unbeschreibliche Befreiung zog ein, die nur denen in Erinnerung ist, die aus dieser Generation, zu der ich gehöre und zu der die meisten der Linken gehörten, überhaupt annähernd begreifen kann. Es war eine Zeit, in der wir uns einbilden konnten, die Mosestafel neu zu beschriften. Mein Fanatismus war innerlich und gewaltlos. Für mich war es die Geburt eines neuen Sehens und Erkennens. Und durch mein erstes Buch, das sogleich von der nachfolgenden Frauenbewegung aufgegriffen wurde, erreichte ich den Status eines Kultes, was umso unwahrscheinlicher war, als ich es eigentlich schon 1970 geschrieben hatte, ich also von all den geheimen Aufträgen einer Kulturrevolution nichts wusste. Die gesamten Ideologien mussten erst so rüde und unaufgearbeitet zerfallen, um für mich begreifbar zu machen, welche charakterlichen Grundvoraussetzungen gegeben sein mussten, um diese Elternaustreibung, jenen Bildungs- und Gesinnungsumbau in diesem Furioso erst möglich zu machen. Es war die Generation der 1940–50 Geborenen, die mehr oder weniger – wie ich auch – in dieser unaushaltbaren Liebesambivalenz eingeschlossen waren. Sie sind mit diesen unangreifbaren Eltern aufgewachsen, die aus einem Krieg, einer Entartung kamen und heimkehrten in die Düsternis einer Verleugnung, an deren Aufrechterhaltung so blind und stoisch gearbeitet werden musste, dass jedes Gefühl paradox und verlogen werden musste. Die Liebe, die Eltern waren unangreifbar, ein unsichtbarer Feind, der das irritierte Selbst werden musste, eine Dynamik, die eine Hetze aus sich heraus nach vorn antrat – in den Fort-Schritt.

Erst die verschwiemelte, heimtückische und ungeistige Nichtaufarbeitung der linken Vergangenheit verdichtete diese verdrängte Ahnung in mir, dass genau diese Feindaustreibung aus dem Vater, der Mutter, die im Selbst wohnten und einen blinden Fleck erzeugen mussten, ausschließlich auf das Gesellschaftliche, eine Ideologie verlagert wurde, eine Verleugnung, die die Keimzelle des linken Rumors war, und folgerichtig als Erbschaftsgift hochwuchs und einen solch traurigen Zerfall, ja –Verrat auslösen musste, der nicht einmal einer geistigen Auseinandersetzung würdig zu sein schien. Bis heute. Mit dem Mauerfall wurde auch gleichzeitig der Körper einer wichtigen kritischen Masse begraben. Ich aber kehrte heim, zurück ans leere Blatt, fassungslos und bestürzt, dass auch ich nur ausgezogen war, um die Last einer Überverantwortung an Liebe loszuwerden; wie alle kehrte ich heim aus diesen übererregten Zonen, legte das Banner ab, das Fieberthermometer, mit dem ich die ganze Welt gemessen, und fand Unterschlupf in einer jener Depressionen, von der Alain Ehrenburg spricht: *„Die Depression ist das Geländer des führungslosen Menschen, nicht nur sein Elend, sie ist die Rückseite der Entfaltung seiner Energie."*

Zellengeflüster

Alicja Wendt
Dorothea Dieckmann
Wolfgang Hegewald
Johannes Speder
Farhad Showghi
Hamid Skif
Agnieska Depska
Frederike Frei
Uda Strätling
Emily Dickinson

Alicja Wendt
Splitter

Köhlbrandbrücke
für Johanna

Du blätterst die Tage auf
alle sind durchsichtig
es ist die Jahreszeit des Wassers
und die Versuchung groß
den Brücken zu glauben
sie singen ein hohes Lied

andere Worte zerfallen zu Staub
zeichnen nicht mal den Mundwinkel weich
kehren zur Erde zurück

deine Füße berühren die Luft
Sonne und Mond stürzen
in den offenen Mund
so gehst du
mit nassen Sternen im Gesicht

doch glaub dem dunklen Wasser nicht
der Fluss hat unruhige Hände
in seinen Armen altert man schnell

Während du schliefst

Der Morgen schüttet milchiges Licht
in dein Gesicht das noch im Schlaf
ich schaue mit allen Augen
begehe die Landschaft des Traums
der deutlich in den Zügen
sehe Geräusche Schritte Stimmen
und im Vorbeiflug
knapp über der Braue
den verzweifelten Schrei einer Möwe
ich rieche die warme Haut
berühre das wilde Gras
meine Hand spricht
in der Sprache des Meeres
was sie sagt ist wahr

Auf meinem Rücken wächst Gras

Auf meinem Rücken wächst Gras
in mir Wälder
von düsteren Vogelgesprächen bevölkert
und dann noch die Landschaft der Augen
die des unruhigen Wassers
das den Kopf höhlt
ich träume von nichts

Splitter

Weder Atemzug noch Herzschlag
nur Sand im Telefonhörer
der Geschmack des Messers im Fleisch
er schleicht sich an
ich bin müde
stelle keine Fragen mehr
ich weiß schon
du bist eine Tür ohne Haus
die Nacht kommt und sagt
hier darfst du nicht schlafen

Dorothea Dieckmann
In Haft

„Bevor ich sterbe, will ich wenigstens eine Runde in meiner Zelle gemacht haben." Marguerite Yourcenar

Ich sitze auf der Bank in der Sonne. Von der Mauer hinter mir strahlt die Wärme ab; sie liegt auf meinem Rücken, der sich krümmt wie ein Katzbuckel, denn ich habe die gekreuzten Arme auf die Knie gestützt und schaue über die freie Fläche. An der gegenüberliegenden Mauer ein Baum, er überragt sie nicht, sieht vielmehr aus wie ein Schattenriss, ein Bild auf dem Putz. Das Licht von jenseits blendet. Die Silhouetten der Mitgefangenen lassen nicht erkennen, dass auch sie eingesperrt sind. Gehört die Mauer zu ihrer Welt? Sie nutzen die Stunde, um zu zeigen, dass sie mit dem Leben etwas anzufangen wissen; ja, man könnte meinen, die Freizeit sei ihnen Freiheit und es gäbe für sie keine Zelle, kein Gitterfenster, keine Verzweiflung. Einer schreitet im Kreis, die Arme, nur die Fingerspitzen berühren einander, um einen unsichtbaren Baumstamm geschlungen; einer tritt hart auf der Stelle und boxt die Luft; einer schreibt geschwungene Linien in den Raum um seinen Körper; wieder einer verbeugt sich zierlich nach allen Seiten; zwei stehen zusammen und schlagen in wirrem Wechsel, doch immer erfolgreich, die Handflächen gegeneinander, und ein paar andere hopsen in steilen Sprüngen umeinander herum wie junge Katzen. Dabei ist doch auch ihre Zeit begrenzt. Neben mir der Wärter lehnt am warmen Stein. Ab und zu, im Hof, scheucht er mich mit freundlichem Klatschen auf, und manch anderer hat mitgeklatscht, wenn ich aufsprang und hüpfend meine Übung zeigte. Doch heute hat er die Arme gekreuzt, die Augen geschlossen, die Sonne scheint auf seine Lider. Er lächelt. Die Stunde steht, ich sitze still und warte darauf, dass sich meine Glieder lösen, dass auch ich aufspringe, anfange. Warum habe ich Angst, mich zu bewegen? Je länger ich sitze, desto weniger kann ich mich rühren; je länger ich mich nicht rühre, umso mehr fürchte ich den Moment, in dem sich die anderen zu einer Reihe formieren und man auch mich auffordern wird, aufzustehen und wieder ins dunkle Gebäude zurückzugehen.

Als ich zum ersten Mal hinausging, war der Hof leer. Die Zelle, die ich verließ, war eine Hütte oder ein Zelt und rund wie ein Iglu. Ein Loch in der niedrigen Kuppel, ein Feuer in der Mitte und die Sippe drumherum, ein Liebesnest. Draußen war es kalt. Es dämmerte über dem Schnee. Vom Eingang fiel ein warmer Lichtstrahl auf die blaue Fläche. Mauern sah ich keine. Doch ich entfernte mich nicht weit von meinem Ort; ich tanzte ums Haus, ließ die Hände über meinem Kopf flattern, trampelte auf dem goldenen Streifen herum und ließ meinen Schatten spielen. Ebenso wenig wie das Licht von innen und das blaue draußen hatte ich je meinen Schatten gesehen. Er hatte die Farbe der Dämmerung und ähnelte nicht so sehr meiner Gestalt als ihren Bewegungen. Immer wenn er erschien, traf der helle Lichtstreif meinen Körper, legte sich auf die Schulter, glitt über Achseln, Brust, Hüfte und Knie, kletterte, rutschte, tanzte. Nach einer Zeit, einer Stunde vielleicht, fielen andere, kürzere Schatten auf meinen, der riss sich los und zeigte auf sie mit fliegenden Fingern. Die vom Haus standen unterm Eingang und schauten mir zu. Die einen klatschten in die Hände, die andern schüttelten und senkten den Kopf und wandten sich zur Tür zurück. Und ich schloss mich ihnen an und betrat das erleuchtete Nest und setzte mich ans Feuer. Später rollten wir uns im Kreis an die Wand, wie immer. Ich lag wach und betrachtete die Glut. Ich dachte an Dämmer, Schatten, Tanz und die Außenwand der Hütte, und ich wartete auf den Schlaf, den Traum. Denn mir schien, dort müsste sich diese Stunde wiederholen, und nicht zum ersten Mal.

Der Vollzug hat mich seither weiter verlegt und weiter. Jeder Wechsel verkürzt mein Leben und verlängert mein Ortsregister; hier ist es: ein weiß gestrichener Meisenkasten in einem Ort namens Vogelsang – eine halbe Schublade in einer Wohnkommode – eine grün ausgeschlagene, muffige Schatulle, möbliert – ein über die Kreuzung gebeugter Erker mit Ampeln an den Schläfen – ein Taubenschlag unter der Dachrinne – eine Koje mit Bullauge im

Zwischendeck – ein Stall in der Stadtbrache – eine Nussschale im Heidesand – ein Marmorquadrat zwei mal zwei Meter – ein Freigehege zwischen Feigen und Trauben – ein Turmzimmer – eine Dornröschenbox mit Spindel – eine Polarstation gegenüber einem hellblauen Hotel – ein goldener Schlosskäfig – ein Hochsitz mit stumpfem Eck ... und die nächste Zelle wird schon geräumt, ein Schwalbennest über den Baumkronen. Wie man sieht, habe ich von jeder alten Zelle ein Stückchen mitgenommen. Habe eins nach dem andern ausgepackt und mich damit eingerichtet. Daher ist es im Innern jeder neuen Zelle ein bisschen enger. Zwar sind die späteren größer als die früheren, aus Rücksicht auf die wachsende Erinnerung. Dennoch, oft kann ich vor lauter alten Sachen die neue Umgebung nicht sehen. Ich stoße mich daran, ich bleibe daran hängen. Ich verliere Raum. Um hinauszugehen, muss ich mir einen Weg bahnen. Die Mauern wachsen. Auch die Zahl der Mitgefangenen wächst und schränkt meine Bewegungsfreiheit ein. Immer seltener gehe ich hinaus; mache Übungen, schaue aus dem Fenster, warte.

   Nun also das Schwalbennest. Der Raum, in den ich geführt wurde, erschien sehr groß, die hohen Wände bedeckt mit einer faserigen, angegrauten Tapete. Der Vorbewohner war ein alter Mann. Er besaß kein Regal, keinen Tisch, keinen Stuhl, nichts, das die Leere hätte verbergen können, nur eine Leiter und einen Koffer, gerade breit genug, um darauf zu sitzen. Und das tat er, denn der Wärter, der ihn in die nächste Zelle begleiten sollte, hatte sich verspätet. Ich durfte die Leiter an die Wand rücken, und er schaute zu, wie ich meine Bilder aufhängte. Als ich den ersten Nagel in die Wand schlug, entdeckte ich, dass die Wand nicht tapeziert war. Der weiß gestrichene Feinputz war bedeckt mit Bleistiftschrift, so winzig, dass der Nagel ein ganzes Wort aufspießte und das Bild einen ganzen Roman bedeckte. Da setzte ich mich auf den Tritt und schaute zu meinem Vorgänger herunter; er lächelte und erklärte, dies sei seine siebenunddreißigste Zelle und er habe immer noch Hoffnung, eines Tages entlassen zu werden. Ich fragte ihn, ob er noch nie an Flucht gedacht habe.

   Doch, antwortete er, jeden Tag. Aber du weißt ja selbst, es gibt keinen direkten Weg. Er winkte mich zu sich heran; seine Hand war rot und geschwollen. Du hast dir die Finger wund geschrieben, sagte ich, kletterte herunter und ging neben ihm in die Hocke. Er flüsterte, als befürchte er, die Zelle werde abgehört: Ich versuche, den Code herauszubekommen. Das Passwort, die Antwort, das Sesam-öffne-dich. Meinen Vers, meinen Reim, meinen Spruch. Sprich lauter, sagte ich, denn ich ärgerte mich über die Geheimnistuerei. Als ich klein war, fuhr er fort, hat mir meine Mutter jeden Abend dasselbe Lied vorgesungen. Sieben Strophen, und ich habe es mehr als tausendmal gehört. Ich glaube, das ist es. Ich muss mich nur an das Ganze erinnern, dann bin ich frei. Sechs habe ich zusammen, die siebte Strophe hat noch Lücken. Wenn ich die geschlossen habe, kann ich mich an die Kleinarbeit machen. Sicher stecken noch Fehler darin.

Da drehte sich der Schlüssel. Ich erhob mich und klappte die Leiter zusammen. Der Wärter nickte mir zu. Auf geht's, sagte er freundlich zu dem Mann. Deine? Und er nahm die Leiter. Der Alte trug seinen Koffer hinter ihm hinaus, und die Tür fiel ins Schloss.

Ich sitze still und betrachte meine Umgebung. Da ist das Bild mir gegenüber, ich schaue hinein wie durch ein Loch in der Wand: Pappeln mit weißen Stämmen, dunkelblauer Himmel und ein Fluss vom selben Blau, in dem weiße Stämme und weiße Kinderkörper stehen. Warum gehe ich nicht nach draußen? Vor dem Fenster spielt ein Wind mit den Bäumen, die Kronen leuchten, und die Kristallplättchen zittern und funkeln. Ein Sturz aus Licht, in das die Außenwelt eingegossen ist wie in einen blitzenden Eisblock, kalt. Doch auf meiner Schulter liegt ein heißer Strahl. Er zeigt durchs Fenster auf den Tisch, auf die Tastatur, auf mich. Wenn ich die Hände vorstrecke, bedeckt er die rechte. Wenn ich den Kopf wende, blendet er meine Augen und zwingt mich, noch weiter zur Seite zu schauen. Dann fällt mein Blick auf die andere Wand. Das Kinderfoto hinter Glas dort – ich, eine Bäckermütze auf dem Kopf, eine Luftschlange um den Hals – ist ein kleiner Spiegel, darin der Sonnenstrahl und in dem Sonnenstrahl ein Ausschnitt der Tastatur. Ich strecke die Finger der rechten Hand aus, sie leuchten in der weißen Bäckerschürze, sie bedecken T bis B, O bis Punkt und die Sieben dazu. Ich schaue hinunter in den Hof; da gehen sie spazieren, denn es ist Sonntag, Sonnenschein und freie Zeit, und man sieht ihnen keine Verzweiflung an. Ich bleibe in meiner Zelle. Ich sitze still. Schon ist eine Stunde vergangen. Der Strahl hat sich von meiner Schulter gelöst und ist über den Tisch gewandert.

Wolfgang Hegewald
Selbstbeschreibung. Ein Auftragswerk

Er sagte, es stimme nicht, was das gern wiederholte Vorurteil behaupte: dass Auftragsarbeiten die eigene Kunst einschränkten oder unfrei machten oder ihrer Originalität beraubten.

Im Gegenteil, nur ein Auftragswerk stelle die eigene Kunst wirklich auf die Probe, sagte er.

Inspiration? Nein, angemessene Betriebstemperatur!, sagte er. Bedeutung? Nein, geglückte Oberfläche.

Was denn Kunst anderes sei als zur Perfektion getriebene Oberflächlichkeit, fragte er.

Firlefanz, pflegte er zu antworten, brachte einer in seiner Gegenwart die Rede auf Selbstbestimmung und Eigensinn.

Sich ausdrücken – ein sadomasochistisches Ideal aus dem mechanischen Zeitalter: Vorstellung eines Künstlers als mit Kunst gefüllter Tube. Kunst als höchste Form der Selbsterpressung, sagte er.

Gelegentlich war er aber nicht seiner eigenen Meinung und sagte etwas anderes.

Was auch immer er sagte, es klang merkwürdig.

Leidensdruck, sagte er, noch so ein hydraulischer Begriff.

Niemand hatte ihm den Auftrag erteilt.

Das ließ höchst unterschiedliche Schlussfolgerungen zu.

Entweder vergab nur Niemand von Zeit zu Zeit aus Mitleid einen Auftrag an so einen wie ihn.

Oder aber er nahm von keinem Geringeren als Niemand einen Auftrag an.

Es war schwer zu entscheiden.

Darüber redete er nicht.

Er arbeitete in einem Keller unter dem historischen Kraftwerk. Das muffige Gewölbe glich eher einem Verlies als einem Atelier. Er ließ nur Kunstlicht gelten. Außer ihm

hatte als einzige Person seine Freundin Pia Zutritt zu der unterirdischen Kunstetage.
Er sagte: meine Assistentin Pia.
Das hieß viel, hatten wir, Außenstehende, allen Grund zu glauben.
Man munkelte, es zähle zu Pias Aufgaben, mit Hilfe eines Radiators und eines Ventilators das Klima im Keller zu komponieren.
Manchmal, sehr selten, machte er eine Ausnahme, was den Einlass in seine Werkstatt betraf, zuletzt in meinem Falle.
Ich habe nur den Ventilator gesehen.
Aber das kann an mir liegen.
Vielleicht habe ich einfach keinen Blick für Radiatoren.

Er ging und machte sich ans Werk, ans Auftragswerk, das Niemand bei ihm bestellt hatte.
Er wechselte einige allzu matt glimmende Neonröhren aus.
Er baute eine ausgeklügelte Spiegelinstallation auf, ein komfortables Selbstbetrachtungssystem.
Inmitten der Landschaft aus Spiegeln befanden sich ein verstellbarer Stuhl, ein Behandlungsstuhl, und eine verchromte Pritsche, eine Art Operationstisch.
Auf einem ebenfalls metallischen Wagen lagen, auf weißem Tuch, die Instrumente, ein großes Sortiment von Nadeln.
Daneben, am Rande des Nadelfeldes, standen, akkurat gereiht, bauchige Glasgefäße mit den Pigmenten.
Phiolen, sagte er.
Ein aseptisches Ambiente.
Nur eine schrumpelige Hibiskusblüte auf dem Operationstisch irritierte den Betrachter.

Während er sich auszog, musterte er mit einem kalten Blick das klinische Tableau.
Sein stummes Nicken mochte eine beiläufige Gebärde des Einverständnisses sein.
Mit schrecklicher Entschlossenheit streifte er seine Kleidung ab.
Jetzt war er nackt.
Ein leptosomer Typ.
Sein Auftritt war nichts weniger als schamlos.
Scirocco, befahl er halblaut, und Pia, seine Assistentin,

hantierte zuerst am Radiator und dann am Ventilator, bis der gewünschte Wind wehte.
Nun erst sah ich, ein wenig wahrnehmungsstutzig, den Radiator.

Er setzte sich in den Behandlungsstuhl und sah sich, wohin er auch blickte, am Horizont, im Spiegel.
Eine Zeit lang lauschte er den Naturgeräuschen.
Dann gab er Pia, beinahe herrisch, einen Wink, und sie reichte ihm eine Nadel mittlerer Größe.
Er lachte über die ernste Miene seiner Assistentin.
Gleichmütig legte er seinen linken Arm auf die Lehne des Behandlungsstuhls und fügte sich den ersten Einstich auf dem Handrücken zu.
Er arbeitete bedächtig und präzise.
Nach einer Serie genau kalkulierter Nadelstiche führte er die Farbe ein.
Er begann mit einem Auberginenton, auf dem linken Handrücken. Bald erschien die Schrift auf der Haut.
ICH ICH ICH.
Er arbeitete präzise und bedächtig.
Was anfangs noch wie eine neckische ICH-Girlande wirkte, wuchs rasch zum verschlungenen ICH-Dickicht heran und verdichtete sich zum ICH-Dschungel, den keiner mehr aufzuhalten vermochte.

Fingerspitzen, Fingerglieder, Handteller, Handgelenk, Unterarm, Oberarm, Ellbogen: ICH ICH ICH. Kobaltblau.
Königsblau, korrigierte mich Pia.

Dann legte er den rechten Arm auf die Lehne des Behandlungsstuhls und bewies, dass er mit der linken, beschrifteten Hand ebenso geschickt zeichnete, wie er es mit der rechten getan hatte.
ICH ICH ICH.
Mitunter kühlte Pia den brennenden Text mit einem feuchten Schwamm.

Stirn, Jochbein, Wangen, Lippen, Nase, Kinn, Hals.
Spiegelschrift: ICH ICH ICH.
Seine Lider beschrieb er blindlings.
Wenn der Patient in ihm stöhnen wollte, rief der Künstler laut: Tatau! Tatau!

Manchmal fächelte ihm Pia flüchtige Seufzer von den Lippen.

Tramontana, flüsterte er, und bald wurde es kühler im Gewölbe.

Später wechselte er – ohne fremde Hilfe – vom Behandlungsstuhl hinüber zum Operationstisch.
Er arbeitete behände und präzise.
Dicht gedrängt rückten die ICH-Linien gegen die Brustwarzen vor und besetzten die Höhenzüge rund um den Nabel. Im Nu verwandelte sich die Mulde in ein schweinfurtgrünes ICH-Zentrum.

Die Lenden, das Geschlecht. ICH ICH ICH.
Er wandte den Kopf zur Seite und sah mich an, während er weiterarbeitete.
Aber ich begriff das Triumphgeflacker in seinen Augen nicht so recht.
Pia schob ihre rechte Hand unter seine Hoden, und ich staunte, dass er diese Einmischung in den Kunstprozess duldete.

Noch später wälzte er sich auf den gezeichneten und vom ICH-Ornament bedeckten Bauch und nahm sich auf akrobatische Weise seines Rückens an.

Er arbeitete präzise und behände.

Womöglich überhörte ich das zarte Knacken im Rauschen des Tramontana.
Wahrscheinlich haben ihm seine unbeschriebenen – und unbeschreiblichen! – Schulterblätter das Genick gebrochen, so formulierte ich es in meinem Bericht für das Kunstmagazin LesArt.
Aber ich vermute, das lässt sich wieder einrenken.
Keine Kunst, heutzutage.

Johannes Speder
x + Masse

Johannes Speder wird vertreten durch die Galerie Borchardt, Hamburg.

Wolfgang Hegewald
Die Sache mit D.

Güttler, in Pose vor einer namhaften Ruine, setzt die Trompete an die Lippen, beginnt zu blasen – und schon vergessen die Steine ihre Schwerkraft, stehen auf und fügen sich zu Mauern.

Wer staunt, wird sich noch wundern.

Ham'se mal 'ne Mark.

Barockdirektive, Kunstappell. Der Sozialismus siegt.

Das Menetekel glimmt noch, und der Augenschein trügt.

Minsk liegt näher als Florenz.

Freistaat und Freibank. Ob Pillnitz oder Brühl'sche Terrasse, es gilt die oberste Prunkrichtlinie.

Ich ertappe mich dabei, dass ich die Menschen betrachte wie Diogenes mit der Laterne. Lauter gut aussehende, adrette Menschen, doch als hätte man sie gebrandmarkt, glüht an allen das Zeichen der Durchschnittlichkeit. Ich kann mir nicht vorstellen, dass in dieser Stadt auf einmal jemand zu denken beginnt. Das notierte, im Mai 1980, ein hellsichtiger Durchreisender in sein Tagebuch.

Mit goldigem Sächsisch versiegelter Geschäftssinn spekuliert mit der eigenen Bescheidenheit. In D. hat man die Herzlichkeit gepachtet und lebt von den Zinsen.

Winkte dem Hof zu D. eine erotisch profitable Verbindung, sagen wir: die Hand einer persischen Prinzessin, so würde man zugreifen und auf der Stelle schiitisch, ohne Zweifel. Die katholischen Volte, der kommunistische Treueschwur, das hat hier Tradition, ein Vermächtnis der alten Meister. In D. regiert seit jeher der schwarze Humor, auch wenn er uns zuweilen als rotes Tuch erscheint, eine neckische Draperie.

Wenn nur zur Hochzeit die Staatskapelle spielt, ist uns in D. kein Einsatz zu hoch.

Was ich noch erwähnen sollte: Der Platz der Einheit heißt heute Albertplatz, und im Neurosengarten, an der Elbe, blühen das ganze Jahr die Ressentiments. Auf seinen Kreuzchor lässt kein Dresdener Heide etwas kommen.

Beckett fand zwar in den Galerien von D. unverhältnismäßig viel schlechte italienische Kunst, unvorteilhaft gehängt und mies beleuchtet, aber er hörte hier zum ersten Mal von Pozzo. Und ich wurde in D. geboren.

Doch solche Zufälle kann sich vermutlich jede Stadt zugute halten.

Was ich in D. beizeiten verstanden habe: Wer Wurzeln schlägt, befindet sich auf einem Holzweg.

Farhad Showghi
Der Kastanienbaum

1

Wir sind still. Wir bewegen die Hände und stecken Rosskastanien ein. Die Sonne vor uns war die Sonne hinter uns im Fenster. Wir haben Zungen, auf die sie scheint. Leichter als die einfachste Lüge und die Plätze vor den Häusern denken wir uns zusammen ein Schweigen aus. Wir sprechen nicht mit den Hosentaschen, wir stecken Rosskastanien ein. Nirgendwo dort, nirgendwo hier plötzlich Wind, aber wie die Augen da leuchten, ohne nachzukreisen einem Wort. Wir haben Zungen und gehen zum Kastanienbaum. Langsam wie im Flur.

2

Wir berichten. Wir meinen den Kastanienbaum. Kein Niederwaldgebüsch, kein Vermissen. Wir sind Zimmernomaden, wir ziehen unseren Füßen Strümpfe an. Reisen zu unserem Fensterplatz. Jeder Handteller eine Wüste in der Luft, mit Fingerschattenpalmen an der Wand. Wir reisen. Vor uns immer weniger Licht und einige windbewegte Gardinenfalten. Mit grünen Bäumen liegt die Stadt an unserem Fensterplatz. Und wir berichten. Meinen. Die ganze Zeit den Kastanienbaum.

3

Unser Bericht ist jetzt der Kastanienbaum.

4

Kastanienbaum. Kastanienbaum. Dort zwischen den Birken.

Hier A. und ich. Wir laufen. Wir fallen spürbar nicht hin. Sommerlicht hat uns vorgeschlagen, unserem Schattenpaar und dem Schafgarbenstängel, jetzt dreht der Wind. Wenn wir gleich aus der Erdkugel ragen, ragen wir mit dem Schafgarbenstängel in die Luft. Die Erdkugel, da und dort, und weit und breit. Auch die Palmen unter uns biegen ihre Blätter nach oben. Der Wohnblock steht rechts hinter den Birken. Was wollen wir hören? Wir wissen nicht, wie viele Balkone ein ganzes Schlaflied sind. Oberhalb unserer Augen ein dichter, summender Mund. Fensterglasreihen sind zugegen, geräuschlos und lange, sehr langsam schnappen ihre Sonnenuntergangsfallen zu. Wir aber gehen in Schuhen zum Schafgarbenstängel, ohne immer von uns selbst zu sagen: Sommerlicht hat uns vorgeschlagen, wir sind Beschuhte, wir ragen aus der Erdkugel in die Luft.

5

Kastanienbaum. Sogar die Sonne berichtet, wenn A. vom Blattgrün spricht. Singt sie, singt sie, wir haben keinen Zauber in die Luft geworfen, wir bleiben ganz einfach, ganz einfach sitzen. Wir waren Schuhe, sahen uns, Auge für Auge. Jetzt aber, auf einmal leise, werden wir von Füßen bestürmt. Weiße Füße, jeder eine stimmlose Feuerfee. Fast windbewegt, Fuß zum einen, dein Fuß, mein Fuß, außer Haus Lemur im Kastaniengezweig. Rot ist der Süden, der Himmel kocht Blumen, wenn es dunkel wird. Wir müssen zurück und unter die Schuhe schauen, um zu sehen: Wir hatten eine Lichtgeschichte an den Sohlen, kein Wäldchen, keinen Humbug von blitzenden Sternen.

Hamid Skif
Morgen

Vorwarnung
(übersetzt von Anette Lallemand)

Ich bin ein unmöglicher Typ, Veteran eines vergessenen Krieges.
 Ich schreibe Gedichte, um den Tag heller zu machen oder das Haar der Nacht dunkler. Manchmal überkommt mich der Verdacht, dass ohnehin niemand die Worte versteht, die mir so aus den Fingern rinnen.
 Manchmal zähle ich die Stunden und die Sterne, um mir zu beteuern, dass es die Welt noch gibt im Stacheldrahtverhau der Einsamkeit.

Der Krieg hat mein Gedächtnis in Mondgestein verwandelt, meine Haut ist löchrig geworden, mein Blick verschwommen.

Unaufhörlich rede ich über Abwesenheit. Die Abwesenheit ist gegenwärtig in allen überlebenden Wörtern. Abwesenheit und Tod sind auf allen Hohlwegen, allen Umwegen und auf den Meereswüsten, seit hoch über den Städten die Fledermäuse hausen.

Die Zeit
(aus dem Französischen von Ursula Günther)

1

Von Babylon bis Babylon
Verwittert die Zeit
Auf des Tons nackten Schenkeln

2

Sie blättert in den Seiten
Des Felsens und schweigt
Und wiegt
Schwerter und Lilienbanner
Das Blut und die Schreie
Und
Die Tränen, die sie verwahrt

3

Jedes geöffnete Fenster
Ruft sie von draußen herbei
Zu den weiten Alleen erloschener Meere zu segeln
Von Korsaren mit langem seilgleichem Haar bewacht

4

Die Zeit wacht über den Tod
Der umherschweift
Sie hütet seine Schritte
Sie zählt den geteilten Raum mit ihm

5

Von Babylon bis Babylon
Rauschen die Gärten im Wind
der Zeit
Und stürmen gen Himmel
Zu Ehren der Früchte
die sie inmitten der Jahreszeiten verloren

6

Für uns geht die Zeit ihren Gang
Bis zu den Autobahnen
am Meer in sommerlichem Strahlen entlang

7
Die Zeit vergeht nicht
Sie flieht über unserer Blicke Schatten
Und die unserer Körper
Ein fast vollkommener Menschenaugenblick
Sie macht sich lustig
Über Grenzen und Gesetze

8
Die Zeit hat das Gesicht kühler Schatten
Vergessener Klumpen aus Gold
Kein Glanz blendet sie
Sie ist die Musik
Geschützter Stille

9
Ergreifend in ihrer Fülle
Gebrochen
Erwacht sie zu neuem Leben aus einem Zweig
Auf dem Grün des Abhangs
In Vogelaugen
In Flussläufen

10
Einzig auf den Friedhöfen
Verlassener Jahrhunderte
Ist sie abwesend
Niemals wird geschrieben stehen: hier ruht die Zeit
Dafür hat sie vorgesorgt

11
Mir sagte die Zeit:
Eines Tages vergesse ich Dich
Ich weiß genau, dem wird nicht so sein
Sie wacht an meiner geschlossenen Tür
Weil das geöffnete Fenster
Sie von draußen herbeirief

12
Sie wird mich erneut besuchen
Um die Reise zu beenden
Und mit mir zu singen:
Von Babylon bis Babylon
Verwittert die Zeit
Sie hat niemals etwas vergessen

13
Die Zeit ist ein gieriger Hund
Sagen die Alten
Kein einziges Geräusch von ihr indes
Erreichte mich noch
Gestern jedoch
Fand ich an der Schwelle meiner Tür
Eine Träne
Auf ein Pflaumenblatt gebettet
War das die Zeit
die sich zu erkennen gab?

14
Ich weiß von einem verlässlichen Freund
Dass er soeben im Paradies
aufgenommen wurde

Wie mag das Wetter über dem Ozean
Deiner Augen sein?
Sprechen unsere verschränkten Finger
von Tränen der Morgendämmerung
Auf Pflaumenblätter gebettet?

Morgen
(übersetzt von Anette Lallemand)

Morgen
werde ich an der Tür stehen
mir reihum die Neuigkeiten anhören

Der eine ist aufgebrochen, in der Kehle einen
 erstickten Seufzer
Ein anderer hat sich zum Beten hingekniet
Eine hat eine aschenfarbene Träne vergossen
Alle haben gerufen, ihren Abflug anzukündigen

Keiner wird aus der Heimat seiner friedlichen Unschuld
 zurückkehren
Morgen werde ich die Stille lauter erwarten als üblich
Das Auge erloschen hinter den Wimpernstäben
Im Mund einen Kloß aus Lehm
Auf der Haut einen Geruch von Angst

Morgen werde ich meinerseits
der Hüter der Abwesenden sein

Agnieska Depska
Wo ich war

Also sprach Gott

jeden Tag
besuche ich mein Grab
und wundere mich
dass es leer ist
ich verberge mein Schweigen

die Rechnung ist aufgegangen
Gott sandte seine Engel
und alle die zu viel wussten
mussten sterben

du sagst nichts
du guckst in den Himmel
auch ich hatte ein
Guckloch
aber keine Stimme

Wo ich war

wenn ich nun sage
ich war nicht
und man hat mich gesehen
mit einem anderen
aufgehängt
am Licht seiner Haare
oder mit seinem Speichel
heruntertropfend
wenn sie sagen
ja, dich haben wir gesehen
am Ufer des Himmels
der Heiden
nackt und zeitlos
sagst du:
es war ein Fluss
und du warst nicht
...
und er nicht bei dir

Versuch der Wahrhaftigkeit

lass uns durch
fremde Fenster spähen
lass uns zusehen
wie die Frauen
sich waschen
wie sie sich dann
anfassen
an dunkelen Stellen
wenn sie sich im Rauch
versteckt glauben
lass uns sehen
wie die Jungen
ihre Männlichkeit entdecken
und mädchenhaft ihr Stöhnen
unter der Decke verstecken
ich zeige dir
deine Kinder
nach Freiheit ringend
nach Sex riechend
die Totgeglaubten
die davonfahren im großen Wagen
die Mütter
die ihre Brüste
offen zur Schau tragen
lass uns glauben
der Himmel steht still
weil du es willst
weil ich es will
lass uns sehen
was die Sterne sagen
ich schenke dir einen
aber du musst lügen
wenn sie dich fragen

Frederike Frei
Statt Blumen

Sumpfdotterblume

Glatt gelacktes nacktes Gelage
in blankem Buttergelb. Die Stempel
frech gereckt. Sumpfdottergeile
Schmetterlinge tafeln an den
Blütentellern im Sonnenduft
Osterluft. Immen saufen Lachen
aus, Hummeln horten Honig,
Bremsen präsentieren ihr Begehr
jenseits von Pfaden und Wegen,
von Wandererfüßen und Abpflück-
fäusten. Wunder, was für ein
Beschiss: Die zahllosen Golddukaten-
haufen im Moor gehören einzig dem
Auge. Das hockt hier in Märchenhaft.

Mohn

An Träume verlorener Mohn, überwältigt vom Rollkommando Rot, bis ins Innerste zerknittert, eine einzige Zitterpartie, doch jenseits aller Risse hochheil geblieben, um sich zu entfalten, zu leuchten, ihm wurde kein einziges Schimmer- und Flimmerhärchen gekrümmt. Er blütet.

Statt Blumen 427

Gänseblümchen

Gänseblümchen werfen mit
Sonnenstrahlen um sich
wie Prinzen mit Bonsches
beim Kölner Karneval. Den
letzten warmen Schimmer
aber behalten sie für sich,
ziehen die Jacke über den
Kopf in der Dämmerung und
lassen sich die ganze
Nacht nicht mehr blicken.
Morgens errötende Köpfchen
auf Bängelstängeln. Schon
erwischt sie die Sonne.

Rittersporn

Eine Frau im blauen Soldatenmantel, die aus dem Schatten der Zypresse tritt. Sie steckt die Landschaft ab, steht da, Blaublut. Leuchtturm im Land, kobaltblau, maiblau enzianblau, jede Rispe ein neuer Einfall von Licht, ein sattblaues Wunder, das nie den Boden unter den Füßen verliert. Rittersporn, er tritt dir unter die Augen, reicht dir bis zur Brust, Hände hoch, ergib dich.

Alpenveilchen

Vom Rosenresli zur Grande
Dame. Bete sie an, die
schönste Nonne im Topf.
Eingeweiht in die
Botschaft vom Höchsten,
den Alpen, zum Winzling,
dem Veilchen. Geweih aus
Blüten, zur Schleife
geführt, geschnürt,
geschürt. Glührosa Haube,
brennender Ring. Spring!
Ein Windfang ihr wem
versprochener, zweimal
zerbrochener Kopf.

Uda Strätling
Zur Übersetzung der Briefe von Emily Dickinson an T. W. Higginson

Folgenschwere Begegnungen gehören offenbar zu den Berufsrisiken des literarischen Übersetzens: Plötzlich gerät man bei der Arbeit in den Sog einer Stimme, eines Werks – und schon ist es passiert. Aus Faszination wird Obsession und schließlich der Wunsch, auch andere in Bann zu ziehen.

Das staunenswerte Werk der amerikanischen Dichterin Emily Dickinson (1830 –1886) ist bei uns nach wie vor zu wenig bekannt. Vereinzelte Vorstöße gab und gibt es immer wieder in Gestalt kleinerer Gedichtsammlungen – wie zuletzt Wolfgang Schlenkers Auswahl „Biene und Klee" (Urs Engeler) –, und es muss sie natürlich geben, denn wie Bruno Steiger in einer kurzen Würdigung schreibt:

„Das Problem 'Dickinson Deutsch' bleibt; es ist ... ohne Verluste nicht zu lösen. Doch was heißt da lösen. Dass solche 'Verluste' als zentral produktiver Mangel in der Ursprungssprache wie in der Übersetzung jedes Dichtwerks – wenn nicht in Sprache als solcher – wirken, wird gerade bei Dickinson evident. Ihr 'silbernes Prinzip' eines gleichsam experimentalhysterisch schielenden Blicks dürfte ihrem Werk den Status als immer neu zu entdeckendes, nie aufzulösendes, 'nur' zu lesendes noch lange Zeit erhalten."

Neu oder überhaupt zu entdecken bleiben die Briefe: Neben knapp 1800 Dickinson-Gedichten sind 1049 Briefe erhalten – nach Ansicht der Biografen nur ein Bruchteil der gesamten Korrespondenz. Da es weitere Selbstzeugnisse – Tagebücher, Arbeits- oder Notizhefte – nicht gibt, kommt den Briefen für die Erschließung des dichterischen Werks überragende Bedeutung zu. Sie erlauben erst die ungefähre Datierung der Gedichte. Vor allem aber belegen sie eindrücklich, wie innig die „Korrespondenzen" zwischen Briefen und Gedichten sind.

Ein Auswahlband zumindest der wichtigsten Briefe liegt in deutscher Übersetzung bis heute nicht vor; Porträtbände, die einige wenige Briefe enthalten (Maria Mathis „Engel in Grau" aus den 50er Jahren und „Guten Morgen, Mitternacht" von Lola Gruenthal aus den 80ern), sind nicht mehr – oder nur sehr schwer – erhältlich. Hier gilt es, fast fünfzig Jahre nach Erscheinen der dreibändigen Briefedition Johnsons, eine Lücke zu schließen.

Briefe spielten im Leben der Dichterin eine größere Rolle, als dies gemeinhin der Fall ist. Denn für Emily Dickinson in ihrer selbst gewählten Isolation boten sie einen wichtigen Zugang zur Welt. Vor allem aber gestatteten sie es, über Raum und Zeit, Art und Intensität ihrer Begegnungen zu bestimmen. Entsprechend bewusst sind Dickinsons Briefe gestaltet, komponiert, ja „inszeniert". Sie sind den jeweiligen Adressaten auf den Leib geschrieben, und sie ermöglichen der Verfasserin selbst Auftritte in poetisch-proteushaft wechselnden Rollen.

Etwa ab 1862, als sich Emily Dickinson, nicht zuletzt vielleicht aufgrund der zurückhaltenden Reaktion Thomas Wentworth Higginsons, gegen den Schritt in die Öffentlichkeit, gegen Publikationen (zu Lebzeiten) entschieden hatte, dienten ihr die Briefe zunehmend als Forum für ihre Kunst. Dickinson legte ihren Briefen Gedichte bei, ließ sie direkt in die Korrespondenz einfließen, verfasste Gedichtbriefe oder Briefgedichte – die Grenzen verschwimmen, oft ist es kaum möglich zu entscheiden, wo ein Brief aufhört und das Gedicht beginnt.

Umgekehrt gestatten die Briefe Einblick in Dickinsons gedankliche und poetische Welt und fügen sich zum faszinierenden Porträt. Sie lesen sich wie ein Entwicklungsroman und zeichnen den Weg nach von der Schwärmerei des Schulmädchens, das zwischen sentimentalen Klischees und Stimmfindung schwankt, zur „White Election", der Konversion zu sich als Dichterin, deren Genie sich in zunehmend kunstvoll gestalteten Briefgesprächen niederschlägt, den poetischen Personae der Korrespondenz mit zentralen Figuren wie Susan Gilbert Dickinson, Samuel Bowles und Thomas Wentworth Higginson.

Der Briefwechsel mit dem namhaften Bostoner Literaten Higginson nimmt innerhalb der umfangreichen Korrespondenz eine Sonderstellung ein. Sein Auftakt fällt in die Jahre der intensivsten Schaffensperiode Dickinsons und ihrer großen Findungskrise. Angeregt durch Higginsons „Letter to a Young Contributor" im *Atlantic Monthly* vom April 1862, schickt Emily Dickinson ihm, zusammen mit einem in seiner Bündigkeit und Unabweislichkeit wahrhaft frappierenden Brief, vier Gedichte. Dickinson lebt bereits sehr zurückgezogen und sieht sich, da der Freund Samuel Bowles seine Europareise angetreten hat, eines entscheidend wichtigen Gesprächspartners beraubt (vgl. Brief 261). Sie fühlt sich längst zur Dichterin berufen und hat – entgegen anders lautenden Beteuerungen (ebenfalls Brief 261) – bereits einige hundert Gedichte verfasst. Nun findet sie in dem aufgeschlossenen Higginson einen neuen Geistesverwandten und Mentor, dessen Interesse und freundliche Anteilnahme für sie in dieser kritischen Zeit von unschätzbarem Wert sind. Dickinson gibt sich dem „Präzeptor" nicht sogleich zu erkennen, sie schlüpft auch hier zunächst in eine ihrer bevorzugten Rollen, die des „Little Girl", der unbedarften, naiv-romantischen „Barfußdichterin".

Briefe von Emily Dickinson an T. W. Higginson
übersetzt von Uda Strätling

(nach T. H. Johnson: Selected Letters,
Nr. 260, 261, 265, 268, 271, 280, 290)

[An T. W. Higginson, 15. April 1862]

Mr. Higginson,

sind Sie zu sehr beschäftigt, mir zu sagen, ob meine Verse* leben?

Der Geist wohnt so nah bei sich – er sieht nicht, überscharf – und ich bin ohne Rat –

Fänden Sie darin den Atem – und Muße, mirs zu bedeuten – fühlte ich lebhafte Dankbarkeit –

Wäre ich im Irrtum – daß Sie mirs treu zu deuten wagten – mehrte meine Ehrerbietung – gegen Sie –

Den Namen geb ich bei – und bitt, Sir – zu bedeuten, was wahr sei?

Daß Sie mich nicht verraten – versteht sich wohl von selbst – ist Ehre doch ihr eigen Pfand –

---

* *ED sandte:*
Safe in their Alabaster Chambers –
The nearest Dream recedes – unrealized –
We play at Paste –
I'll tell you how the Sun rose –

[An T. W. Higginson, 25. April 1862]

Mr. Higginson,

Ihre Güte verdiente früheren Tribut – nur war ich unwohl – und schreibe heut vom Kissen.
   Ich danke Ihnen die Chirurgie – sie war weniger schmerzlich als erwartet. Ich bringe Ihnen andere* – wie erbeten – allein, ob auch von andrer Art –
   Ist der Gedanke ungeputzt – weiß ich zu unterscheiden, doch hab ich sie erst im Gewand – sind alle gleich, und starr.
   Sie fragen mich, wie alt ich sei? Die ersten Verse – ein, zwei nur – schrieb ich in diesem Winter – Sir –
   Einen Schrecken litt ich – seit September – von dem ich keinem sprechen konnte – und sing daher, wie Knaben nachts am Totenacker – aus Angst – Sie wüßten gern von Büchern – an Poesie – da habe ich Keats – und Mr. und Mrs. Browning. An Prosa – Mr. Ruskin – Sir Thomas Browne – und die Offenbarung. Schulunterricht genoß ich, doch – in Ihrem Sinne – keine Bildung. Als Mädchen hatt ich einen Freund, der mich Unsterblichkeit gelehrt – nur wagt er sich zu nah heran – und kehrte niemals wieder – Er starb kurz drauf, mein Tutor – mir blieb auf Jahre hin mein Lexikon – alleiniger Gefährte – Dann fand ich einen noch – doch ihm genügte nicht, daß ich ihm Schüler sei – und er verließ das Land.
   Da Sie mich nach Gesellschaft fragen, Hügel – Sir – und Sonnenuntergang – und ein Hund – groß wie ich selbst, den Vater mir erstanden – Sind besser denn Menschenseeln – sie wissen – aber sagens nicht – und der Lärm im Tümpel, um Mittag – trumpft mein Piano. Ich habe Bruder und Schwester – Meine Mutter schätzt Denken gering – und Vater, vor lauter Akten – nimmt kaum Notiz – Er kauft mir viele Bücher – und ersucht mich, nicht zu lesen – er fürchtet den gerüttelt Geist. Sie alle glauben – außer mir – und tun einer Eklipse die Ehre, des Morgens – die sie den „Vater" nennen. Ich hoffe, ich ermüde nicht – Ich wollte gerne lernen – Könnten Sie mich wachsen lehren – oder reicht es sich schlecht weiter – wie Melodie – schwarze Magie?
   Sie erwähnen Mr. Whitman – Ich kenn es nicht, sein Buch – man sagt mir, er sei schändlich.

Miss Prescotts „Circumstance" kenn ich, aber es folgte mir, im Dunkeln – da mied ich sie –

Zwei Herausgeber von Journalen besuchten meines Vaters Haus, in diesem Winter – und erbaten meine Meinung – als ich sie fragt „Wozu", schalten sie mich knausrig – sie investierten in die Welt –

Mich wiegen konnt – ich selbst – mich nicht –

Gering schien – mir – die Größe – Kapitel und Vers las ich im *Atlantic* – und fand Sie ehrbar – ich dachte, eine Frage im Vertrauen würden Sie mir nicht verwehren –

War dies – Sir – was Sie wissen wollten?

                            Ihre Freundin
                            E – Dickinson.

---

* ED legte bei:
There came a Day in Summer's full,
Of all the Sounds despatched abroad,
South Winds jostle them –

[An T. W. Higginson, 7. Juni 1862]

Lieber Freund,

Ihr Brief gab keine Trunkenheit, indem ich Rum bereits gekostet – Domingo kommt einmal nur – doch rar ist mir Genuß, wie jetzt an Ihrer Meinung, und wollt ich Ihnen danken, das Wort würd mir zum Zungenschlag vor Tränen –

Sterbend wünschte mein Tutor noch zu leben, bis ich Dichter sei, doch Tod macht mir schon überviel Furore – Und wenn viel späterhin – ein jäher Glanz auf Gärten, ein neuer Ton im Wind mirs Gemüt erregte – kommt mich der Schüttel an, neuerlich – den Verse knapp nur lindern –

Ihr zweiter Brief hat überrascht, und stand Sekunden still – er war mir unverhofft. Der erste – rührte an Ehre nicht – ein treuer Mund – ist ohne Scham – Gerecht fand ich Ihr Urteil – und muß doch trillerieren, ums Tippeln mir zu kühlen – Mag sein, mir labts den Mut mehr noch nach Ihrem Aderlaß.

Lächelnd lese ich den Rat, nicht vorschnell zu „verlegen" – ist der Gedanke mir doch fern – wies Firmament der Flosse –

Wäre der Ruhm mein, ich könnt ihm nicht entkommen – wenn nicht, der längste Tag hetzt mir voraus beim Jagen – und Gutheißung meines Hunds wär mir versagt – dann – Besser dieser Barfußrang –

Mein Gang dünkt Sie „unrastig" – es ist Gefahr – Sir – Ich dünk Sie „maßlos" – mir fehlen Tribunalien.

Hätten Sie nicht Zeit, der „Freund" zu sein, den Sie mir raten? Meine Form ist klein – sie stöhle wenig Platz vom Pult – noch macht sie Krach mehr als die Maus, die Ihre Galerien benagt –

Dürft ich Ihnen bringen, was ich tu – zu selten, um zu stören – und fragen, ob ich deutlich sprech – das gäbe mir ein Maß –

Der Seemann sieht den Norden nicht – doch weiß er um die Nadel –

Der „Hand, die Sie im Dunkel reichen", geb ich die meine, und wend mich ab – der Zunge fehlt der Dolmetsch, nun –

Als bät ich um Almosen nur,
Und in die staunend Hand
Ein Fremder drückt ein Königreich,
So stammelnd wär mein Stand –
Als bäte ich den Orient
Um Hauch von Morgenglut –
Und er die Purpurschleusen höb
Zu schmettern mich mit Rot!

Aber, wollen Sie mir Präzeptor sein, Mr. Higginson?

Ihre Freundin
E Dickinson

[An T. W. Higginson, Juli 1862]

Wollten Sie mir nicht – ohne – glauben? Ein Bildnis, jetzt, besitz ich nicht, klein bin ich, wies Zaunkönige sind, mein Haar keck wie in ihrem Igel die Kastanie – und mein Auge wie die Neige Sherry, die der Gast im Glase läßt – Genügt auch dies?

Es ängstigt Vater oft – Er sagt, träte der Tod ein, es wären alle sonst verewigt – nur mein Andenken hat er nicht, doch sah ich, wie in Tagen nur die Quickheit von solch Dingen weicht, und vereitle Ehrenkränkung – Sagen Sie mir nicht Kaprice nach –

Sie schreiben „dunkel". Ich kenn den Schmetterling – die Echse – und das Knabenkraut –

Sind es Landsleute nicht auch *Ihnen?*

Gern will ich Ihnen Scholare sein und Freundlichkeit verdienen, die ich nicht vergelten kann.

Wenn Sie erlauben, sag ich nun auf – *

Weisen Sie mir die Fehler, frank wie vor sich selbst, denn lieber zuckt als stürb ich. Man ruft nicht den Chirurgen, Knochen zu – komplimentieren, nein, richten, Sir, und Fraktur im Innern, ist gerade kritisch. Dafür, Präzeptor, bring ich – Treugelobung – Blüte aus meinem Garten, auch jeden mir bekannten Dank. Und wenn Sie mich belächeln. Das hielte mich nicht auf – Grenzlosigkeit ist mein Geschäft – aus Ignoranz, nicht was gebührt, doch ertappt man mich mit Morgengrauen – säh mich der Sonnenuntergang – Mich, einziges Känguru im Schönen, Sir, ich bitte Sie, ich krank daran, und meint, Belehrung möcht mirs nehmen.

Weil Sie noch viel Geschäfte haben, nebst Wachstum meiner selbst – müssen Sie sich selbst bestimmen, wie oft ich vorsprechen darf – ohne Ihren Umstand. Sollten Sie jemals – bereuen, mich empfangen zu haben, oder ich von andrem Stoff mich erweisen, als Sie erhofft – verstoßen Sie mich –

Wenn ich mich, Repräsentant der Verse, erkläre – bin nicht – ich – gemeint, sondern eine angenommene Person. Treu sind Ihre Worte zur „Vollkommenheit".

Heute macht Gestriges gering.

Sie erwähnten „Pippa Passes" – nie hörte ich jemand „Pippa Passes" erwähnen – als Sie.

Sehen Sie, meine Stellung ist umnachtet.
Zu danken bringt mich in Bedrängnis. Ist Ihre Macht
vollkommen? Hätte ich eine Freude, die Sie nicht haben,
ich könnt sie mit Vergnügen bringen.

                         Ihr Scholare

* *Beigefügt:*
Of Tribulation, these are They,
Your Riches – taught me – Poverty.
Some keep the Sabbath going to Church –
Success is counted sweetest

[An T. W. Higginson, August 1862]

Lieber Freund –
Sind diese ordentlicher? * Ich danke Ihnen die treuen Worte –
Monarchenlos hab ich gelebt, und weiß mich selbst nicht lenken, will ich mobilisieren – zersprengt mirs kleine Regiment – legts mich in Schutt und Asche –
Von „Mutwillen" sprachen Sie. Wollen Sie mich Besserung lehren?
Mich dünkt, Stolzbrennen, das den Atem raubt, im Grund im Wald, rührt nicht von Uns.
Sie finden mich geständig im Kleinen, läßlich im Großen – Das Auge sieht Orthografie – Ignoranz hinter dem Horizont – obliegt dem Präzeptor –
Zu „Männer wie Frauen meiden" – sie tun selbst Heilige Dinge kund – und meinen Hund geniert es – Er und ich, wir dulden sie, in – ihren – Grenzen. Carl[o] gefiele Ihnen gewiß – Er ist tumb und tapfer – Gefallen möchte Ihnen überdies die Kastanie, die mir am Weg begegnet. Sie traf mich unverhofft – mir schien, der Himmel blühte –
Auch gibts lärmloses Lärmen in den Gärten – ihm laß ich Leute lauschen – Dem einen Brief entnahm ich, Sie könnten, „jetzt", nicht kommen, und gab drauf keine Antwort, nicht weil ich keine hätte, nur weil ich fand, ich sei den Preis nicht wert solch weiter Reisen –
Ich bitt um so viel Freude nicht, desfalls Sie sich lossagten –
Ich las „entziehe sich Ihrer Kenntnis". Sie würden schwerlich scherzen, weil ich Ihnen glaube – aber Präzeptor – das kann nicht Ihr Ernst sein? „Was" sagt jedermann zu mir, doch dünkte es mich Mode –
Einst, da ich als Kind noch viel im Wald, ward ich gewarnt, die Schlange könnt mich beißen, ich eine giftige Blume pflücken oder Trolle mich wegstehlen, ich ging trotzdem und begegnete nur Engeln, deren Scheu vor mir weit größer war als meine je vor ihnen, darum ich kaum so viel auf Lügen bau wie manche.
Achten will ich Ihr Gebot – wenn ich auch nicht verstehe, immer.

Einen Vers merkt ich mir – weil ich drauf stieß,
nachdem ichs schuf – und nie rühr ich willkürlich
Farben an, die fremde Hände mischten –
Ich laß nicht von ihm, weil er mein ist.
Haben Sie Mrs. Brownings Bildnis? Mir sandte man
drei – Hätten Sie keines, nähmen Sie meines?

                    Ihr Scholare

---

* *Nämlich:*
Before I got my Eye put out
I cannot dance upon on my Toes –

[An T. W. Higginson, Februar 1863]

Lieber Freund

ich glaubte nicht, daß irdisch Kontingente aufgehoben –
vielmehr an Treffen, Wechsel des Terrains, der Welt –
  Ich hätt Sie gern gesehen, bevor Sie unwahrscheinlich
wurden. Krieg scheint mir trügerisch Gelände – Sollte es
andere Sommer geben, wollten Sie dann kommen?
  Ich fand Sie fort, so willkürlich, wies mit Systemen
geht, und Jahreszeiten, und höre keinen Grund – kanns
nur Verrat des Fortschritts wähnen – der sich im Gehen
tilgt. Carlo – blieb mir – und ihm verriet ich –

  Gewinn – bedarf des Verlusts Probe –
  Das macht ihn erst – Gewinn –

  Mein wollner Vasall pflichtete bei –
  Mich hat der Tod wohl – Freundesfurcht gelehrt –
indem er früh und hart zuschlug, denn seither hegt ich
für sie – heikle Liebe – der Aufruhr mehr als Friede
eignet. Gebs, daß Sie den Kordon des Kriegs durch-
schleichen; ich, obgleich nie zum Gebet erzogen –
schließ Sie mit ein, wo man in Tempeln Unsrer Truppen
gedenkt – Auch ich habe eine „Insel" – mit „Rosen und
Magnolien" ungeschlüpft und „dunklen Beeren" als
saftige Zuversicht, doch wie Sie recht bemerkten, kennt
„Staunen" keine Breiten. Erst heute dacht ich – da mir
kam, wie das „Übernatürliche" nichts andres sei als das
Natürliche, entdeckt –

  Nicht „Offenbarung" – ists – die wartet,
  Sind unsere unmeublierten Augen –

  Aber ich halte Sie auf –
  Sollten Sie, vor dieser Post, Unsterblichkeit erfahren,
wer unterrichtet mich vom Treffen? Könnten Sie, in
allen Ehren, den Tod meiden, ich fleh Sie an – Sir –
verwaist wär sonst

              Ihr Gnom

Gebs, daß der „Blumenumzug" keine Vorahnung
gewesen –

Mitgeschickt: The Soul unto itself

[An T. W. Higginson, Cambridge, Anfang Juni 1864]

Lieber Freund,

Ist Gefahr –
Ich ahnte nicht, daß Sie verletzt. Schreiben Sie mir Näheres? Mr. Hawthorne ist verstorben.
Ich bin herunter seit September, und seit April in Boston, bei einem Arzt in Obhut – Er will mich nicht entlassen, doch bin ich im Gefängnis emsig und schaffe mir Gesellschaft –
Carlo ist nicht bei mir, darum, daß er sterben müßt, in Haft, und die Berge könnte ich nicht halten, hier, da nahm ich nur die Götter –
Seitdem ich elend, wünscht ich mehr als vorher, Sie zu sehen – Sagen Sie mir Ihr Befinden?
Ich wundere und sorge mich, seit Erhalt Ihrer Zeilen –

Nachricht hab ich einzig
Als stündlich Bulletin
von der Unsterblichkeit.

Können Sie den Bleistift lesen?
Die Feder konfiszierte mir der Arzt.
Die Anschrift schneid ich aus einem Brief, falls Ziffern zu elend – Kunde von Ihrer Genesung – trumpfte die meine –

                    E – Dickinson

Kiezknistern

Mascha Kurtz
Nadine Barth
Sven Amtsberg
Papu Pramod Mondhe
Dietrich Machmer
Jürgen Vollmer
Tina Uebel
Benjamin Maack
Martin Brinkmann

Mascha Kurtz
Wir sind's

Ich trage zerrissene Jeans und winzige T-Shirts mit ausgeleiertem Saum. Mein Bauchnabel blitzt hervor wie eine helle Rosine. Manchmal, am Wochenende, erscheine ich in schmalen Kleidern, deren Saum auf klobige Stiefel fällt. Die Stiefel trage ich zu allem. Meine Schulterblätter bewegen sich wie Flügel unter den dünnen Trägern dieser Kleider. Ich habe das Gefühl, nur das Gewicht der Stiefel hält mich am Boden.

Meine Freundinnen und ich zahlen nie, wenn wir unterwegs sind. Ich gebe dem Theker einen Geldschein, er tut, als gäbe er mir Wechselgeld, und ich kriege meinen Schein wieder. Ich recke ihm mein kleines Kinn entgegen, gebe ihm ein Katzenlächeln mit halb geschlossenen Augen. Der Theker beugt sich über den Tresen und zeigt auf seine Wange, und für diesen Kuss kriege ich so viel Sekt, wie wir wollen.

Wir verbringen keinen Abend mehr zu Hause. Ich hole den Sekt, auch Magdalena und Susanne zahlen nicht fürs Betrunkenwerden. Man kennt uns, und wir kennen jeden. Wir sitzen in der Lounge auf dem großen Sofa, und alle kommen. Man bringt uns gefüllte Gläser und legt die Musik auf, die wir gerne hören. Sie kommen meinetwegen. Die Männer hoffen auf ein Lächeln oder einen Blick. Magdalena und Suse sind meine besten Freundinnen.

Sie lieben mich. Suse liebt mich, wie sie einen Mann lieben würde: voller Eifersucht, Unruhe im Blick. Magdalena ist mein nickendes Spiegelbild. Magdalena und Suse kriegen die Männer, die mich nicht haben können. Wir sind Freundinnen. Wir teilen unsere Geheimnisse. Magdalena erzählt von Andreas, dem Barkeeper, der sie im Abstellraum gevögelt hat, ohne ein Wort zu sagen. Auf einem Stapel Kartons.

Mit oder ohne, fragen Suse und ich.

Ohne, sagt Magdalena. Sie presst die Lippen zusammen und zieht die Augenbrauen hoch, aber ihre Stimme klingt

stolz. Magdalena ist einundzwanzig, ihr Mann ist Arzt.
 Wir stehen an der Cocktailbar. Ich sehe Andreas und winke ihn rüber, dann steht er bei uns. Wir schieben uns dicht an ihn heran, buhlen um seine Aufmerksamkeit, als hätte er plötzlich an Wert gewonnen. Er lacht viel und bestellt Sekt. Wir kreisen ihn ein; wir winden unsere langen weißen Hälse vor ihm, wispern in sein Ohr. Wir sind so nah, dass unsere Lippen ihn streifen. Er zeigt seine weißen, weißen Zähne, Haut schmiegt sich über runde Knochen. Ich nehme ihn an der Hand und bringe ihn nach draußen. Durch das Fenster sehe ich Suse und Magdalena, sie sehen zu, wie ich mit Andreas in ein Taxi steige. Ihre Gesichter sind mir gleichgültig.
 Nils begleitet uns immer. Er hält sich im Hintergrund, steht an der Bar, dreht sich langsam eine Zigarette aus Schwarzem Krauser und hat ein Auge auf uns. Er fährt uns nach Hause, wenn wir betrunken sind, umarmt uns, wenn wir Liebeskummer haben, und holt unsere Jacken, wenn wir frieren. Er ist in mich verliebt und schläft mit Magdalena. Magdalena sagt ihrem Mann, dass sie bei mir übernachtet. Magdalenas Mann ruft bei mir an, auf der Suche nach seiner Frau.
 Magdalena duscht gerade, sage ich. Sie ruft dich gleich zurück.

Wir treffen uns um Mitternacht in meiner Wohnung. Meine Wohnung ist schöner als die von Suse oder Magdalena. Sie drängen sich erwartungsvoll durch meine Tür, und ich zeige ihnen, wie man Spaß hat. Wir tanzen, trinken Prosecco und stehen zu dritt vor dem Spiegel, bevor wir losziehen. Sie mögen das. Suse sitzt mir gegenüber am Küchentisch und hält meine Hand. Magdalena öffnet noch eine Flasche Prosecco. Über dem Küchentisch brennen gelbe Kerzen in einem Leuchter.
 Ich kümmere mich gern um sie. Ich koche Pasta mit komplizierten Soßen, dann sehe ich ihnen beim Essen zu. Ich fühle mich stark. Wir kichern viel und erzählen uns Mädchensachen. Ich und Magdalena lästern über unsere Liebhaber. Suse hört zu. Sie ist verliebt in einen DJ aus der Lounge. Der DJ ist in mich verliebt. Suse sitzt oft allein in einer Ecke und sieht uns anderen zu. Ich schicke ihr die Männer, die ich loswerden will. Sie redet immer viel mit den Männern. Sie versteht nicht, dass es nicht aufs Reden ankommt.

Die Männer können sich Suses Namen nicht merken. Sie nennen sie „deine Freundin". Suse beginnt, meine Bewegungen zu übernehmen. Sie kleidet sich wie ich, sie spricht wie ich. Ihre unsicheren Gesten bestätigen mich. Von ihr habe ich nichts zu fürchten. Ich mag sie.
   Ich schlafe den ganzen Tag, wenn ich nicht arbeiten muss. Das Telefon klingelt, der Anrufbeantworter springt an. Suses Stimme, sehnsüchtig. Ich habe ihr gesagt, dass sie mich jeden Tag anrufen soll. Ich muss wissen, was sie erlebt hat. Ich gehe nicht ans Telefon, Suses Stimme erlischt, enttäuscht. Ich lege die Hand auf den Bauch des Mannes neben mir. Ich rufe Suse nicht zurück. Sie wird am Abend in der Lounge sein.

Suse sitzt neben Nils an der kleinen Theke. Sie beobachtet mich und Magdalena. Magdalena plappert irgendwas, ich lächle, im Augenwinkel Suses Blick, der ganz stumpf ist und nach innen geht. Sie nimmt ihr Glas, trinkt aus. Sie sagt etwas zu Nils, dann gehen sie einfach. Mein ganzer Körper schmerzt, als hätte man die Haut abgezogen. Ich ertrage kaum, mein Glas zu berühren. Etwas flattert in mir herum, dasselbe Gefühl, als hätte ich meinen Schlüssel verloren und wüsste nicht, wo suchen.
   Am nächsten Morgen lege ich eine Sonnenblume auf Suses Schreibtisch. Ich bringe ihr Kaffee. Mein Körper zerfließt. Ich muss sie berühren, um zu fühlen, ob sie wieder bei mir ist. Ich streiche ihr über den Kopf, und sie lehnt sich an mich. Sie gehört wieder mir, mein Körper verfestigt sich. Wir haben zu tun. Die neue Ausgabe muss zum Drucker. Wir arbeiten nächtelang. Dafür bestimmen wir, in welche Richtung die Welt sich dreht. Niemand geht in Kneipen, die wir nicht mögen. Die DJs richten sich nach unserem Plattenkritiker, und Clubs, die wir verreißen, existieren nicht mehr. Ich bin stärker als sie.
   Wir arbeiten in einer ehemaligen Wohnung in einem Hinterhaus. In den engen Räumen wellt sich der Teppichboden. Wir sitzen unter den Schreibtischen, trinken Sekt und machen fiese Zeichnungen von unserem Verlagsleiter. Ich finde in einer Kiste eine Packung Knetmasse, und wir basteln ein klobiges Männchen, das wir mit einer Stecknadel an die Wand spießen. Das Knetmännchen ist unser Verlagsleiter. Tagsüber sitzt er in seinem Büro im Erdgeschoss, ein teigiger Klops, und versucht, das Heft zu retten. Wir haben seit sechs Wochen kein Honorar gekriegt.

Oben stechen wir Nadeln in seinen dicken Bauch wie Voodoo-Priester. Ich lache, weil er so erbärmlich ist. Er will mir erklären, wie ich meinen Job machen soll. Eine Nadel in seinen Arm. Ich bin stärker als er. Eine Nadel in sein Bein. Seine Freundin ist so fett, dass sie nicht mehr aufstehen konnte, als sie neulich hinfiel. Eine Nadel in seinen Kopf. Mir wird schlecht von hässlichen Leuten.

Nils' Freundin ruft an, zum fünften Mal heute.

Ich streiche über seinen Nacken, nehme ihm die Zigarette aus dem Mund und setze mich auf seinen Schoß. Ich bin stärker als sie.

Ich hab noch wahnsinnig viel zu tun, sagt Nils.

Uns gehen die Stecknadeln aus; wir schließen die Redaktion ab und gehen.

In der Lounge steht Magdalenas Mann an der Theke, unrasiert, mit Ringen unter den Augen. Er sieht aus wie ein graues Stück Gummi.

Scheiße, sagt Magdalena. Was will der denn hier?

Ich wollte dich abholen, sagt Magdalenas Mann. Komm mit nach Hause.

Ich war lang genug zu Hause und hab auf dich gewartet, sagt Magdalena.

Ich bin zu deinen Kongressen mitgefahren und wegen deinem Job mit dir in dieses Scheißkaff gezogen, sagt sie. Ich will auch mal meinen Spaß haben.

Und sie dreht sich um, geht weg von ihm und kommt zu uns. Ihr Mann bleibt am Tresen stehen und bestellt sich noch ein Bier, sagt nichts, sieht nur ab und zu rüber. Magdalena trinkt Sekt, lacht, dreht an ihren Haaren. Sie tanzt mit Nils und legt ihren Kopf an seine Brust.

Magdalenas Mann bleibt an der Theke, den ganzen Abend. Um drei morgens sind wir betrunken, Magdalena geht zu ihm und fragt ihn, ob er uns nach Hause fährt. Wir steigen in den Passat Kombi von Magdalenas Mann, und er bringt einen nach dem anderen nach Hause.

Morgen Abend ziehen wir wieder los, sage ich beim Aussteigen zu Magdalena und Suse.

Wie sie sich freuen!

Nadine Barth
Kiezknistern

Neapelgelb

Loungige Klänge im S'Move
bewege dich mit mir sei
die Sünde selbst klebrig
scheu Liquore di Limone &
das Kitzeln im Kopf leuchtet
neapelgelb von Sinnen bin
ich folge San Gennaro die
Stufen hoch ins Amphitheater
von Pompeji tanzend in der
Sonne den Göttern zur Lust
im Sextakkord mollweich
intoniert & eingetunkt in
das Elixier knallenden
Übermuts in dem wir das
Meer austrinken & mit
den Kathedralen Fußball
spielen Du stehst im Tor
& ich werde Dich treffen

Escape

Du
Zurückgeworfen
auf den Ursprung kreisrund
die Arme verschränkt suchst Du Dich
in dem Fingerzeig der Leute den Getränken
alles for free zappeln je weicher desto besser &
dann wieder hart – im Nehmen – doch unnahbar
als fashion victim lechzend nach mehr & da ist dieser
eine Blick den Du nicht vergessen hast damals ja damals
als Dir Märchen noch etwas bedeuteten das Blonde dieses
Engelsgleiche der Prinz der eine & die Idee des Wahrhaftigen
doch nun: Everybody feels good Deine Stimme tröpfelt ins
Mikrophon nass & klingend & glasklar wie Dein Lachen
Lisa Leo Legenden großer Liebe get my love that I offer
you come on get mine get my sweet sweet love & da
ist der Film auf Deinen Pupillen die Erinnerung
nur kurz ein Blitzen aus dem Scheinwerfer ein
Eiswürfel auf dem Boden auf dem Du
ausrutschen wirst später wenn
Du wieder allein bist
Du

Kiezknistern

Dem lautesten Lachen
hinterherlaufen nur die
Libido lahmt ist übervoll
mit nackter Nähe kein Reiz
reizvoll genug sie zu locken
das Zündeln unterm Stöckeln
der High Heels zu entfachen
Hans Albers wacht & webt
wehmütig Seemannsgarn
wirft Netze aus Junge komm
bald wieder groß ist die
Freiheit größer die Lust &
in den Fenstern von St. Pauli
kleben Sterne aus Papier
schluckt die Dunkelheit der
Ecken das Neonversprechen
der Namen Amour Erotik
Live Show now nur Motten
fliegen ins Licht & wenn sie
verbrennen knistert es kurz

Shine on crazy

Umgeben von Bändern aus
Blicken knotet die Sonne
Haut an Haut feiern sie
Flaute in der Strandbar in
Tel Aviv kommt in Schieflage
nur das Becken auf den gelben
Camel-Hockern segensreiche
Werbung aus dem Westen
schwebt ab & an als Ballon
durch den Gesichtskreis längst
erobert wie das ganze Land
Wangen dem glühenden Ball
entgegengestreckt verdeckt
gilt der Schatten als ein
Verräter kennt das Ende
der Lethargie Klagegesänge
Klagemauer liegt auf der
Lauer 'ne Leiche waschen
Wellen geheime Gedanken
aus gläubigen Jüngerhirnen
die die Stirn bieten dem
orthodoxen Verfall so
unerreichbar ein Streicheln
ohne Schweiß heiß ist allen
brütet ein jeder über seiner
lauen Wasserflasche sucht
Strategien das Fremde zu
verlieren schon zeichnen sich
Schlieren ab am Horizont
stockt Pink Floyds LSD-Trip
in der Mitte des Geschehens
klingelt ein Handy Money
Money it'a hit & wie auf
Befehl verkriechen sich
sämtliche Sonnenbrillen
unterm Holztisch zum
Stummel sammeln Kronkorken
lecken Zehen drehen Schreie
hören – nur nicht die eignen

Sven Amtsberg
nachtclub

Auszug

Drei

Eins.
Sie hat einen merkwürdigen Namen.
Sie sagt, das weiß ich selbst. Aber der Name meines Freundes ist noch merkwürdiger. Es ist ein Zufall, dass wir uns kennen gelernt haben. Wir haben über die Namen gelacht und uns verliebt. Schön, nicht.
Sie hört noch einmal leise Musik.
Sie sagt, immer nur leise, bevor es laut wird, bis es hell wird.
Sie steckt sich Ringe auf die Finger. Nimmt die Kette vom Hals.
Sie sagt, die Kette bedeutet mir was. Die Ringe nicht. Ich möchte nichts mit hinausnehmen, was mir etwas bedeutet. Ich habe Angst davor, dass es kaputtgehen könnte. Es ist ein Stück von mir.
Sie legt die Silberkette auf den blau lackierten Tisch im Zimmer. Vor dem drei blau lackierte Stühle stehen. Alte Holzstühle vom Sperrmüll, die sie abgeschliffen hat. Sie stehen in der Mitte des Zimmers. Ein großes Zimmer. Mit viel Platz. An der Wand stehen zwei Garderobenständer, an denen Kleidungsstücke hängen. Alle möglichen Farben, nicht nur blau. Daneben eine kleine Kommode, in braun, mit kleinen Schubladen, die sich schwer öffnen lassen. Darauf ein paar Bücher. Ein paar CDs. Eine Anlage. An den Wänden Fotografien von Freunden und Freundinnen. Auf manchen ist sie drauf und lächelt. Sie hat auf jedem Foto eine andere Frisur. Eine andere Haarfarbe.
Sie sagt, ich könnte nicht immer gleich sein. Nach einiger Zeit. Wieder was anderes. Ich weiß auch nicht, ob das irgendwann aufhört. Vielleicht ist das der Sinn. Vielleicht auch nicht. Mein Freund ist da anders. Der ist immer gleich. Vielleicht mag ich gerade das an ihm, dass er immer gleich ist. Jeden Tag.

Sie macht die Musik aus. Und öffnet die Fenster einen Spalt.

Sie sagt, ich mag es, nach Hause zu kommen, und es riecht nach Luft im Zimmer. Dann kann ich besser schlafen.

Sie sieht sich noch einmal im Flur an, bevor sie geht. Sie mag sich. Ihr Spiegelbild. Ihr Abziehbild. Sie wird sich die Nacht über daran erinnern können, wenn sie sich nicht mehr sehen kann.

Zwei.

Sie schließt die Tür auf. Geht hinein in den Laden. Schließt die Tür hinter sich wieder ab. Es ist hell in der Bar. Die Neonlichter von der anderen Straßenseite leuchten durch das Schaufensterglas.

Sie sagt, der Geruch von kaltem Rauch. Ich versuche oft, mir die Farbe davon vorzustellen. Er ist gelblich. Ist mehr als Geruch sonst. Er klebt an den Wänden, in den Poren. Jede Nacht scheint es schlimmer zu werden. Zuzunehmen. Der Ekel.

Sie schaltet das Licht ein. Rot und orange leuchtet es durch die Lampenschirme. Wird von den Wänden reflektiert. Muster in Weiß auf den orangen Flächen um sie. Draußen Neonreklame in Blau und Schwarz. Als Gegensatz. Und das monotone Summen der Kühlschränke, bis sie Musik anmacht. Die Musik ist jetzt laut.

Drei.

Sie steckt sich eine Zigarette an und sieht aus dem Schaufenster nach draußen.

Sie sagt, das Warten auf die Nacht kann echt scheiße sein. Hier alleine zu sitzen und zu warten, dass es endlich Mitternacht wird und die Leute kommen. Das nervt oft. Nur da zu sitzen und Zigaretten zu rauchen.

Sie sieht Menschen hinter dem Schaufenster vorübergehen. Sie blicken sie durch das Glas an. Die Barfrau in dem orangen Raum. Hinter dem Schaufenster. Glasauge. Glasfrau. Wie ein Bild in einem Museum.

Sie sagt, manchmal, wenn ich hier sitze. Alleine in der Bar. Hinter dem Fenster. Und es ist noch früh. Dann muss ich an dies Bild denken. Sie wissen schon. Dies eine Barbild, das jeder kennt. Von früher. Ein bekannter Maler. Glaube ich zumindest. Das gefällt mir. Ich habe ein Poster davon. Zu Hause. In der Küche.

Sie öffnet einen der Kühlschränke. Holt eine durchsichtige Flasche heraus. Durch die sie später hindurchsehen kann. Wenn die gelbliche Flüssigkeit verschwunden ist. Verdunstet. Verdampft. Vertrunken. Verdaut. Es ist Ananassaft. Sie fühlt das Muster auf der Flasche. Die Prägung.
Sie sagt, wie eine Ananas. Nur glatter. Und nicht so rau. Schön.
Ein weißer Mann kommt herein. Hält zwei Zeitungen in die Luft. Schlagzeilen. Er hat schwarze Haare und schwarze Augen. Hätte er einen Schnurrbart, wäre der sicher auch schwarz. Aber daran denkt niemand. Sie nicht. Und er auch nicht. Er rasiert sich jeden Tag. Er legt ihr stumm zwei Zeitungen auf den Tresen. Sie ebenso stumm drei Mark. Das machen sie zweimal die Woche so. Es ist ihr Ritual geworden. Dann geht er wieder. Hinten auf seiner Jacke kann man die Schlagzeilen lesen. *Aus dem Urlaub in den Tod.* Das Bild ist groß und blau. Es zeigt einen Vater mit seinen drei Töchtern. Das jüngste Mädchen trägt einen schwarzen Balken über den Augen. Sie schmiegt sich vor einer Palmenkulisse an den Vater. Er trägt auch einen schwarzen Balken über den Augen. Er lacht. Daneben noch ein kleineres Bild. Eine junge Frau.
Sie sagt, bestimmt die Mutter. Bestimmt tot. Wie die Töchter. Wer will schon lesen, wer am Leben ist.
Sie blättert in der Zeitung. Der Artikel ist auf der Seite 8. Und auf der Seite 9. Und auf der Seite 10. Sie liest nicht alles. Die Mutter und die zwei Töchter sind von dem Freund der Mutter erschossen worden. Der Vater und die Mutter lebten getrennt.
Sie sagt, ach.
Sie lässt Luft aus ihren Lungen. Ist für einen Moment traurig. Es ist kurz, als wenn sie weinen würde. Weinen möchte. Aber es passiert nichts. Sie liest noch einen Artikel über Clint Eastwood.

Vier.

Ein Mann sagt, zwei Bier.
Er ist mit einer Frau da. Sie setzen sich ihr gegenüber vor das Schaufenster. Sie tragen schwarze Kleidung, die nicht teuer war.
Sie stellt die Musik noch etwas lauter. Zündet sich eine Zigarette an. Sieht wieder durch das Schaufenster nach draußen. Sieht nach, ob etwas passiert. Sieht Menschen in Anzügen sich langsam bewegen. Wie sie durch das Glas

hindurchlachen. Ins Innere. Unhörbar ist es. Unheimlich ist es, so ohne Ton. Sie blicken flüchtig aus den Augenwinkeln hinterher.
Sie inhaliert einen tiefen Zug aus ihrer Zigarette.
Sie sagt, das Rauchen finde ich gut in solchen Nächten. Gerade dann rauche ich gern. Obwohl ich weiß, dass ich zu viel rauche. Aber es ist komisch, irgendwie fühle ich mich dann nicht so allein. Hier unter den ganzen Menschen, die ich nicht kenne. Manchmal ist es schon ein bisschen komisch, wenn du hier so sitzt. Mit lauter wildfremden Leuten. Ist, als wenn du ne Party gibst und nur Leute kommen, die du nicht kennst. Na ja, jedenfalls so ungefähr. Manchmal mag ich das ja auch. Also das Gefühl.
Sie lächelt.
Das Pärchen vor der Glasscheibe schweigt.
Sie sagt leise, schweigen sieht schön aus in Schwarz. Das passt irgendwie, finde ich. Aber ich würde zum Schweigen nicht weggehen. Glaube ich.

Fünf.
Sie fasst mit ihren Händen in Kühlschränke. Öffnet Flaschen. Zählt warmes Geld in ein Portmonee. Es ist laut um sie. Sie hat aufgehört zu denken. Es ist einfach zu laut, um denken zu können. Menschengesichter drängen sich um den Tresen. Sie sieht Münder, die sich bewegen. Finger, die auf leere Flaschen deuten. Die Finger sind ihr lieber als die tauben Münder. An die sie sich so nah heranbeugen muss, um sie zu verstehen. Diese schlabberigen Münder, die die Lippen kaum noch straff ziehen können, um die Laute herum.
Sie sagt, danke.
Sie zieht hastig etwas aus ihrer Zigarette. Eine leichte Sorte. Marke. Die Schachtel ist weiß. Und dann sind da wieder die anderen Münder, die sich bewegen. Und sie beginnt wieder mit den Händen zu arbeiten. Flaschen zu öffnen. Eis in Gläser zu füllen.
Sie sagt, bitte.
Sie sieht nur die Gesichter vor sich. Dahinter ist es schwarz. Sie sieht ein paar Bewegungen. Menschen. Sind sie fort, ist es auch die Nacht. Es beginnt dann wieder hell zu werden hinter dem Schaufenster.
Sie sagt, die Nacht geht schnell rum, wenn viele Menschen da sind. Ich sehe dann nur selten auf die Uhr. Mitt-

lerweile kann ich die Zeit auch auf den Gesichtern der Menschen ablesen. Standuhren.

Sie lächelt. Nippt an etwas Wasser. Zieht an etwas Nikotin.

Sie sagt, an manchen Tagen beginne ich das auch zu hassen. Ich weiß, dass das nicht okay ist. Aber das Gefühl ist trotzdem da. Ich hasse dann diese Menschen. Ihre Penetranz. Den Alkohol. Ich weiß, dass ich nicht anders bin, stehe ich auf ihrer Seite. Jedenfalls nicht sehr viel. Aber von dieser Seite aus betrachtet, ist der Alkohol oft schrecklich. So wie die ihn sich einflößen, flößt er mir Angst ein. Ich sehe Menschen verschwimmen. Alles beginnt irgendwann leerer zu werden.

Sechs.

Sie stellt neue Flaschen in die Kühlschränke. Räumt leere Kisten in den Nebenraum. Nebenan setzt ihr Lächeln für einen Augenblick aus. Wie eine Maschine mit einem leichten Defekt. Einem Haken im Getriebe. Etwas Sand zwischen den Zahnrädern. Sie sieht einen Moment die Wand an. Atmet ein. Atmet aus. Ein kurzer Moment, in dem sie ist, wie sie ist in dieser Nacht. Eine halbe Minute. Mehr ist es nicht. Danach geht sie wieder zurück. Macht wieder ein Lächeln. Ein Nippen. Ein Ziehen.

Sie sagt, es fällt mir oft schwer. Ich denke, es ist dann das Beste für mich, einfach zu schweigen. Dieses Dankebitteschweigen. Die von der anderen Seite denken dann, dass du arrogant bist. Sollen sie ruhig. Ich weiß, dass es nicht so ist. Jedenfalls nicht immer.

Sie spült Gläser. Füllt Schnaps in kleine Gläser. Sie bemerkt, dass ihre Hände dabei zittern.

Sie sagt, das sind bestimmt die vielen Zigaretten.

Sie stellt die Gläser vor mehrere feuchte Augenpaare, die Mühe haben, noch Regungen zu zeigen. Die für einen Moment lächeln, danach wieder aggressiv funkeln.

Sie sagt, fünfzehn.

Sie muss warten, bis die leblose Hand die Scheine aus den Jeanstaschen gezogen hat.

Sie flüstert, Jeans ist echt out.

Sie nimmt die Scheine und streicht sie glatt. Gibt der Hand eine Münze. Zwei Finger an ihr sind gelb. Sogar die Nägel. Sie sieht sich ihre Finger an, zwischen denen sie die Zigarette hält. Die Nägel sind weiß. Aber drumherum ist es auch schon ein bisschen gelb. Sie denkt an den blauen

Bimsstein, der unter ihrem Waschbecken liegt. Sie wird sich morgen früh damit die gelbe Haut abreiben. Die Nachtspuren fortmachen.

Sie sagt, oft dusche ich nach der Arbeit noch. Versuche, den Gestank, der wie ein durchsichtiger Film an mir klebt, abzuwaschen. Ich hasse es, wenn ich noch nach Nacht rieche. Ausdünste, die Nacht ausdünste. Das Nikotin und den Alkohol der anderen aus meinen Poren kommen schmecke. Im Bett liege und die Bar noch an mir spüre. Sie hat dort nichts verloren. In diesem Teil meiner Welt. Ich möchte dann nur noch das Bett und das Waschpulver darin riechen. Und schlafen.

Sieben.

Die Menschen werden weniger. Die, die bleiben, werden träger. Langsamer. Ihre Bewegungen fangen an zu erstarren. Ersterben. Wie Erfrorene sitzen sie herum. Schlagen mit ihren Köpfen auf das Holz zwischen ihr und ihnen. Holen sich Schrammen und Kratzer, an die sie sich später nicht mehr erinnern können.

Sie geht zwischen ihnen hindurch. Dort, wo Platz zum Gehen entstanden ist. Sie sammelt leere Gläser und Flaschen ein.

Sie sagt, mir ist vieles egal geworden um diese Uhrzeit. Vieles ist dann einfach schon schlafen gegangen.

Acht.

Sie sitzt wieder da. Raucht und hört einem Gespräch zu, das mit ihr geführt wird. Der Mund gibt sich Mühe, die Worte noch richtig hinzubekommen. Es ist nett gemeint. Dazwischen schiebt er ab und zu ein Lächeln, das, im Hellen betrachtet, sogar ganz nett aussehen könnte. Am Tag könnte man es vielleicht an die Hand nehmen, um Ausflüge mit dem Lächeln zu machen. Tretboot fahren, altes Brot in Teiche mit Vögeln zu schmeißen.

Neun.

Sie trinkt Sekt auf Eis. Perlenwasser, wie mal irgendwer zu ihr gesagt hat. Sie muss jetzt daran denken.

Sie sagt, Perlenwasser. Das klingt schön.

Zehn.

Sie steht allein in der dunklen Bar. Draußen beginnt es hell zu werden. Drinnen bleibt es dunkel. Die Musik ist fortgegangen, die Menschen sind ausgeschaltet. Sie hört immer noch das Summen. Aber diesmal ist es nicht in ihrem Kopf, sondern dahinter. Die Kühlschränke summen. Sie pfeift leise. Zieht sich ihre Jacke aus Kunstleder über. Hängt sich die dunkelblaue Sporttasche mit dem Emblem um. Geht und schließt die Tür ab.

Elf.
Sie denkt draußen an den Sommer. Letztes Jahr und dieses Jahr. Es ist angenehm, ins Warme zu geraten. Im Moment ist sie noch dazwischen. Es ist nicht mehr so kalt, dass sie die Jacke schließen muss.

Sie sagt, ich bin froh, dass es immer schon wieder hell ist, wenn die Nacht vorbei ist. Im Dunkeln hätte ich oft Angst, nach Hause zu gehen.

Sie geht über die Straße. Steigt über ein Metallgitter. Die Straße ist fast leer. Es sind nur noch Taxis unterwegs.

Sie sagt, ich wohne nicht weit von hier. Zwei Straßen weiter. Eine Nebenstraße. Es ist relativ ruhig dort. Die Straße heißt wie mein Freund. Ein Zufall.

Sie geht weiter, ohne noch etwas zu denken. Ohne etwas wahrzunehmen. Ohne etwas zu sagen. Das macht es ihr schwer, sich am nächsten Tag an den Weg zu erinnern.

Sie sagt, aber wer will sich schon an so was erinnern.

Sie geht weiter. Ohne etwas wahrzunehmen. Ohne etwas zu sagen.

Zwölf.
Sie wohnt nicht allein. Sie wohnt auch nicht mit ihrem Freund zusammen. Sie muss leise sein in der Wohnung. In ihrem Zimmer kann sie dann wieder etwas lauter sein. Sie macht Licht.

Sie sagt leise, Licht ist leise. Das ist gut so. Besser als Musik.

Sie hängt die Kunstlederjacke an einen Messinghaken im Flur. Stellt die Tasche darunter an die rot gestrichene Raufasertapete. Das Emblem dreht sie zur Wand.

Sie geht in die Küche. Gießt sich kalten Kamillentee ein. Steckt sich noch eine Zigarette an. Durch das Fenster kann sie in den Hinterhof sehen.

Sie sagt, der Hinterhof ist hässlich, ich weiß. Aber ich mag es trotzdem gern, dort hinauszuschauen. Es ist irgendwie beruhigend.

Sie trinkt den Tee. Raucht weiter an der Zigarette. Sieht sich dabei ihre Hände an. Riecht daran. Überlegt zu duschen.

Sie sagt leise, aber waschen ist so laut. Sauberkeit ist laut. Zu laut für diese Uhrzeit. Für die anderen Menschen.
Sie sieht sich den Baum im Hinterhof an.
Sie sagt, Bäume sind leise. Bäume sind immer nur ein Rascheln. Ganz anders als zum Beispiel Tiere oder Wetter. Gewitter und Regen sind laut. Und Hunde auch. Große Hunde sind lauter als kleine. Und mehr Scheiße machen sie auch.
Sie lächelt.
Sie sagt, manchmal wäre es einfach besser, wenn es mehr kleine Dinge geben würde als große. Man hätte dann mehr Platz zum Leben.
Sie drückt die Zigarette aus. Trinkt den Tee aus. Macht das Licht aus.
Sie sagt, aus. Aus. Aus.

Dreizehn.

Sie zieht sich aus. Legt ihre Sachen auf einen der drei blau lackierten Stühle. Sieht sich ihre Füße unter sich an, die tief in den Fasern des Wollteppichs stecken. Daran zu kleben scheinen. Abdrücke hinterlassen, als sie sich wieder zu bewegen beginnt.
Sie schließt die Fenster. Zieht sich ein T-Shirt über. Es ist blau.
Sie sagt, von meinem toten Vater.
Sie geht leise ins Badezimmer. Sieht sich ihr Gesicht im Spiegel im Bad an. Wischt die Farbe mit Watte hinaus, bis es nur noch ganz weiß ist.
Sie sagt, weiß ist neutral.
Sie putzt sich die Zähne. Reibt sich die Farbe von den Fingerkuppen. Das Gelbe weg. Aber es will dort nicht weiß werden. Es wird rot. Noch röter, je mehr sie reibt. Sie hört auf damit.

Vierzehn.

Sie liegt zwischen schwarzer Bettwäsche und hört auf, zu sprechen und zu denken, um müde zu werden. An manchen Tagen geht das schneller als an anderen. Heute geht es.

Papu Pramod Mondhe
Im Lachclub

Als Dr. Madan Kataria (rechts im Bild) im März 1995 zum ersten Lachclub einlud, kamen nur vier Männer zum Treffpunkt in einem Park in Mumbai (Bombay). Sie erzählten sich Witze und lachten dabei aus voller Kehle – ein positiver Start in den Tag war gelungen, Immunsystem, Atmung und Blutkreislauf wurden gestärkt. Innerhalb kürzester Zeit wuchs die Schar der Lachfreunde stark – aber es waren ihnen auch die guten Witze ausgegangen. Darum beschloss Dr. Kataria, der „kichernde Guru", dass in seinem Club fortan grundlos gelacht werden sollte. Heute, sieben Jahre später, gibt es allein in Indien über 1000 Lachclubs, weitere z.B. in Westeuropa, Kanada, den USA und Australien.

Die morgendlichen Treffen beginnen mit einer Atemübung und dem Ausrufen von „Ho-Ho, Hahaha!". Schließlich werden unter Anleitung eines Vorlachers zwanzig Minuten lang verschiedene Lacharten exerziert, bis das Treffen in Indien mit einem gemeinsamen Gebet für den Weltfrieden endet. In Europa wird stattdessen „Ich bin der gesündeste Mensch der Welt, ich bin der glücklichste Mensch der Welt, ich bin ein Lachclub-Mitglied!" exklamiert.

Mit freundlicher Genehmigung des Verlags Frederking & Thaler, München. Die Fotografien sind auch in dem Band „Länder des Lachens", München 2000, erschienen.

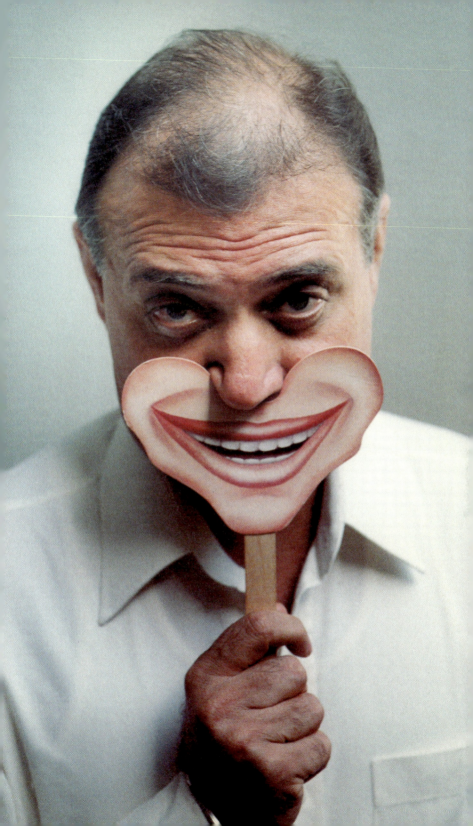

Höhepunkt eines Lachclub-Treffens: das so genannte Löwen-Lachen

Im Lachclub

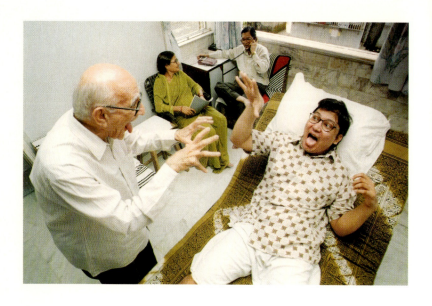

Lachen kann Ängste und Depressionen abbauen und durch Stress verursachte Erkrankungen mildern.

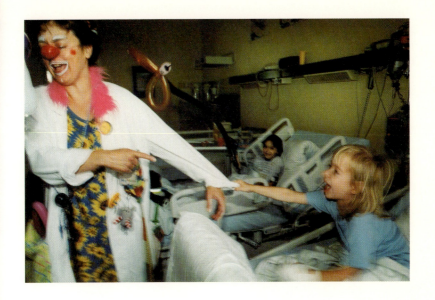

Clowntherapie in einem Münchener Krankenhaus

Lachclub in Dänemark

Dietrich Machmer
Prophylaktische Dementi

Überdosis Zeit

Diese Stille
hier kann keiner mehr
bezahlen diese Ruhe dieses
Ende hier überschneiden wir uns
und stürzen durch unsere Schatten
weit verstreut liegen die Augen
über den Strand im Plankton schimmern
in der Nacht der Sand mit taghellen Fingern
aufgewühlt als würde ich meine Haut abstreifen
und mit sandigen Knochen nach Wasser graben
um dir zum Abschied in der Brandung
einen blühenden Garten pflanzen

Sei nett, sei tödlich

Sei immer
blödsinnig geistesabwesend
wenn dich jemand fragt, dann
sag ein Wort und lass die Frage
wiederholen und wiederhole
die Frage mit einem dummen Grinsen.

Antworte nie
Nimm einen Zug
und lass dich treiben
wenn du willst sei nett
sei tödlich und wundere dich
über jedes Bild, das sich in deinen Weg
stellt. Leg dich einfach mittenrein
und zieh dich aus vor laufender
Musik, beweg dich, berühr dich
dein Körper ist die größte Ausdehnung
des Universums und fette Wurststerne
hängen überall am Schweinehimmel
so viel du willst, kannst du sagen
sollte jemand fragen

Prophylaktische Dementi

Ich gehöre nicht zu den Leuten
die an den Tageszeiten sterben.

Guten Morgen. Heute Nacht
lief ich noch durch die Straßen
und sonnte mich im bunten Licht
einer Ölspur.

Wozu der Sonne nachtrauern?
Der heulende Mond steht nackt
am Himmel. Ein nasser Hund
in der Kirche. Na und?
Die Finsternis weiß nichts
von kreischenden Fürsten
die ihre leuchtende Wahrheit
mit gestrecktem Arm
unter die Masse prügeln.

Verkaufen sie endlich
ihren Alptraum.

Ein Séparée in der Wüste

I.
Am richtigen Ort zur richtigen Zeit
das Richtige tun. Das ist die Kunst
der Langeweile. Mit dem Messer
bahne ich mir den Weg zur Bar.
Wie so oft streifen wir im Gedränge
die blutigen Arme derer, die uns
mit ihrer Liebe foltern werden.
Aber in Wahrheit ist dies ein guter Ort
zum Meditieren. Die Müllabfuhr
transportiert frische Gemälde durch die Stadt
und nachts stochern alte Sklaven in der Installation
am Straßenrand vertrocknet ein Fetzen Musik
und hinterlässt die Schleimspur einer Schnecke
auf der speigrünen Wiese verbeugt sich
ein Grashalm unter meinem Arsch. Dort
wo der kleine Poet die Freiheit der Gedanken probt
und weiß: Alles ist ganz eitel jedes Buch
ein Museum jedes Wort.

II.
Und keiner will mehr seine Nachgeburt
zubereiten jedes Kind jeder Künstler
und die Fäulnis liegt braun über dem Humus
sechs Millionen konkret barbarischer Worte.
Ein jedes ein Gedicht ein Mann ist das abgefahren
wie der geistige Zyklop aus dem Tripperlazarett
im Bannkreis seiner schweinischen Wesensart
vom Mist dieses literarischen Dadaismus noch inneres Erleben
herauszuklauben sucht und ein Séparée in der Wüste
ein Stein eine Zufriedenheit und ein Meer darin
der Poet tief im Strudel seiner Verse surft
und dann kommst du plötzlich daher
mit deiner ganzen Zukunft und
liebst alles in Grund und Boden.

Es wird eng

Die nächsten fünf Minuten
gehören dir allein
denn es ist aus
mit uns
und nichts
wird dich stören
in deinem Verlangen
nach einem letzten Schrei
einem flüchtigen Gedanken
zwischen zwei Muskelkontraktionen
diese Liebe war die Beseitigung
einer gemeinsamen Leiche
und das Verschwinden
in der immer enger
werdenden
Wiederholung
Die nächsten fünf Minuten
gehören dir ganz allein

Jürgen Vollmer
Von Hamburg bis Hollywood.
Episoden aus dem Leben eines
Fotografen

Hamburg und Paris 1960–1961. Rock 'n' Roll Times

1960 brach eine neue Ära für mich an: Ich wurde ein Rock-'n'-Roll-Fan. In dem Jahr begann eine Invasion britischer Rockbands in meine Heimatstadt Hamburg, die das Hafenviertel mehrere Jahre lang „shook, rattled and rolled". Unter ihnen befand sich auch eine Gruppe von Teenagern aus Liverpool. Sie trugen schwarze Lederjacken, auf ihren Köpfen thronten Elvistollen und ihre Haare waren im Nacken zu Entenschwänzen gekämmt: The Beatles.
Bis zu jener Zeit bin ich ein Jazz-Fan gewesen und trug Künstlerklamotten wie Kordjacketts und schwarze Rollkragenpullover. Meine Haare hatte ich über die Stirn gekämmt.
Ende der fünfziger und Anfang der sechziger Jahre gab es zwei Außenseitergruppen unter den Jugendlichen in Hamburg: Halbstarke und so genannte Exis. Sie waren Feinde und bewegten sich in verschiedenen Territorien, den Rockkellern und den Jazzclubs. Grenzüberschreitungen endeten oft in Schlägereien. Die Idole der Halbstarken waren amerikanische Film- und Rockstars der fünfziger Jahre, die das Bild des Rebellen in schwarzer Lederjacke kreierten. Die Exis waren von den Pariser Existenzialisten beeinflusst, junge Künstler, Musiker und Freigeister, die sich betont lässig gaben und ihre Kleidung und Haare bewusst unordentlich trugen. In den fünfziger Jahren sah man sie überall auf den Boulevards und in den Cafés des Pariser Stadtviertels Saint-Germain-des-Prés. Sie wurden meist fälschlicherweise als Existenzialisten bezeichnet, mit dem Existenzialismus, der Literaturbewegung jener Zeit, hatten die meisten dieser jungen Wilden sehr wenig zu tun.

Die Beatles, damals noch völlig unbekannt, waren an sich keiner der beiden verfeindeten Jugendgruppen zuzuordnen. Äußerlich sahen sie zwar wie Halbstarke aus, in ihrem Inneren schlummerte allerdings eine Exi-Seele.

Ich selbst war ein typischer Exi, hatte gerade die Kunstschule verlassen und arbeitete als Assistent des Fotografen Reinhart Wolf. Außer Jazz mochte ich die Chansons von Juliette Gréco und hatte Camus und Sartre gelesen. Ich kannte keine Halbstarken und vermied ihre Treffpunkte.

Aber durch ein zufälliges Ereignis geriet ich in den Bann der Welt meiner Feinde. Klaus Voormann, ein Freund aus der Kunstschule, hörte eines Abends, als er durch das Hafenviertel ging, die Musik aus einem Rockkeller, und neugierig geworden, wagte er, kurz in den Club hinunterzugehen. Er war völlig begeistert. Animiert durch seinen Enthusiasmus über die Band, aber auch ziemlich ängstlich, begleitete ich ihn und seine Freundin Astrid Kirchherr am nächsten Abend in den „Kaiserkeller". Das Lokal befand sich auf der Großen Freiheit, mitten im Rotlichtviertel von St. Pauli. Damals war Hamburgs Hafengegend das Sündenbabel von Europa, wo im Gegensatz zu heute der Normalbürger sich niemals hingetraut hätte. Es gab überall sexorientierte Kabarettshows, Bars, Striptease-Lokale und Musikschuppen mit Schlagerkapellen und Lokale, in denen bikinibekleidete Frauen im Schlamm Ringkämpfe aufführten. Berüchtigt war vor allem eine Straße, in der sich Prostituierte in den Fenstern zur Schau stellten. Diese so genannte „Sündenmeile" stand in starkem Kontrast zu den übrigen Stadtteilen Hamburgs, in denen eine bourgeoise Mehrheit für Sitte und Ordnung sorgte.

An einem bulligen Türsteher vorbei stiegen meine beiden Freunde und ich aus dem glitzernden Neonlicht der Straße eine dunkle Treppe hinunter und gelangten in einen relativ kleinen Raum. Wir waren in einer uns vollkommen unbekannten und gefährlichen Welt. Der Club war voll von Halbstarken. Jeder wirkte brutal. Betrunkenes Gegröle. Bedrohliche Blicke. Schwarze Lederjacken, Pompadours und Entenschwänze, wohin man auch sah. Auf der kleinen Tanzfläche traten spitze Schuhe in rascher Folge Löcher in die Luft, und Reifröcke unter hoch getürmten Haaren oder Pferdeschwänzen drehten unaufhaltsam Kreise. Auf einer einfach gebauten Bühne spielten die Beatles Rock 'n' Roll.

The Beatles, Top Ten Club, Hamburg 1961

John Lennon, Top Ten Club, Hamburg 1961

George Harrison, Hamburg 1961, Fotos: Jürgen Vollmer

Wir drei Exis waren total deplatziert – und vollkommen begeistert. Wir bemühten uns, bloß keine Aufmerksamkeit auf uns zu lenken, und schlichen uns zu einem leeren Tisch am Rande der Bühne.

Die Beatles waren damals zu fünft. Neben ihren pomadigen Frisuren trugen sie auch die gleiche Kleidung: schwarze Lederjacken, schwarze Jeans und spitze Schuhe. Aber jeder von ihnen fiel mir durch seine ausgeprägte individuelle Persönlichkeit auf.

John Lennon, der offensichtliche Kopf der Band, benahm sich wie ein typischer Halbstarker: Fast unbeweglich, während er Gitarre spielte, schob er nur leicht seinen Körper im Rhythmus der Musik nach vorne. Cool. Zurückgehaltene Aggressivität. Er erinnerte mich an Marlon Brando in „Der Wilde".

James Dean diente ebenfalls als Vorbild, und zwar dem fünften Beatle, Stuart Sutcliffe, der sich geheimnisvoll hinter einer Sonnenbrille verbarg.

Paul McCartney erschien mir als ziemlich freundlich, er schüttelte seinen Kopf im Rhythmus hin und her, als er sang, und konkurrierte mit John als Führer der Band. Ein energiegeladener Charmeur.

Das jüngste Bandmitglied war George Harrison. Wir erfuhren später, dass er als 17jähriger im Kaiserkeller nicht nach zehn Uhr abends spielen durfte und danach im Top Ten, einem Rockclub auf der Reeperbahn, auf die anderen Beatles warten musste, bis sie um drei oder vier Uhr morgens ihren letzten Auftritt beendet hatten. Wenn George auf seine Gitarre einschlug, sah er wechselweise trotzig und traurig aus.

Auch Pete Best, der damalige Schlagzeuger, hatte diese typisch coole, aber bedrohlich wirkende Ausstrahlung eines Halbstarken.

Die Beatles waren die erste Rock-'n'-Roll-Band, die ich je gesehen hatte, und ihr Aussehen und ihre Musik machten auf mich einen bombastischen Eindruck. In der aggressionsgeladenen Atmosphäre des Kaiserkellers waren diese halbstarken Rocker weit entfernt von dem Image, das sie als spätere Pop-Ikonen haben würden. Wie dynamische junge Wilde erschienen sie mir, dem unerfahrenen Jüngling mit künstlerischer Veranlagung, und wirkten auf mich wie eine explosive Offenbarung. Sie verkörperten das Bild vom „Rebellen mit einem unbekannten Anliegen", der auch in meinem Innern rumorte. Aber im Gegensatz zu mir konnten diese aufmüpfigen Musiker ihren Frust und ihre Begierden im Rock-'n'-Roll-Rhythmus hinausschreien. Die Beatles hatten noch keine eigenen Songs, sie spielten nur Covers amerikanischer Rockmusik. Einige hatte ich schon im Radio gehört, aber erst jetzt, durch die Beatles, lernte ich diese Musik richtig schätzen und lieben. Auch die libidinösen Lüste, die die Rock-'n'-Roll-Texte reflektierten, entsprachen genau meinen eigenen Sehnsüchten. Sexuellen Gefühlen freien Lauf zu lassen war ein typisches Aufbegehren meiner Generation, die in den fünfziger Jahren in Deutschland unter spießigen und sexfeindlichen Moralwerten aufgewachsen war.

Der hypnotische Eindruck, den die Beatles auf mich und meine Freunde Klaus und Astrid machten, wurde von den Halbstarken nicht geteilt. Für sie war der Kaiserkeller hauptsächlich ein Treffpunkt mit gleichartigen Kumpels, um sich zu betrinken, zu tanzen und Mädchen aufzureißen, und, wenn das erfolglos blieb, eine Schlägerei anzuzetteln. Sie selbst waren die Stars, es war ihr Rocker-Reich, und die Bands waren Nebensache. Keiner saß so dicht an der Bühne wie wir, keiner außer uns verfolgte die Auftritte der Beatles mit solcher Hingabe. Wir kamen nicht nur am nächsten Abend wieder, sondern jeden Abend, bis die Beatles zwei Monate später nach England zurückfuhren. Und wir kamen immer sehr früh, um sicher zu sein, dass unser Tisch neben der Bühne noch frei war.

Manchmal ging es in dem Club wie in einer Szene aus einem Cowboyfilm zu. Die Halbstarken bewarfen sich mit Stühlen und schlugen sich Bierflaschen auf den Kopf. Der Kaiserkeller wurde außer uns ausschließlich von Proleten besucht, unter ihnen gelegentlich Matrosen. Ab und zu kam es zu brutalen Schlägereien, bei denen die Jungs, die bereits am Boden lagen, mit Füßen getreten wurden, auch von den stämmigen Kellnern.

Wir mussten uns immer vor den Schlägern in Acht nehmen. Einmal, als ich mich auf dem Weg zum Ausgang befand, warf einer von ihnen sein Bier gegen meinen Rücken. Als ich mich umdrehte, stand der Typ auf, doch bevor er auf mich zukommen konnte, hatte ich bereits das Weite gesucht. Wir drei Exis begaben uns allabendlich in eine Gefahr, vergleichbar mit dem Risiko, das heute drei Punks beim Betreten eines Skinhead-Treffs eingehen. Schlägereien konnten durch den geringsten Anlass provoziert werden. Es war ein Wunder, dass Klaus und ich in unserer Künstleraufmachung und unseren nach vorn gekämmten Haaren immer mit heiler Haut davongekommen waren. Astrid war als Mädchen ziemlich sicher vor den Schlägern. Wir wussten, dass einige Exis anderswo in Hamburg von Rocker zusammengeschlagen worden waren.

Ein paar der Halbstarken-Mädchen setzten sich manchmal an unseren Tisch und zeigten eine verhaltene Begeisterung für die Beatles, aber sehr diskret und in keiner Weise mit dem hysterischen Kreischen zu vergleichen, das der spätere Ruhm der Beatles mit sich bringen sollte. Die halbstarken Jungs im Kaiserkeller schenkten der Band jedoch nie besondere Beachtung.

Wir versuchten ohne Erfolg, unsere anderen Exi-Freunde in den Kaiserkeller mitzunehmen. Erst im folgenden Jahr, 1961, als die Beatles im Top Ten spielten, trauten sich einige andere Exis unter die Halbstarken. 1962 allerdings, als die Beatles im Star Club auftraten, war das Publikum schon ziemlich gemischt.

Trotz ihres Halbstarken-Looks benahmen sich die Beatles uns gegenüber nicht feindselig, ganz im Gegenteil: Sie wollten uns kennen lernen, gerade weil wir so anders aussahen. Sie hatten uns gleich am ersten Abend bemerkt, da wir als Einzige nach jedem Song applaudierten. Halbstarke gaben sich niemals solchen Proklamationen von Begeisterung hin. Wir lernten die Beatles ziemlich schnell kennen. Stuart, der Bassgitarrist, war der Erste, der uns ansprach, direkt von der Bühne herab, zwischen zwei Songs. Dann wurden auch John, Paul und George neugierig, mit uns zu sprechen. Zum Kontakt mit Pete, dem Schlagzeuger, kam es erst später. Wir drei Exis waren für die Liverpooler Jungs auch endlich mal Deutsche, mit denen sie sich verständigen konnten – wir sprachen Englisch. Stuart bot uns sogar an, dass wir uns hinter dem Piano auf der Bühne verstecken könnten, wenn die häufigen Schlägereien zu gefährlich werden sollten.

Die Beatles wechselten sich jede Stunde mit einer anderen Band ab: Rory Storm and the Hurricanes. Deren Schlagzeuger war Ringo Starr, der zwei Jahre später Petes Platz einnehmen sollte. In ihren freien Stunden setzten sich die Beatles oft zu uns an den Tisch, oder wir gingen zusammen essen in einen Imbiss gegenüber vom Kaiserkeller. Eines der ersten Dinge, über die sie uns ausfragten, war unsere Kleidung. Paul war vor allem an meinen schwarzen Pullovern interessiert; oft trug ich einen Rollkragenpullover, manchmal einen ärmellosen Pullover. John wollte wissen, woher ich meine Kordjacketts hätte. Ich bemerkte stolz, dass ich alles, was ich trug, in Paris gekauft hätte – auf dem Flohmarkt. Ich war damals schon ein paar Mal auf kurzen Reisen in der französischen Hauptstadt gewesen. John fragte mich ebenfalls, ob ich denn auch meinen „komischen Haarschnitt" in Paris bekommen hätte. „Nein", antwortete ich, „meine Haare schneide ich mir immer selber." Wenn man an die vielen ausgefallenen Frisuren heutiger Jugendlicher denkt, kann man sich nicht vorstellen, dass es einmal eine Zeit gab, in der die über die Stirn gekämmten Haare eines jungen Mannes irgendwelches Aufsehen erregen und abfällige Blicke und Bemerkungen nach sich ziehen konnten. Sich die Haare nach vorne anstatt wie üblich nach hinten zu kämmen, war der Ausdruck eines alternativen Lebensstils und der erste haarige Streich gegen die bürgerliche Gesellschaft.

Als die Halbstarken sahen, dass sich die Beatles mit Astrid, Klaus und mir angefreundet hatten, benahmen sie sich uns gegenüber weniger aggressiv. Vielleicht hatten sie ja auch etwas Gemeinsames in uns entdeckt. Rebellierten wir Exis nicht auch, genau wie sie, gegen die heuchlerischen Tugenden der Spießbürger? Sollten wir als Außenseiter nicht alle zusammenhalten? Aber die kulturelle Kluft zwischen uns machte sich immer wieder bemerkbar. Wie beim letzten Auftritt der Beatles im Kaiserkeller. Ich hatte die Idee, ihnen fünf rote Rosen zu schenken. Astrid sollte nach dem letzten Song jedem eine Rose überreichen. Es war schwierig, die langstieligen Blumen unbemerkt in den Club zu bringen. Wir versteckten sie unter unserm Tisch. Aber während wir von dieser „blumigen" Idee früher am Tag in unserer vertrauten Umgebung begeistert gewesen waren, erwies sie sich in der rauen Welt der Halbstarken, in der wir nur geduldet wurden, als unangemessen. Unsere feierliche Abschiedszeremonie – Rosen für die Bühnenstars –, so schön wie ich es mir ausgedacht hatte, musste am Ende verworfen werden. Schließlich zertrat ich die Rosen unter dem Tisch.

Als die Beatles im nächsten Jahr, 1961, nach Hamburg zurückkehrten und im Top Ten Club auftraten, hatte ich angefangen, selbst zu fotografieren. Die Arbeit im Fotostudio fand ich zutiefst unbefriedigend. Mir schwebte eine ganz andere Art von Fotografie vor als die oberflächliche

Ästhetik, die im damaligen Deutschland für die meisten Fotografen erstrebenswert zu sein schien. Den Trend, Menschen mit ausdruckslosen Gesichtern in sterilen Kompositionen vor eintönigen Hintergründen zu posieren, fand ich zu einfach, zu langweilig und zu lächerlich. Ich wollte Bewegung, Aktion, Emotion! Ich wollte visuellen Rock 'n' Roll, wollte rebellieren gegen die Norm. Meine Idole waren amerikanische Fotografen, die in schonungslosem Reportagestil den „Moment der Wahrheit" auf der Straße einfingen. Sie waren voller Vitalität. Selbst bei gestellten Posen bewegten sich ihre Fotos.

Die Beatles kamen genau zum richtigen Zeitpunkt zurück. Sie waren für mich eine ungeheuer wichtige Inspiration während meiner Suche nach kreativem Ausdruck. Ich wollte diese schwarz gekleideten Rocker-Rebellen als visuelles Symbol für mein eigenes künstlerisches Aufbegehren benutzen. Als ich jedoch Andeutungen machte, sie fotografieren zu wollen, fragte John: „Wofür?" Darauf war ich nicht vorbereitet und stotterte: „Für ... für ... Kunst." „Kunst?!", fragte er dann spöttisch, „wer ist das denn?"

Aber John scherzte nur mal wieder, und er war wie die anderen Beatles gerne bereit, sich von mir fotografieren zu lassen. Ich besaß noch keinen eigenen Fotoapparat und musste mir eine Rolleiflex von meinem Boss leihen.

Ich hatte eine ganz genaue Idee für ein Foto von den Beatles: John Lennon sollte als Mittelpunkt in einem bestimmten Hauseingang eines Hinterhofes auf St. Pauli stehen und Paul, George und Stuart an ihm vorbeigehen. Ich musste ein Stativ benutzen, da ich eine verhältnismäßig lange Belichtungszeit von einer Sekunde einstellte, damit die Figuren des vorbeigehenden Trios vollkommen unscharf wurden. Aber ich wollte, dass von jedem ein spitzer Rocker-Schuh klar zu erkennen sei. Also ließ ich die drei Beatles erst mal synchronisiertes Gehen üben, bis sie alle gleichzeitig mit einem Fuß eine Sekunde lang auf dem Boden verweilten, während ihre Körper und ihr anderer Fuß in Bewegung blieben. Dann ließ ich sie zwölfmal, einen Film lang, im Gleichschritt vor meinem Fotoapparat paradieren. John, der als Kontrast im Eingang stehen bleiben musste und dem ich nur Variationen eines „arroganten" Gesichtsausdruckes abverlangte, fing an, sich zu beschweren, aber die drei Marschierenden amüsierten sich köstlich. Jahre später, 1975, benutzte John eines dieser Fotos als Cover seines Solo-Albums „Rock 'n' Roll".

Ich hätte auch gerne die Beatles während ihres Auftritts fotografiert, aber im Top Ten war es zu dunkel, und mein Boss hätte mir sicher nicht seine große Blitzanlage geliehen. Es wäre sowieso nicht möglich gewesen, mitten im Feindeslager auch noch zu fotografieren. Wenn ich in dem Club mit einem Fotoapparat auf der Suche nach optimalen Blickwinkeln umhergeeilt wäre, hätte ich bestimmt von den Halbstarken Prügel bezogen.

Es war George, der vorschlug, die Fotos tagsüber zu machen, wenn das Top Ten geschlossen war. Die Beatles schliefen in einem Raum direkt über der Tanzfläche, und so trafen wir uns eines Nachmittags in dem Rockclub. An der Decke hingen mehrere kleine Scheinwerfer, die ich alle zur Bühne drehte. Dann stellte ich John, Paul, George und Stuart vor Pete am Schlagzeug dichter zusammen, als sie üblicherweise spielten, so dass sie sich alle in den Lichtkegeln befanden. John hatte vergessen, seine Lederjacke anzuziehen, und ich musste ihn überreden, sie zu holen. Widerwillig ging er nach oben. Als er zurückkam – wie üblich in der lässigen Marlon-Brando-Gangart –, sah er wieder perfekt aus: schwarze Schuhe, schwarze Jeans, schwarze Lederjacke. Später, als ich John Abzüge der Fotos gab, musste er zugeben: „Gut, dass du auf die Lederjacke bestanden hast."

Während der Fotosession hatte sich George zum Spaß seine Haare nach vorne gekämmt. So trat er auch an dem Abend vor das Publikum. Aber am nächsten Abend hatte er seine Haare wieder zur Elvistolle geformt – die Halbstarken hätten ihn am Vorabend komisch angeguckt, meinte er. Stuart war mutiger. Er ließ seine Haare seit einiger Zeit über die Stirn fallen. Astrid hatte ihm die Haare nach dem Vorbild von Klaus' und meiner Frisur geschnitten.

Einige der Halbstarken, die ich im Kaiserkeller und im Top Ten kennen gelernt hatte, waren meine nächsten Modelle. Ich fotografierte sie auf dem Hamburger Rummelplatz, ihrem Lieblingsaufenthaltsort tagsüber. Dort machte ich dann auch heimlich Fotos von anderen Halbstarken. Es war auch auf dem Jahrmarkt nicht ungefährlich zu fotografieren, aber während andere Exis oft „eins auf die Fresse" bekamen, entging ich glücklicherweise diesem Schicksal. Häufig fühlten sich die Halbstarken durch die etwas snobistische Art der Exis provoziert. Aber bei mir spürten sie wohl, dass ich sie mochte.

Im Herbst 1961 zog ich nach Paris – von der intoleranten deutschen Kaufmannsstadt Hamburg ins französische Mekka europäischer und amerikanischer Bohemiens. Pariser sind stolz auf ihre Stadt als Künstlermetropole, und niemand hat dort je an meinen Haaren oder an meiner Aufmachung Anstoß genommen. Zunächst arbeitete ich als Assistent des Fotografen William Klein. In meiner Freizeit suchte ich Halbstarke, um sie zu fotografieren, und fand sie vor allem in den Randbezirken. Die Halbstarken in Paris, „Blousons Noirs" genannt, waren zugänglicher als die in Hamburg. Mit einigen von ihnen entwickelte ich sogar freundschaftliche Beziehungen. Trotz unserer verschiedenen Aufmachungen und unterschiedlichen Lebensstile hatten wir neben unserer Abneigung gegenüber bürgerlichen Wertvorstellungen vor allem eines gemeinsam: die verzweifelte Sehnsucht nach Sex, die mehr oder weniger unterschwellig in jedem Rock-'n'-Roll-Song thematisiert wird.

Nachdem ich etwa einen Monat in Paris gewohnt hatte, besuchten mich John Lennon und Paul McCartney. Sie waren die ganze Strecke von Liverpool getrampt – ihre erste Reise nach Frankreich!

Zunächst konnte ich kein Hotelzimmer für meine britischen Freunde finden. Mein Hotel und auch die anderen kleinen Hotels in meinem Studentenviertel waren belegt. Mit ihren unregelmäßigen Gagen konnten sich die beiden Rocker keine hohen Übernachtungskosten leisten. Daher schlug ich vor, dass sie erst mal bei mir im Zimmer übernachten könnten. Ich würde eine der beiden Matratzen meines Bettes für sie zum Schlafen auf den Fußboden legen.

Wir warteten, bis ich sicher war, dass die Concierge des Hotels zu Bett gegangen war, denn es war streng verboten, nachts jemanden mit aufs Zimmer zu nehmen. Ohne das Licht in dem kleinen Eingangsflur anzuschalten, tasteten wir uns die Treppe hoch. Wir kamen nur bis zur ersten Etage. Dann flog plötzlich die Tür zur Concierge-Loge auf, das Licht wurde angeschaltet, und es ergoss sich ein französischer Wortschwall von Beleidigungen über uns. Die dicke Concierge stand im Nachthemd am Fuß der Treppe und hörte nicht auf zu zetern. Mit eingezogenen Köpfen mussten wir an ihr vorbei den Rückzug antreten. Vergeblich versuchte ich, die wild gewordene Frau zu beruhigen, doch ihr Keifen machte es mir unmöglich, mehr als immer wieder nur „Madame ..." hervorzubringen.

Bevor wir nach draußen entkamen, konnte John es sich nicht verkneifen, die Concierge mit mokiert-empörtem Blick über seine Schulter zu mustern und zu sagen: „Wir waren sowieso mit dem Service hier nicht zufrieden." Und Paul fragte John: „Gehen wir ins Ritz?"

Die beiden verbrachten die Nacht schließlich in einem Hotel im Quartier Montmartre, einer Gegend, in der es wegen der vielen Prostituierten die meisten billigen Hotels gab.

Das Erste, was ich John und Paul in Paris zeigen wollte, war meine neue Freundin, ein typisches Boheme-Mädchen. Ich hatte vor, mich mit der attraktiven Pariserin vor den beiden Engländern zu brüsten und ihr wiederum damit zu imponieren, dass ich zwei so originelle Musiker kannte. Berühmt waren die Beatles damals noch nicht.

Da saß ich nun mit John und Paul im Straßencafé im Quartier Latin und wartete auf Alice. Stolz beobachtete ich dann, wie sie sich mit ihrer schlanken Figur zwischen den Cafétischen auf uns zuschlängelte, wobei sie ein paar Mal ihre langen schwarzen Haare mit einer kurzen Kopfbewegung nach hinten warf. Als sie vor uns stand, konnte ich an ihrem Gesichtsausdruck jedoch sehen, dass irgendetwas nicht in Ordnung war. Ich erriet den Grund dafür nicht sofort und stellte ihr John und Paul vor, wobei ich Englisch sprach und ihr erklärte, dass die beiden kein Französisch verstünden. Ich deutete auf den freien Stuhl zwischen uns, doch Alice wollte sich nicht hinsetzen, und ich erkannte plötzlich die Ursache ihres merkwürdigen Verhaltens: Sie war von meinen Begleitern schockiert. Ich hatte mir nicht vorstellen können, dass die beiden Beatles eine derartige Reaktion hervorrufen könnten. Aber mit ihren schwarzen Lederjacken und fettigen Halbstarken-Frisuren wirkten sie in diesem Künstlerviertel wohl eher wie Angst einflößende Schläger als die sensiblen Musiker, die sie in Wirklichkeit waren.

Alice fing an, mich auf Französisch zu beschimpfen. Wie ich es wagen könnte, sie mit solchen Typen zusammenzubringen. Meine Beteuerungen, dass meine beiden Freunde hoch talentierte Musiker wären, halfen nicht. Schließlich fing auch ich an, sie zu beleidigen, und sagte, sie wäre spießig. Daraufhin fauchte sie mich an, dass sie nichts mehr mit mir zu tun haben wolle, drehte sich um, eilte davon, stieß gegen einen Nachbartisch und rauschte schließlich den Boulevard hinunter.

John und Paul hatten uns die ganze Zeit nur amüsiert zugeschaut und ahnten nicht, dass sie es waren, die den Anlass zu dem französischen Wortgefecht gegeben hatten. Ich wandte mich den „schrecklichen" Engländern zu, verdrehte die Augen und sagte nur: „Frauen ...!" Somit war der Vorfall als übliche Zänkerei unter Pärchen abgetan.

„Blöde Kuh!", dachte ich. Die Beatles sahen doch toll aus! Für mich waren ihre Elvistollen und ihre Lederjacken fotogene Symbole des proletarischen Rebellen, und ich hatte in Hamburg gerade deshalb Fotos von ihnen gemacht.

Obgleich John und Paul auch bei anderen langhaarigen Pseudoexistenzialistinnen keine Chancen hatten, waren sie von den Mädchen vom linken Seine-Ufer fasziniert. Eine radikale Änderung ihrer Aufmachung war allein schon aus diesem Grund erforderlich. Jedenfalls war das die Überzeugung der beiden Beatles. Ich nahm sie also zum Flohmarkt an der Porte de Clignancourt mit, und die beiden Rocker waren bald ebenfalls à la Pariser Kunststudent angezogen.

Ihre Lust, ihr Aussehen zu verändern und einen vollkommen neuen Typ zu verkörpern, wirkte ansteckend auf mich, und ich kaufte mir an jenem Tag auf dem Flohmarkt eine schwarze Lederjacke im Stil, wie John und Paul sie bis kurz zuvor immer getragen hatten. Ich fühlte mich in meiner neuen Rockerkluft genauso revolutionär wie John und Paul in ihren neuen Künstlerklamotten, als wir drei vor den Straßencafés auf und ab stolzierten. John trug jetzt eine grüne Kordjacke und Paul ein dunkles Künstlerjackett.

Aber die Exi-Mädchen im Quartier Latin blieben unbeeindruckt.

Und so entschieden sich die beiden Beatles am nächsten Tag, auch die letzten äußeren Überbleibsel aus ihrer Rockervergangenheit zu vernichten. Meine Haare wurden beäugt. Sie wollten auch so eine „komische Frisur", die ja ebenfalls bei anderen Jugendlichen in verschiedenen Variationen an jeder Ecke im Quartier Latin zu sehen war. Ich hatte mir schon seit Jahren die Haare nach vorne gekämmt und sie mir auch immer selbst geschnitten. Denn wenn ein deutscher Frisör erst mal eine Schere in der Hand hielt, konnte er nicht aufhören zu schneiden. Obgleich ich außer mir selbst noch nie jemand anderem die Haare geschnitten hatte, wollte ich mich nun auch eigenhändig um den letzten Abschnitt der visuellen Transformation meiner beiden britischen Freunde kümmern.

Tagsüber war es erlaubt, Gäste mit in mein Hotel zu nehmen, und ich legte dort zuerst Paul ein Handtuch über die Schultern, zerstörte die Elvistolle und den Entenschwanz, kämmte seine Haare in die andere Richtung, schnippelte hier und da, dann tat ich dasselbe mit Johns Frisur. Nun erinnerten nur noch die Haare auf dem Fußboden an den Halbstarken-Look. Ich stieß sie mit dem Fuß unters Bett.

Die erste Reaktion auf die neue Frisur der Beatles hörte man bereits am nächsten Morgen. Die Concierge kam mit ihrem Besen, frischem Bettzeug und neuen Handtüchern in mein Zimmer; dann entdeckte sie die Haare unter dem Bett...

Weibliches Gekreische war bald überall zu hören, wo immer die Beatles ihre Pilzköpfe schüttelten, und unzählige Jungs wollten den gleichen Haarschnitt. Selbst Halbstarke fingen an, sich ihre Haare nach vorne zu kämmen.

Die richtigen Rocker jedoch, die authentischen, unerschütterlichen Rock-'n'-Roll-Fans, blieben Elvis treu und behielten die gleiche Frisur wie ihr lebenslanges Idol. Selbst als sie dann später Familienväter wurden und sich ihr Haar lichtete, konnte man noch Überbleibsel eines Pompadours entdecken.

Tina Uebel
Stefanitanz

Die Schachtel kommt direkt auf uns zu. Quer durch den Saal, sie glitzert und schillert in brünstig blauen Pailletten, sie hat die Haare von Barbara Cartland und den Gesichtsausdruck von Churchill. Ihre Unterarmhaut schlackert, ihre ädrigen Beine marschieren in unsere Richtung wie die Wehrmacht. Wir gucken wie Polen. Kein Zweifel, wir sind dran. Und wir haben keine Chance mehr, auch daran kein Zweifel. Unsere Fluchtwege sind begrenzt bzw. abgeschnitten, vor unserer Bank steht noch nicht mal ein Tisch, unter dem wir uns verstecken könnten, ich täte das, dies ist kein Zeitpunkt für Würde. Hinten von Schachtels Tisch erklingen anfeuernde Sprechchöre, Back-up aus der Etappe. Dort ist ein ganzes Nest von solchen und Ähnlichen, die Engländer scheinen auch nicht viel von Würde zu halten. Dafür umso mehr von Pailletten. Es glitzert ohrenbetäubend von Britannien her. Wir zucken. Einen von uns wird es treffen, keine Frage. Ich schätze meine Freunde, aber das ist auch nicht der Zeitpunkt für Altruismus. Verschon mich, nimm einen von den anderen, stoßbete ich in Schachtels Richtung oder wahlweise zu einem gütigen Gott, so einer zugegen. Die Chancen stehen 4:1. Die Frauen sind mal wieder fein raus, die echten Probleme bleiben wie üblich bei uns Männern hängen. Ich schrumpfe auf ca. einsfünfzig zusammen, starre zur Bedienung und bemühe mich um einen möglichst unattraktiven, schlaffen Gesichtsausdruck. Sprechchöre aus der Schachtelkurve. Zusammen sind die älter als das Christentum. Unsere Blauschimmelschachtel stammt etwa aus der Zeit der Erfindung des Buchdrucks. Leif neben mir wimmert leise, oder vielleicht bin das auch ich. Klaas hat den rettenden Einfall und küsst seine Frau, der glückliche Sack hat eine dabei, man sollte nie ohne Frau aus dem Haus gehen. Überzeugender Grund für die Ehe. Ich erwäge, eine Herzattacke entweder vorzutäuschen oder tatsächlich zu bekommen, aber es ist zu spät. Die Schachtel steht vor uns.

Monolithisch. Also sprach Zarathustra erklingt. Klaas küsst seine Freundin, als versuche er, sich in ihrer Speiseröhre zu verstecken. Wir sehen zur Schachtel hoch. Hätte ich Kinder, vermachte ich ihnen alles, was ich habe. Do you want to dance, sagt die Schachtel, und ihre faltigen Lippen lächeln mich schüchtern an. Sie sagt das zu mir. Natürlich. Was solls, auf der Titanic haben sie sogar gesungen. Ich lächele artig und wohlerzogen zurück und sage, sure. Sie nimmt meine Hand mit ihrer kleinen faltigen Altfrauenhand. Sie trägt einen Ehering und ein paar andere, in Gold, ihre Hand ist violettvenig und voller Altersflecken. Ich lege meine Zweithand an ihre Taille, dünn, ein paar Hautrollen kann ich fühlen, keine Fettrollen. Schachtel reicht mir etwa bis zur Brust, mit Frisur kommt sie allerdings bis zu meiner Nase. Schachtel giggelt. Aus der Ferne höre ich begeistertes Kreischen des Greisinnenplatoons. Abgesehen davon kann ich gar nicht tanzen. Sorry, I don't dance very well, sage ich zur Schachtel. Sie lacht zu mir hoch und sagt, you dance just fine. Zur Alleinunterhalter-Humptamusik schaukeln wir über die Tanzfläche, ich navigiere, Schachtel stöckelt ziemlich rhythmisch auf ihren Highheels einher. Ich halte sie auf Sicherheitsabstand. Sie ist fröhlich. Und aus Manchester. Erzählt sie. Und dass ihre Busreisegruppe drei Tage hier ist, in Unterwang, und ich denke, oh Mann, die Leute karren die Alten auch immer dahin, wo sie sonst keinen stören könnten. Unterwang ist hübsch, aber hier ist im Winter der Hund derart begraben, dass man schon zur Messe gehen muss, wenn man ein bisschen Action will. Freund von mir hat Zivi in einem Altenheim gemacht, Riesending, ganze Siedlung, hinters allerletzte Vororteinkaufszentrum auf den Acker geknallt. Da haben sie zwischen die Häuser nett Blumen gepflanzt und ein paar hundert Alte drin verstaut. Etwa einmal die Woche ist einer vom Dach gesprungen, die Ehepaare meistens zusammen. Der Freund ist dann zu geistig Behinderten gewechselt, die haben wenigstens Spaß. What are you doing here all day long, sage ich zu meiner Schachtel und schwenke sie an ihrer mageren Taille umsichtig umher. Der Dorfdiskobeat stampft, sie wiegt die Hüften. Im Bergsee sei sie heute tauchen gewesen, und morgen sei Heimatabend, und übermorgen fährt die Gruppe nach Salzburg zurück. Diving was fun, sagt sie. I did it. Sie grient und ist stolz. Ich stelle mir Schachtel im Neoprenanzug vor und griene auch. I just want to have some fun here, sagt sie, und ich stelle mir Madonna achtzigjährig vor. Wir legen eine flotte Rechtsdrehung hin, und ich achte darauf, nicht Teile ihrer Frisur einzuatmen. An den Engländertischen kichern die Frauen und dösen die Männer. Die Männer sind dick, die Frauen dünn. Dann ist die Musik aus, der Alleinunterhalter, in Lederhosen und Balkanbart, sagt was, was man ob seines Dialektes Gott sei Dank nicht versteht, und meine Schachtel und ich bleiben stehen. Thanks for the dance, sagt sie. Ihre dick make-up-bedeckten Wangen sind gerötet und faltig, und sie sieht gefährlich ausgelassen aus. Will you be here tomorrow at Heimatabend again? Maybe, sage ich und lächel zurück. Well, see you, sagt sie und zwitschert ab, in Siegerpose, zu ihren Kombattantinnen. Ich kehre in die Schadenfrohecke zurück, die Grinserei ist auf beiden Seiten etwa gleich breit, wenn auch aus anderen Gründen. Schabrackanizer, sagt Nina. Bier, sage ich zur Kellnerin, denn das habe ich sowohl verdient wie nötig. Beim übernächsten Lied tanzen sämtliche alten Engländerinnen, in Pailletten, Leopardenmustern, Spaghettiträgeroberteilen, Miniröcken und Toupierfrisuren, Macarena. Die können das, allesamt. Ihre Männer schlafen währenddessen. Wenn ich alt bin, will ich auch unwürdig sein, sagt Nina. Engländer sind da gut drin, sage ich; ja, sieht man, sagt Leif, und wir gucken den alten Mädchen beim Macarena-Tanzen zu und trinken noch ein Bier, weil, hier kann man halt abends sonst nichts tun, und irgendwie ist es ja auch ganz lustig, wenn man auf so was steht und es sonst nichts zu tun gibt.

Benjamin Maack
Tuntenrodeo

Der schleppende Basslauf / Der schleppende Basslauf /
Der schleppende Basslauf, vom Blut
hinter der Stirn ins Ohr gepulst,
Teilchenbeschleunigung und Kometenschweifhitze,
über den Asphalt.

Hey!

teichäugiger Mangajunge,
jedes Molekül ist erigiert.
Tänzel rum, dreh dich, beweg dich,
konzentrier dich.
Mutantenpower Travoltasteps
Mach dir ein paar Bewegungen eigen,
nimm 3, 4, 10.000 Stufen mit einem Schritt,
schürf dir alles auf! Komm hoch! Und brüll vor Glück!
Das ist dein Soundtrack.

In der Arena:
Ein gepuderter Huf stößt durch deinen
Brustkorb in den Staub, so dass dein Herz
zerplatzt wie die Ballons zum Ende eines
Kindergeburtstags. Und auch wie Tränen.
Zwiebeltränen.

Leben?
Ein einziges Tuntenrodeo.
Und es funktioniert nach eigenen Regeln:
Bleib drauf, so lang wie nötig,
so graziös wie möglich.
Konzentrier dich.

Martin Brinkmann
Zehn Minis

1

Es ist Viertel nach eins. Ich komme aus den Kneipen. Hier ein Bier, da ein Bier, ein Aquavit. Es ist fürchterlich. Die Gesellschaft, Menschen können mich nicht interessieren, ich kenne weder die Gesellschaft noch Menschen. Es tut mir Leid. So ist es. Es tut mir sogar sehr Leid. Ich bekomme Angst vor dem Leben, das vor mir liegt, eine solche Angst, vor allem vor der Tatsache, dass ich kaum noch die Kraft besitze, an Selbstmord zu denken. Ich muss das alles absitzen. Allein.

2

Der lange Tresen ist sehr schön. Natürlich werde ich nicht müde, immer wieder darauf hinzuweisen, dass ich am Mittag ja erst noch zu Hause in die Spüle gekotzt hätte. Das erscheint mir wirklich einen geheimen Sinn zu haben. Aber Florian ist nicht ganz bei der Sache, irgendwie niedergeschlagen, und Fabian fummelt an seiner Lady herum, die, so glaube ich, sogar größer ist als er. Ziemlich grotesk, das alles, zumal sein neuer positiver Lebensansatz, so mein Eindruck, auf ziemlich wackligen, krummen Beinen steht. Hanna, gut gewachsen, was weiß ich, erzählt mir, keine Ahnung, warum, sie liebe Frauen. Alle lieben Frauen, vielleicht sollte sie mal mit einer was anfangen und gucken, was dann passiert. Es ist erstaunlich, wieso glaubt sie, es könnte irgendwas passieren? Lebhafter wird sie ohnehin nur, wenn es um geschlechtliche Dinge oder darum geht, politisch inkorrekte Formulierungen anzukreiden. Das ist alles. Ich bestelle Tequila. Jetzt müssen wir uns in die Augen sehen. Ich kann das nicht leiden. Dann bestelle ich noch ein Bier. Die Musik ist schlimm, irgendwie afrikanisch, keine Ahnung. Fabian weist mich darauf hin, dass man ja wusste, worauf man sich einließ. Da hat er natürlich Recht. Aber ich gebe nicht klein bei und sage, dass das aber nichts daran ändern würde, dass die Musik ziemlich übel sei. Ich breche ab. Es ist mir egal.

3

Nachmittag. Den ganzen Vormittag habe ich gedacht, es wäre Samstag, aber nein, es ist Freitag. Es ist erst Freitag.

4

Man kann nicht behaupten, dass mein Leben bis hier und heute auch nur den geringsten Sinn gehabt hätte. Es hatte keinen. Heute Abend regelrechte Übelkeitsanfälle, wenn ich nur daran denke und wie es weitergehen soll, wie alles versandet, stecken bleibt. Es ist alles total festgefahren. Nichts Zwischenmenschliches mehr. Nichts, was man gerne wissen würde. Nicht mal mehr denken mag man. Wozu noch denken? Alles lebt so vor sich hin in seinen Berufen und Privatheiten. Die Höhepunkte laufen im Fernsehen. Wer sich noch ein bisschen mehr abverlangen will, der läuft selbst im Fernsehen. Das sind unsere Heroen: Fernsehleute. Wie konnte es nur so weit kommen? Wer hat das zugelassen?

5

Ich erinnere mich, dass wir eines Abends zum Golfplatz rausfuhren. Es waren die letzten Tage im Sommer, und wir hatten keine Ahnung, was wir miteinander anfangen sollten. Über die weite, hügelige Fläche des Platzes verstreut lagen, wie Blüten, lauter Golfbälle. Die Wolken am Himmel waren so fern wie, ja, so fern wie die Rehe am Waldrand, und, ich erinnere mich genau, Vera liebte mich endlich so wenig wie ich sie. Wir hoben ein paar Bälle auf und ließen sie wieder fallen. Es waren einfach zu viele.

Und nüchtern von Küssen
Tunkten wir das Haupt
Übers harte Blütenmeer.

6

Heute startet bei Sat 1 das „Girlscamp". Wieso erfüllt diese einfache Tatsache mich so mit Abscheu und Hass?

Sendungen dieser Art befördern, wie ich befürchte, frauenfeindliche Gesinnungen. Dieser betrübliche Anblick absolut pragmatischer Wesen/Tittenviecher. (Frauen? Ich höre immer nur Frauen! Völlig unvorstellbar, etwas mit ihnen zu tun zu haben.)

7

Party. Kaum zehn Minuten stehe ich in der Küche, mit dem Rücken an die Arbeitsplatte gelehnt, da sagt Fabian: „Du brennst ja!" Und in der Tat, hinter mir qualmt es. Ich stehe bockig da. Wie unangenehm! Traue mich kaum, mein Bier wegzustellen, so unnötig scheint mir das alles. Plötzlich klopft man energischer an mir herum, zerrt die Jacke herunter. Ich sehe Flammen, und auch der Troyer schwelt, alles kommt unter den Wasserhahn. Ich sehe, dass die weggebrannte Fläche meiner blauen Levis-Cordjacke die Größe eines gebundenen Buches hat. Frauke sagt, sich dicht an mich drängend, wie es ihre Art ist: „Hast du einen Schock!?" Sie und ihre Freunde denken ständig in Schocks. Nun denn, den ganzen Abend liegen meine Sachen in der Spüle. Sind es überhaupt noch meine Sachen?

8

Wieder auf einer Studentenparty. Das erste Feuer im Garten. Die Bude ist voll mit Studenten. Es bringt alles nichts. Ab irgendwann sitze ich einfach nur noch auf der Couch und nehme hin und wieder einen Schluck Sauren direkt aus der Flasche. Die Köpfe der Menschen hier sind einfach so was von uninteressant, dass mir fast die Luft wegbleibt. Was ist mit diesem Rudi-Dutschke-Typ, der den ganzen Abend nicht ein Wort sagt? Na, er ist politisch genug, genau das zu tun. Oder der Freund von Niki (die ja eine sehr passable Figur, aber einen zu großen Kopf hat)? Wieso wächst ihm kein Bart? Und was will sie mit so einem Milchgesicht? „Schläfst du schon?", fragt sie mich, und ich komme mir vor wie das, was man ein „verkommenes Subjekt" nennt. In Richtung von Fabian mache ich das irre Lachen unseres gemeinsamen Bekannten Janssen nach. Auch das erntet kein Verständnis. Dann haue ich ab, mit dem Rad durch vollständig menschenleere Straßen.

9

Wie so ein Tag genau abläuft? Das kann ich Ihnen sagen: Ich wache auf. Ich habe Bauchschmerzen. Ich muss pissen. Ich humpele am Esstisch vorbei und sehe Bierdosen und einen vollen Aschenbecher. Ich ärgere mich, schmeiße alles in den Müll, pinkele in die seit Wochen ungewaschene Kloschüssel, hole Paracetamol aus dem Alibert und schlucke sie mit O-Saft runter, lege mich wieder hin, habe üble Träume, nichts als Unsinn, meist mit Figuren aus der Vergangenheit, stehe endgültig auf, koche Kaffee, hole die Post hoch, ärgere mich über DIE WELT, über die blödsinnigen Nachrichten aus Politik, Sport und Wirtschaft. Den ganzen Scheiß hab ich gestern schon gehört und werd ich heut noch zehnmal hören, ich möchte damit nichts zu tun haben. Deshalb ärgere ich mich so. In Wirklichkeit ärgere ich mich über die Vorhersehbarkeit des bevorstehenden Tages. Heute habe ich einen Friseurtermin, sonst hätte ich mich auch niemals so zielgerichtet fertig gemacht, also geduscht. Ich sitze missmutig beim Friseur im Sessel. Wie ich diese Situation hasse. Ich weiß nicht, ob man von mir irgendein Gespräch erwartet. Ich sitze still und sage keinen Ton. Ich sehe in den Spiegel, und zwischendurch, wenn die Friseuse die Haare hin und her scheitelt, sehe ich aus wie ein Nazi. Endlich vorbei. Völlig genervt radele ich weiter in die Stadt. Wo essen? Ich nehme die Baguetteria. Dann noch hoch zu Saturn Hansa. Notebooks begucken. Disketten, Videokassetten kaufen. Es ist zwölf Uhr. Ich fahre zurück nach Hause. Ich lege mich hin, weil mir schlecht ist. Das hat den folgenden Grund: Ich bin seit Wochen nicht unalkoholisiert ins Bett gekommen. Das weiß ich ganz genau, ändere aber nie irgendwas daran. Auch jetzt, während ich dies schreibe, trinke und rauche ich, und morgen liege ich dann wieder auf dem Bett. In immer derselben Umgebung. Mit keiner Arbeit vorankommend. Meistens bin ich ja auch unter Leuten so besoffen, dass mir vor lauter Übelkeitsempfinden, vor lauter Mühe, mich aufrecht zu halten, kein Gespräch möglich ist. Es gibt also eigentlich keinen Grund, sich über irgendwas zu wundern. Und dennoch: Meine Verwunderung ist stets die größte. Ich liege also immer noch auf dem Bett. Es ist kaum Zeit vergangen. Ich beschließe aus irgendwelchen fadenscheinigen Gründen, zur Uni zu fahren, Literatur zu besorgen. Recht erfolgreich finde ich zwei abgelegene Veröffentlichungen, die ich brauchen kann. Ich schleppe die Zeitschriften in den Kopierraum, kopiere in dieser Bullenhitze, die von den Kopierern ausstrahlt, die paar Seiten. Ein wunderschönes Mädchen, das ich schon seit langem von ferne beobachte, bewundere, begehre, betritt den Raum, als ich gerade fertig bin – kleiner Einschub: wie mir sowieso auffällt, wie viele bekannte Gesichter am Montag durch die Bibliothek schleichen, neben den Palmen am Fenster sitzen und in Büchern stöbern, die sind doch alle auf Partnersuche, einen anderen Grund gibt es doch für keine Tätigkeit –, ja, nun, sie betritt den Raum. Ich sortiere umständlich meine Papiere, weiß auch wirklich nicht mehr, welche Papiere welche Quellenangabe verdienen, und nach längerer Überlegung spreche ich sie an. Ich muss sagen, ich habe ihr vorher mehrmals direkt ins Gesicht gesehen. Es ist völlig rätselhaft, obwohl wir ein paar Mal sogar nebeneinander gesessen haben, erkennt sie mich einfach nicht. Ich denke tatsächlich, vielleicht hat das etwas mit ihrer Bräune zu tun, wie bei den kleinen Kindern, die sich die Augen zuhalten und rufen: „Du kannst mich nicht sehen." Wie ein Schwachsinniger spreche ich sie an, ich sage: „Du bist doch auch im Buddenbrooks-Seminar? Gibt es das eigentlich noch? Als ich das letzte Mal da war, da war da kein Mensch." Sie guckt völlig verdutzt, nahezu angewidert. Gut gebaut, gut gebräunt, wie sie ist, hat sie noch nie so einen Blödsinn gehört. Und ich seh wohl auch zu blöd aus mit meinen frischen kurzen Haaren, dem ungebügelten Hemd. Ich erfahre, dass der Kurs vor zwei Wochen nach Lübeck gefahren ist. Eine Kursfahrt. Ich wiederhole mein Missgeschick, dass kein Mensch da war, als ich das letzte Mal am Seminar teilnehmen wollte, nichts als der leere Saal. „Das ist blöd", sagt sie. Ich humpele davon. Denn ich humpele ja noch immer wegen der Zerrung, die ich mir vor kurzem beim Sport zugezogen habe. Ich humpele über den Campus, wütende Gedanken gehen mir durch den Kopf. Überdruss. Hass. Ich treffe auf Cathrin. Sie macht schon wieder sexuelle Anspielungen, streckt die Titten raus. Dabei hat sie doch einen Freund. Als echter Protestant gehe ich auf so was gar nicht ein. Ich radele davon. In allergrößter Betrübnis radele ich durch den Stadtpark. Wenn man sich zum Selbstmord entschieden hat, soll eine absolute Beruhigung eintreten, habe ich heute in der Zeitung gelesen. Deshalb hat man Hannelore Kohl auch nichts angemerkt. Ich bin aber nicht beruhigt. Noch lange nicht.

10
Unbedingt die Botho-Strauß-Lektüre für beendet erklären. Dieser depressive Pessimismus ist wirklich unangenehm – als wär das Farbfernsehen noch nicht erfunden worden ...

Ausgeziegelt

Nele Maack
Gordon Roesnik
Felix Schröder
Christian Maintz

Nele Maack
Ackerwinde

Gordon Roesnik
Zwille

Oh die Gelenkigkeit der Achsen. Das Gerät
schmiegt sich in meine Metrikerhand.
Ich taxiere die Distanz, visiere
Die Schussbahn an und
Dosierte Spannkraft
Schickt

                Das Geschoss

                                  Fort
                            Von Zero
                    Auf den Fluchtpunkt zu.
              Geschmeidiger Flug übers
        Koordinatenkreuz. Das Publikum
Steht staunend an den Enden der Parabel.

Felix Schröder
Jahrgangsweise.
ZIEGEL I, III, V VERSchnitten

Hotel Flut Hamburg
45er-Jahrgangsverblendung
Frei / Greiner

ich stromer geil die Stadt
    auf Tang! auf

Himmel
man achte die Arbeit, aber
    die Strafe ist bemerkenswert

wahrlich, ein MondFinne
    zeigt Flagge
        blau-weiß
    anderswo vor allem

sehen Sie, meine Füße such ich täglich
    die Litfasssäule wälzt sich breit-
    hüftig am Fluss, fließt ins Knie
Interesse?
    mein Hausstand auf die Straße
kommen Sie   näher
    ein Fluch wirft sich in Bleischale
und die Wiederkehr in die Welt der Väter
        Verrat!
    ein ganzer Fraß ist ans Herz
        gewachsen
Ihr Interesse wird geweckt, wenn
        der Schriftsteller steuert
    und   frühspürt

Grünes Licht leuchtet der Wanderin,
die, manchmal angefeindet, wegen ihrer Streitbarkeit,
sichtbar bleibt

Hockt da, weit vom Schuss, im Fluss auf der Flucht,
schluckt ästhetische Schriften: Texte ohne Ufer,
gestrandet bei Lesern, die nicht wissen

Hotel Flut Hamburg

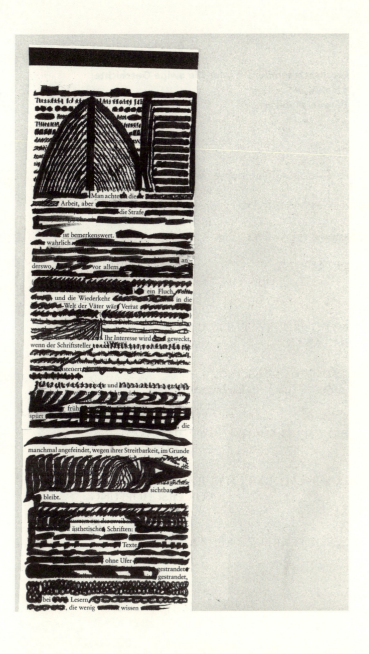

Brachaschmondwüste oder Die ewige Geschichte
67/68er-Verschnitt
Bürger/Mehlkorn

Zog sich aus, blieb stehen. WAR FRUCHTBAR
                    „Wer kam auf die Idee
dich MONDKIND zu nennen?"
                        „auch nie verstanden"
sagte die Ägypterin

BETÄUBEND
        DIE FLIEGEN
                DAS GESCHLECHT

MIT GESCHLOSSENEN AUGEN rief sie „HE
BANANEN   ALLES BANANE"

„dich liebe ich" hörte ich
mich – – – denken. Ich brauchte lange
              ihr Geheimnis zu entdecken

BAUCH VERSUCHTE KOPF ZU FASSEN
      TAG GING   NACHT KAM

LÖSUNGSFORMELN KURZ
                VOR ERSCHÖPFUNG
KL
AT
SCH KOT KREUZ KREUZ KRAUT AQ
                    UA
                    VIT

Es ist schwer zu glauben
           In einer Zeit der Veränderung
Paprimaten   Fleischosen   Lilianthemen

LastMänner   luden Bretter   und Girlanden
a   u   f
„KIEK IN" HIESS ES
           UND DE DEERN PFIFF
                                  L
                                  A
                                  T
                                  T
                                  E
                                  R
                                  N
                                  D

Brachaschmondwüste oder Die ewige Geschichte

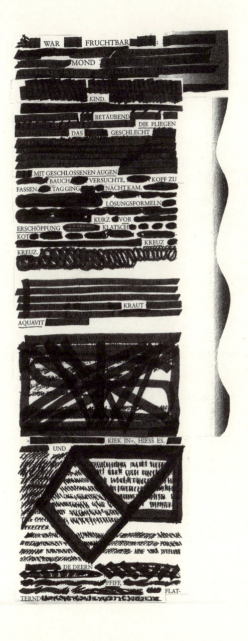

Land gleiszeitig
66er-Jahrgangsverblendung
Jäckle / Wortmann

Ohne Grund kann ich
immer staunen ÜBEr den
Klang der Worte WUNDEr
in den dichtesten Wäldern.

Im Kreis, immer,
fang ich zu träumen an,
        taumel wie
ein narkotisiertes Tier.

Licht ist gefährlich für
Gesicht und Hand.
Hey, hey, sagt eine Stimme,
so   sieht es   aus.

Jahrgangsweise 519

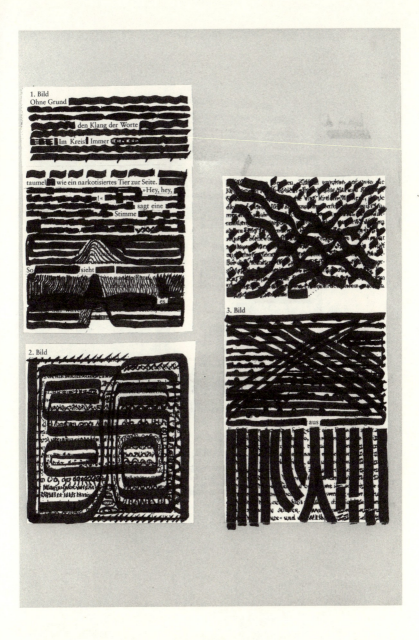

Land gleiszeitig

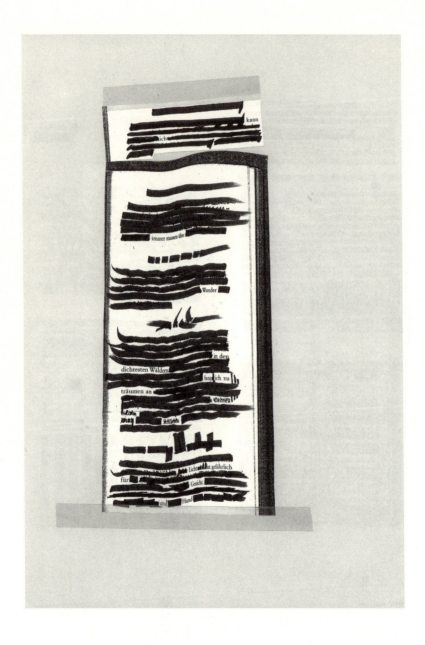

Land gleiszeitig

Christian Maintz
Über die Mundhygiene

Über die Mundhygiene ist von unberufener Seite bis auf den heutigen Tag so viel Widersprüchliches, Unzutreffendes, ja Abwegiges verbreitet worden, dass wir uns nicht in der Lage sehen, dieses Problem im Rahmen der vorliegenden Untersuchung einer auch nur halbwegs befriedigenden Klärung zuzuführen. Wir werden uns hüten, wohlfeile, fragwürdige Scheinlösungen anzubieten, wie dies verantwortungsloserweise in Presse, Funk und Fernsehen allzu oft geschieht, und den ohnehin verunsicherten Laien damit nur noch tiefer in Ratlosigkeit und Wirrnis zu stoßen. Vielmehr werden wir das Thema Mundhygiene, dessen eminente Bedeutung und Vielschichtigkeit kaum nachdrücklich genug betont werden können, im Folgenden bewusst und gänzlich aussparen, um es, wenn überhaupt, zu gegebener Zeit an anderer Stelle zu erörtern. Wir wenden uns stattdessen direkt und ohne Umschweife einem anderen, scheinbar fern liegenden Gegenstand, nämlich Felix Mendelssohn-Bartholdys später Kammermusik, zu, über die es manch Profundes zu sagen gäbe. Allein, schon ein flüchtiger Blick in die so genannte Fachliteratur zeigt uns, dass Mendelssohns Werk von der weltweit verschworenen Gemeinschaft der Ignoranten und Ahnungslosen ein ähnlich trostloses Schicksal bereitet worden ist wie den Geboten der Mundhygiene. Ein Menschenalter würde nicht ausreichen, wollte man die im Umlauf befindlichen grotesken Irrtümer über Mendelssohn mit der gebührenden Sorgfalt im Einzelnen zur Sprache bringen und widerlegen. Kaum nennenswert anders verhält es sich hinsichtlich der prinzipiell ebenfalls behandelnswerten Themen *Die Relativitätstheorie im Lichte der Chaosforschung, Goethe im 21. Jahrhundert* sowie *Goldfischzucht im Gartenteich*. Angesichts dieser beklagenswerten Gesamtlage ziehen wir es nach reiflicher Überlegung vor, für heute zu schweigen.

Christian Maintz
Das Posaunensolo

Ein bemerkenswertes Beispiel für Geistesgegenwart in Verbindung mit hoher Kunstfertigkeit war kürzlich während eines Kammermusikabends im Neuen Gemeindesaal von Büdelsdorf zu erleben. Im Rahmen der dankenswerterweise vom Norddeutschen Kreissparkassenverband großzügig unterstützten Veranstaltung trat neben anderen Mitgliedern des Flensburger Philharmonischen Orchesters auch Herr Gebhard Schmitz-Rosenhagen, der Soloposaunist dieses unlängst begründeten, mittlerweile durchaus auch überregional geschätzten Klangkörpers, auf. Gemeinsam mit seiner rhythmisch bewundernswert exakt musizierenden Begleiterin Frau Yoko Ohashi interpretierte er zunächst Paul Hindemiths Sonate für Posaune und Klavier in F, wobei er besonders den derben Humor dieses herrlichen, viel zu selten gespielten Stückes zur Geltung zu bringen wusste. Vom herzlichen Applaus der freilich nicht übermäßig zahlreich erschienenen Büdelsdorfer Kammermusikfreunde beflügelt, brachte Schmitz-Rosenhagen als Zugabe eine Eigenkomposition zu Gehör, eine kleine Solopièce für sein Instrument, die sich als musikalisch recht leichtgewichtig, wenngleich technisch dankbar erwies. Während einer hochfiligranen, vom Publikum geradezu atemlos verfolgten Pianissimo-Passage nun geschah es, dass dem Körper des Musikers, der leichtsinnigerweise kurz zuvor in der beliebten örtlichen Gaststätte *Weber-Stuben* einen Linseneintopf genossen hatte, urplötzlich ein heftiger Darmwind entfuhr. Der hierbei entstehende laute und fast sonore Ton, es handelte sich um ein kleines d, war aufgrund der ausgezeichneten, von Kennern weithin gerühmten Akustik des Büdelsdorfer Neuen Gemeindesaales noch in der letzten Zuschauerreihe klar zu vernehmen. Nach einem peinvoll langen Augenblick allseitigen Schweigens, der freilich hier und da von verhaltenem Kichern ‑unterbrochen wurde, erlangte Schmitz-Rosenhagen als Erster die Fassung wieder, intonierte das gewissermaßen noch im Raum stehende ominöse *d* auf seiner Posaune, umspielte es mit einigen knappen Figurationsmotiven und fand über einen geschickt modulierenden Lauf zu seinem Kernthema zurück. Dieses kleine Intermezzo fügte sich so organisch in die Faktur des Stückes ein, dass die Zuschauer, die sich eben noch deutlich irritiert oder erheitert gezeigt hatten, zunehmend den Eindruck gewannen, womöglich einer akustischen Täuschung erlegen zu sein und vielleicht doch ausschließlich Posaunentöne gehört zu haben. Schmitz-Rosenhagen jedenfalls wurde nach der Beendigung seiner virtuosen Darbietung geradezu frenetisch gefeiert.

Über die Autorinnen und Autoren

Sven Amtsberg, geb. 1972 in Hannover, lebt als Autor, Literaturveranstalter und Verleger in Hamburg, Gründungsmitglied des Macht e.V. und Mitveranstalter der gleichnamigen Lesungen im Mojo-Club, Hamburg, Macher der „Schischischo". Zahlreiche Veröffentlichungen, u.a. „103", Hamburg 2000; 2002 erscheint die Kurzgeschichtensammlung „Das Mädchenbuch". Förderpreis für Literatur der Freien und Hansestadt Hamburg 2001.

appoche, geb. 1968, hieß in einem früheren Leben Alexander Posch. Als Bube träumte er davon, Kosmonaut zu werden. Dann lächelte appoche. Heute ist appoche mächtiger, als er es je sein wollte. Es gibt Leute und solche Leute, denkt appoche und zählt sich zu einer anderen Gruppe. Wie Laub, das im Spätherbst zurückwill ins Geäst. Veröffentlichung, „Schlucker 2000. 33 Köpfe aus Hamburgs literarischer Clubkultur", Hamburg 1999.

Nadine Barth, geb. 1964, lebt als Autorin und Journalistin in Hamburg und Berlin, arbeitet zurzeit an dem Lyrikprojekt „Love Beat". Veröffentlichungen, „Abgedreht", Roman, Manhattan 1998, Herausgeberin des Kurzgeschichtenbandes „Annika", München 2002.

Sigrid Behrens, geb. 1976 in Hamburg, studiert Kunst an der Hochschule für bildende Künste sowie Germanistik an der Universität Hamburg. Lesungen und Ausstellungen im Bereich Multimediale Installationen, Typografik und Texte in Hamburg und Genf, Veröffentlichungen in Anthologien ebenda. Mit dem Stück „rapport" Einladung zu den Autorentheatertagen 2001 des Thalia Theaters, Hamburg. Ihre Theaterstücke werden verlegt vom Drei Masken Verlag. Mitglied im „Forum junger Autorinnen und Autoren" Hamburg.

Dietmar Bittrich, geb. 1957 als Kind Hamburger Auswanderer in Triest, dort Kaufmannslehre, lebte seit 1982 zunächst als Kaffeemakler, jetzt nur noch als Autor in Hamburg. Veröffentlichungen: „Dann fahr doch gleich nach Haus – Wie man auf Reisen glücklich wird", „Das Gummibärchen-Orakel", „Die Erleuchteten kommen" und „Der bitterböse Weihnachtsmann". Hamburger Satirikerpreis 1999.

Axel Brauns, geb. 1963 in Hamburg, BWL- und Jura-Studium in Hamburg, 1985–1997 Mitarbeit in der familieneigenen Kreuzworträtselredaktion, 2000–2002 Ausbildung zum Steuerfachangestellten. 1999–2000 Vorstandsmitglied im Writer's Room e.V, Leitung der Schreibwerkstatt „Reiters Ruhm" und eines Sonntagssalons. Auszeichnungen, Preis als bildender Künstler 1999, Teilnahme am Oldenburger Filmfestival 1999, Literaturförderpreis der Freien und Hansestadt Hamburg 2000.

Mariola Brillowska, geb. in Sopot/Polen, lebt als Poetin, Malerin, Trickfilmregisseurin und Showmistress in Hamburg. Zahlreiche Veröffentlichungen in Zeitschriften und Anthologien.

Martin Brinkmann, geb. 1976 in Bremerhaven, lebt als freier Autor und Journalist in Bremen und Hamburg, Studium der Germanistik, Philosophie und Linguistik, seit 1993 Mitherausgeber der Zeitschrift „Krachkultur", Tätigkeit als freier Rezensent (u.a. für „Rheinischer Merkur" und „Weltwoche"). Zahlreiche Veröffentlichungen, u.a. „Heute gehen alle spazieren", Roman, Stuttgart/München 2001, „20 unter 30. Junge deutsche Autoren", herausgegeben von Martin Brinkmann und Werner Löcher-Lawrence, Stuttgart/München 2002.

Verena Carl, geb. 1969 in Freiburg/Br., Studium der Betriebswirtschaftslehre und Ausbildung als Journalistin, lebt seit 1999 als Autorin und Redakteurin bei einer Frauenzeitschrift in Hamburg, war einige Jahre

Über die Autorinnen und Autoren

aktiv in der Poetry-Slam-Szene, u.a. Team-Mitglied beim German National Slam in Weimar 1999 und Auftritte im Nuyorican Poets Cafe, New York City. Veröffentlichungen u.a. in zahlreichen Anthologien, erster Roman „Lady Liberty", dtv, München 2001. Auszeichnungen, Literaturförderpreis der Freien und Hansestadt Hamburg und Literaturförderpreis des Landes Baden-Württemberg (Sparte Kinder- und Jugendliteratur) 2000, 2. Preis beim Kurzgeschichtenwettbewerb der Zeitschrift „Allegra" 2001.

Dorothea Dieckmann, geb. 1957 in Freiburg/Br., lebt und arbeitet als freie Schriftstellerin und Kritikerin in Hamburg. Literarische Veröffentlichungen, „Wie Engel erscheinen", „Die schwere und die leichte Liebe", Berlin, „Belice im Männerland", Berlin, „Damen und Herren", Stuttgart. Förderpreis für Literatur der Freien und Hansestadt Hamburg 1990. Marburger Literaturpreis 1997.

Karen Duve, geb. 1961, lebt als freie Schriftstellerin in Hamburg. Zahlreiche Veröffentlichungen, u.a. „Im tiefen Schnee ein stilles Heim", Hamburg 1995, „Regenroman", Frankfurt/M. 1999, „Keine Ahnung", Kurzgeschichten, Frankfurt/M. 1999. Preise und Stipendien: Schloss Solitude (1997), Künstlerdorf Schöppingen (1999) u.a.

Frederike Frei, geb. 1945 in Brandenburg/Havel, lebt in Potsdam, Hamburg und im Wendland. Studium der Germanistik und Theologie. Veranstalterin der ersten deutschen Dichterdemo 1979. Gründerin der/s Hamburger Literatur-Post/-Labors, Mitbegründerin des Writers' Room. Zahlreiche Veröffentlichungen, Preise und Stipendien, u.a. „Ich dich auch", Frankfurt/M. 1986, „Losgelebt ", Hamburg 1994, „unsterblich", Hamburg 1997; Hamburger Lyrikpreis 1989, Preisträgerin im Hans-Henny-Jahnn-Wettbewerb 1993, zuletzt Preisstipendiatin des Künstlerdorfs Schreyan.

Matthias Göritz, geb. 1969, lebt als freier Autor und Literaturwissenschaftler in Hamburg, Gründungsmitglied der Autorengruppe WERFT, Mitinitiator des 1. Internationalen Hamburger Poetry Festivals 1996, Förderpreis für Literatur der Freien und Hansestadt Hamburg 1994. Aufenthalte in Chicago und Marseille im Rahmen des Dichteraustausches der Städtepartnerschaft. Veröffentlichungen, u.a. „Titel", Frankfurt/M. 2001.

Dierk Hagedorn, geb. 1966 in Hamburg, Gründungsmitglied und Verleger der Edition 406, mit Tanja Selzer Gründung der Künstlergruppe Absynnd und Herausgabe der gleichnamigen Kunst- und Literaturzeitung, Mitbegründer des Literaturclubs MACHT e.V., Autor und Webdesigner, Illustrator, Grafiker und Zeichner. Veröffentlichungen in Anthologien, Magazinen und Zeitungen, zuletzt „Der P-Pinguin", Fotoroman, Frankfurt/M. 2001.

Alexander Häusser, geb. 1960 in Reutlingen, Studium der Germanistik und Philosophie in Tübingen, lebt seit 1990 als freier Autor in Hamburg, seit 2001 im Vorstand des Literaturzentrums Hamburg, verheiratet, zwei Kinder. Veröffentlichungen, u.a. „Memory", Frankfurt/M. 1994, „Der Stammhalter", Frankfurt/M. 1996, „ZEPPELIN!", Frankfurt/M. 1998, „ZEPPELIN", Drehbuch gemeinsam mit Gordian Maugg, Berlin 2001. Stipendium des Künstlerhauses Edenkoben, des Künstlerhauses Ahrenshoop und der Künstlerhäuser Worpswede, Nominierung für den Baden-Württembergischen Drehbuchpreis.

Wolfgang Hegewald, geb. 1952 in Dresden, Studium der Informatik und der ev. Theologie in Dresden und Leipzig, 1983 Ausreise aus der DDR, 1983–1993 freier Autor: Prosa, Hörspiel, Essay, seit 1993 Schriftsteller im öffentlichen Dienst, 1993–1996 Leiter des „Studio Literatur und Theater" an der Universität Tübingen, seit

Herbst 1996 Professur für Poetik / Rhetorik am Fachbereich Gestaltung der FH Hamburg (heute: Hochschule für angewandte Wissenschaften). Veröffentlichungen, acht Prosabücher, zuletzt „ Ein obskures Nest", Roman, Leipzig 1997. Verschiedene Stipendien und Preise, 1989–1996 Mitglied des P.E.N.-Zentrums der Bundesrepublik Deutschland (ausgetreten). Ordentliches Mitglied der Freien Akademie der Künste zu Leipzig.

Jutta Heinrich, geb. 1940, lebt in Hamburg und im Wendland, nach verschiedenen Berufen Studium der Sozialpädagogik, Germanistik und Literaturwissenschaft in Hamburg. Seit 1975 freie Schriftstellerin. verschiedene Veröffentlichungen, u.a. „Das Geschlecht der Gedanken", München 1978 und Frankfurt/M. 1988, „Alles ist Körper", Frankfurt/M. 1991, „Im Revier der Worte", Frankfurt/M. 1994, „Sturm und Zwang. Elfriede Jelinek, Jutta Heinrich, Adolf-Ernst Meyer", Hamburg 1995, „Unheimliche Reise", Hamburg 1998. Außerdem Theaterstücke und Kabarett-Texte. Zahlreiche Stipendien und Preise. Über Goethe-Institut Reisen nach Indien, Griechenland, Niederlande, Dänemark, Schweden und Frankreich. Seit 1999 Mitglied im P.E.N.

Jan Jepsen, geb. 1962 in Hamburg. Freier Text- und Bildautor für diverse Magazine mit dem Schwerpunkt Reise. Mitglied der Bildagentur „Focus". Veröffentlichungen, „Wie die Wilden", Roman, Hamburg 1994, „Heimspiel", Hamburg 1999.

Katja Kellner, geb. 1968 in Köln, lebt als Schriftstellerin und Heilpraktikerin in Hamburg. Veröffentlichungen in verschiedenen Anthologien.

Thomas Klees, geb. 1966 in Bremen, aufgewachsen in Hannover, Schauspielschule in Hamburg, Engagements u.a. in Hamburg, Hannover, Dresden und Kiel, lebt in Hamburg. Veröffentlichung „spurlos werden", Gedichte, Stuttgart 1999. 2000 Aufenthaltsstipendium des Literarischen Colloquiums Berlin.

Peter Köhn, geb. 1962 in Kiel, Ausbildung zum Elektroinstallateur, Heilerzieher und Fotodesigner. Lebt und arbeitet seit 1991 als Fotodesigner in Hamburg. Ausstellungen in Kiel, Lübeck und Hamburg, u.a. 2000 in den Hamburger Kammerspielen „menschen leben".

Mascha Kurtz, geb. 1970, studierte von 1991 bis 1996 Kommunikationsdesign in Würzburg. Organisierte Poetry Slams und Lesungen, war Mitherausgeberin des Literaturmagazins „Fisch". Lebt seit 1998 als freie Autorin und Journalistin in Hamburg. 2001/2002 Stipendium der Akademie Schloss Solitude, 2002 Stipendium der Denkmalschmiede Höfgen.

Volker Lang, geb. 1964 in Augsburg, Kirchenmalerlehre in Bayern, Studium an der Hochschule für bildende Künste Hamburg. Lebt seit 1989 in Hamburg. Ausstellungen 2002: Venedig, Oratorio San Ludovico; Hamburg, Galerie Jürgen Becker; Itzehoe, Wenzel Havlik Museum (G); Düsseldorf, Escale; Berlin, Brückenprojekt/Kunst im öffentlichen Raum. Literarische Projekte: „Der Fliegerpfeil", 5 Texte von Robert Musil, Publikation und Hörspiel 1997/2002; „Die Portugiesin", Landschaftsprojekt in Leeuwarden/Niederlande, 1999; „Doch Indien liegt außerhalb", ein Haus für Virginia Woolfs Roman „Die Wellen", Cuxhaven/ Hamburg 2001.

Renate Langgemach, geb. 1947, lebt als freie Schriftstellerin in Hamburg und in der Dordogne, bis 1998 tätig als Schulbuchautorin und Lehrbeauftragte an verschiedenen Universitäten. Literarische Veröffentlichungen in Anthologien und Zeitschriften (früher unter dem Namen Renate Roth).

Markus Lemke, geb. 1965 in Münster/Westfalen, Studium der orientalischen Philologie und Islamwissenschaften in Bochum und Kairo, seit 1997 tätig als Literaturübersetzer und Dolmetscher aus dem Hebräischen und Arabischen sowie Lehrtätigkeit als Dozent für Neuhebräisch bei der VHS Hamburg. Zahlreiche Veröffentlichungen, u.a. Übersetzungen von Dov Kimchi „Das Haus Chefetz", Berlin 1997, Chaim Lapid „Bresnitz", Berlin 1998, Yoram Kaniuk „Exodus – die Odyssee eines Kommandanten", München 1999, Yossi Avni „Der Garten der toten Bäume", Berlin 2000.

Benjamin Maack, geb. 1978 in Winsen/Luhe, seit Ende 1999 in Hamburg, Autor und Journalist. Veröffentlichte Gedichte in: „Slam! Was die Mikrophone halten", Anthologie, „MACHT – Organisierte Literatur", Anthologie; Geschichten in: „Herz und Untergang", Anthologie.

Nele Maack, geb. 1977 in Hamburg, Studium an der Hochschule für angewandte Wissenschaften, Hamburg, Fachbereich Gestaltung/Illustration.

Dietrich Machmer, geb. 1966 in Worms, lebt in Hamburg, Studium der Kunstgeschichte und Philosophie in Frankfurt/M. und Hamburg, D.J. bei „Kinoki" und im „MACHT-Club", geringfügig beschäftigt im Deutschen Schauspielhaus Hamburg. Lyrik-Veröffentlichungen, u.a. in der MACHT-Zeitschrift und in „Die Geschichte vom Lastkran", hg. von Peter Rühmkorf, Tübingen 2002. Literaturförderpreis der Freien und Hansestadt Hamburg 2000.

Christian Maintz, geb. 1958 in Hamburg, Studium der Germanistik, Philosophie und Theaterwissenschaft in München und Hamburg, wissenschaftlicher Mitarbeiter der Universität Hamburg. Veröffentlichungen in Anthologien, Zeitschriften und CD-Booklets, Herausgeber der Anthologie „Lieber Gott, Du bist der Boß, Amen! Dein Rhinozeros". Komische deutschsprachige Gedichte des 20. Jahrhunderts, München 2000.

Cornelia Manikowsky, geb. 1961, veröffentlicht seit 1988 und erhielt verschiedene Preise und Stipendien. Zuletzt erschien „Sommergeräusche", Kiel 2002.

Bernd Hans Martens, geb. 1944 in Hamburg. Zahlreiche Veröffentlichungen, u.a. „Land, das zum Meer gehört", Göttingen 1991. Förderpreis für Literatur der Freien und Hansestadt Hamburg 1994.

me · wing, eigentlich Susanne Mewing, geb. 1971, Studium an der Hochschule für angewandte Wissenschaften, Hamburg, Fachbereich Gestaltung/Illustration bei Prof. Feuchtenberger.

Papu Pramod Mondhe, geb. 1972 in Düsseldorf, Studium an der Hochschule für Bildende Künste Bremen und am International Center of Photography, N.Y.C. Veröffentlichungen in Magazinen und Zeitschriften, Buchveröffentlichung mit dem Autor Heiner Uber: „Das Lachen – Reisen zu heiteren Menschen", München 2000; „Weltschlangen/Schlangenwelten", 2002. Preise, Panorama of Young European Talents Award 1993, Reinhard-Wolf-Preis 1993.

Andreas Münzner, geb. 1967, bei Zürich aufgewachsen. Debütroman „Die Höhe der Alpen", Reinbek 2002. Förderpreis für Literatur der Freien und Hansestadt Hamburg 2000, 1. Preis beim Hamburger Lyrik-Wettbewerb 2001, Förderpreis der Jürgen-Ponto-Stiftung 2002. Mitglied im „Forum junger Autorinnen und Autoren" Hamburg.

Gerhard Neumann, geb. 1928 in Rostock, nach Krieg und Gefangenschaft Lehrer und verschiedene andere Jobs, freier Schriftsteller seit 1953, Mitglied des P.E.N., im Sommer 2002 verstorben. Zahlreiche Veröffentlichungen, u.a. „Unter Ziegelbränden", Aachen 1997. Zahlreiche Preise und Stipendien.

Matthias Politycki, geb. 1955 in Karlsruhe, lebt in Hamburg und München. Mitglied des P.E.N. Zahlreiche Veröffentlichungen, u.a. „Jenseits von Wurst und Käse", München 1995, „Weiberroman", München 1997, „Das Schweigen am andern Ende des Rüssels", Hamburg 2001. Diverse Preise und Stipendien.

Charlotte Richter-Peill, geb. 1969 in Nürnberg, lebt als freie Autorin in Hamburg. Veröffentlichungen in Zeitschriften und Anthologien, im Hörfunk und in Schulbüchern. Förderpreis für Literatur der Freien und Hansestadt Hamburg 2001.

Gordon Roesnik, geb. 1973, Studium der Germanistik an der Universität Hamburg, Tätigkeiten als Schreibherr und Archivkontorist, Gründungsmitglied von MACHT e.V., Mitherausgeber eines Fotoromans, Herausgeber der Anthologie „MACHT – Organisierte Literatur", Hamburg 2002. Förderpreis für Literatur der Freien und Hansestadt Hamburg 1996.

Peter Rühmkorf, geb. 1929 in Dortmund, Studium der Germanistik, Psychologie, Pädagogik und Kunstgeschichte. 1958–1964 Lektor beim Rowohlt-Verlag, lebt als freier Schriftsteller in Hamburg. Mitglied der Gruppe 47. Zahlreiche Veröffentlichungen, u.a. „Außer der Liebe nichts", Reinbek 1998, „Von mir – zu euch – für uns", Göttingen 1999, „Schachtelhalme", Reinbek 2001, „In gemeinsamer Sache", Reinbek 2002 (gemeinsam mit Robert Gernhardt). Preise, u.a. Arno-Schmidt-Preis, Georg-Büchner-Preis.

Sabine Schmidt, lebt als Übersetzerin und Journalistin in Hamburg, Studium der Anglistik, Amerikanistik und Germanistik in Frankfurt/M., Hamburg, London und Fayetteville/USA. Zahlreiche Veröffentlichungen in Anthologien und Zeitschriften. Übersetzungen, u.a. Leah Andreone „Veiled", Hamburg 1996, Henry Rollins „Weight", New York/Hamburg 1994.

Sabine Scho, geb. 1970 in Ochtrup, studierte Philosophie und Germanistik in Münster, lebt und arbeitet als Autorin in Hamburg. 2001 Leonce-und-Lena-Preis und Förderpreis des Landes Nordrhein-Westfalen für junge Künstlerinnen und Künstler. Veröffentlichungen u.a. in der Reihe „Album. Dichter entdecken Dichter": „Thomas Kling entdeckt Sabine Scho", Hamburg 2001.

Wolfgang Schömel, geb. 1952 in Bad Kreuznach, Studium der Literatur und Philosophie in Mainz und Bremen. Seit 1989 Hamburger Literaturreferent, seit 1992 Mitherausgeber des literarischen Jahrbuchs „Hamburger Ziegel". Veröffentlichungen, u.a. Arbeiten über den heroischen Pessimismus, über Nietzsche und Ingeborg Bachmann, literarische Arbeiten u.a. „Die Schnecke", Stuttgart (Herbst 2002) sowie in „MERKUR", in „KRACHKULTUR" und der „Frankfurter Rundschau".

Felix Schröder, geb. 1951 in Buchholz/Rostock. Ex-Lyriker, nimmt Bittfragen bezüglich Text-Mix-Up und Ver(s)tonung an, Letzteres mit Krell & Keller in der Poetry-Jam-Band „Beatnik Flies".

Frank Schulz, geb. 1957, gelernter Exportkaufmann, Studium der Germanistik (M.A.), lebt und arbeitet als freiberuflicher Redakteur und Autor in Hamburg. Veröffentlichungen u.a. „Kolks blonde Bräute. Eine Art Heimatroman (Hagener Trilogie I)", 1991, „Morbus fonticuli oder Die Sehnsucht des Laien. Roman (Hagener Trilogie II)", 2001.

Tanja Schwarze, geb. 1972 in Aachen, studierte Deutsch und Englisch in Bielefeld, Göttingen und Iowa City/USA, lebt seit 2001 in Hamburg und ist dort Mitglied im „Forum junger Autorinnen und Autoren". Veröffentlichungen in Zeitschriften und Anthologien. Förderpreis für Literatur der Freien und Hansestadt Hamburg 2001.

Farhad Showghi, geb. 1961 in Prag, aufgewachsen in der Bundesrepublik und im Iran, Studium der Medizin in Erlangen, lebt und arbeitet seit 1989 in Hamburg. Veröffentlichungen in Zeitschriften und Anthologien. Förderpreis für Literatur der Freien und Hansestadt Hamburg 1992.

Hamid Skif, geb. 1951 in Oran/Algerien, lebt und arbeitet als Dichter, Schriftsteller und Journalist in Hamburg. Veröffentlichungen, u.a. „Nouvelles de la Maison du Silence", „Citrouille Fêlée", „La Princesse et le Clown", „Le Serment du Scorpion", „Monsieur le Président", auf Deutsch sind erschienen „Herr Präsident" und „Citrouille Fêlée". Preis „Grand Prix du Scenario", Algier 1978.

Johannes Speder, geb. 1965 in Bonn, studierte Bildhauerei bei Alfred Hrdlicka und Michelangelo Pistoletto in Wien. Lebt und arbeitet in Hamburg und im Burgenland als Bildhauer und Bühnenbildner. Diverse Ausstellungen, zuletzt 1999 im Kunstverein Rotenburg.

Silke Stamm, geb. 1968 in Villingen-Schwenningen, Studium der Mathematik und Physik in Freiburg/Br., lebt seit 1995 in Hamburg. Mitglied im „Forum junger Autorinnen und Autoren" Hamburg, Veranstalterin von Clublesungen.

Irena Stojànova, geb. 1967 in Sofia/Bulgarien, lebt und schreibt in Hamburg seit 1991. Neben Betätigungen als Journalistin, Literaturkritikerin und Übersetzerin, zurzeit als wissenschaftliche Mitarbeiterin und Universitätslektorin beschäftigt. Veröffentlichungen von Lyrik und Prosa in Zeitschriften und Anthologien, Teilnahme an Lesungen in Hamburg, Berlin und Leipzig.

Uda Strätling, geb. 1954 in Bonn, Studium der Publizistik, Soziologie und Linguistik in München, seit 1986 in Hamburg. Zahlreiche literarische Übersetzungen, u.a. Titel von Melanie Rae Thon, Joyce Carol Oates, John Edgar Wideman. Stipendien, u.a. Förderpreis für literarische Übersetzungen der Freien und Hansestadt Hamburg 1997 und 2001, Arbeitsstipendium des Deutschen Übersetzerfonds e.V. 2000.

Yoko Tawada, geb. 1960 in Tokio, lebt als freie Schriftstellerin in Hamburg. Zahlreiche Veröffentlichungen, u.a. „Verwandlungen", 1998, „Opium für Ovid. Ein Kopfkissenbuch von 22 Frauen", 2000, „Überseezungen", 2002. Preise u.a. Förderpreis für Literatur der Freien und Hansestadt Hamburg 1990, Lessing-Förderpreis der Stadt Hamburg 1994, Adalbert-von-Chamisso-Preis der Bayerischen Akademie der Schönen Künste 1996.

Tina Uebel, geb. 1969 in Hamburg. Autorin, freie Journalistin, Illustratorin und Graphik-Designerin, Gründungsmitglied des Verlags Edition 406, Mitveranstalterin der „Hamburg-ist-Slamburg"-Poetry-Slams und anderer literarischer Events, Mitglied bei „Macht e.V.". Diverse Veröffentlichungen in Zeitschriften und Anthologien, „Ich bin Duke", Roman, Berlin 2002.

Jürgen Vollmer, geb. 1943 in Hamburg, 1961–1999 als Fotograf vorwiegend in New York und Paris, heute wieder in Hamburg. Fotobuchveröffentlichungen, u.a. „Nureyev in Paris", 1975, „African Roots", 1980, „Rock 'n' Roll Times", 1983, „From Hamburg to Hollywood", 1997, „Rockers", 1999, autobiografische Geschichten, 2002 (unveröffentlicht).

Jan Wagner, geb. 1971 in Hamburg, lebt als Autor, Literaturkritiker und Übersetzer in Hamburg und Berlin, Studium der Anglistik und Amerikanistik in Hamburg. Mitherausgeber der internationalen Literaturschachtel „Die Außenseite des Elements". Lyrikübersetzungen, u.a. von Patrick Kavanagh und Thomas Kinsella, Charles Simic und Dwight Maxwell. Zahlreiche Veröffentlichungen, u.a. „Probebohrung im Himmel", Gedichte, Berlin 2001. Auszeichnungen, Förderpreis für literarische Übersetzungen der Freien und Hansestadt Hamburg 1999, Autorenstipendium des Berliner Senats 2000.

Michael Weins, geb. 1971 in Köln, lebt als Schriftsteller, Psychologe und Vorsitzender von Macht e.V. in Hamburg. Zahlreiche Veröffentlichungen, u.a. „Goldener Reiter", Roman, Reinbek 2002, „Feucht", Kurzgeschichten, Hamburg 2000. Preise, u.a. Förderpreis für Literatur der Freien und Hansestadt Hamburg 2000.

Alicja Wendt, geb. 1963 im polnischen Bytów, lebt seit 1977 in Hamburg, ausgebildete chemisch-technische Assistentin, zurzeit im Einlassbereich des Deutschen Schauspielhauses tätig, schreibt Lyrik und übersetzt polnische Lyrik ins Deutsche. Zahlreiche Veröffentlichungen in Zeitschriften und Anthologien. Preise, Förderpreis für Literatur der Freien und Hansestadt Hamburg 1993, 1. Preis beim Hamburger Lyrik-open-mike 1999, Förderpreis für literarische Übersetzungen der Freien und Hansestadt Hamburg 1999, 3. Preis beim 2. Hamburger Lyrik-open-mike 2000, Förderpreis für Literatur der Freien und Hansestadt Hamburg 2001. Mitglied der Literaturgruppe „Forum junger Autorinnen und Autoren" Hamburg.

Bildnachweis

Jürgen Abel, Hamburg: S.108/109, 446/447

Blumen-Atlas, hg. unter wissenschaftl. Mitarbeit von Prof. Dr. H. Reimers, Botanisches Museum Berlin-Dahlem, nach Aquarellen von Elsa M. Felsko, Berlin 1954: S. 425, 427, 431

Peter Borchardt, Hamburg: S. 405

Peter Köhn, Hamburg: S. 219, 220, 223, 224, 227, 229, 230, 232, 234, 236

Volker Lang: © VG BILD-KUNST, Bonn 2002: S. 162-165

Papu Pramod Mondhe, Hamburg: S.2-6, 33-41, 465-472, 535. Die Bilder auf den Seiten 465-472 mit freundlicher Genehmigung des Verlags Frederking & Thaler, München. Sie sind auch in dem Band „Länder des Lachens", München 2000, erschienen.

Sabine Niemann, Hamburg: S.144, 180, 262/263, 290/291, 319, 337, 348/349

Jens Rathmann, Hamburg: S. 158, 159

Gesine Rothmund, Hamburg: S. 20, 390/391

Wolfgang Scheerer, Hamburg: Umschlag, Vor- und Nachsatz, S. 406-408

Jürgen Vollmer, Hamburg: S. 481-484

Privat: S. 238/239, 240/241, 273-276, 284, 376. Wir bedanken uns bei Elisabeth Winterhoff sowie allen Freunden und Bekannten, die uns ihre privaten Familienalben und -bilder für eine Veröffentlichung zur Verfügung gestellt haben. Nicht in allen Fällen war es uns möglich, die auf den Fotos abgebildeten Personen zu ermitteln.

Wenn hier nicht anders vermerkt, liegen die Rechte der Abbildungen, soweit sie zu ermitteln waren, bei den jeweiligen Fotografen und Künstlern.

Textnachweis

Matthias Politycki, „Was dürfen wir hoffen?" mit freundlicher Genehmigung des Hoffmann und Campe Verlags, Hamburg.

Peter Rühmkorf, „Auf was nur einmal ist" mit freundlicher Genehmigung des Rowohlt Verlags, Reinbek, und Peter Rühmkorfs.

Sabine Scho, „Vater, Mutter und Karin" mit freundlicher Genehmigung des Europa Verlags, Hamburg.

Jan Wagner, „champignons" mit freundlicher Genehmigung des Berlin Verlags, Berlin.

Andrea Zanzotto: Die übersetzten Texte Andrea Zanzottos wurden entnommen aus: Andrea Zanzotto, „Lichtbrechung", Verlag Droschl, Wien / Graz 1987. Übersetzung: Donatella Capaldi, Maria Fehringer, Ludwig Paulmichl und Peter Waterhouse. Der Abdruck der Übersetzungen erfolgt mit freundlicher Genehmigung des Folio Verlags, Wien, und des Editors Urs Engeler. Der Folio Verlag und Urs Engeler geben eine Werkausgabe der Gedichte Andrea Zanzottos heraus, in deren Rahmen die Gedichte in Neuübersetzung erscheinen werden. Weitere Informationen zur Werkausgabe im Internet: www.folioverlag.ot oder www.engeler.de/zanzotto.html

Wenn hier nicht anders vermerkt, liegen die Rechte der Texte bei den jeweiligen Autoren.

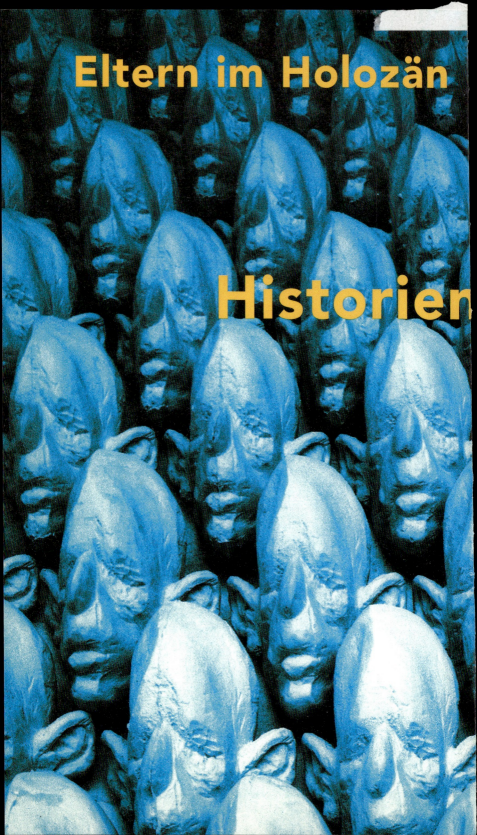
Eltern im Holozän
Historien